U0683729

商品归类基础

（第 7 版）

邢　丽　朱晓缨　孙爱华　编著

中国商务出版社

图书在版编目（CIP）数据

　　商品归类基础 / 邢丽，朱晓缨，孙爱华编著 . ——
7 版 . —— 北京：中国商务出版社，2017.6
　　中国国际贸易学会推荐教材 . 21 世纪全国高等院校
国际经济与贸易专业精品教材
　　ISBN 978-7-5103-1948-8

　　Ⅰ . ①商… Ⅱ . ①邢… ②朱… ③孙… Ⅲ . ①商品 –
分类 – 高等学校 – 教材 Ⅳ . ① F760.2

　　中国版本图书馆 CIP 数据核字 (2017) 第 167601 号

中国国际贸易学会推荐教材
21 世纪全国高等院校国际经济与贸易专业精品教材

商品归类基础（第 7 版）

SHANGPIN GUILEI JICHU

邢　丽　朱晓缨　孙爱华　编著

出　　　版：中国商务出版社
地　　　址：北京市东城区安定门外大街东后巷 28 号　邮编：100710
责任部门：国际经济与贸易事业部（010-64269744　gjjm@cctpress.com）
责任编辑：张永生

总 发 行：中国商务出版社发行部（010-64266119　64515150）
网　　　址：http://www.cctpress.com
邮　　　箱：cctp@cctpress.com

印　　　刷：北京密兴印刷有限公司
开　　　本：787 毫米 × 1092 毫米　1/16
印　　　张：22.75　　　　　　　字　　数：455 千字
版　　　次：2018 年 12 月第 7 版　　印　　次：2018 年 12 月第 1 次印刷
书　　　号：ISBN 978-7-5103-1948-8
定　　　价：49.00 元

2018 年修订版前言

我国加入 WTO 后，对外经济贸易更紧密更全面地融入到全球化的进程中，其规模和发展速度得到了前所未有的扩大和提高。尤其是企业对外贸易经营权放开后，众多的中小型企业已经直接站在了跨国大市场和国际竞争的同一起跑线上，对熟悉国际贸易和通关业务的复合型人才的需求正不断扩大。为提升通关事务从业人员职业素养，提高通关质量，服务企业选人、用人和院校后备人才培养工作，中国报关协会于 2018 年起开展关务水平测试工作。进出口商品归类是从事报关工作人员必备的基础知识和技能，也是关务水平测试的一项重要内容。国内的一些高等院校为适应这一需要，相继设立了高等职业教育报关专业。这本《商品归类基础》教材就是为了满足这一教学需求而编写的。本教材还广泛适用于外贸及物流等专业学生、企业管理者、进出口业务人员、报关行业人员、以及使用协调制度的其他人员。

《商品名称及编码协调制度》简称《协调制度》，是一个完整、系统、通用、准确的国际贸易商品分类体系，是一部广泛应用于海关税则、海关统计、国际运输、国际贸易、贸易谈判、进出口商品检验、濒危物种保护、原产地判定、环境保护、毒品和化学武器监控等多方面需要的国际贸易商品分类目录，目前已为世界上 200 多个国家、地区和国际组织所采用。我国海关自 1992 年起采用该制度，并在此基础上结合我国进出口的实际情况，编制了《中华人民共和国进出口税则》和《中华人民共和国海关统计商品目录》。海关执行国家的关税政策，对进出口商品进行关税征收、贸易管理以及海关统计时，都必须以海关商品归类确定的结果为基准。商品归类是海关依法实施行政管理职能、对进出口商品进行监控和管理的重要基础。正确进行商品归类在货物的通关中具有重要的作用。

世界海关组织（WCO）每 4 ~ 6 年对《协调制度》进行一次全面重审和修订。2017 年版《协调制度》在 2012 年版基础上进行了全面修订，以其为基础编制的我国《进出口税则》也相应进行了转换，作为学习考试（报关水平测试）教材的《进出口商品名称与编码查询手册》也进行了改版。借本书再版之机，作者依照 2017 年版《进出口税则》对刘文丽、蒋小竹编著的《商品归类基础》（2012 年版）进行了全面修订和校正，并在此基础上根据海关管理实际需要对内容进行了增删，对结构进行了微调，延续对难点部分配以实例，使之具有较强的实用性。本书内容主要包括：协调制度、海关税则、商品归类的基本操作程序、商品归类的海关行政管理，并按照类、章的排列顺序逐一概括了协调制度各类、章的商品范围和注释提要，系统阐述了相关商品的归类原则、归类方法及归类要点等，并且附有大量练习题。为适应教材的体例要求，对本书二十三篇逐一编写了本篇导读、本篇学习目标、本篇小结、本篇关键名词或概念及本篇简答题等，以满足教师教学及学生学习的需要。

　　通过本书的学习，可以使相关人员能够掌握进出口商品归类的基础知识和基本技能，正确进行商品归类，以满足海关管理、国际贸易、国际运输、进出口商品检验、报关等外经贸领域实际工作及使用协调制度的其他部门的需要。

作者

2018 年 8 月

目　录

第一篇 《商品名称及编码协调制度》简介及协调制度归类总规则

【本篇导读】

《商品名称及编码协调制度》,简称《协调制度》(英文缩写 HS)是适用于海关税则、海关统计、国际运输、进出口商品检验、濒危物种保护、原产地判定等多方面需要的国际贸易商品分类目录。本篇第一部分协调制度的基本知识是学习本课程后续内容的基础。第二部分协调制度归类总规则是指导整个协调制度商品归类的总原则。

【本篇学习目标】

通过本篇的学习,使学生掌握协调制度的组成和结构;各组成部分的地位、作用及相互关系;目录条文及注释的有关概念及归类时的作用,掌握协调制度归类总规则的内容、适用条件及运用技巧并熟悉商品归类的基本操作程序。

1.1 《商品名称及编码协调制度》简介

《商品名称及编码协调制度》(The Harmonized Commodity Description and Coding System) 简称《协调制度》(英文缩写 HS)。是原海关合作理事会 (1995 年更名为世界海关组织) 在《海关合作理事会商品分类目录》(CCCN) 和联合国《国际贸易标准分类》(SITC) 的基础上,协调国际上多种主要的税则、统计、运输等商品分类目录而制定的一部多用途的国际贸易商品目录。它是一个完整、系统、通用、准确的国际贸易商品分类体系,具有严密的逻辑性和科学性。目前,在国际上已有 200 多个国家、地区和国际组织采用协调制度目录作为各自的海关税则及商检和外贸统计等商品目录(目前还有许多国家正积极准备,以期尽快采用)。我国海关自 1992 年起采用该制度,以其为基础结合我国实际进出口货物情况,编制了《中华人民共和国进出口税则》(《中华人民共和国海关进出口税则》依据 2004 年 1 月 1 日起实施的《中华人民共和国关税条例》的规定,更名为《中华人民共和国进出口税则》)和《中华人民共和国海关统计商品目录》。世界贸易总量的 98% 以上的货物是以协调制度目录进行分类的。协调制度在国际贸易、贸易统计、国际运输、国际贸易谈判及经济分析等方面起着日益重要的作用。

一、协调制度的结构

协调制度商品分类目录将国际贸易商品分为二十一类、97 章（第 77 章是空章）、1222 个品目（2017 年版）、5387 个 6 位数级商品编码（2017 年版）。整个分类体系法律效力文本由归类总规则、注释（类注，章注，子目注释）和商品名称及编码表三部分组成，各组成部分的地位、特点、作用及相互关系分述如下。

（一）商品名称及编码表

1. 商品名称及编码表

商品名称及编码表由协调制度编码（简称"商品编码"）和货品名称（亦称品目条文和子目条文）组成，是协调制度商品分类目录的主体，从属于二十一个类，分布在 97 个章中（第 77 章是空章保留为协调制度将来所用）。商品编码栏居左，货品名称栏居右，依次构成一横行。

2. 协调制度采用的分类原则

协调制度对绝大多数商品分类时遵循科学的分类原理和规则，采用常见的商品分类标志进行分类，使商品归类有章可循。协调制度基本上以商品所属的生产行业为类的划分依据，如第六类为化学工业及相关工业的产品，第十一类为纺织原料及纺织制品等。通常以商品的自然属性（原材料及其制成品）或所具有的原理、功能及用途（制成品）为设章原则，如第 28 章无机化学品（自然属性相同），第 57 章地毯及编织材料的其他铺地用品（功能相似）。类次及同类内章次多依照先动物产品，再植物产品，再矿物产品，最后化学及相关产品的顺序排列，如活动物以及动物产品在第一类，植物产品在第二类，矿物产品在第五类，化学及相关工业产品在第六类；又如第十一类中第 50 章、第 51 章为动物纤维产品，第 52 章、第 53 章为植物纤维产品，第 54 章、第 55 章为化学纤维产品。同章内商品编码基本上依商品加工程度，由低向高递增。依此原则，同章内原材料商品在前，半制成品居中，制成品居后。此外，对同类商品通常按具体列名、一般列名和未列名的顺序排列。例如第 7 章品目 07.07 鲜或冷藏的黄瓜（具体列名）；品目 07.08 鲜或冷藏的豆类蔬菜（一般列名）；品目 07.09 鲜或冷藏的其他蔬菜（未列名）。对同一商品一般整机在前，专用零件或配件在后。例如品目 84.08 压燃式活塞内燃发动机；品目 84.09 专用于或主要用于品目 84.07 或 84.08 所列发动机的零件。协调制度分类时还注意照顾了商业习惯和实际操作的可行性，对难以按常用的分类标志进行分类的大宗进出口商品则从照顾商业习惯和便于实际操作入手，专列类、章和品目，使商品归类简单易行。如第二十类第 94 章的活动房屋即属此种情况。

3. 结构性商品编码

协调制度采用结构性商品编码。商品编码是具有特定含义的顺序号，它用四位数码表示品目。品目前两位表示货品所在章，后两位表示此货品在该章的序次。如品目

47.05，表示该货品在第47章，是第5个品目。一些品目被细分为一级子目。一级子目用五位数码表示，第五位数码通常表示它在所属品目中的顺序号；一些一级子目被进一步细分为二级子目，用六位数码表示。第六位数码通常表示该二级子目在所属一级子目中的顺序号。没有设一级或二级子目的品目，商品编码的第五位或第六位数码为0，如0501.00。需要指出的是，作为未列名货品的第五位或第六位数码一般用数字9表示，不代表它在所属品目或子目中的实际序位，其间的空序号是为在保留原有编码的情况下，适应日后增添新商品等情况而预留的。数字9被零件占用时，数字8通常表示未列名整机。

需要指出的是，由于协调制度的定期修改，以及在一定时间内不能使用已删除的编码，所以从1996年版本开始协调制度目录编码的连续性已被破坏，如品目14.01后是品目14.04，而不是品目14.02及14.03（被2007年版删除）；子目0808.10后是子目0808.30，而不是子目0808.20（被2012年版删除）。

4. 协调制度商品归类

协调制度商品归类是协调制度商品分类的逆运用，是依照协调制度商品归类原则，将商品归入协调制度分类目录的某一商品编码的操作（或确定进出口货物协调制度商品编码的活动）。

海关进出口货物商品归类简称"商品归类"，是指在《商品名称及编码协调制度公约》商品分类目录体系下，以《中华人民共和国进出口税则》为基础，按照《进出口税则商品及品目注释》《中华人民共和国进出口税则本国子目注释》及海关总署发布的关于商品归类的行政裁定、商品归类决定的要求，确定进出口货物商品编码的活动。（《中华人民共和国海关进出口货物商品归类管理规定》）

5. 品目条文

四位数级商品编码所对应的货品名称栏目又称品目条文，主要采用货品名称、规格、成分、外观形态、加工程度或方式、功能及用途等形式限定货品对象。品目条文是协调制度具有法律效力的归类依据，在品目归类时，居于优先使用的地位。

6. 子目条文

五位和六位数级商品编码所对应的货品名称栏目又称子目条文。五位数级商品编码所对应的货品名称栏目为一级子目条文；六位数级商品编码所对应的货品名称栏目为二级子目条文。子目条文是协调制度具有法律效力的归类依据，在本级子目归类时，处于优先使用的地位。

（二）注释

协调制度中的注释是解释说明性的规定。位于类标题下的注释为类注释，简称"类注"；位于章标题下的注释为章注释，简称"章注"；位于类注、章注或章标题下的为子目注释。

注释是为限定协调制度中各类、章、品目和子目所属货品的准确范围，简化品目和子目条文文字，杜绝商品分类的交叉，保证商品归类的正确而设立的。

注释主要单独或综合运用下列方式。

1. 详列货品名称、加工方式等，用提示的方法方便归类

采用此种方法的注释主要有两种表现形式，分别起到限定品目及子目货品范围或避免归类错误等作用。为限定货品范围而设的注释通常采用逐一列举某一（或某些）品目包括的所有货品的方式，例如第 31 章章注 2 逐一列举了品目 31.02 只适用于的 4 类货品，从而限定了品目 31.02 所属氮肥的品种范围。为发挥预警作用避免产生错误归类而设的注释，通常采用详细列举某一（或某些）品目包括的容易发生归类错误的货品，如第 7 章章注 2 详细列举了品目 07.09、07.10、07.11 及 07.12 包括的容易发生归类错误的蔬菜名称，从而起到了预警作用，减少了发生归类错误的可能。前者在表述时多有"仅""只"等限定性字眼；后者常用"包括"等词汇。

2. 列举典型货品名称

列举典型货品名称或允许加工方式等，用以说明货品含义，以便用类比的方法进行商品归类。如第 49 章章注 4（1）列举了美术作品等品目 49.01 包括的货品，使归类时有了参照物。

3. 用排他条款详列

用排他条款详列或列举不得归入本类、章、品目及子目的货品名称，或不允许采用的加工方式等，杜绝商品错误归类现象的发生。如第 67 章章注 1 详列了不得归入该章的人发制滤布等六类货品；第 48 章章注 2（15）列举了玩具等不能归入第 48 章的第 95 章的物品。

4. 用定义形式明确商品法律归类时的含义

此定义常常与传统的商品定义不完全相同。如第 52 章子目注释对粗斜纹布所下的定义。

5. 改变货品名称概念，扩大或缩小货品范围

如第 5 章章注 4 改变了马毛的概念，扩大了本目录中马毛的范围。

6. 解释类、章及品目和子目条文中使用的名词

如第十一类子目注释 1 解释了该类子目中使用的 9 个名词。

7. 阐述货品归类规定

如第十一类类注二，规定了由两种或两种以上纺织材料混合制成的第 50 章～第 55 章货品的归类原则。

注释也是具有法律效力的商品归类依据，除另有说明外，一般只限于使用在相应的类、章、品目及子目。需要注意的是，在有说明时注释可超出通常的使用范围，例如第十五类类注二规定了通用零件的范围和应归入的品目，该注释所述通用零件即使

只适合使用于其他类的机器，也应归入第十五类相应品目；第39章章注1对塑料的定义适用于本目录各品目。运用注释解决品目归类时，注释和品目条文居于同等优先使用的地位。运用注释解决子目归类时，注释和子目条文居于同等优先使用的地位。需要注意的是子目归类时子目注释是优先使用的注释，其次是章注和类注，即三者发生矛盾时服从于子目注释。

（三）归类总规则

协调制度归类总规则，位于协调制度文本的卷首，是指导整个协调制度商品归类的总原则。归类总规则共有6条，是商品具有法律效力的归类依据，适用于品目条文、子目条文以及注释无法解决商品归类的场合。

（四）《协调制度》的优点

《协调制度》是各国专家长期共同努力的结晶，它吸收了国际上多种商品分类目录的长处，成为国际贸易商品分类的一种"标准语言"，它的主要优点通常用八个字表示：完整、系统、通用、准确。

1.《协调制度》完整性的主要体现

《协调制度》将占有一定贸易量的国际贸易主要商品全部分类列出；为了适应世界各国征税、统计等商品分类目录多方面的要求和未来技术发展的需要，绝大多数章列有起到"兜底"作用的"其他"（未列名）品目；品目中已列名商品子目与未列名子目之间留有空序号，使国际贸易中的所有商品（包括目前还未问世的新产品），都能归入《协调制度》已有的类、章中，即任何一种商品都在该目录范围内占有一席之地。此外归类总规则四"最相类似"归类原则的设立，从归类规则方面确保了目录对所有国际贸易商品无所不包的特点。

2.《协调制度》系统性的主要体现

《协调制度》遵循了科学的分类原理和规则，选用了常见的商品分类标志将商品按人们所熟悉的自然属性、生产行业及用途等进行分类，使归类有章可循。对于难以分类的大宗国际贸易商品单独列类、章、目，照顾了商业习惯和实际操作的可能性。因此目录编排容易理解、商品易于归类、编码便于查找。

3.《协调制度》通用性的主要体现

《协调制度》在国际上影响巨大，目前，已有200多个国家、地区和国际组织正式采用《协调制度》。世界贸易总量的98%以上的货物是以协调制度目录进行分类的。采用同一分类目录的国家之间品目具有可比性。此外，该目录适用于海关税则、海关统计、国际贸易、国际运输、贸易谈判、环境保护、进出口商品检验、濒危物种保护、原产地判定、毒品和化学武器监控等多种用途，是能满足多方面需要的国际贸易商品分类目录，适用性强。同时《协调制度国际公约》规定了缔约国的权利和义务，保证了该目录的统一实施。因此，可以说，《协调制度》的通用性超过了以往任何一个商品分类目录。

4.《协调制度》准确性的主要体现

《协调制度》所列品目依靠品目条文非常清楚地表述了货品范围，各品目互相绝不存在交叉或重复。《协调制度》还通过归类总规则以及类注、章注、子目注释和一系列的辅助刊物加以具体说明，以确保商品归类的准确性。此外《协调制度》目录作为一个国际公约的附件，在国际上有专门的机构和人员对其进行维护和管理，各国还可通过对《协调制度》目录提出修正意见，统一质疑商品的归类。这些都是国际上采用的其他商品分类目录无法比拟的，其准确性也是前所未有的。

二、协调制度的重审和修订

《协调制度》是世界海关组织制定的并以国际公约形式保证其统一实施的国际贸易商品分类目录，根据公约规定设立了协调制度委员会（HSC）履行有关事务。为使协调制度适应科技进步及国际贸易的发展变化，世界海关组织（WCO）每4~6年对《协调制度》进行一次全面重审和修订。自1988年协调制度实施以来，已进行了六次修订，并形成了1988年、1992年、1996年、2002年、2007年、2012年及2017年版七个版本的商品目录。

与2012年版《协调制度》相比，2017年版《协调制度》共有242组修订，主要关注环境保护、生态可持续发展、科学技术的新变化、国际贸易新业态的发展等方面，修订后4位数品目1222个、6位数子目5387个。2017年版《协调制度》修订主要考虑因素：

1.国际社会对粮食安全及生态保护的关注

根据联合国粮农组织（FAO）、国际竹藤组织（INBAR）的建议，对涉及农产品、林业产品的部分章注、子目注释、品目和子目进行相应的修改。主要有：加大海洋生态保护力度，为在国际贸易中占重要地位、贸易量大的农产品增列子目。例如，在第3章多个子目项下为部分鱼类品种增列相应子目或调整子目商品范围（如我们所熟知的养殖品种鲤科鱼等）；为鲨鱼翅增列子目，以监控国际鲨鱼翅贸易。

加大林业资源保护力度，对第44章项下的多个子目作出修订，一方面扩大热带木的覆盖范围，并对相关品目项下的针叶木和非针叶木列目结构进行调整；另一方面进一步为竹藤产品增列10个6位数子目，以促进对竹藤资源的有效利用。

2.国际社会对环保问题的关注

对部分涉及环保问题的产品目录结构进行了调整。自2002年版《协调制度》以来，WCO加强与联合国环境规划署(UNEP)及其他国际环保组织的合作，把已纳入相关国际公约环保清单的产品在《协调制度》中单独列目，以利国际贸易监控和共同治理。

2017年版《协调制度》中纳入的环保产品品目/子目修订主要包括根据《禁止化学武器公约》《斯德哥尔摩公约》《鹿特丹公约》、国际麻醉品管制局(INCB)等多边框架的建议，为相关化学品及其中间体增列子目，以加强此类商品国际贸易的监控。

3. 适应新技术发展及新产品贸易的需要

对部分章注、子目注释、品目和子目进行相应的修改和增列，主要涉及信息技术相关产品、新能源技术相关产品、机械加工技术相关产品、农业机械化相关产品、新技术相关的医药品等。

例如，为"发光二极管(LED)灯泡(管)"增列子目8539.50；为新能源汽车、摩托车单独增列子目8702.20、8702.30、8702.40、8703.40、8703.50、8703.60、8703.70、8703.80、8711.60等。

4. 适应贸易业态变化和贸易便利化的需要要

为贸易量大且存在归类争议的产品新增子目，重组相关商品列目结构。例如，细分子目5704.20，纳入0.3 ~ 1平方米的毡呢铺地制品，以适应地毯产品的贸易实际；为反映瓷砖生产行业的贸易实际，删除了品目69.08并修改品目69.07条文，对69.07目项下的子目结构进行重组，不再对瓷砖按是否上釉进行区分，新增"饰面陶瓷"子目等。

5. 适应简化优化《协调制度》目录结构的需要

对国际贸易总量较低的商品税目（年贸易总额低于1亿美元）和子目（年贸易总额低于5000万美元）予以合并或删除，以保持《协调制度》四位数品目和六位数子目数量适度。

例如，品目28.48项下的磷化物、品目84.69项下的打字机、子目9006.10项下的制版照相机等。同时，为减少相关品目/子目项下的商品范围混淆，减少商品归类争议，对相关类注、章注及子目注释作出修订，以进一步明确商品归类规则。

三、《进出口税则商品及品目注释》简介

为了便于协调制度的执行，保证在使用协调制度时商品分类和归类的一致性，海关合作理事会(1995年更名为世界海关组织)主持制定了《商品名称及编码协调制度注释》，简称《协调制度注释》。它是协调制度所列商品名称及编码范围最具权威性的解释文件，是协调制度商品归类时必不可少的参考书。需要明确的是，归类时该书不具有法律效力，具有法律效力的归类依据只有归类总规则、类注释、章注释、子目注释和品目条文及子目条文。该书中译本名称为《进出口税则商品及品目注释》，简称《税则注释》或《商品及品目注释》。

我国通过立法将《进出口税则商品及品目注释》作为我国海关进出口货物商品归类具有法律效力的归类依据。

四、海关商品分类目录

现行《中华人民共和国进出口税则》和《中华人民共和国海关统计商品目录》，是以协调制度为基础，结合我国实际进出口情况编制而成的。它的问世，结束了我国

进出口税则和统计所用商品分类目录不同的历史，为我国参加国际间关税及贸易谈判，开展海关征税、监管、统计以及数据分析比较、信息交流等工作带来了极大的便利，是海关管理的一项重大改革。我国现行海关商品分类目录特指现行《进出口税则》和《海关统计商品目录》。

（一）进出口税则

1. 进出口税则的结构

现行进出口税则结构与协调制度商品分类目录结构基本相同，逐条采用了 HS 的归类总规则、类注释、章注释及子目注释，商品归类原则和方法亦与协调制度相同。两者相比较，前者在商品名称及编码表中增设了税率栏，并将货品编码改称税则号列，税则号列的前六位数码及其商品名称与协调制度相应栏目完全一致。为适应我国关税、统计和贸易管理的需要，税则号列增设了第七位、第八位数码，1~7 位数码和 1~8 位数码分别代表第三级和第四级子目即中国子目。与此相适应增设了必要的三、四级子目注释即中国（本国）子目注释。新子目的增设体现了我国关税政策和产业政策，有利于统计进出口量较大的产品及新技术产品。未设三、四级子目的税则号列，第七位、第八位数码为 0，如 0901.1200。

2. 商品编码（税则号列）的含义

在商品名称及编码表中的货品名称（子目条文）前分别用"—"、"— —""———""————"代表一级子目、二级子目、三级子目、四级子目。其中，一级、二级、三级、四级子目又可简称为一杠、二杠、三杠、四杠子目。

例：商品编码（税则号列）8709.19 10 各层次含义如下：

87 表示第 87 章（协调制度章代码）；

09 表示该章的第 9 个品目（协调制度品目代码）；

1 表示品目 87.09 项下的第一个一级子目（协调制度子目代码）；

9 表示子目 8709.1 项下的未列名二级子目（协调制度子目代码）；

1（10 中的）表示子目 8709.19 项下的第一个三级子目（中国子目代码）；

0（10 中的）表示子目 8709.191 项下未增设四级子目（中国子目代码）。

（二）海关统计商品目录

海关统计是全面、准确地反映实际进出关境对外贸易货物的品种、数量或重量等的数据资料，是发展国民经济的重要参考依据。现行海关统计采用的海关统计商品目录与进出口税则结构基本相同。为适应海关统计的需要，计量单位栏（采用国际标准计量单位）取代了税率栏；商品编码取代税则号列。为简化归类，满足我国海关统计的需要还增设了第 22 类，该类下设第 98 章。新增类标题及章标题相同，均为"特殊交易品及未分类商品"。其余各类、章、目及子目的货品范围与税则完全一致，海关统计商品归类原则和方法也与税则归类完全相同。需要注意的是，海关统计目录为适应统计的需要在子目条文的表述上描述更为详细，如果货品范围因此发生变化即与税则对应子目货品范围不一致时应以税则为准。

（三）《进出口商品名称与编码》简介

《进出口税则》中体现的商品分类体系、商品的属性及商品间的区别和联系、商品归类的原则和方法等内容，是从事报关工作人员必备的基础知识和技能，也是报关员资格全国统一考试的重要内容。《进出口商品名称与编码查询手册》是海关总署报关员资格考试教材编写委员会为便于参加报关员资格全国统一考试的应试者而专门编写的应试用书，是《进出口税则》的简化本。其中，商品编码取代税则号列，并取消了税率栏。《进出口商品名称与编码查询手册》可作为学习协调制度商品归类的配套用书，与本教材一起使用。

1.2 协调制度归类总规则

一、协调制度归类总规则

协调制度归类总规则，简称归类总规则，共有 6 条，是商品具有法律效力的归类依据，适用于品目条文、子目条文及注释无法解决商品归类的场合。本篇将对归类总规则逐条进行介绍和说明。

（一）规则一

类、章及分章的标题，仅为查找方便而设；具有法律效力的归类，应按品目条文和有关类注或章注确定，如品目、类注或章注无其他规定，按以下规则确定。

规则一分两部分，说明了三个问题。

第一部分（分号前面）明确规定类、章及分章的标题对商品归类不具备法律效力。类、章及分章的标题高度概括了归入该类、章及分章所包括货品种类的范围。但标题不可能将该类、章及分章所有货品一一列出，也无法将除外货品一一点明。例如：以"药品"为标题的第 30 章，却包括没有治病防病作用的橡皮膏。又如麦秸编结的草帽，并不归入以"稻草、秸秆、针茅或其他编结材料制品；篮筐及柳条编结品"为章标题的第 46 章，可见无法按标题确定货品的归类。品目归类时类、章及分章的标题仅为查找方便而设。所谓查找是指查找到货品可能所属的类、章范围。

第二部分（分号后面）规定了确定商品归类的两条原则。（1）品目条文、类注和章注是具有法律效力的品目归类依据。许多货品可以在不运用归类总规则二、三、四、五的情况下，仅运用品目条文 [例如鲜马铃薯（品目 07.01）]、类注或章注 [第 30 章章注 4 所述的医药用品（品目 30.06）] 就可以确定归类。（2）品目条文或类注、章注无其他规定，按归类总规则二~五确定品目归类。所提及的规则二是指：①货品报验时为不完整品或未制成品（例如，未装有鞍座和轮胎的自行车），以及②货品报验时为未组装件或拆散件（例如，所有部件一同报验的自行车未组装件或拆散件），其部件可按其自身属性单独归类（例如，外胎、内胎）或者作为这些货品的"零件"归类。只要符合规则二（一）的规定，并且品目条文或类、章注释无其他专门规定，上述货品应按完整品或制成品归类。品目归类时应按顺序运用归类依据，即先品目条文、注释（二者同等优先），然后是归类总规则二～五。也就是说品目归类时只有在前级依据无法解决该商品归类时，才能使用下一级依据，各级依据矛盾时，应以前级为准。

（二）规则二

（1）品目所列货品，应视为包括该货品的不完整品或未制成品，只要在报验时该项不完整品或未制成品具有完整品或制成品的基本特征；还应视为包括该项货品的完整品或制成品（或按本款可作为完整品或制成品归类的货品）在报验时的未组装件或拆散件。

（2）品目中所列材料或物质，应视为包括该种材料或物质与其他材料或物质混合或组合的物品。品目所列某种材料或物质构成的货品，应视为包括全部或部分由该种材料或物质构成的货品。由一种以上材料或物质构成的货品，应按规则三归类。

规则二分两部分，为扩大品目货品范围而设。适用于品目条文、章注、类注无其他规定的场合。

规则二（一）有条件地将不完整品、未制成品和散件包括在品目所列货品范围之内，仅适用于第七类～第二十一类。对于不完整品和未制成品，必须具有相应完整品或制成品的基本特征。具有相应完整品基本特征的不完整品通常是指缺少的是非关键的零部件的不完整品，按完整品归类。具有制成品基本特征的未制成品是指已具有制成品的形状特征，但还不能直接使用，需经进一步加工才能使用的物品。如已具备制成品大概外形及轮廓的齿轮坯件可视为已制成的齿轮。散件必须是因运输、包装等原因而被拆散或未组装，仅经焊、铆、紧固等简单加工就可装配起来的物品。如为便于运输而装于同一包装箱内的两套摩托车未组装件，可视为摩托车整车。还须注意具有相应完整品或制成品基本特征的不完整品、未制成品的未组装件或拆散件也在扩大之列，所以同一包装箱内的一套空调器未组装件（无室外机壳）也应按空调器归类。

此外还应注意对于品目货品范围的扩大也不是无限制的，超出整套散件的多余零件应按零件分别归类。

规则二（二）的作用是将保持原商品特征的某种物质或材料构成的混合物品或组合物品，等同于某单一物质或材料构成的物品。即品目所列材料或物质，可有条件地扩大到以这种材料或物质为主添加辅助物质或材料构成的混合物质或组合材料。应注意此处被扩大的是被列名的材料或物质。如加维生素的牛奶仍具有牛奶的基本特征，等同于牛奶。由某种材料或物质构成的货品，可扩大到以这种材料或物质为主，添加辅助物质或材料的混合物质或组合材料构成的货品或组合的货品。应注意此处被扩大的是被列名材料或物质构成的制品。即有条件地将单一物质或材料构成货品的范围扩大到添加辅助物质或材料的混合物质或组合材料制品。如以皮革饰袖口的海军呢大衣，仍具有海军呢大衣的基本特征等同于海军呢大衣。运用规则二（二）时应注意，在因混合或组合导致商品失去原有特征的场合，应按规则三办理。

（三）规则三

当货品按规则二（二）或由于其他原因看起来可归入两个或两个以上品目时，应按以下规则归类：

（1）列名比较具体的品目，优先于列名一般的品目。但是，如果两个或两个以上品目都仅述及混合或组合货品所含的某部分材料或物质，或零售的成套货品中的某些货品，即使其中某个品目对该货品描述得更为全面、详细，这些货品在有关品目的列名应视为同样具体。

（2）混合物、不同材料构成或不同部件组成的组合物以及零售的成套货品，如果不能按照规则三（一）归类时，在本款可适用的条件下，应按构成货品基本特征的材料或部件归类。

（3）货品不能按照规则三（一）或（二）归类时，应按号列顺序归入其可归入的最末一个品目。

规则三只能使用在货品看起来可归入两个或两个以上品目的场合。规则三有三条规定，应按规定的先后次序加以运用。规则三具体解释如下：

规则三（一）讲的是列名比较具体的品目，优先于列名一般的品目。规则三（一）通常被简称为具体列名。对具体和一般可理解为：与类别名称相比，商品的品种名称更具体。如紧身胸衣是一种女内衣，看起来既可以归入62.08女内衣品目下，又可以归入62.12妇女紧身胸衣品目下，比较两个名称，女内衣是类别名称属一般列名，妇女紧身胸衣是商品品种名称是具体列名，故本商品应归入品目62.12。所列名称明确包括某一货物的品目，比所列名称未明确包括该货品的品目更具体。如专用于飞机上已制成一定形状的钢化玻璃制未镶框安全玻璃，看起来既可作为玻璃制品归入第70章品目70.07"钢化或层压玻璃制的安全玻璃"，又可作为飞机零部件归入第88章品目88.03"品目88.01或品目88.02所列货品的零件"，鉴于所列名称明确包括某一货品的品目比所列名称未明确包括某一货品的品目更具体，所以该货品应归入品目70.07。此外对具有单一功能的机器设备，在判定具体列名与否时，可按下述规定操作①按原理、功能列名的比按用途列名的具体；②同为按用途列名的，则以范围小、关系最直接者为具体。如果两个或两个以上品目都仅述及混合或组合货品所含的某部分材料或物质，或零售的成套货品中的某些货品，即使其中某个品目对该货品描述得更为全面、详细，这些货品在有关品目的列名应视为同样具体。对于按规则三（一）规定的标准视为列名同样具体的场合应按规则三（二）或三（三）处理。

规则三（二）是说明混合物、不同材料或不同部件的组合货品及零售的成套货品，在归类时应按构成材料或部件等的基本特征归类。规则三(二)通常被简称为基本特征。确定货品的基本特征一般可综合分析货品的外观形态、结构、功能、用途、使用的最终目的、商业习惯、价值比例、社会习惯等多方面因素。规则三(二)所称零售的成套货品应具备的条件:其一,为了迎合某种需要或开展某项专门活动将用途互补、配合使用的货品组合在一起;其二,由可归入两个或两个以上不同品目的多个货品组成;其三,无须重新包装就可直接零售的成套货品(不同于通常所称零售包装的成套货品)。例如,装于一个塑料盒内的一套理发用具,应按构成整套货品基本特征的理发推子归类。此外应注意对于品目条文或注释已有规定的成套物品,则不能依此规则办理。本款不适用于包装在一起的混合产品,混合产品需分别归类。在应用规则三(二)时如出现争议,各国海关通常的做法是由本国海关最高当局予以统一。

规则三(三)只适用于不能按规则三(一)、三(二)归类的货品。它规定在此种情况下,货品应归入看起来可归入诸多有关品目中居于商品名称及编码表最末位置的品目。规则三(三)通常被简称为从后归类。此规定不能在类注、章注有例外规定时使用,注释中的例外规定在操作时总是优先于总规则的。

综上所述在运用规则三归类时,只有不能按照规则三(一)归类时,才能运用规则三(二),不能按照规则三(一)、三(二)归类时,才能运用规则三(三)。因此三条归类方法的优先次序:①具体列名;②基本特征;③从后归类。

(四)规则四

根据上述规则无法归类的货品,应归入与其最相类似的货品的品目。

因协调制度多数章单独列出"未列名货品"品目以容纳特殊货品,并且规则四只适用于品目条文、注释均无规定,且无法使用归类总规则一、二、三解决商品归类的场合,所以此项规定极少使用。鉴于规则四未明确指出商品最相类似之处是指名称、特征,还是指功能、用途、结构,使用此规则难度较大。必须使用本规定时归类程序如下:待归商品——详列最相类似货品编码——从中选出一个最合适编码——如无法判断最合适编码,依从后原则选择最末位的商品编码。

(五)规则五

除上述规则外,本规则适用于下列货品的归类:

(1)制成特殊形状仅适用于盛装某个或某套物品并适合长期使用的照相机套、乐器盒、枪套、绘图仪器盒、项链盒及类似容器,如果与所装物品同时报验,并通常与所装物品一同出售的,应与所装物品一并归类。但本款不适用于本身构成整个货品基本特征的容器。

(2)除规则五(一)规定的以外,与所装货品同时报验的包装材料或包装容器,如果通常是用来包装这类货品的,应与所装货品一并归类。但明显可重复使用的包装材料和包装容器可不受本款限制。

规则五是解决货品包装物（包装材料和包装容器）归类的专门条款。

规则五（一）仅适用于同时符合以下五条规定的非简单包装物的归类。

①制成特定形状或形式，专门盛装某一物品或某套物品的容器。

②适合长期使用的容器，其使用期限与盛装物品的使用期限相称，在物品不使用时，容器可起保护物品的作用。

③必须与所装物品同时报验，为运输方便可与所盛物品分开包装。

④通常与所装物品一同出售。

⑤包装物本身不构成整个物品基本特征。

规则五（一）不适用于本身构成整个货品基本特征的容器。如装有普通茶叶的银质茶叶罐，银质茶叶罐价值远高于所装茶叶，已构成整个货品基本特征，应按银制品归入品目 71.14。

规则五（二）是对规则五（一）的补充，规定对通常用于包装某类货品的包装材料或容器当货物开拆后，包装材料和容器一般不能再作原用途使用，即使不符合规则五（一）的规定，也应与所装货物一同归类。但本规定不适用于明显可以重复使用的包装材料或包装容器，如用来装压缩或液化气体的钢铁容器，应与所装气体分别归类。容器与适宜盛装的货品分别报验时，也应分别归类。

（六）规则六

货品在某一品目项下各子目的法定归类，应按子目条文或有关的子目注释以及以上各条规则（在必要的地方稍加修改后）来确定，但子目的比较只能在同一数级上进行。除条文另有规定的以外，有关的类注、章注也适用于本规则。

规则六为解决某一品目下各级子目的法定归类而设。它规定规则一～五在必要的地方稍加修改，即将规则一～五中的"品"改为"子"，可适用于确定商品在同一品目下各级子目的归类。它还规定子目的比较只能在同一数级上进行。所谓"同一数级"子目是指同一品目下的 5 位数级子目（一级子目）或同一 5 位数级子目下的 6 位数级子目（二级子目）。据此，例如当按照变化了的规则三（一）规定考虑某一物品在同一品目 (4 位数) 项下的两个及两个以上 5 位数级子目的归类时，只能依据有关的 5 位数级子目条文所列名称判断哪个更为具体。只有确定了哪个 5 位数级子目列名更为具体后，而且该子目项下又再细分出若干 6 位数级子目时才能根据有关 6 位数级子目条文考虑物品应归入这些 6 位数级子目中的某个子目。五位数级子目的商品范围不得超出所属四位数级品目的商品范围，六位数级子目的商品范围必须在所属的五位数级子目的商品范围之内。也就是说，在确定了商品的四位数级编码后，才可确定五位数级编码，再进一步确定六位数级编码。在运用归类总规则六时，还应注意所谓"条文"是指类、章注释，所以"条文另有规定"是指类、章注释与子目条文或子目注释不相一致的情况，例如，第 71 章注释 4（2）所规定的"铂"的范围比该章子目注释 2 所规定的"铂"的范围要大，即第71章章注4（2）规定第71章称"铂"指铂族金属，子目注释规定7110.11及7110.19称"铂"仅指"铂"金属，在解释子目7110.11及7110.19的商品范围时，应以子目注释2为准，不应考虑该章注释4（2）的规定。故此当类注、章注与子目条文或子目注释相矛盾时，应服从于子目条文或子目注释。"除条文另有规定的以外"是指类、章注释与子目条文或子目注释不矛盾的情况，即类、章注释适用于子目归类的场合。

此外归类总规则的误用也时有发生，还应注意不能滥用归类总规则。

（七）运用归类总规则的归类实例

1. 运用规则一归类实例

例：针织束腰胸衣，材质按重量计棉占90%，莱卡（氨纶）占10%。

说明：本题应归入品目62.12。为什么针织束腰胸衣不能作为针织服装类纺织商品归入以"针织或钩编的服装及衣着附件"作为标题的第61章？如果类、章标题提示的货品范围与注释或品目条文相矛盾应该以哪个为准？因为从第61章的章注2（2）得知第61章不包括品目62.12的货品，而品目62.12的条文：胸罩、束腰带、紧身胸衣、吊裤带……和类似品及其零件，不论是否针织或钩编。按照上述规则一规定：类、章及分章的标题对商品归类不具备法律效力，由此可以断定应以注释及品目条文为归类依据，将本题商品归入第62章品目62.12。应牢记类、章及分章的标题仅为查找而设置不能以其为归类依据。

2. 运用规则二归类实例

例：涂清漆的木制雕像。

说明：木制雕像应归入品目44.20，涂清漆的木制雕像可视为已添加了其他辅助物质但未失去木制雕像基本特征的货品，故归类时按规则二（二）的规定仍应归入品目44.20。

3. 运用规则三归类实例

例：电冰箱压缩机（电动机额定功率为0.4千瓦）的专用零件（压缩机进、排气阀片）。

说明：电冰箱压缩机的专用零件是按电冰箱的零件归入品目84.18，还是按压缩机的零件归入品目84.14呢？鉴于品目84.18与品目84.14都是按用途列名的品目，而按用途列名的，则以范围小、关系最直接者为具体。压缩机的专用零件首先是压缩机的零件所以与压缩机的关系最直接，相比之下品目84.14为具体列名品目即本题商品应依据规则三（一）归入品目84.14。

4. 运用规则四归类实例

例：切断尼龙纱线，长为2～3毫米，专用于卡车轮胎的增强材料。

说明：尼龙纱线被切断成2～3毫米长的小段，无法运用品目条文、类章注释及归类总规则二～三归类，与品目56.01所列的货品——长度不超过5毫米的纺织纤维（纤维屑）最相类似，故应依据规则四归入品目 56.01。

5. 运用规则五归类实例

例：皮革制小提琴盒和适于装在该盒内的小提琴（同时报验）。

说明：皮革制小提琴盒虽属于非简单包装而且有较高的附加价值，但由于它与适于装在该盒内的小提琴同时报验，已符合了规则五（一）的条件，即使品目 42.02 对乐器盒有列名，品目归类时也应按小提琴归类，归入品目 92.02。

6. 运用规则六归类实例

例：吊秤，最大称重为 500 千克（品目 84.23）。

说明：吊秤是计量用衡器，应归入品目 84.23。再按其他衡器归入相应一杠子目 8423.8，进而归入以"最大称量超过 30 千克但不超过 5000 千克"列名的二杠子目，最终按"其他"归入子目 8423.8290。注意不能归入二杠子目 8423.89 项下以"吊秤"列名的三杠子目 8423.8930。因为归类总规则六明确规定子目的比较只能在同一数级上进行。据此与 8423.82 同级的子目为以"其他"列名的 8423.89。经比较不能归入以"其他"列名的子目 8423.89。鉴于 8423.8930 是 8423.89 细分后的下一级子目，所以不在考虑之列。

二、商品归类的基本操作程序

报关员应运用具有法律效力的归类依据，按照法定归类程序，进行商品归类。正确的操作程序是正确进行商品归类的前提和保证。

（一）商品归类的基本操作程序

商品归类的基本操作程序是指以《进出口税则》提供的具有法律效力的商品归类依据，对进出口货物进行商品归类的操作。

商品归类（八位数级）基本操作程序的具体步骤如下：

第一步：确定品目（四位数级编码）。

明确待归类商品的特征——查阅类、章标题，列出可能归入的章标题——查阅相应章中品目条文和注释，如可见该商品则确定品目——如无规定则运用归类总规则二～五确定品目。注意：此处所言待归类商品的特征是指决定商品属于不同类、章的特征。

第二步：确定子目（五～八位数级编码）。

查阅所属品目的一杠子目条文和适用的注释——如可见该商品则确定一杠子目（五位数级）——如无规定则运用作适当修改后的归类总规则二～五确定一杠子目。依次重复前述程序，确定二、三、四杠子目即六、七、八位数级子目，最终完成归类。注意：同一数级的子目才能进行比较。

在确定了商品四位数级编码后确定一杠子目具体操作时，各归类依据的优先级别依次为：五位数级子目条文、子目注释、章注、类注（类、章注释与子目条文或子目注释不矛盾时）——作适当修改后的归类总规则二~五；或五位数级子目条文、子目注释（类、章注释与子目条文或子目注释不相一致时）——作适当修改后的归类总规则二~五。其中作适当修改后的归类总规则二~五是指将归类总规则二~五中所述"品目"改为"子目"，即可用相同的规定解决各级子目中有关具有相应完整品或制成品的基本特征的不完整品、未制成品等的归类；同理可用相同的具体列名、基本特征等方法解决看起来可归入多个子目的货品的归类。

（二）抓准待归类商品的特征，确保品目归类的全方位把握

什么是决定待归类商品处于不同类、章的特征呢？通常协调制度分类时对原料性商品按商品的自然属性设章；制成品主要按所具有的原理、功能及用途设章；对难以按常用的分类标志进行分类的进出口商品，则以杂项制品为名专列类、章。所以首先应判断的是，待归类商品究竟是按原料、材料上的特征设章，还是按原理、功能及用途上的特征设章，或是应列入杂项制品。只有全方位地抓准待归类商品的特征，才能将可能归入的类、章全部纳入视野，避免漏掉待归类商品的某种划分类、章的可能性。下面仅就品目归类时与明确"待归类商品特征"这一环节有关的程序用实例进行说明（不进一步确定应归入的品目）。

例1：人造石墨制的轴承。

说明：从商品构成材料上看是人造石墨制品，从商品用途上看是特殊的通用零件。查阅类、章标题当作为前者时，似应归入第68章 石料、石膏、水泥、石棉、云母及类似材料的制品；当作为后者时似应归入第84章……机器、机械器具及其零件。两章内似可归入的品目分别是68.15 其他品目未列名的石制品及其他矿物制品（包括碳纤维及其制品和泥煤制品）和品目84.83 传动轴（包括凸轮轴及曲柄轴）及曲柄。轴承座。

例2：船舶用舵机。

说明：看起来船舶用舵机既是具有独立功能的机器（按功能原理）又是用于运输工具船舶的装置（按用途）。查阅类、章标题，当作为前者时似应归入第84章……机器、机械器具及其零件，应归入品目84.79；当作为后者时似应归入第89章船舶及浮动结构体。

例3：20千克装、化学纯级、粉末状硝酸钠。

说明：粉末状化学纯硝酸钠既是含氮化肥（按用途），也是无机化学品硝酸盐（按化学结构即商品的自然属性）。查阅类、章标题当作为前者时应归入第31章肥料，当作为后者时应归入第28章 无机化学，第五分章无机酸盐，两章内相关品目分别为品目31.02 矿物氮肥及化学氮肥和品目28.34 亚硝酸盐；硝酸盐。

例4：牛骨制成的梳妆用梳子。

说明：从商品所用材料上看是动物的骨骼，从商品用途上看是梳妆用品，二者都

被视为杂项制品，故应归入第96章杂项制品。

此外，一些与归类无关的条件，如产地、品牌等，应注意避免这些因素对归类思路的影响和干扰。

（三）归类操作例析

1.品目归类例析

例1：鲜苹果。

※ 分析货品的特征：

○物质属性——水果

※ 查阅类、章标题，列出可能归入的类、章标题：

○水果应归入（第二类）第8章食用水果及坚果、柑橘属水果或甜瓜的果皮

※ 查阅相应类、章中的品目条文和注释：

○品目条文——第8章品目08.08条文中列有此货品

○注释——第二类及第8章没有相关注释

※ 依据品目条文确定品目：

○品目08.08

例2：连衣裙裁剪片（布料：纯棉机织印花布，幅宽110厘米，170克/平方米）。

※ 分析货品的特征：

○原材料——纯棉机织印花布

○用途——连衣裙裁剪片（机织女式服装的未制成品）

※ 查阅类、章标题，列出可能归入的类、章标题：

○纯棉机织布片似应归入（第十一类）第52章 棉花

○女式机织服装似应归入（第十一类）第62章 非针织或非钩编的服装及衣着附件

※ 查阅相应类、章中品目条文和注释：

○相应章之一（第一种归类可能）——第十一类第52章

◎品目条文——第52章品目条文中未列有此货品

◎注释——第52章没有相关章注释

◎属于依第十一类类注7关于本类所称"制成的"不能归入第52章

○相应章之二（第二种归类可能）——第十一类第62章

◎品目条文——第62章品目条文中未列有此货品

◎注释——第62章没有相关章注释

※ 依据归类总规则二（一）确定品目：

○连衣裙裁剪片已具有连衣裙的基本特征应作为连衣裙归类——品目62.04

2.子目归类例析

例：中华绒螯蟹种苗（品目03.06）。

※ 确定五位数级（一杠子目），对品目 03.06 项下一杠子目条文进行比较（同级可比）：

—冻的

—活、鲜或冷的（确定此子目条文）

※ 确定六位数级（二杠子目），对鲜或冷的项下二杠子目条文进行比较（同级可比）：

——岩礁虾及其他龙虾（真龙虾属、龙虾属、岩龙虾属）

——螯龙虾（螯龙虾属）

——蟹（确定此子目条文）

——挪威海螯虾

——冷水小虾及对虾（长额虾属、褐虾）

——其他小虾及对虾

——其他，包括适合供人食用的甲壳动物的细粉、粗粉及团粒

※ 确定七位数级（三杠子目），对蟹项下三杠子目条文进行比较（同级可比）：

———种苗（确定此子目条文与待归类商品相符）

———其他

（"———种苗"后无冒号，说明该子目未被拆分，是最终子目）

※ 最终确定中华绒螯蟹种苗应归入子目 0306.3310。

商品归类练习题

1.《协调制度》是国际贸易商品分类的一种"标准语言"，它的主要优点通常用（　　）八个字表示。

A. 完整、系统、通用、准确

B. 广泛、通用、系统、唯一

C. 先进、完整、准确、唯一

D. 先进、广泛、通用、标准

2. 商品编码"0103.9110"说明：

A. 该商品在第 1 章

B. 该编码包括的货品范围是重量在 10 千克以下的活猪

C. 商品编码 0103.9 代表除改良种以外的其他活猪

D. 商品编码中的第 8 位"0"表示在 3 级子目下未设 4 级子目

3. 判断题

（1）《协调制度》的商品编码由八位数组成。（ ）

（2）《协调制度》有实质内容的章有97个。（ ）

（3）HS采用结构性商品编码，第五位数字通常表示此一杠子目在所属品目中的实际序位。（ ）

4. 商品归类品目练习

（1）冷冻薯条（用油初炸过）

（2）大麦和燕麦组成的等量混合物

（3）饮料自动售货机（装有制冷装置）

（4）皮革制小提琴盒和适于装在该盒内的小提琴（分别报验）

（5）两套摩托车未组装件（无车座）装于一个木箱内，三个车座装于一个塑料盒内，同时报验

（6）一个纸盒内装有一瓶醋、一瓶酱油、一瓶番茄沙司

（7）电动剃须刀（装在皮套里）

【本篇小结】

《海关税则》及《海关统计目录》是以《协调制度》为基础编制的我国海关商品分类目录。本章第一部分着重介绍《协调制度》的组成和结构；各组成部分的地位、作用及相互关系；目录条文及注释的有关概念及归类时的作用。在此基础上比较了海关商品分类目录与《协调制度》的异同，为教材后续内容的学习打下了基础。第二部分全面介绍了协调制度归类总规则的内容、适用条件，并以此为基础归纳出商品归类的基本操作程序，为学生准确地进行商品归类提供了普遍适用的原则和方法。

【本篇关键名词或概念】

协调制度进出口税则 归类总规则 商品归类的基本操作程序

【本篇简答题】

1. HS由哪几部分组成？简述各部分的作用。

2. 协调制度采用的分类原则是什么？

3. HS归类总规则的主要内容是什么？

4. 简述商品归类基本操作程序的具体步骤。

第二篇 第一类 活动物；动物产品

【本篇导读】

本篇系统介绍了活动物；动物产品的归类要点。

【本篇学习目标】

通过本篇的学习，熟悉 HS 第一类的商品范围，了解与相关类、章商品的区别和联系，明确归类易混淆之处，掌握第一类的主要归类原则并能正确进行商品归类。

2.1 本类归类要点

一、本类的结构和商品范围

本类包括活动物及动物产品的初级产品，其商品范围可分为三部分：

1. 活动物……………………………第1章、第3章

2. 食用动物产品……………………第2章、第4章

3. 非食用动物产品…………………第5章

某些加工程度较高的动物产品及作为一些生产行业的原材料的动物产品，不归入本类。例如，动物油归入第15章，肉、鱼、甲壳动物、软体动物等的制品归入第16章；动物生皮或皮革归入第41章；动物毛皮归入第43章；动物毛归入第十一类。

归入本类的动物产品和归入其他类的动物产品，主要是根据加工程度来区分的，而各章对不同动物产品的加工程度，都有不同的标准，因此，对动物产品进行归类时，应根据有关各章的注释和税目条文的规定来确定。

二、类注释提要

本类类注释：

1. 本类所称的各属种动物，除条文另有规定的以外，均包括其幼仔在内。

2. 除条文另有规定的以外，本协调制度所称干的产品，均包括经脱水、蒸发或冷冻干燥的产品。

2.2 第1章 活动物

一、本章的结构及商品范围

本章共有6个品目，从结构上首先要明白6个品目是按照由牲畜到家禽再到其他动物、由常见动物到不常见动物、由大型动物到小型动物的顺序排列的，如：

01.01 马驴骡、01.02 牛、01.03 猪、01.04 羊、01.05 家禽、01.06 其他

上述动物是不分幼仔与成年的，但请注意下列事项：

1. 甲壳动物、软体动物、水生无脊椎动物要归入第3章。

2. 培养微生物、细菌、病毒等这类用肉眼看不到的生物要归入品目30.02。

3. 流动动物园、流动马戏团动物要归入9508.1000。

4. 哺乳动物，如鲸、海狮、海豚、海象及生活在水中的爬行动物，如龟、甲鱼、王八、鳖、玳瑁、娃娃鱼、鳄鱼、壁虎、蛇不能归入第3章，而是归到子目0106.2中，青蛙、蟾蜍等两栖类动物归到子目0106.9中。

二、章及子目注释提要

本章有3条章注释，无子目注释。

章注1、2、3是排他条款，列出了不能归入本章的6类货品。

三、商品基础知识、商品简介及名词解释

下面将本章条文或注释中涉及的商品、名词等作简单介绍，以便归类。

1. "改良种用动物"（第1章）：

须经本国主管部门出具证明，认定为"纯种"的种用动物才能归入本章有关的子目。如没有证明，则不论其实际用途如何，一律不能作为改良种用动物归类。

2. "家牛"（子目0102.2）：

泛指从农场或牧场养殖而来的牛，包括牛科牛属动物，分为四个亚属。主要包括：普通黄牛、瘤牛（驼牛）及瓦图西牛；亚洲犍亚属牛，例如，白肢野牛、大额牛及白臀野牛（爪哇野牛）；牦牛亚属动物，例如，西藏牦牛。

3. "水牛"（子目0102.3）：

牛科水牛属动物，一种草食反刍家畜。有亚洲野水牛和非洲野水牛之分。主要供役用。

4. "蜂"（子目0106.41）：

它是膜翅目蜜蜂总科的昆虫，是有益的昆虫类群，能为虫媒植物传播花粉。

5. "灵长目"（品目01.06）：

指猴、类人猿、狒狒、猩猩等最高等的哺乳动物，但是人类不可以进出口。

四、部分品目介绍

下面将本章部分品目的商品范围介绍如下：

（一）品目 01.05

家禽，仅包括所列的各种活家禽，但不包括其他活禽［例如，鹧鸪、野鸡、鸽、野鸭、大雁（品目 01.06）］。

（二）品目 01.06

爬行动物（包括蛇及鳖）、其他昆虫、蛙都归入品目 01.06。

五、归类时容易混淆或忽视的地方

下面的内容是本章商品归类时容易混淆或忽视的地方，应该注意掌握。

1. 活动物若在运输途中死亡的不能归入本章，而应按其鲜度是否适合供人食用分别归入第 2 章或第 5 章，即适合供人食用归第 2 章，不适合供人食用归第 5 章。

2. 本章所称家禽是指鸡（普通家鸡及阉鸡）、鸭、鹅、火鸡及珍珠鸡。家庭饲养的鸽、孔雀、鹌鹑等都不能作为家禽归类。

六、归类原则

品目 01.01 至 01.04 及 01.06 均包括家养的和野生的，但是品目 01.05 的家禽只包括家庭饲养的鸡包括乌鸡、鸭、鹅，不包括天鹅、火鸡、珍珠鸡，家庭饲养的其他禽类不能视为家禽，例如家庭饲养的鸽子、孔雀、鹌鹑等应按其他活动物归到品目 01.06 中，野生的禽类也按其他活动物归到品目 01.06，例如野鸡、野鸭等。

商品归类练习题

1. 供观赏用的眼镜蛇
2. 供食用的玳瑁
3. 海洋馆的海豚
4. 改良种用的老鹰
5. 供观赏用的孔雀
6. 供拉货用的骡子
7. 食用活乳鸽
8. 宠物犬
9. 蜜蜂

2.3 第 2 章 肉及食用杂碎

一、本章的结构及商品范围

第一章是活动物，本章为第一章活动物宰杀后简单加工的肉或可供食用的杂碎，这是两章之间的关系，第 16 章是本章产品的深加工产品。

1.学习本章时从结构上首先要明白10个品目是按照从牲畜的肉、杂碎到家禽的肉、杂碎再到其他动物的肉、杂碎，由鲜、冷、冻储存方式到干、熏、盐腌、盐渍或制粉的顺序编排的。

2.品目02.01至02.08是鲜、冷、冻的肉或杂碎，品目02.10是干、熏、盐渍或制粉的顺序编排，02.09是未炼制的可提炼动物油的脂肪、肥肉，并且不论是否可供食用，但不分鲜、冷、冻、干、熏、盐腌、盐渍，注意品目02.09和第15章的关系。

3.在品目02.01至02.08之间，01.02牛肉、03猪肉、04羊肉、05马驴骡肉，06是前述动物的杂碎，07为家禽的肉与杂碎，08则是除了前述动物之外动物的肉与杂碎，一般来自品目01.06中的动物，比如鳄鱼肉。

二、章及子目注释提要

本章有3条章注释，无子目注释。

章注1、2、3是排他条款，列出了不能归入本章的7类货品。

三、商品基础知识、商品介绍及名词解释

下面将本章条文或注释中涉及的商品、名词等作简单介绍，以便归类。

1."带骨的"：

既指带整块骨头的肉，也指已剔除一些或部分骨头的肉（例如，不带胫骨及半去骨的后腿）。但不包括骨头被剔除后又被重新插入，骨与肉组织不再相连的产品。

2."羔羊肉"（子目0204.10和0204.30）：

它是指从不超过12个月大的绵羊身上得到的肉，其肉质纹理细嫩，呈粉红色。宰好后每头重量不超过26千克。

3."肥肝"（子目0207.43和0207.53）：

肥肝（鹅或鸭的）的个大、量重、脂肪多，通常呈米白色至淡栗色不等。而其他的禽类的肝则个小，一般呈深红色或淡红色。

4."熏"：

它也是一种深加工，但是在第二章里我们把它视为简单加工。

四、部分品目介绍

下面将本章部分品目的商品范围介绍如下：

（一）品目02.09

品目02.09中必须是未炼制的，而且只针对的是猪脂肪和家禽脂肪，包括简单加工的各种方法，如果是已炼制的归第15章。其他动物的脂肪，不管是已炼制还是未炼制都归到第15章。

（二）品目02.10

1.0210.9100–9300包括了灵长目的、鲸海豚类的、爬行动物的肉及杂碎。

2.0210.9900包括了猪肉、牛肉的食用杂碎，以及前面没提到的其他动物的肉及

食用杂碎。

3. 子目 0210.9900 包括所有第 2 章动物的粉类。

五、归类时容易混淆或忽视的地方

下面的内容是本章商品归类时容易混淆或忽视的地方，应该注意掌握。

1. 肉及杂碎一定是能食用的，不可供人食用的要归入第 5 章。

2. 加工、制作方法也仅限于鲜、冷、冻、干、熏、盐腌、盐渍、制粉，如果是蒸、煮、烧、烤、油炸等法加工，因可以直接食用的缘故，应该放入第 16 章，而不是本章。但粗粉或细粉例外，即使使用了蒸、煮、油炸等方法，也要归入本章，而不适合供人食用的细粉、粗粉要归到品目 23.01 中。

六、归类原则

关于动物杂碎的归类：

1. 供人食用的杂碎，如头、脚、尾、心、舌，供人食用归入第 2 章，不适合供人食用的如因保存不善导致变质，归入第 5 章。

2. 专供制药用的杂碎，如胆囊、肾上腺、胎盘，如为鲜、冷、冻或用其他方法临时保藏的归入品目 05.10，如经干制的归入品目 30.01。

3. 既可供人食用，又可供制药用的杂碎，如肝、肾、肺、脑、胰腺、脾、脊髓，临时保藏归入品目 05.10，干制归入品目 30.01。其他如果适合供人食用的归入第 2 章，不适合供人食用的归入到第 5 章。

商品归类练习题

1. 冷冻的五花肉

2. 冻猪蹄

3. 干的猪蹄筋

4. 冻牛肉（带骨腿肉）

5. 熏的猪舌头

6. 冷藏的大块牛肉，带骨

7. 鲜牛百叶，牛胃

8. 经蒸煮的牛肉细粉

9. 冻鹅掌

2.4 第3章　鱼、甲壳、软体与其他水生无脊椎动物

一、本章的结构及商品范围

本章多为水生动物，和第1章既有着明显的区别，又有一定的交叉。水生哺乳动物要列入第1章，而陆生的软体动物和甲壳动物则必须归入本章。此外，第1章为活动物，死动物只要可食用即列入第2章，包括可食用的死动物尸体。第3章则不分死的还是活的都列入本章，除非不能食用。

第1章、第3章不可食用的死动物都列入第5章品目05.11。

本章的产品既包括活的，也包括可供人食用的简单加工产品，这些动物可供食用、工业用、产卵用或者观赏用。

学习本章时从结构上首先要明白7个品目是按鱼到甲壳动物再到软体动物最后水生无脊椎动物，水生软体由活至鲜、冷至冻、至干、熏、盐腌、盐渍、制粉、粒的储存加工方式来排列的，如果还有编排顺序的话，那就是先整体,后切片、块,最后制粉、粒。

本章产品允许加工程度与第2章相比有所不同,除鲜、冷、冻、干制、盐腌、盐渍外,允许熏鱼在熏制前或熏制过程中进行烹煮过，带壳的甲壳动物可以经过蒸煮过或用水煮过。但是经过熏制加工的甲壳动物、软体动物及其他水生无脊椎动物、蒸过或用水煮过的去壳的甲壳动物都应归入第16章。

二、章及子目注释提要

本章有2条章注释，无子目注释。

1. 章注1是排他条款，列出了不能归入本章的5类货品。

2. 章注2对本章所称"团粒"做出了明确定义。

三、商品基础知识、商品介绍及名词解释

下面将本章条文或注释中涉及的商品、名词等作简单介绍，以便归类。

1. "鱼"（第3章）：

生活在水中的脊椎动物，体温随外界温度而变化。

2. "观赏鱼"（子目0301.1）：

它是指因为色彩或形态特殊而通常养于水族箱中以供观赏的活鱼。

3. "淡水鱼"（子目0301.11）：

淡水鱼指生活在淡水水域中的各种鱼类。（根据1959年意大利威尼斯国际会议对各种盐度水体的分类规定，凡盐度含量低于0.5‰者属于淡水。）

4. "甲壳动物"：

指龙虾、小虾、对虾、大螯虾、蟹、虾、蟹类。

5. "软体动物"：

指蚌、扇贝、贻贝、牡蛎、章鱼、鱿鱼、墨鱼、鲍鱼、蜗牛、螺等。

6."水生无脊椎动物":

其指海胆、海蜇、海参、海肠、蛤等。

世界上 70% 以上的动物都是水生无脊椎动物，甲壳动物和软体动物其实也属于水生无脊椎动物。

四、部分品目介绍

下面将本章部分品目的商品范围介绍如下：

（一）品目 03.05

本品目不包括：

1. 鱼汤（品目 21.04）。

2. 不适合供人食用的鱼的粗粉、细粉及团粒（品目 23.01）。

（二）品目 03.06

本品目不包括：

1. 品目 03.08 的海胆和其他水生无脊椎动物。

2. 用非本品目所列方法制作或保藏的甲壳动物。

五、归类时容易混淆或忽视的地方

下面的内容是本章及其相关商品归类时容易混淆或忽视的地方，应该注意掌握。

1. 并不是所有的带有鱼字的都是鱼，如甲鱼、鳄鱼是爬行动物，归品目 01.06，章鱼、墨鱼、鱿鱼、鲍鱼是软体动物，归品目 03.07，也不是不带鱼字就不是鱼，如海龙、海马还是鱼类。

2. 在品目 03.01 中注意观赏鱼，品目 03.02 中注意大马哈鱼是鲑鱼的一种，品目 03.06 中北方长额虾是小虾的一种，淡水小龙虾不是龙虾。

3. 重点品目品目 03.05、品目 03.06。

六、归类原则

（一）海蜇的归类

盐腌的海蜇归入品目 03.07，但是如果是用明矾腌制则要归入品目 16.05。因为盐腌是简单加工，而明矾腌制是深加工。

（二）海龙、海马的归类

海龙、海马属于鱼类，海龙又叫杨枝鱼，海马因头部像马得名，经常入药。注意即使干制也应归入本章品目 03.05，而不能归入品目 05.11 或者第 30 章。

商品归类练习题

1. 盐渍海蜇

2. 活的澳洲大龙虾

3. 活的蜗牛

4. 冻小虾仁

5. 冷藏大马哈鱼

6. 冷藏的中华绒螯蟹

7. 活的淡水小龙虾

8. 活的蓝鳍金枪鱼

9. 晒干的鲳鱼鱼片

10. 鳗鱼苗

2.5 第4章 乳品、蛋品、天然蜂蜜和其他食用动物产品

一、本章的结构及商品范围

本章所列产品通常为天然的第1章所列动物的产品或分泌物，都是可以供人食用的，本章产品的特点是纯天然的。

本章共10个品目，基本上按照乳及乳品、禽蛋、天然蜂蜜、其他未列名的食用产品的顺序排列，乳及奶油04.01、04.03，乳品04.04、04.06，禽蛋04.07、04.08，天然蜂蜜04.09，其他品目未列名的食用动物产品04.10。

二、章及子目注释提要

（一）章注释提要

本章有4条章注释。

1. 章注1明确了"乳"的定义。

2. 章注2对品目04.05所称"黄油"做出了明确定义。

3. 章注3对品目04.06所称"乳酪"做出了明确定义。

4. 章注4是排他条款，列出了不能归入本章的3类货品。

（二）子目注释提要

本章有2条子目注释。

1. 子目注释1对子目0404.10所称"改性乳清"做出了明确定义。

2. 子目注释2明确了子目0405.10所称"黄油"的适用货品范围。

三、商品基础知识、商品介绍及名词解释

下面将本章条文或注释中涉及的商品、名词等作简单介绍，以便归类。

1."酸乳酒"（品目04.03）：

不能因为带了酒字就归入第22章，而且要注意品目04.03的产品可以加有可可，一般情况下加有可可的产品要归到第18章。

2."乳清"（品目04.04）：

乳清，按重量计乳糖含量不能超过95%，超过则归入第17章糖类17.02。注意乳清和乳酪的区别，乳脂含量干重达到5%，所含干质成分重量在70%以上，但不超过85%、基本成型的乳清不能按乳清归类，必须当作乳酪放在品目04.06。

3."乳酪"（品目04.06）：

乳酪（干酪）是以牛乳、奶油、部分脱脂乳、酪乳或这些产品的混合物为原料，经凝乳并分离乳清而制得的新鲜或发酵成熟的乳制品。包括同时具有第4章章注3所列三种特性的乳清经浓缩并加入乳或乳脂制成的产品。

四、部分品目介绍

下面将本章部分品目的商品范围介绍如下：

（一）品目04.01

04.01的乳及奶油是"未浓缩且未加糖"或者"未浓缩且未加其他甜物质"的。

（二）品目04.02

04.02是满足"浓缩、加糖、加有其他甜物质"中的一个条件就可以。

（三）品目04.05

归到品目04.05的黄油是天然黄油，从乳里面提炼出来的，人造黄油归到子目1517.1000。

子目0405.1000里面也不包括印度酥油和脱水黄油，它们要归入子目0405.9000里。

五、归类时容易混淆或忽视的地方

下面的内容是本章及其相关商品归类时容易混淆或忽视的地方，应该注意掌握。

1.注意以乳为基本成分的食品要归到品目19.01，品目19.01的产品基本上都是工业品，里面掺进了相当多别的成分，如豆奶粉，还有你在超市你买到的奶粉一般都是归入品目19.01。

2.天然蜂蜜在品目04.09，但人造蜂蜜，超市里多为此种商品，要按糖产品归入第17章品目17.02，天然蜂蜜与人造蜜的混合物仍归入品目17.02中。鲜蜂王浆，包括粉，也是天然产品，归入品目04.10，但蜂王浆制剂归入品目21.06中。

六、归类原则

蛋的归类：

禽蛋跟前几章的肉类不同，这里的禽蛋即使经过了蒸、煮、炒，做成罐头，还是放在本章，只不过根据是否带壳而分列品目04.07、04.08。如果不是禽蛋，如鳄鱼蛋则要当作未列名的产品放在品目04.10。

乳清蛋白 35.02、球蛋白 35.04、酪蛋白 35.01，但硬化蛋白要归入第 39 章品目 39.13 按塑料归类。

商品归类练习题

1. 全脂奶粉，脂肪含量 23%、未加糖，450 克 / 袋

2. 光明牌带草莓果肉的酸牛奶

3. 燕窝

4. 含有 3% 糖分的鲜牛奶，供婴儿饮用

5. 含有 10% 糖分的奶粉，脂肪含量为 15%

6. 新鲜的淡牛奶，脂肪含量为 16%

7. 不含糖的奶粉，脂肪含量为 5%

8. 袋装全脂甜奶粉，按重量计脂肪含量为 25%

9. 蒙牛牌酸酸乳，250 克纸质罐装

10. 加有巧克力的酸奶，250 克纸质罐装

2.6 第 5 章 其他动物产品

一、本章的结构及商品范围

1. 本章是第 1、3 章动物的副产品，特点是不能供人食用，肠、胃、膀胱及动物血除外能食用则归入第 2、3、4 章。

2. 本章 11 个品目，所列产品基本都是未加工或仅经过简单加工，如洗涤、梳理、酸处理、脱胶、制成粉末和废品、废料，没有加工成成品，否则要归入相关各章节，比如 05.06 到 05.08 产品的深加工产品归到第 96 章，它们排列的顺序如下：

05.01 人发，05.02 猪毛（含猪科动物），05.04 肠、胃、膀胱，05.05 羽毛、羽皮，05.06 ~ 05.08 动物的角、骨、壳等，05.10 可入药动物产品，05.11 其他未列名不可食用的动物产品。

注：可食用的未列名归入品目 04.10。

二、章及子目注释提要

本章有 4 条章注释，无子目注释。

1. 章注 1 是排他条款，列出了不能归入本章的 6 类货品。

2. 章注 2 对品目 05.01 所称 "未经加工的人发" 做出了明确定义。

3. 章注 3 对品目 05.07 所称 "兽牙" 做出了明确定义。

4. 章注 4 对品目 05.11 所称 "马毛" 做出了明确定义。

三、商品基础知识、商品介绍及名词解释

下面将本章条文或注释中涉及的商品、名词等作简单介绍，以便归类。

1. "动物肠衣"（品目 05.04）：

动物肠衣，是纯天然的肠衣，一般用来灌香肠。此外还有人造肠衣，是塑料做的，归到 3917.1000。而羊的肠衣很多时候是用来制作肠线的，要是制成的肠线经过消毒归到 3006.1000，要是未消毒则归到 42.06 中。

2. "斑蝥"（品目 05.10）：

这是一种动物原材料，一般制药。

3. "黄药"（品目 05.10）：

黄药包括牛黄、马宝、猴枣等动物体内的结石，主要也是入药。

四、部分品目介绍

下面将本章部分品目的商品范围介绍如下：

（一）品目 05.06

品目 0506 为钙质产品，如果加工或者要艺术加工，比如雕刻则归入品目 96.01。这些钙质产品，要注意的是，书本上提到的兽牙的范围，还有龟壳里面包括玳瑁壳。

（二）品目 05.10

品目 05.10 所列为动物香，都是纯天然的，纯天然的植物香如果食用放在第 9 章，当作调味品，其他的放入第 12 章品目 12.11，化妆用香料制品，属于工业制成品，要放在第 33 章。

品目 05.10 所列配药用的腺体必须是非干制或非提取的，如果干制或提取则要列入品目 30.01，但是胆汁，不论是否干制，都归到品目 05.10 中。

五、归类时容易混淆或忽视的地方

下面的内容是本章及其相关商品归类时容易混淆或忽视的地方，应该注意掌握。

1. 一般生皮或毛皮归入第 41、43 章，一般为 4 只脚的。但鸟皮则归入品目 05.05，一般为 2 只脚的。工业用猪皮要归入子目 4103.3000，例如做猪皮皮鞋。但食用猪皮要按食用杂碎归入第 2 章。生皮或毛皮虽归入第 41、43 章，但生皮、毛皮的废碎料、边角料要归入品目 05.11。

2. 未按根、梢整理的人发或废人发归入品目 05.01，深加工的人发归品目 67.03，人发的制品归入品目 67.04 中。

猪科动物毛发较硬，多制刷，一般制刷原材料就归到品目 05.02 中，但是若这些原材料为成束成簇的话，归到子目 9603.9090，制成刷子也归到品目 96.03 中。羊毛、绵羊、羔羊等可用作纺织材料的动物毛一般归入第 51 章，但短而发硬的山羊毛、黄鼠狼尾毛仍然归入本章品目 05.02。

马毛包括马科动物和牛科动物的毛，这些毛也是比较硬的，也可以用来制刷，也可

用来纺织，马毛本身归到 0511.9940；但是马毛纱线，马毛制的机织物，则归到第 51 章。

六、归类原则

鸟皮、羽毛的归类：

注意比较品目 05.05 的鸟皮和品目 67.01 的鸟皮的细微差别，品目 05.05 是简单加工，而品目 67.01 是深加工。

子目 0505.1000 的填充用羽绒如果加入棉被制成床上用品，则要改变归类，须列入品目 94.04 当寝具来归，要是把毛填充在羽绒服里，则一般归到品目 62.01 或品目 62.02 中。

商品归类练习题

1. 仅经过消毒处理的制羽绒服用的鸭绒

2. 象牙粉

3. 蚂蚁卵

4. 经脱色处理的人发

5. 未按发根和发梢整理的头发

6. 甲鱼的受精卵

7. 供制刷用的猪鬃

8. 用猪鬃制成的刷子作漆刷用

9. 未梳的含脂羊毛，剪羊毛，供纺织用

10. 马毛纱线，供零售用

11. 供纺织用的马毛

【本篇小结】

本章在概括阐述 HS 第一类货品归类要点的基础上，从商品范围、注释提要、商品知识、品目介绍、归类易混淆之处等方面依次明确了第 1～5 章货品各自的归类要点，诸如第 2 章简单介绍了"肉及食用杂碎的归类原则"，为全方位把动物产品的正确归类提供了必要的基础知识。

【本篇关键名词或概念】

甲壳动物　食用杂碎　天然蜂蜜

【本篇简答题】

1. 本类动物产品具有什么特点？

2. 简述本类动物产品允许的加工方式。

第三篇　第二类 植物产品

【本篇导读】

本篇系统介绍了植物产品的归类要点。

【本篇学习目标】

通过本篇的学习，熟悉 HS 第二类的商品范围，了解与相关类、章商品的区别和联系，明确归类易混淆之处，掌握第二类的主要归类原则并能正确进行商品归类。

3.1 本类归类要点

一、本类的结构和商品范围

（一）结构

活植物——食用植物产品——非食用植物产品。

（二）商品范围

1. 活植物（第6章）。

2. 食用植物产品，未经过加工，或仅经过有限的简单加工（第7章至第11章及第12章部分品目）。

3. 非食用植物产品，未经过加工，或仅经过了有限的简单的加工（第12章部分品目及第13章和第14章）。

二、类注释提要

本类类注释：

对本类所称"团粒"做出了明确定义。

3.2 第6章 活植物

一、本章的结构及商品范围

本章包括：由苗圃或花店供应的、适于种植、一般带根或装饰、一般无根用的各种活植物以及菊苣植物及其根，同时还包括装饰用的花蕾、插花、簇叶、枝干和制成的花束、花圈花篮及类似的花店制品，即使经过保鲜、干制、染色、漂白等方法处理。但不包括其他章已包括的可食用籽仁、果实和蔬菜等。

本章产品的排列顺序：06.01 植物的茎、根和菊苣植物，06.02 其他活植物、插枝、接穗，06.03 装饰用花，06.04 装饰用枝叶。

二、章及子目注释提要

本章有 2 条章注释，无子目注释。

1. 章注 1 明确了品目 06.01 的适用货品范围。

2. 章注 2 明确了品目 06.02 的适用货品范围。

三、商品基础知识、商品介绍及名词解释

下面将本章条文或注释中涉及的商品、名词等作简单介绍，以便归类。

1. "块根"（第 6 章）：

根的一种，呈块状，无定形，例如大丽花。

2. "块茎"（第 6 章）：

地下茎的一种，呈块状，含有大量的淀粉和养料，上面有凹入的芽眼，芽眼中有芽，芽可以长成地上茎。

3. "种用苗木"（子目 0602.2010）：

它系指用于推广繁殖的具有利用价值的果树遗传物质的总体，将其作为繁殖材料或种植材料进行栽培、试验，不能直接从事营利性的经营的苗木。

4. "鳞茎类"：

鳞茎为地下变态茎的一种。变态茎非常短缩，呈盘状，其上着生肥厚多肉的鳞叶，内储藏极为丰富的营养物质和水分。能适应干旱炎热的环境条件。鳞茎也具顶芽和腋芽，可从其上发育出地上的花茎，开花结实。本章的鳞茎类不包括第 7 章可供食用的鳞茎。

四、部分品目介绍

下面将本章部分品目的商品范围介绍如下：

（一）品目 06.01

品目 06.01 包括不论报验时是否装于盆、盒中的鳞茎、块茎等，其主要品种有孤挺花、银莲花、鳞茎类、秋海棠、美人蕉、窄叶小草、铃兰、藏红花、仙客来、大丽花、独尾草、小苍兰、雪莲花、百合花、水仙花、郁金香等，但本品目不包括第 7 章可供食用的鳞茎、块茎等，如马铃薯、洋葱。

（二）品目 06.02

品目 06.02 主要是长在地上的树、花、灌木，以及插枝、接穗等，品目 06.02 的产品都是带有根的，多数情况下与泥土相混合，要注意子目 0602.9091 的种用苗木，既然是苗木，肯定已经长起来了，对比草本花卉的种子要归到子目 1209.3000 的，兰花的种用苗木要归到子目 0602.9091，观赏用的兰花则归到子目 0602.9092，注意同级之间的排他性。

五、归类时容易混淆或忽视的地方

下面的内容是本章及其相关商品归类时容易混淆或忽视的地方，应该注意掌握。

品目 06.01 的菊苣植物及其根不包括作为蔬菜的菊苣，作为蔬菜的菊苣归入品目 07.05，品目 12.12 的是可作为咖啡代用品的原生态的未焙制的菊苣根，制成的咖啡代用品不含咖啡归入品目 09.01，含咖啡则归入品目 21.01。

六、归类原则

（一）非食用的蘑菇菌丝的归类

非食用的蘑菇菌丝归入品目 06.02，食用的蘑菇要归入第 7 章当作蔬菜归类。

（二）菊苣属植物及其根的归类

菊苣属植物及其根大部分都归入第 6 章（子目 0601.2000）。未烘焙的归入品目 12.12；已烘焙的归入品目 21.01。

商品归类练习题

1. 养殖开花的水仙花球茎
2. 干花蕾（装饰用）
3. 干玫瑰花（药用）
4. 与泥土混合的蘑菇菌丝
5. 天然圣诞树，未经装饰
6. 塑料制圣诞树，已经装饰
7. 荷兰红牡丹，捆扎成束、新鲜的、带少许绿叶
8. 百合花插枝
9. 由新鲜的玫瑰花和塑料花组成的花篮
10. 种用的兰花苗木

3.3 第 7 章 食用蔬菜、根及块茎

一、本章的结构及商品范围

本章包括各种供食用的蔬菜和含高淀粉或高菊粉的植物块茎及块根 0714，如甘薯、木薯、荸荠、藕等。这些蔬菜的加工方法为简单加工、冷藏、冷冻、干制、用二氧化硫或盐水或亚硫酸水防腐处理过，以及它们的什锦化，但 07.10 的蔬菜是特例，本章的产品若深加工，如油炸、烹煮、烘炒等，归到第 20 章。

全章 14 个品目可分成四大块：07.01—07.09 鲜或冷藏、07.10 冷冻（不论是否蒸煮）、07.11 暂时保藏、07.12—07.13 干制、07.14 则是某些含高淀粉、高菊粉的蔬菜。

二、章及子目注释提要

本章有 4 条章注释，无子目注释。

1. 章注 1 是排他条款，列出了不能归入本章的 1 类货品。

2. 章注 2 明确了品目 07.09 ~ 07.12 所称"蔬菜"的适用货品范围。

3. 章注 3 明确了品目 07.12 的排他条款。

4. 章注 4 是排他条款，列出了不能归入本章的 2 类货品。

三、商品基础知识、商品介绍及名词解释

下面将本章条文或注释中涉及的商品、名词等作简单介绍，以便归类。

1. "马铃薯"：

又名土豆，鲜冷 07.01，冷冻 07.10，二氧化硫、盐水、亚硫酸处理品目 07.11，干制 07.12，磨粉 11.05，提取淀粉 11.08，醋酸处理 20.01，蒸煮 20.05，蒸煮后再冷冻则归入品目 07.10。注意：07.01 中包括种用的马铃薯，一般蔬菜种子归入子目 1209.9100，马铃薯粉归 11.05。

2. "甘蓝"：

对于甘蓝类要分清食用与非食用，作为蔬菜供食用的放在本章，如果是作为动物饲料的芜菁甘蓝归到 12.14 。

3. "白木耳"：

它又叫银耳，长在枯木上的一种真菌，白色半透明，富含胶质，可作滋补品，也可入馔。

4. "块菌"：

一种肉质可食的子囊真菌，主要是指生长在地下或树根附近并被视作美味的块茎属。

5. "松蕈"：

蕈的一种，菌盖呈伞形，底部呈管状。生长在松树林里，有特殊的香味，可食用。

6. "辣椒"：

它又叫番椒、海椒、秦椒等，是一种茄科辣椒属植物。既包括辣的樱桃椒类、圆锥椒类、簇生椒类、长椒类，也包括不辣的甜柿椒类。

7. "豆类蔬菜"：

主要指供人和动物食用的豌豆、豇豆及菜豆(绿豆、赤豆、芸豆等)、鹰嘴豆、扁豆、蚕豆、兵豆、瓜尔豆等。

8. "油橄榄"：

为木犀科（与普通橄榄不同科）齐墩果属的果实，由果皮、果肉、果核组成，是榨取橄榄油的原料。

四、部分品目介绍

下面将本章部分品目的商品范围介绍如下：

（一）品目 07.06

品目 07.06 是供食用的块茎类，这类产品一般还带有叶子，叶子一般供动物食用，所以胡萝卜叶子归到品目 23.08。

（二）品目 07.09

品目 07.09 中的伞菌属蘑菇主要包括白蘑菇、小白蘑菇等。

五、归类时容易混淆或忽视的地方

下面的内容是本章及其相关商品归类时容易混淆或忽视的地方，应该注意掌握。

1. 注意子目 0710.4000 中提到的甜玉米，它与普通的玉米是不同的，甜玉米含有较高的糖分，很嫩，而普通玉米是作为谷物归到品目 10.05 中，但是两者又有联系，甜玉米的细粉、粗粉和团粒、磨碎等要按玉米的细粉、粗粉、团粒、磨碎等归到品目 11.02 至品目 11.04 中。

2. 品目 07.10 的加工方法很特殊，冷冻蔬菜，不论是否蒸煮，必须要有冷冻这道工序，蒸煮可有可无。

3. 注意油橄榄属于蔬菜归入本章，不能想当然地当作油原料放在第 12 章或者当作水果放在第 8 章。

4. 品目 07.12 包括干制的、归入品目 07.01 至品目 07.11 的各种蔬菜，而且包括这类蔬菜的粉，一般提到蔬菜粉，考虑归品目 07.12，但是辣椒干和辣椒粉，马铃薯的精粉细粉等不同归入该品目。

5. 品目 07.13 是作蔬菜用的脱荚干豆，而且品目 07.13 包括这类干豆种用豆的，而品目 07.13 干豆粉则归子目 1106.1000。

六、归类原则

（一）关于蔬菜种子的归类

一般蔬菜种子归子目 1209.9100，种用马铃薯归子目 0701.1000，种用干豆品目 07.13，种用的含高淀粉或高菊粉的产品归品目 07.14。

（二）关于粉的归类

一般蔬菜粉归品目 07.12，马铃薯粉品目 11.05，品目 07.13 干豆的粉归子目 1106.1000，品目 07.14 产品的粉归子目 1106.2000。

（三）几种比较特殊的产品

大蒜不能归调味品，西红柿和黄瓜不能归水果，甜玉米和油橄榄一定是蔬菜。

商品归类练习题

1. 冷冻的甜玉米，已煮熟，未调味，袋装

2. 500 克袋装的干制的小白蘑菇

3. 带荚的新鲜红小豆

4. 意大利产新鲜红辣椒

5. 冷冻马铃薯（用油半炸过）

6. 马铃薯细粉

7. 西红柿种子

8. 番茄粉

9. 干的大蒜头，带皮，5 千克装

3.4 第 8 章 食用水果及坚果、柑橘属水果或甜瓜的果皮

一、本章的结构及商品范围

本章主要包括供人食用的水果、坚果，非食用的坚果或水果不归入本章，考虑归入品目 23.08。

本章还包括柑橘属水果和甜瓜的果皮。其他水果的果皮，如苹果皮等归到品目 23.08 中。

本章的产品加工方法依然是简单加工，但品目 08.11 是个特例，本章的深加工产品归到第 20 章。

本章共 14 个品目，按照鲜或干的、冷冻的、暂时保藏的坚果及水果，以及各种简单加工的柑橘属水果或甜瓜、果皮排列。

还需要注意品目 08.06 及其之前的干果归入自身品目，而从品目 08.07 至品目 08.10 的干果要归入品目 08.13。

本章的什锦水果或坚果均列 08.13。品目 08.01 ～ 08.02 鲜或干坚果，品目 08.03 ～ 08.06 鲜或干的水果，品目 08.07 ～ 08.10 其他鲜的水果，品目 08.11 冷冻水果和坚果，品目 08.12 暂时保藏的水果和坚果，品目 08.13 其他干鲜果，品目 08.14 果皮。

二、章及子目注释提要

本章有 3 条章注释，无子目注释。

1. 章注 1 是排他条款，列出了不能归入本章的 2 类货品。

2. 章注 2 明确了“冷藏的水果和坚果”应如何归类。

3. 章注 3 对“干果”做出了明确定义。

三、商品基础知识、商品介绍及名词解释

下面将本章条文或注释中涉及的商品、名词等作简单介绍，以便归类。

1."椰枣"（品目08.04）：

椰枣是枣椰树的果实，又名海枣、伊拉克蜜枣，属于棕榈科常绿大乔木，它的浆果呈长椭圆形。

2."椰子"（子目0801.1）：

它是棕榈科椰子属的多年生热带木本油料作物的果实。椰子的结构由外至内依次为外果皮、中果皮（椰壳纤维）、内果皮（椰子内壳）、椰肉（固体胚乳）、椰子水（液体胚乳）。

3."柑橘属水果"（品目08.05）：

芸香科的一属，常称柑橘。为常绿小乔木，单生复叶，除枸橼外，叶有叶翼，果实8～18心室，每心室有4～8个胚珠。柑橘属水果主要指甜或苦的柑、橙；橘；杂交柑橘；葡萄柚（包括柚）；柠檬及酸橙；香橼、金橘及佛手柑等。

4."干果"（第8章）：

在保持干果特征的前提下，可对干果部分复水，使其略微含水；也可以为了便于保存或保持其稳定性，以及为改进或保持其外观而进行其他处理。

四、部分品目介绍

下面将本章部分品目的商品范围介绍如下：

（一）品目08.11

本品目包括冷冻水果和坚果，不论是否蒸煮、加糖或其他甜物质。

（二）品目08.13

品目08.13项下的"干果"是通过直接在阳光下晒干或通过工业加工（例如，隧道式风干）制得，其干制方法包括：脱水、蒸干或冻干。

五、归类时容易混淆或忽视的地方

下面的内容是本章及其相关商品归类时容易混淆或忽视的地方，应该注意掌握。

1. 冻前蒸过或用水煮过的水果及坚果仍归入品目08.11，但冻前用其他方法烹煮的冻水果及坚果归入第20章。

2. 注意区分品名相似的水果和坚果。

①椰枣与红枣；②番石榴与石榴；③番荔枝与荔枝；④杨桃与油桃；⑤鳄梨、梨与凤梨；⑥桃与猕猴桃；⑦柑橘与蔓越橘。

3. 干的椰子归入品目08.01，但干椰子肉归入品目12.03，而椰子油归到品目15.13中。

4. 我国产的红枣与椰枣不是同种产品，新鲜的红枣归品目08.10，而干的红枣归入子目0813.4030。

六、归类原则

果仁与核仁的归类：

果仁是指去壳的坚果，例如：板栗仁、松子仁等。核仁是指水果果核的子仁，例如：杏仁、桃仁等，可供食用的果仁归入第 8 章，但核仁简单加工归到第 12 章。但是两者的深加工品都归到第 20 章。

商品归类练习题

1. 泰国产的鲜芒果

2. 鲜脐橙

3. 鲜水蜜桃

4. 新疆葡萄干

5. 冷藏的草莓

6. 干柠檬皮

7. 加糖炒熟分袋包装后，冷冻的去壳栗子

8. 新鲜的板栗

9. 未去壳的冷冻栗子

3.5　第 9 章　咖啡、茶、马黛茶及调味香料

一、本章的结构及商品范围

本章 10 个品目。品目 09.01 指咖啡及含有咖啡成分的咖啡代用品；品目 09.02、09.03 指茶、马黛茶；品目 09.04 ～ 09.10 指调味香料。注意：本章的产品都是原生态的，深加工产品归到第 21 章。

二、章及子目注释提要

本章有 2 条章注释，无子目注释。

1. 章注 1 明确了品目 09.10 所称"混合物"的适用货品范围。

2. 章注 2 是排他条款，列出了不能归入本章的 2 类货品。

三、商品基础知识、商品介绍及名词解释

下面将本章条文或注释中涉及的商品、名词等作简单介绍，以便归类。

1. "马黛茶"（第 9 章）：

它又名巴拉圭茶，是生长在南美洲的冬青属灌木的树，用以炮制仅含少量咖啡碱的饮料。

2. "肉豆蔻"（品目 09.08）：

肉豆蔻是一种常绿树的果仁，它的花和果实均似豆蔻，因为没有核故名肉豆蔻。其果实为肉果，种子被有多肉性种衣，种衣所包的仁即为肉豆蔻，仁可入中药。

3. "豆蔻"（品目 09.08）：

为常绿草本植物，果实似葡萄，果实分三室，每室含种子 5 ～ 10 粒称豆蔻仁或蔻米，籽具辛辣味。

4. "锡兰肉桂"（子目 0906.11）：

为樟科植物锡兰肉桂树皮的内层部分，具特殊芳香，略有甜、苦味，色泽为黄褐色。

5. "咖啡"：

咖啡，不论是否焙炒均归品目 09.01，如咖啡豆。如果直接说咖啡粉，我们把它当作烘炒过的来归类。而咖啡精属于咖啡的浓缩物则归入品目 21.01，咖啡碱要归入品目 29.39。我们平时在超市里买到的咖啡，如"雀巢"速溶咖啡归到子目 2102.1100，而"雀巢"2 合 1 咖啡归到子目 2101.1200。

四、部分品目介绍

下面将本章部分品目的商品范围介绍如下：

品目 09.10：

如果是本章不同品目的两种或两种以上物品的混合物则应归入品目 0910.9100。如果本章的调味品添加了其他物质，使得基本特性已经改变，则不应归入本章，应归入品目 21.03。

五、归类时容易混淆或忽视的地方

下面的内容是本章及其相关商品归类时容易混淆或忽视的地方，应该注意掌握。

本章调味香料与第 21 章调味品的区别，本章的调味香料不论是单一的还是混合的都必须保持植物本性，而第 21 章的调味品除了芥子粉以外，一般都是工业制成品。

六、归类原则

（一）关于咖啡代用品的归类

有两种情况，一种是含有咖啡成分，这时归入子目 0901.9020，一种是不含咖啡成分，归子目 2101.3000。作为咖啡代用品的产品很多，主要包括菊苣植物、麦芽、大豆等。

（二）关于茶的归类

在本章中所指的茶都是原生态的茶，分为两种，一种是未发酵的茶，绿茶，如：杭州龙井、黄山毛峰、洞庭碧螺春、信阳毛尖等；还有一种是已发酵的茶，红茶，如：乌龙茶、普洱茶等。本章中的茶可以加入香料，加入香料不改变茶的基本特征，也可以加入我们第 6 章所提到的花，这时构成了花茶，按本章的花茶来归。这些茶的深加工品或浓缩精汁归到子目 2101.2000，而我们在超市里买到的茶饮料，其基本成分已经不是茶了，则要归到品目 22.02 饮料中。

商品归类练习题

1. 云南普洱茶（内包装每件净重超过 3 千克）

2. 干姜片

3. 星巴克牌法式烘焙咖啡豆，未浸除咖啡碱

4. 洋葱粉

5. 杜松果

6. 西湖龙井绿茶，250 克盒装

7. 香子兰豆

8. 肉豆蔻草蔻

9. 白豆蔻

3.6 第 10 章 谷物

一、本章的结构及商品范围

本章讲的是我们平时吃的五谷杂粮，能归入本章的谷物除了稻谷、大米可以去壳、碾磨、上光、半熟外，其他的谷物必须带壳，其他谷物去壳或经过其他简单加工后一般归入品目 11.04 中，而谷壳本身归到子目 1213.0000，未加工的谷类植物的茎杆归子目 1401.9010，而谷物经过加工后所剩的糠麸归入品目 23.02 中。

本章的产品不论是否种用，均归到第 10 章。

本章所列玉米不包括用作蔬菜的甜玉米，作蔬菜用的甜玉米归到第 7 章。

二、章及子目注释提要

（一）章注释提要

本章有 2 条章注释。

1. 章注 1 是排他条款，列出了不能归入本章的 2 类货品。

2. 章注 2 明确了品目 10.05 所称"玉米"的适用货品范围。

（二）子目注释提要

本章有 1 条子目注释。

子目注释 1 对子目 1001.19 所称"硬粒小麦"做出了明确定义。

三、商品基础知识、商品介绍及名词解释

下面将本章条文或注释中涉及的商品、名词等作简单介绍，以便归类。

1. "混合麦"：

是指小麦和黑麦的混合物，其中小麦与黑麦的比例是 2:1，所以混合麦归到品目 11.01 中。注意：种用的硬粒小麦归子目 1001.1100。

2. "其他谷物" (品目 10.08):

它是指在第 10 章品目中未列名的谷物,还包括某些杂交谷物,例如黑小麦,一种小麦与黑麦的杂交品种。

3. "加那利草子" (品目 10.08):

为加那利群岛的一种禾草的子实,颜色鲜艳金黄、子细长、两头尖,用作笼鸟的食物,亦称金丝雀草子。

四、部分品目介绍

下面将本章部分品目的商品范围介绍如下:

品目 10.06:

10.06 中所指的 "稻谷" 是指未脱壳的大米, "糙米" 是指经机械脱壳,但仍包有一层米皮的大米,糙米几乎总有少量的稻谷混杂在内, "精米" 就是精磨后的白大米,一般已全部去皮,而 "碎米" 是指打碎了的精米,品目 10.06 的产品一般有两种,一种是籼米,籼米的米粒长而细,一种是粳米及其他品种的米。籼米只是米的一个品种,精米主要有营养米、白米。

五、归类时容易混淆或忽视的地方

下面的内容是本章及其相关商品归类时容易混淆或忽视的地方,应该注意掌握。

食用高粱,不论是否种用归入品目 10.07,饲料用高粱及草高粱归子目 1214.9000,甜高粱归子目 1212.9999,而高粱米是指去壳的高粱,归到子目 1104.2990。

六、归类原则

大麦的归类:

未经加工的大麦,不论是否种用,归入品目 10.03;大麦经常用来切片制茶,如果是只是切片的大麦归到品目 11.04 中;如果是烘炒切片的大麦片,则归到子目 1904.1000;发芽大麦(麦芽)不论是否焙制归入品目 11.07。焙制后的大麦如果作咖啡代用品,不含咖啡的归入品目 21.01,含咖啡的归入品目 09.01;酿酒过程中产生的麦芽废料归入子目 2303.3000 中。

商品归类练习题

1. 种用的硬粒小麦

2. 谷壳

3. 去壳的大麦

4. 食用高粱(非种用,每包净重 50 千克)

5. 食用高粱米(每袋净重 25 千克)

6. 精米，籼米，每袋 250 克

7. 加那利草子

8. 燕麦片，已制片

9. 种用的粳米

3.7 第 11 章 制粉工业产品；麦芽；淀粉；菊粉；面筋

一、本章的结构及商品范围

本章共有 9 个品目，包括粉产品、麦芽、面筋等，而粉产品包括第 10 章谷物，的粉产品、马铃薯 07.01 的粉产品、干豆 07.13 的粉产品、甘薯类 07.14 粉产品和第 8 章水果的粉产品。

本章与 19 章有着直接关系，即如果经过进一步的加工的面食，则归入第十九章。

本章品目排列为，谷物细粉、粗粉、团粒及经其他简单加工的谷物品目 11.01 ～ 11.04 马铃薯粉，干豆，果粉品目 11.05 ～ 11.06；麦芽、淀粉、菊粉，面筋品目 11.07 ～ 11.09。

二、章及子目注释提要

本章有 3 条章注释，无子目注释。

1. 章注 1 是排他条款，列出了不能归入本章的 6 类货品。

2. 章注 2 明确了品目 11.02、11.03 所称"细粉、粗粉"的适用货品范围。

3. 章注 3 对品目 11.03 所称"粗粉"做出了明确定义。

三、商品基础知识、商品介绍及名词解释

下面将本章条文或注释中涉及的商品、名词等作简单介绍，以便归类。

1. "粗粉"：

粗粒、粗粉，是指谷物经碾碎所得的下列产品：（1）玉米产品，用 2 毫米孔径的金属丝网筛过筛，通过率按重量计不低于 95% 的；（2）其他谷物产品，用 1.25 毫米孔径的金属丝网筛过筛，通过率按重量计不低于 95% 的。

2. "菊粉"：

化学成分与淀粉类似但是遇碘不呈蓝色而呈黄棕色，从菊芋等提取制得。

四、部分品目介绍

下面将本章部分品目的商品范围介绍如下：

（一）品目 11.04

注意 11.04 这个品目，这里的加工方法都是简单加工，没有经过深加工，如果深加工的谷物一般要归到品目 19.04，品目 11.04 中有个"制片"和"切片"，若题目中未说是制片还是切片，按照制片的来归，如燕麦片归到子目 1104.1200。但是经过烘炒或者膨化的谷物片归到子目 1904.1000，任何形状的谷物胚芽都归到子目

1104.3000。

（二）品目 11.08

品目 11.08 的菊粉是从菊芋、菊苣根、大丽花根等植物中提取而得，其化学成分与淀粉相似，可用于制作果糖。

五、归类时容易混淆或忽视的地方

下面的内容是本章及其相关商品归类时容易混淆或忽视的地方，应该注意掌握。

本章麦芽不包括作咖啡代用品的烘焙麦芽，它们要看是否含咖啡从而决定归品目 09.01 或品目 21.01，麦芽膏、麦乳精要放入品目 19.01，麦芽糖归品目 17.02，麦芽啤酒要归入品目 22.03 。

品目 11.09 中所称的面筋是未熟的，但不论是否干制。熟制的面筋归入子目 1902.3090。

六、归类原则

（一）关于细粉、粗粉的归类

首先按照章注 2（1）规定的淀粉及灰分含量标准来确定谷物粉是否归入本章，如果两个条件同时满足，则归入本章，否则归入 23.02。如果可以归入本章，则根据章注 2（2）的规定看过筛率指标，符合条件的归入品目 11.01 或 11.02 的细粉，不符合的则归入品目 11.03 或 11.04。

如果归入品目 11.03 或 11.04，则根据章注 3 规定的过筛率指标来确定是否归品目 11.03，符合条件的归入品目 11.03，不符合的归入品目 11.04。加工程度更深的麦精、谷物的细粉、粗粉、麦精制的其他品目未列名的深加工的食品则归入品目 19.01 和 19.04。

（二）关于粉的归类

淀粉一般归入本章，但是改性淀粉则归入品目 35.05，动物粉归入品目 02.10 或第三章，皮粉品目 35.04，皮革粉末归子目 4115.2000，发酵粉归入品目 21.02，珍粉归入品目 19.03，含油子仁的粉归入品目 12.08。

商品归类练习题

1. 经去壳的燕麦

2. 马铃薯淀粉

3. 淀粉含量 60%、灰分含量 2.8% 的小麦细粉

4. 用 2 毫米孔径的金属丝网过筛，通过率 90% 的小麦粗粒

5. 熟面筋

6. 经滚压而成的玉米片

7. 碾碎、预煮、干制的小麦片

8. 供老年人营养用的苹果细粉

9. 芸豆粉

10. 地瓜粉

3.8 第12章 含油子仁及果实、杂项子仁及果实、工业用或药用植物; 稻草、秸秆及饲料

一、本章的结构及商品范围

本章共 14 个品目，分为含子仁、果实及其粉、未列名的子仁、香料或药用的植物、非蔬菜类，如藻类、可食用的植物、饲料用的植物五部分。本章的加工程度也是简单加工，可以去皮、去壳、破碎、碾磨等机械加工。

本章的排列结构，含油子仁及果实及其粉品目 12.01 ~ 12.08，种子、果实、孢子品目 12.09，啤酒花、蛇麻腺，用作香料、药料、杀虫、杀菌或类似用途的植物或植物某部分品目 12.10 ~ 12.11。

主要供工业原料的植物及果实（品目 12.12），谷类植物的茎、杆及谷壳（品目 12.13），动物食用的植物饲料（品目 12.14）。

从结构上可见，本章的产品从可食用到不可食用进行过渡。

二、章及子目注释提要

（一）章注释提要

本章有 5 条章注，无子目注释。

1. 章注 1 明确了品目 12.07 的适用货品范围。

2. 章注 2 明确了品目 12.08 的适用货品范围。

3. 章注 3 明确了品目 12.09 的适用货品范围。

4. 章注 4 明确了品目 12.11 的适用货品范围。

5. 章注 5 是排他条款，列出了不能归入品目 12.12 的 3 类货品。

（二）子目注释提要

本章有 1 条子目注释。

子目注释 1 对子目 1205.10 所称"低芥子酸油菜子"做出了明确定义。

三、商品基础知识、商品介绍及名词解释

下面将本章条文或注释中涉及的商品、名词等作简单介绍，以便归类。

1. "低芥子酸油菜子"（子目 1205.10）：

是指所榨取的固定油中芥子酸含量按重量计低于 2%，以及所得的固体成分每克葡萄糖苷酸（酯）含量低于 30 微摩尔的油菜子。

2. "蛇麻腺"（品目 12.10）：

蛇麻腺是覆盖在啤酒花上的一层黄色粉状香脂腺，可以作为啤酒花的代用品。

鲜或干的啤酒花归入品目 12.10，啤酒花是在酿造啤酒的时候用到，在啤酒中加入啤酒花，会使得啤酒具有别样的风味。啤酒花浸膏归子目 1302.1300，而废啤酒花作为酿造工业的残渣归入子目 2303.3000。

3. "罂粟子"（子目 1207.91）：

它是罂粟科罂粟属一年生或两年生草本植物罂粟荚果内的种子，略带有坚果味，被广泛用于多种菜肴。

4. "海草及其他藻类"（品目 12.12）：

海草是最常见的大型海藻，如褐藻。海藻是海产藻类的统称，是基础细胞所构成的单株或一长串的简单植物，大量出现时分不出茎或叶。海草以外的其他藻类包括海带、紫菜等。

四、部分品目介绍

下面将本章部分品目的商品范围介绍如下：

（一）品目 12.03

品目 12.03 中指的是干椰子肉，若为干椰子或者干椰子丝归入品目 08.01。

（二）品目 12.09

12.09 主要包括种植用的种子、果实及孢子，这类产品都是很小的粒子。第6章和第7章产品的种子均入品目 12.09 中；而调味香料及其他产品的种子归入第9章；谷物种子归入第10章；甜玉米种子归入第7章；油籽仁的种子归入品目 12.01 ~ 12.07；主要作香料、药料、杀虫、杀菌或类似用途的植物种子归入品目 12.11。

（三）品目 12.12

12.12 中的杏、桃、梅、李的核及核仁都是没有加工的或者只是简单加工的，要是经过深加工后归到子目 2008.1 中。

（四）品目 12.13

品目 12.13 指的是用于饲养动物未经处理的谷类植物的茎秆和谷壳，经过处理的谷类植物的茎秆，适合编结用的归子目 1404.9010。

五、归类时容易混淆或忽视的地方

下面的内容是本章及其相关商品归类时容易混淆或忽视的地方，应该注意掌握。

1. 品目 12.11 的产品可以是粉状的，甘草归入子目 1211.9036，甘草浸膏归入品目 13.02 和第17章，此时要关注蔗糖含量的临界点 10%，超过则放在第17章。

2. 品目 12.11 的药是草药，是植物的原材料，如果制成中成药或西药则归入第30章，属于工业合成品归入品目 12.11，里面的杀虫、杀菌植物如果提炼成成品，则归品目

38.08。注意区别品目 12.11 的香料有别于第 9 章的香料， 调味香料。第 9 章的香料是食用的调味香料，而本章的是非食用的， 如果再提炼成香精、香油等化妆用品，则归入第 33 章。所以品目 12.11 直接与第 30 章、33 章、品目 38.08 相关。

3. 注意品目 12.14 的产品都是供动物去食用的，我们人是不能去吃的，品目 12.14 产品的种子也归到品目 12.09 中，而品目 23.08 的植物产品是部分供人吃的，部分不供人吃的。供人吃的部分归前面章节，不供人吃的归品目 23.08。如：胡萝卜归第 7 章，胡萝卜叶归品目 23.08。品目 23.09 指由多种成分组成而配制的动物饲料。

六、归类原则

（一）关于罂粟的归类

罂粟子归入品目 12.07 中可榨油，而罂粟秆是一种药用的植物归品目 12.11，可以用来提取鸦片，提取的鸦片归子目 1302.1100，罂粟秆浸膏如果生物碱含量低于50%，当作鸦片归子目 1302.1100，否则归入子目 2939.1100。

（二）关于干豆的归类

干豆归品目 07.13，干豆的种子仍归品目 07.13 中，而干豆的粉归入品目 1106.1000。大豆归品目 12.01，大豆的种子也仍归入品目 12.01 中，而大豆粉归品目 12.08。

商品归类练习题

1. 黄大豆种子
2. 晒干的莲子，500 克袋装
3. 长寿牌西洋参片，干的，50 克 / 盒
4. 葵花子
5. 药用冬虫夏草
6. 绿豆粉
7. 调味紫菜
8. 花生粉
9. 豌豆种子
10. 芥子粉，属于调味品

3.9 第 13 章 虫胶、树胶、树脂及其他植物液、汁

一、本章的结构及商品范围

1. 本章主要包括不可供人食用的天然树胶、树脂及植物液汁，浸膏是植物的分泌

物或植物的提取物。本章共 2 个品目，都是原生态的，本章产品基本上呈液状或液体浓缩物。

2.本章结构简单，稍作了解即可，虫胶、树胶、树脂归品目 13.01，植物液汁及浸膏、果胶、琼脂等归品目 13.02。

二、章及子目注释提要

本章有 1 条章注释，无子目注释。

章注 1 是排他条款，列出了不能归入本章的 10 类货品。

三、商品基础知识、商品介绍及名词解释

下面将本章条文或注释中涉及的商品、名词等作简单介绍，以便归类。

1."虫胶"（品目 13.01）：

虫胶是指紫胶虫在几种热带树上分泌的树脂物质，是一种植物胶，归到 1301.9090。工业合成的胶归入第 35 章，动物胶，如鱼鳔胶、驴皮胶，归品目 35.03。

2."琼脂"（品目 13.02）：

琼脂是从某些海藻类植物中提取而来的一种植物胶，归到子目 1302.3100。

四、部分品目介绍

下面将本章部分品目的商品范围介绍如下：

（一）品目 13.01

天然橡胶、巴拉塔胶、古塔波胶等天然树胶要归入第 40 章，归入到第 40 章的树胶都是有特定的称呼，是制作橡胶的原材料，归到 13.01 的是天然树胶的具体列名。

（二）品目 13.02

品目 13.02 主要包括 3 个层次，第一个层次指植物液汁或浸膏，第二层次指果胶类，第三层次指从植物中提取的胶液或增稠剂。

品目 13.02 中的产品一般都是植物的提取物，植物液汁通常为自然渗出，从切口流出或用溶剂提取的植物产品，植物浸膏通常是通过酒精、水等介质而提取的植物物质。所以一般提到植物的提取物或植物的分泌物都归到品目 13.02 中。

五、归类时容易混淆或忽视的地方

下面的内容是本章及其相关商品归类时容易混淆或忽视的地方，应该注意掌握。

植物浸膏归到品目 13.02 中，鞣料浸膏或染料浸膏不能归入本章，应放入品目 32.01；制染料、鞣料用的植物原材料归入子目 1404.9010，麦芽膏归入品目 19.01 中。

按重量计蔗糖含量在 10% 以上或制成糖食的甘草浸膏归入子目 1704.9000，否则归入子目 1302.1200。

六、归类原则

（一）关于除虫菊的归类

除虫菊作为杀菌用的植物原材料，归入子目 1211.9091，而除虫菊浸膏归入子目

1302.1930，用除虫菊经过化工合成的杀虫剂归入品目 38.08 中。

（二）关于漆的归类

生漆归到子目 1302.1910，油漆、清漆归入品目 32.08 到 32.10 中。

商品归类练习题

1. 中国产的生漆

2. 没药

3. 除虫菊的浸膏

4. 除虫草制杀虫剂，零售包装

5. 甘草浸膏，蔗糖含量 12%

6. 从角叉菜提取的角叉菜胶

7. 琼脂

8. 虫胶片

9. 卡拉胶

10. 瓜尔豆制的增稠剂

3.10 第 14 章 编结用植物材料；其他植物产品

一、本章的结构及商品范围

1. 本章共有 2 个品目。基本上是按编结用植物材料、其他未列名的非食用植物产品的顺序排列。

其他未列名的植物材料主要包括：

① 作填充或衬垫用的植物原材料。

② 制帚、制刷用的植物原材料。

③ 雕刻用的植物原材料，如象牙果、椰子壳及其他用途如作染料、鞣料等。

2. 本章不包括纺织用的植物材料或植物纤维，归到第 52、53 章。

3. 木片条也可以作为编结材料，但是木片条归到品目 44.04。

二、章及子目注释提要

本章有 3 条章注释，无子目注释。

1. 章注 1 是排他条款，列出了不能归入本章的 2 类货品。

2. 章注 2 明确了品目 14.01 所称"竹"的适用货品范围。

3. 章注 3 是排他条款，列出了不能归入品目 14.04 的 2 类货品。

三、商品基础知识、商品介绍及名词解释

下面将本章条文或注释中涉及的商品、名词等作简单介绍，以便归类。

1. "蔺草"（品目 14.01）：

蔺草属于灯心草，归 14.01；但蔺草制的席子归子目 4601.2911。

2. "棉短绒"（品目 14.02）：

棉短绒为不到 5 毫米的植物纤维，是经轧棉将棉纤维分离后仍裹在棉子上的一层纤维绒毛，常用来制造纸浆或无烟火药。而棉短绒纸浆归入子目 4706.1000。

四、部分品目介绍

下面将本章部分品目的商品范围介绍如下：

品目 14.01：

品目 14.01 中的编结材料还包括竹，竹制的编结制品归到第 46 章；竹制的其他产品归到 44 章，按木制品来归，如竹制的牙签归到子目 4421.9110；而竹制的家具归到第 94 章。

五、归类时容易混淆或忽视的地方

下面的内容是本章及其相关商品归类时容易混淆或忽视的地方，应该注意掌握。

1. 未经处理的谷类植物的茎秆，一般作为饲料用，归入品目 12.13 中。而已净、漂白或染色的谷类植物的茎秆，一般作为编结用，归入子目 1401.9010。

2. 子目 1404.9090 还包括丝瓜络，而丝瓜络制品（立体的）归入品目 46.02 中。

六、归类原则

关于制帚、制刷用植物材料的归类：

制帚、制刷用植物材料归入子目 1404.9090，如果这些材料成束、成簇或者直接制成刷、帚则归品目 96.03。品目 14.01 的编结材料见本章章注 2，如果制成成品归入第 46 章，平面的归入品目 46.01，立体的归入品目 46.02。

商品归类练习题

1. 供染料用的植物原料

2. 棉短绒，用于制造无烟火药

3. 芦苇

4. 供制刷用的高粱，属于其他品目没有列名的植物产品

5. 椰枣粉

6. 竹制的凉席

7. 藤丝

8. 经染色的小麦杆

9. 椴树皮

10. 蔺草制的席子

【本篇小结】

本章在概括阐述 HS 第二类货品归类要点的基础上，一般从商品范围、注释提要、商品知识、 品目介绍、归类易混淆之处等方面依次明确了第 6 ～ 14 章货品各自的归类要点，诸如第 6 章简单介绍了"植物产品的归类原则"，为全方位把植物产品的正确归类提供了必要的基础知识。

【本篇关键名词或概念】

食用水果　调味香料　谷物

【本篇简答题】

1. 本类植物产品具有什么特点？

2. 简述本类植物产品允许的加工方式。

第四篇　第三类 动、植物油、脂及其分解产品；精制的食用油脂；动、植物蜡

【本篇导读】

本篇系统介绍了动植物油、脂其及相关产品的归类要点。

【本篇学习目标】

通过本篇的学习，熟悉 HS 第三类的商品范围，了解与相关类、章商品的区别和联系，明确归类易混淆之处，掌握第三类的主要归类原则并能正确进行商品归类。

4.1 本类归类要点

一、本类的结构和商品范围

本类仅由第 15 章 1 章构成，商品范围包括由第一类和第二类产品进一步加工得到的动、植物油、脂、蜡及处理油脂所剩的残渣，但不包括从乳中提取的黄油（品目04.05），也不包括可可油、可可脂（品目 18.04）。第 15 章的产品加工程度有高有低，既可以是供人食用的油脂，也可以是工业用途经过化学改性的油脂，既包括单纯的油脂，也包括混合的油脂，既包括初榨的油脂，也包括精制的油脂。

二、类注释提要

本类没有类注释。

4.2 第 15 章 动、植物油、脂及其分解产品；精制的食用油脂；动、植物蜡

一、本章的结构及商品范围

本章共 22 个品目。其中在品目 15.18 和品目 15.20 之间删除了品目 15.19，从而使得本章品目排列不连续。本章基本上是按动物油脂、植物油脂、混合油脂、动植物蜡、残渣（处理油脂物质或动物、植物蜡所剩）分布排列。

本章虽然结构简单，但是与其他章节密切联系，第 2、3、12 章是原材料、23 章是油渣，27 章是矿物油、蜡，38 章是杂项油。

本章 22 个品目排列顺序大致为，单一成分的动物油、脂（品目 15.01 ~ 15.06），

单一成分的植物油、脂（品目 15.07 ~ 15.15），化学改性的及混合的动植物油、脂（品目 15.16 ~ 15.18），粗甘油、甘油水、甘油碱液（品目 15.20），植物蜡、蜂蜡、虫蜡（品目 15.21），油鞣回收脂加工油脂的残渣（品目 15.22）。

二、章及子目注释提要

（一）章注释提要

本章有 4 条章注释。

1. 章注 1 是排他条款，列出了不能归入本章的 6 类货品。

2. 章注 2 是排他条款，列出了不能归入本章的 1 类货品。

3. 章注 3 是排他条款，列出了不能归入本章的 3 类货品。

4. 章注 4 明确了品目 15.22 适用的货品范围。

（二）子目注释提要

本章有 1 条子目注释。

子目注释 1 对子目 1514.11 所称"低芥子酸菜子油"做出了明确定义。

三、商品基础知识、商品介绍及名词解释

下面将本章条文或注释中涉及的商品、名词等作简单介绍，以便归类。

1. "橄榄油"：

橄榄油包括两个品目 15.09 和 15.10，品目 15.09 单指油橄榄油，注意用溶剂提取的橄榄油要归入品目 15.10，而品目 15.09 的油橄榄油与 15.10 的橄榄油的混合品，也归到品目 15.10 中。油橄榄是一种蔬菜，归到第 7 章。

2. "羊脂肪"：

羊脂肪，不论是否经过炼制，均归入品目 15.02，羊毛脂归品目 15.05，加入香料等构成护肤品的羊毛脂归入品目 33.04 中，羊毛脂残渣归入品目 15.22，而羊毛如果制刷用的山羊毛归品目 05.02，纺织用的绵羊毛或羔羊毛归第 51 章。

四、部分品目介绍

下面将本章部分品目的商品范围介绍如下：

（一）品目 15.04

鱼肝油归入 15.04，但制成药品供治疗疾病用的鱼肝油则归入第 30 章药品。

（二）品目 15.17

品目 15.17 包括人造黄油，而天然黄油归品目 04.05。

五、归类时容易混淆或忽视的地方

下面的内容是本章及其相关商品归类时容易混淆或忽视的地方，应该注意掌握。

关于油品的性质问题，未改性归品目 15.01 ~ 15.15；改性的按改性的方法不同归入品目 15.16 和 15.18；品目 15.16 是氢化、脂化、反油酸化；品目 15.18 是氧化、硫化、脱水、吹制等。

注意：改性不等于变性，变性油脂是指在油中加入了变性剂，如鱼油、石油、松节油、甲苯、水杨酸等，使其不能供人食用。而化学改性油脂指改变了化学性质的油脂，如经过酯化、氢化、氧化、硫化、脱水等方式加工的油脂。

六、归类原则

（一）关于沥青物质的归类

硬脂沥青、甘油沥青归品目 15.22，煤焦油沥青、石油沥青、天然沥青（地沥青）、乳化沥青、稀释沥青、沥青混合物、沥青焦、沥青岩、沥青胶黏剂等矿物沥青归第 27 章，矿物沥青的制成品归品目 68.07，植物沥青、啤酒桶沥青归品目 38.07，植物沥青制品也归品目 38.07， 沥青碎石归入品目 25.17，因为它一般是用来铺路的。

（二）关于甘油的归类

关于品目 15.20 中的甘油，纯净的甘油又叫丙三醇，若甘油含量 ≥ 95% 则归入子目 2905.4500。

而甘油含量小于 95%，则归入子目 1520.0000，作为粗甘油来归；甘油水是制造脂肪的副产品，而甘油碱液是制皂的副产品均归入子目 1520.0000。医用的甘油，零售包装，归到子目 3004.9090。加有香水或化妆品的甘油归到品目 33.04。

商品归类练习题

1. 由多种食用植物油调制而成的王牌超级烹调油

2. 精制的豆油

3. 精制的玉米油

4. 已炼制的鸭脂肪

5. 未经化学改性的鱼肝油

6. 相互酯化的玉米油

7. 300 毫升瓶装精制芝麻油

8. 膏状人造黄油

9. 从油桐子中制得的初榨桐油，造船用

10. 初榨的可可油

【本篇小结】

本篇在概括阐述 HS 第三类货品归类要点的基础上，从商品范围、注释提要、商品知识、品目介绍、归类易混淆之处等方面依次明确了第 15 章货品的归类要点，为动、植物油、脂及其分解产品的正确归类提供了必要的基础知识。

【本篇关键名词或概念】

玉米油　橄榄油　甘油

【本篇简答题】

1. 本类动植物油具有什么特点？

2. 简述沥青物质的归类。

第五篇　第四类 食品、饮料、酒醋、烟草及其制品

【本篇导读】

本篇系统介绍了食品、饮料、酒、醋、烟草及其制品的归类要点。

【本篇学习目标】

通过本篇的学习，熟悉 HS 第四类的商品范围，了解与相关类、章商品的区别和联系，明确归类易混淆之处，掌握第四类的主要归类原则并能正确进行商品归类。

5.1 本类归类要点

一、本类的结构和商品范围

1. 本类从第 16 章到第 24 章共 9 章，从用途上看本类主要包括食品、饮料、酒及醋、动物饲料、烟草及其制品等，基本上是以第一类和第二类的动物、植物产品为原料的制品，其加工程度也超过了第一类和第二类产品所允许的货品。

主要的加工程度包括油炸的、烹饪的、烘炒的、蒸煮的、炖的等。

2. 本类的一个编排顺序：

①主要以第一类产品、动物产品为原料的食品归入（第 16 章）。

②主要以植物产品为原料的食品（第 17 章、第 20 章）。

③杂项食品（第 21 章）。

④饮料、酒及醋（第 22 章）。

⑤食品工业残渣及配制的动物饲料（第 23 章）。

⑥烟草及其制品（第 24 章）。

3. 本类与前几类各章的对应关系主要：第 2、3 章的肉及食用杂碎及第 5 章的品目 05.04 的肠、膀胱、胃品目 05.04 和 05.11 的动物血（品目 05.11）的产品，经过进一步加工后主要归入第 16 章，品目 12.12 中的甘蔗和甜菜经过加工后制成糖食归到第 17 章，第 10 章的谷物和第 11 章的谷物粉、粮食粉等，经过进一步加工后归入第 19 章，第 7、8 章的食用蔬菜、水果及坚果及第 12 章的部分植物深加工后归入第 20 章，第 9 章的咖啡、茶、马黛茶及调味香料经过进一步加工，加工成精汁和制品归到第 21 章。

第 5 章部分品目渣粉和第 15 章动植物油脂加工过程中产生的残渣及废料归入第

23 章。

4. 注意：第 1 类和第 2 类中有几个品目的产品虽然是深加工，但不归到第四类，如品目 02.10 的熏肉，品目 03.05 的熏鱼，品目 03.06 的蒸过或用水煮过的带壳的甲壳动物，品目 04.07 和品目 04.08 的煮过的禽蛋。品目 05.04 的熏过的动物肠、膀胱、胃，品目 07.10 与品目 08.11 的不论是否蒸煮过的蔬菜、水果、坚果，品目 09.01 的经过焙炒的咖啡，品目 11.07 的不论是否焙制的麦芽等。

二、类注释提要

本类类注释：

类注 1 对本类所称"团粒"做出了明确的定义。

5.2 第 16 章 肉、鱼、甲壳动物、软体动物及其他水生无脊椎动物的制品

一、本章的结构及商品范围

本章的货品以第 2、3 章的食用肉、食用杂碎、鱼、甲壳动物、软体动物及其他水生无脊椎动物及肠、膀胱、胃（品目 05.04）和品目 05.11 的动物血（品目 05.11）产品为原料，加工方法主要包括：煮、蒸、烤、煎、炸、炒或其他方法烹饪，加工成精、汁，制成鲟鱼子酱或鲟鱼子酱代用品，精细均化制作，用醋、油、酱油等制作或储藏。

二、章及子目注释提要

（一）章注释提要

本章有 2 条章注释。

1. 章注 1 是排他条款，列出了不能归入本章的 2 类货品。

2. 章注 2 明确了本章食品的适用货品范围。

（二）子目注释提要

本章有 2 条子目注释。

1. 子目注释 1 对子目 1602.10 所称"均化食品"做出了明确定义。

2. 子目注释 2 明确了品目 16.04 和品目 16.05 项下各子目的适用货品范围。

三、商品基础知识、商品介绍及名词解释

下面将本章条文或注释中涉及的商品、名词等作简单介绍，以便归类。

1. "鲟鱼子酱"：

鲟鱼子酱是用鲟鱼子制作而成，呈颗粒软块状；而鲟鱼子酱代用品，是用鲟鱼子以外的其他鱼子制成的作为鱼子酱食用的产品。

2. "鲑鱼"：

鲑鱼里包括大马哈鱼，参见第三章品目 03.02，鲑鱼包括大西洋鲑鱼、大马哈鱼、多瑙哲罗鱼和鳟鱼。

四、部分品目介绍

下面将本章部分品目的商品范围介绍如下：

（一）品目 16.01

16.01 主要讲的香肠及香肠的制品，香肠的制作必须要经过两步：①肉必须搅碎；②肉里加有调料，没有经过这些步骤，则只能按肉的加工方法归类。香肠外面所包裹的肠衣可以是天然的，也可以是人造的，天然的肠衣归品目 05.04，人造的肠衣归子目 3917.1000，而纸质的肠衣归子目 4823.9090，注意血香肠也是归到品目 16.01 中，而不是归到子目 1602.9 中，品目 16.01 的香肠可以是生的，也可以是熟的。

（二）品目 16.02

品目 16.02 中的产品来自于第 2 章和第 5 章的品目 05.04 和 05.11 的动物血，注意子目 1602.2000 的动物肝，各种各样的深加工的动物肝都归到子目 1602.2000。因为动物肝处于一级子目，优先归入。

（三）品目 16.03

品目 16.03 的动物精汁，精是加压蒸煮制得，而汁为压榨生肉制得，只要是动物的精和汁都归到子目 1603.0000。

五、归类时容易混淆或忽视的地方

下面的内容是本章及其相关商品归类时容易混淆或忽视的地方，应该注意掌握。

1. 注意品目 16.05 这个品目包括了熏的，但是第 2 章熏制产品的归入品目 02.10，第 3 章熏鱼归品目 03.05，而且子目 1605.2100 的小虾中包括了北方长额虾。注意品目 16.05 的产品和第 3 章的产品要前后对应着看。盐水腌制海蜇归入品目 03.07，而明矾腌制则归入品目 16.05。

2. 某些货品即使经过了烹煮，也不归入本章，如：在熏制前或熏制过程中经过烹煮的熏鱼（品目 03.05），蒸过或用水煮过的带壳甲壳动物（品目 03.06），以制熟的鱼、甲壳动物、软体动物或其他水生无脊椎动物制得的供人食用的细粉、粗粉及团粒（品目 03.05、03.06 及 03.07）。

六、归类原则

（一）关于肉产品的归类

一般情况下，本章的肉产品可以合计重量，大于 20%，就要归到本章。归类的原则是从大归类，要是一样多，则从后归类，要是有同一品目的产品，则同品目相加，去和不同品目进行比较。

1. 45% 的猪肉和 55% 的罗非鱼肉块相混合组成的罐头食品子目 1604.1920。

2. 25% 的猪肉、30% 的牛肉和 45% 的罗非鱼肉块组成的罐头食品归入子目 1602.5010，因为猪肉和牛肉都是品目 16.02 的产品。

但是，包馅食品（子目 1902.2000）、调味品（品目 21.03）、汤料（子目

2104.1000），即使肉含量大于20%，也不归到第16章中。

（二）关于均化食品的归类

1. 每件净重小于或等于250克的均化食品（零售包装）的归类。

当含有两种或两种以上的基本配料时（肉、鱼、软体动物、甲壳动物、其他水生无脊椎动物、蔬菜、果实等均属于基本配料）应归入子目2104.2000；当只含有一种基本配料时如果符合第16章子目注释1的规定就归入子目1602.1000；如果符合第20章子目注释1的规定就归入子目2005.1000；如果符合第20章子目注释2的规定就归入子目2007.1000；否则作为非均化食品归类。

2. 每件净重大于250克的均化食品的归类。

按相应的非均化食品归类。

例：密封塑料袋装婴儿均化食品，成分含量：30%牛肉（可见小肉块）、65%胡萝卜、5%其他配料；净重500克。

说明：依照第16章的子目注释1、第20章的子目注释1和2及第21章的章注3阐述的均化食品的归类原则规定，对于每件净重大于250克的均化食品，不按均化食品归类。本题商品净重500克，应按照非均化食品归类，归入子目1602.5090。

商品归类练习题

1. 猪肉松罐头

2. 用豌豆制的均化食品，专供婴幼儿食用，250克装

3. 煮熟的鲍鱼罐头

4. 生的猪肉香肠，天然肠衣作外包装

5. 含猪肉50克，牛肉100克，马铃薯350克的罐头食品

6. 牛肉汁

7. 将鱼压榨得到的汁再浓缩制得的鱼精

8. 经油炸的香辣沙丁鱼块罐头

9. 美味鸭舌，一种风味小吃，真空包装，15克/包

10. 水煮后经冷冻的北方长额虾虾仁

5.3 第17章 糖及糖食
一、本章的结构及商品范围

本章基本上是按17.01蔗糖、甜菜糖——17.02其他固体糖、糖浆、人造蜜、焦糖——17.03糖蜜——17.04的糖食（不含可可）的顺序排列。

本章的化学纯糖主要包括蔗糖、乳糖、麦芽糖、葡萄糖和果糖，其他的化学纯糖归29.40，如山梨糖。

二、章及子目注释提要

（一）章注释提要

本章有1条章注释。

章注1是排他条款，列出了不能归入本章的3类货品。

（二）子目注释提要

本章有2条子目注释。

1. 子目注释1对子目1701.12、1701.13、1701.14所称"原糖"做出了明确定义。

2. 子目注释2明确了子目1701.13的适用货品范围。

三、商品基础知识、商品介绍及名词解释

1."糖蜜"（品目17.03）：

糖蜜，是制糖过程中的副产品，是一种黏稠、黑褐色、呈半流动的物体，但是糖渣归到子目2303.2000，糖精归入子目2925.1100，甜蜜素归入子目2929.9010。

2."原糖"：

它是指按重量计干燥状态的蔗糖含量对应的旋光读数低于99.5°的糖。

3."非离心甘蔗糖"：

按重量计干燥重量的蔗糖含量对应的旋光读数不低于69°，但低于93°。该产品仅含肉眼不见的不规则形状天然他形微晶，外被糖蜜残余及其他甘蔗成分。

4."白巧克力"：

其名称和形状都酷似巧克力，是由糖、可可脂、奶粉及香料混合制成的食品。因为可可脂是可可豆中的脂肪物质，不是可可，因此白巧克力是仅含有可可脂却不含有可可的食品，应按照糖食归入品目17.04。

四、部分品目介绍

下面将本章部分品目的商品范围介绍如下：

品目1704：

品目17.04中包括各种不含可可的糖食，包括在超市买到的糖食，还有糖衣杏仁、制成糖食的果冻和果膏(参见第20章章注二)，白巧克力，因为白巧克力是由糖、可可脂、奶粉和香料组成，白巧克力不含可可，而含有可可的糖食和巧克力归品目18.06中。

品目17.04中的产品一定是以糖制成的，不含糖的糖食不归品目17.04，归入子目2106.9090。如含山梨糖作甜味剂的橡皮糖，不含糖，归入子目2106.9090。

五、归类时容易混淆或忽视的地方

下面的内容是本章及其相关商品归类时容易混淆或忽视的地方，应该注意掌握。

1. 注意子目1701.1300的甘蔗糖和子目1701.1200的甜菜糖都是原糖，不可供人

食用的；而子目 1701.9910 的砂糖和子目 1701.9920 的绵白糖都是可供人食用的，我们称之为成品糖。

2. 品目 17.02 的产品中注意乳糖和乳清的转化关系，参见第 4 章的章注 4（1）：只要乳清中乳糖含量大于 95%，则归到品目 17.02 中，但是化学纯半乳糖归到品目 29.40。

3. 注意葡萄糖和果糖的转化关系，两者的混合物，若含量一样多，均为 50%，则为子目 1702.9000 的转化糖。

4. 注意：未加香料或着色剂的糖浆归到子目 1702.9000；而已加香料或着色剂的糖浆归入子目 2106.9090。

六、归类原则

（一）关于蜜的归类

人造蜜归入子目 1702.9000，天然蜂蜜归入子目 0409.0000，但是天然蜂蜜与人造蜜的混合物归人造蜜 1702.9000。

（二）化学纯糖的归类

化学纯的蔗糖、乳糖、麦芽糖、葡萄糖、果糖归入第 17 章，其他化学纯糖归入品目 29.40。

商品归类练习题

1. 盒装白巧克力，200 克 / 盒
2. "LOTTE" 口香糖，50 粒 / 瓶
3. 加有香料的甘蔗糖
4. 果糖含量 85% 的葡萄糖
5. 蔗糖渣
6. 含可可的口香糖，条状的
7. 液体口香糖，使用时喷于口腔，起到清新口气的作用
8. 蔗糖含量为 12% 的甘草浸膏
9. 未加香料的糖浆

5.4 第 18 章 可可及可可制品

一、本章的结构及商品范围

本章主要包括各种形态的可可、可可脂、可可油，以及任何含量的可可食品。

本章 6 个品目，其结构排列按加工程度由低到高：

二、章及子目注释提要

本章有 2 条章注释，无子目注释。

1. 章注 1 是排他条款，列出了不能归入本章的 9 类货品。

2. 章注 2 明确了品目 18.06 的适用货品范围。

三、商品基础知识、商品介绍及名词解释

下面将本章条文或注释中涉及的商品、名词等作简单介绍，以便归类。

"夹心"：

子目 1806.3100 所称"夹心"包括用巧克力包裹，中间有馅的块状、条状食品，如果是谷物、水果等嵌入整个巧克力当中的实心块状或条状的巧克力，不能视为"夹心"。

四、部分品目介绍

下面将本章部分品目的商品范围介绍如下：

（一）品目 18.02

一般动植物的废料归第 23 章，但是可可荚、壳及废料归品目 18.02 中。

（二）品目 18.04

一般动植物油、脂归到第 15 章，但是可可油、可可脂归品目 18.04 中。

五、归类时容易混淆或忽视的地方

下面的内容是本章及其相关商品归类时容易混淆或忽视的地方，应该注意掌握。

1. 几乎所有含可可的食品等都要归入本章，但酪乳、酸乳、酸乳酒等即使含可可仍归入品目 04.03。

2. 按重量计含全脱脂可可在 40% 以下的细粉、粗粉、粗粒、淀粉或麦精制的其他品目未列名的食品归入品目 19.01，若可可含量 ≥ 40%，则归到品目 18.06 中。

3. 按重量计，含脱脂可可在 5% 以下的，品目 04.01 至 04.04 所列货品制的其他品目未列名的食品归品目 19.01，若可可含量 ≥ 5%，则归到品目 18.06 中。

4. 谷物的膨化、烘炒食品如果可可含量 ≤ 6% 则归品目 19.04，大于 6% 则归入品目 18.06。

六、归类原则

对可可含量不作要求的归类：

1. 糕点类谷物制品即使含可可仍可归入品目 19.05，对可可的含量不作要求。

2. 冰淇淋即使含可可仍归品目 21.05，对可可的含量不作要求。

3. 饮料即使含可可仍归入品目 22.02，对可可的含量不作要求。

4. 如果药品中含可可，归到品目 30.03 或 30.04 中，对可可的含量不作要求。

商品归类练习题

1. 榛子夹心巧克力，条状，25 克 / 条

2. 巧克力甜饼干，巧克力占 20%

3. 甜可可粉

4. 巧克力夹心奶糖，2.5 公斤装

5. 可可脂

6. 巧克力酱，净重为 200 克

7. 加有可可的酸酸乳

8. 含有可可的维生素 C 片

9. 含有巧克力的冰激淋

5.5 第 19 章 谷物、粮食粉、淀粉或乳的制品；糕饼点心

一、本章的结构及商品范围

1. 本章品目顺序比较特殊，先是未列名食品，然后是列名食品，本章归类时，应该先判断能否归入具体列名的后续品目。

2. 本章共 5 个品目，按麦精及其制品 19.01；面食，不论是否煮熟 19.02；珍粉 19.03；膨化的谷物食品 19.04；糕饼点心 19.05 的顺序排列。

3. 要是肉含量大于 20%，除了包馅食品 1902.2000 外，都归到第 16 章，而不归入本章。

二、章及子目注释提要

本章有 4 条章注释，无子目注释。

1. 章注 1 是排他条款，列出了不能归入本章的 3 类货品。

2. 章注 2 对品目 19.01 所称"粗粒、细粉"做出了明确定义。

3. 章注 3 是排他条款，列出了不能归入品目 19.04 的货品。

4. 章注 4 对品目 19.04 所称"其他方法制作"做出了明确定义。

三、商品基础知识、商品介绍及名词解释

下面将本章条文或注释中涉及的商品、名词等作简单介绍，以便归类。

1. "碾碎的干小麦"（品目 19.04）：

子目 1904.3000 的"碾碎的干小麦"的加工方法不同于第 11 章，是将硬麦粒先煮熟，然后干燥、去壳或去皮、破碎、粗磨、最后筛选，第 11 章的"碾碎的干小麦"不能煮熟。

2. "包馅食品"（品目 19.02）：

子目 1902.2000 的包馅食品，包括汤团、馄饨、饺子、月饼等，不论是否煮熟的，其中肉的含量可以大于 20%。所谓包馅食品，可完全包裹，也可以尾端张开，如春卷、奶油面卷。

四、部分品目介绍

下面将本章部分品目的商品范围介绍如下：

（一）品目 19.02

品目 19.02 的产品是面食，既包括谷物的，也包括其他粮食粉或淀粉制定面食，所谓面食是指在面粉中加水，然后揉成面团，通过挤压、切割、滚压后制成一定的形状，一般是未发酵的。

归到品目 19.02 中的面食可以是生的，也可以是蒸煮过的，但不能进行烘炒，品目 19.04 也不能进行烘焙。

（二）品目 19.04

品目 19.04 中的产品都是指谷物，这些谷物来自第 10 章，是经过了除第 11 章的加工程度外其他深加工，如膨化、烘炒、预煮等，特别要注意 1904.1000 这个品目，经过膨化或烘炒的谷物产品，如爆米花、膨化的玉米片、烘炒的大麦片等等，但是 KFC 里的薯条还有可比克的薯片都不归品目 19.04 中，因为薯条和薯片的原材料不是谷物，而是马铃薯，归到第 20 章。

五、归类时容易混淆或忽视的地方

下面的内容是本章及其相关商品归类时容易混淆或忽视的地方，应该注意掌握。

1. 注意品目 19.01，要区别于均化食品，弄清楚均化食品的成分，对于均化食品，一定是含肉、蔬菜、果实或者三者的混合物，还有净重小于等于 250 克。

2. 注意品目 19.05 中几个具体列名的产品：圣餐饼、装药空囊、封缄、糯米纸等，注意这个装药空囊，子目 1905.9000 的装药空囊是用细粉制成的，而有的是装药胶囊，这个装药胶囊是用明胶制成的，归入子目 9602.0010 中。

六、归类原则

（一）关于烘焙糕点的归类

关于 19.05 中的烘焙糕点，若是三明治等中间夹肉的面包，则要看里面含肉量，若含肉量大于 20%，则归到第 16 章；若含肉量 ≤ 20%，则归到品目 19.05 中。

（二）关于乳饮料的归类

纯天然的奶及奶粉归第 4 章，但是乳饮料，所谓乳饮料是指在奶中兑水了，则归入子目 2202.9900，而在奶中加了一些小麦、蛋粉等则归到品目 19.01 中，如麦精乳，麦芽膏都归到品目 19.01 中。

商品归类练习题

1. 麦芽膏，供婴幼儿食用，零售包装

2. 含有豆沙馅的月饼

3. 熟制的面筋

4. 玫瑰牌西米，珍粉代用品

5. 用细粉制成的装药空囊

6. 用明胶制成的装药胶囊

7. 含可可的圣餐饼

8. 包裹在糖外面的糯米纸

9. 经碾碎、预煮、干制的小麦

5.6 第 20 章 蔬菜、水果、坚果或植物其他部分的制品

一、本章的结构及商品范围

本章包括用蔬菜、水果、坚果或植物其他部分制成的食品，其制作或保藏方法超过第 7 章和第 8 章及第 12 章的加工范围。

本章共 9 个品目，本章制作或保藏方法：用醋或醋酸制作或保藏、蒸煮的、油炸的、烹饪的、烘炒的，用糖渍法制得、烹煮加工、均化制作或保藏、水果汁或蔬菜汁（未兑水、未经发酵，也未加酒精的，或所含酒精浓度不超过 0.5%）。

这 9 个品目的排列顺序为：醋或醋酸制作或保藏的蔬菜、水果、坚果、植物其他部分（品目 20.01），醋或醋酸以外的其他方法制作或保藏的蔬菜（品目 20.02 ～ 20.05），糖渍蔬菜、水果、坚果、植物其他部分等（品目 20.06），烹煮的果酱、果冻、柑橘酱、果泥及果膏（品目 20.07），其他方法制作或保藏的未列名水果、坚果等（品目 20.08），未发酵及未加酒精（品目 20.09）水果汁、蔬菜汁。

二、章及子目注释提要

（一）章注释提要

本章有 6 条章注释。

1. 章注 1 是排他条款，列出了不能归入本章的 4 类货品。

2. 章注 2 是排他条款，列出了不能归入品目 20.07 及 20.08 的 4 类货品。

3. 章注 3 明确了品目 20.01、20.04、20.05 的适用货品范围。

4. 章注 4 对品目 20.02 所称"番茄汁"明确了干重量最低含量要求。

5. 章注 5 对品目 20.07 所称"烹煮制成的"做出了明确定义。

6. 章注 6 对品目 20.09 所称"未发酵及未加酒精的水果汁"做出了明确定义。

（二）子目注释提要

本章有 3 条子目注释。

1. 子目注释 1 对子目 2005.10 所称"均化蔬菜"做出了明确定义。

2. 子目注释 2 对子目 2007.10 所称"均化食品"做出了明确定义。

3. 子目注释 3 对子目 2009.12、2009.21、2009.31 所称"白利糖度值"做出了明确定义。

三、商品基础知识、商品介绍及名词解释

下面将本章条文或注释中涉及的商品、名词等作简单介绍，以便归类。

1. "冷冻蔬菜"（品目 20.04）：

这个冷冻蔬菜不同于品目 07.10 的冷冻蔬菜，品目 20.04 的冷冻蔬菜是指经过了深加工的冷冻蔬菜，如经过了油炸、烘烤的冷冻蔬菜，但不包括经过蒸煮的冷冻蔬菜，冷冻蔬菜，不论是否蒸煮归品目 07.10 中，若只是经过蒸煮，没有经过冷冻，依然是第 20 章的深加工，归品目 20.05 中。如经过蒸煮炖马铃薯归子目 2005.2000。

2. "果冻"：

品目 20.07 中提到的果冻，果冻分为两种情况：一种是经过烹煮的果冻，即用糖和水果汁压榨生果或烹煮水果的，煮沸后冷凝而成的果冻，归入品目 20.07 中。制成糖食的果冻归入子目 1704.9000。

3. "均化蔬菜"：

所称"均化蔬菜"是指在果蔬经精细均化制成供婴幼儿食用或营养用的零售包装食品（每件净重不超过 250 克）。归类时子目 2005.10 或 2007.10 要优先于品目 20.05 或 20.07 的其他子目。

四、部分品目介绍

下面将本章部分品目的商品范围介绍如下：

（一）品目 20.05

品目 20.05 中包括了经过各种深加工的且未冷冻的除品目 20.02、20.03 以外的蔬菜，注意油橄榄、甜玉米都是蔬菜。

（二）品目 20.06

品目 20.06 的产品是经过了糖渍，注意：糖渍比其他加工程度要优先，只要经过糖渍处理则归到品目 20.06 中，糖渍包括沥干、糖渍和果糖这三种情况，但是糖衣杏仁制成糖食的果冻和果膏则归到品目 17.04 中。而注意糖渍≠糖浆浸泡，糖浆浸泡也是一种深加工，若为糖浆浸泡的蔬菜则归品目 20.02、20.05 中，若为水果、坚果或植物其他部分则归品目 20.08 中。

（三）品目 20.08

品目 20.08 这个品目是第 20 章中比较重要的品目。特别是子目 2008.1 中，包括

坚果、花生还有其他子仁，这个其他子仁，包括桃、梅、杏、李的子仁，还包括第12章含油子仁，如葵花子经过炒后制成的香瓜子就归到子目 2008.1 中。但是果仁是指坚果的仁。

五、归类时容易混淆或忽视的地方

下面的内容是本章及其相关商品归类时容易混淆或忽视的地方，应该注意掌握。

1. 注意品目 20.09 中的水果汁和蔬菜汁及其混合汁，能归到品目 20.09 必须满足两个条件：

①未兑水的。

②未发酵。

③未加酒精，即使加酒精，酒精含量 ≤ 0.5%。若兑水以后归入子目 2202.9900，若发酵后归入子目 2206.0010 或 2206.0090。

2. 注意：水果汁、蔬菜汁及混合汁中包括用这些液汁浓缩成的结晶体或粉末状，但必须保持原有产品的基本特征。这些液汁在保持原有基本特征的条件下，可加入糖或甜味剂、保鲜剂、标准剂、蔬菜汁中，还可以加入盐、调味料及香料。

六、归类原则

关于番茄产品的归类：

鲜的、冷藏的、冷冻的、干的、暂时保藏的（例如：使用二氧化硫气体、盐水、亚硫酸水或其他防腐液保藏的）番茄归入第 7 章，用醋或醋酸制作或保藏的番茄归入品目 20.01，用其他方法制作或保藏的番茄归入品目 20.02，干重量在 7% 及以上的番茄汁归入品目 20.02，干重量在 7% 以下的番茄汁、未发酵或酒精含量不超过 0.5% 归入品目 20.09，发酵或酒精含量超过 0.5% 的番茄汁归入品目 22.06，番茄酱及其他番茄调味汁归入品目 21.03，但番茄酱罐头归入品目 20.02，番茄汤料及其制品归入品目 21.04。

商品归类练习题

1. 德式泡菜

2. 番茄膏

3. 糖渍樱桃

4. 糖果包装的糖衣杏仁

5. 糖果包装的果冻

6. 赤豆馅罐头

7. 清水马蹄罐头

8. 炒熟并加糖的核桃仁，350 克 / 袋

9. 浸在糖水中的切片菠萝罐头

10. 盐腌裙带菜

5.7 第 21 章 杂项食品

一、本章的结构及商品范围

本章是兜底章，包括了第 16 章到第 20 章所不包括的食品。

本章共 6 个品目， 基本上是按咖啡和茶的浓缩精汁（品目 21.01）， 酵母和发酵粉（品目 21.02）， 混合调味品（品目 21.03）， 汤料和均化混合食品（品目 21.04）， 冰制食品（品目 21.05）， 其他食品（品目 21.06）的顺序排列。

品目 21.01 是咖啡、茶的浓缩精汁及其制品，如果是咖啡、茶本身则归第 9 章，含任何比例咖啡的烘炒咖啡代用品归入子目 0901.9020，不含咖啡的烘炒咖啡代用品归入子目 2101.3000。

二、章及子目注释提要

（一）章注释提要

本章有 3 条章注释。

1. 章注 1 是排他条款，列出了不能归入本章的 7 类货品。

2. 章注 2 明确了品目 21.01 所称 "精汁" 的适用货品范围。

3. 章注 3 对品目 21.04 所称 "均化混合食品" 做出了明确定义。

（二）子目注释提要

本章有 3 条子目注释。

1. 子目注释 1 对子目 所称 "浓缩精汁" 做出了明确定义。

2. 子目注释 2 对子目 所称 "含咖啡的焙炒咖啡代用品的精汁" 做出了明确定义。

3. 子目注释 3 规定了子目 所称的 "均化混合食品" 的最高含量要求。

三、商品基础知识、商品介绍及名词解释

下面将本章条文或注释中涉及的商品、名词等作简单介绍，以便归类。

1. "芥末酱"（品目 21.03）：

2103.3000 的芥子粉中包括调制的芥末和芥末酱，这个芥末酱是由芥子粉与少量的醋和葡萄酒配制而成的。 芥子含油子仁归品目 12.07 中，芥子油归品目 15.14 中，芥子油饼，从芥子提取固定油后所剩的残渣，归品目 23.06 中，而芥子精油归品目 33.01 中。

2. "芥子粉"：

一般的制粉产品放在第 11 章，但发酵粉、芥子粉归本章，而珍粉及珍粉代用品归品目 19.03，酵母归品目 21.02，但如果是药用酵母则考虑归入第 30 章。

四、部分品目介绍

下面将本章部分品目的商品范围介绍如下：

（一）品目 21.03

品目 21.03 指的是工业合成的调味品及混合调味品，与品目 09.04 ~ 09.10 的调味品相区别，前者是原生态的，后者则是工业合成的。

而我们还要考虑品目 12.11 的原生态植物香料和第 33 章工业合成的香料，本章的调味品与第 9 章也有相应的联系，参见第 9 章章注 1，第 9 章的纯天然混合调味品，若同品目的产品，则遵循从大归类和从后归类，若第 9 章中不同品目的产品则归到子目 0910.9100，若第 9 章中的产品和其他章的产品组成的混合调味品，则归到品目 21.03 中。

（二）品目 21.06

品目 21.06 起到一个兜底的作用，各种未列名的食品归到 21.06 中，但是要和品目 04.10 区别。品目 04.10 指的是一些纯天然的可供食用的动物产品，21.06 的产品一般是工业合成的，其他品目未列名单供食用的产品就归品目 21.06 中。一般包括各种保健品。子目 2106.1000 是人造肉，子目 2106.9010、2106.9020 是制造饮料的添加剂，子目 2106.9030 是蜂王浆制剂。

五、归类时容易混淆或忽视的地方

下面的内容是本章及其相关商品归类时容易混淆或忽视的地方，应该注意掌握。

注意：

1. "雀巢" 速溶咖啡归入子目 2101.1100。

2. "雀巢" 2 合 1 咖啡归入子目 2101.1200。

3. 含有咖啡伴侣的 "雀巢" 2 合 1 咖啡归 2101.1200。

4. 咖啡伴侣归入子目 2106.9090。

六、归类原则

（一）关于菊苣植物的归类

菊苣植物及其根，不供人食用的归入子目 0601.2000，作为蔬菜的菊苣植物、新鲜的或冷藏的归入子目 0705.2，未焙制的菊苣根子目 1212.9999，烘焙后作为咖啡代用品的菊苣根，含咖啡的归入子目 0901.9020，不含咖啡的归入子目 2101.3000。

（二）关于微生物的归类

已死的其他单细胞微生物归入子目 2102.2000，培养微生物归入子目 3002.9090，微生物的培养基归入子目 3821.0000 。

商品归类练习题

1. 发面酵母，一种活性酵母

2. 由多种精制的植物花粉和乳糖制成的营养保健花粉制品

3. 罐装麦乳精，婴儿食品，加糖、全脱脂可可含量为 30%

4. 番茄调味汁

5. "雀巢" 2 合 1 速溶咖啡，已加牛奶、咖啡伴侣调配好，13 克 / 袋

6. 雀巢速溶咖啡

7. 单独报验的咖啡伴侣

8. 巧克力冰淇淋

9. 芥子粉

10. 太太乐鸡精

5.8 第 22 章 饮料、酒及醋

一、本章的结构及商品范围

1. 本章商品除冰及雪是非液体，其他商品都是液体，主要包括水、其他无酒精饮料及冰、经发酵的酒精饮料，经蒸馏的酒、乙醇，以及醋及其代用品，但不包括品目 04.03 的酸乳酒和品目 30.03、30.04 的中药酒。

2. 本章共 9 个品目，按无酒精饮料（品目 22.01、22.02），含发酵的酒精饮料、低度酒精含量，包括啤酒、葡萄酒、味美思酒、其他发酵饮料（品目 22.03 ～ 22.06），经蒸馏的酒及酒精饮料，包括利口酒烈性酒等品目 22.07 ～ 22.08，醋及醋的代用品品目 22.09，按酒精浓度由小到大的顺序排列。

二、章及子目注释提要

（一）章注释提要

本章有 3 条章注释。

1. 章注 1 是排他条款，列出了不能归入本章的 3 类货品。

2. 章注 2 明确了品目所称 "无酒精饮料" 的适用货品范围。

3. 章注 3 对品目所称 "按容量计酒精浓度" 做出了明确定义。

（二）子目注释提要

本章有 1 条子目注释。

子目注释 1 对子目所称 "汽酒" 做出了明确定义。

三、商品基础知识、商品介绍及名词解释

下面将本章条文或注释中涉及的商品、名词等作简单介绍，以便归类。

1."汽水":

所谓的汽水，是指在水中加入的二氧化碳，俗称苏打水。如雪碧、百事可乐等。

2."蒸馏酒"（品目22.08）：

世界六大蒸馏酒有：

(1)白兰地，是指蒸馏葡萄酒制得的蒸馏酒。

(2)威士忌，用谷物，特别是大麦酿造而得的。

(3)伏特加酒，一般由谷物或马铃薯酿造而得。

(4)金酒，又叫杜松子酒，是世界第一大类烈酒。

(5)朗姆酒，用甘蔗蒸馏而得。

(6)中国白酒又称为烧酒，主要包括汾酒、泸州老窖、茅台酒、剑南春、古井贡酒、五粮液等。

四、部分品目介绍

下面将本章部分品目的商品范围介绍如下：

（一）品目22.06

22.06这个品目都是一些发酵饮料，是以粮谷、水果或允许使用的野生植物为原料，经发酵法酿制而成的酒，酒精浓度在20%以下，除了书本上列到的几种，还包括葡萄干酒、米酒、苦艾酒、麦芽酒等。注意：只用于烹饪而不适合作饮料用的料酒归到品目21.03中，但是黄酒仍归入品目22.06。

（二）品目22.09

品目22.09中的醋及醋的代用品是指醋含量≤10%，若大于10%则归到子目2915.2中，乙酸，俗名是醋酸。醋是一种酸性液体，它是用任何原料，经酒精发酵制得的酒精液体，通过醋酸发酵制成，按其原料包括下列各种不同的醋，①酒醋，②啤酒醋和麦芽醋，③苹果醋、梨醋等。

五、归类时容易混淆或忽视的地方

下面的内容是本章及其相关商品归类时容易混淆或忽视的地方，应该注意掌握。

1.品目22.01与22.02的共同点是都不含酒精，即使含有酒精，酒精的含量也是≤0.5%，若酒精浓度大于0.5%，则按照酒来归，它区别品目22.01是未加糖或未加其他甜物质及未加味的水。

注意：这里面包括两种情况：一种是未加糖及未加味的水，还有一种情况是未加其他甜物质及未加味，这两种情况和我们讲到与第4章的品目04.01是很相似的，而品目22.02是满足加味、加糖或加其他甜物质这三种情况中的一种情况即可，当然也可以满足两种情况及以上。

2.注意品目22.04的葡萄酒与品目22.05的葡萄酒的区别。

品目22.04是普通的葡萄酒，而品目22.05是加有植物或香料的葡萄酒，子目

2204.2 的其他酒主要包括普通葡萄酒、掺酒精的葡萄酒及餐后葡萄酒。但是葡萄酒渣归入子目 2307.0000，未兑水的葡萄汁归入品目 20.09 中；兑水的葡萄汁，不含酒精或酒精的含量 ≤ 0.5%，归入子目 2202.9900。

六、归类原则

关于酒精的归类：

品目 22.07 与 22.08 中包括各种乙醇，俗称酒精，不论浓度多少，不论是否改性，均不归到第 29 章，唯一要求的是这个乙醇是液态的，要是固态的乙醇，应该按燃料来归，归到子目 3606.9090。

商品归类练习题

1. "碧泉"牌瓶装矿泉水（未加糖）

2. 味美思酒，1.25 升零售包装

3. 蒸馏红薯干酒，属于蒸馏酒

4. "可口可乐"饮料，2 升 / 瓶

5. 日之泉饮用蒸馏水，600 毫升 / 瓶

6. 海水

7. 作为燃料用的固体酒精

8. 醋酸含量为 98% 的冰乙酸，非食品级

9. 法国白兰地，葡萄酒蒸馏

10. 伏特加酒

5.9 第 23 章 食品工业的残渣及废料；配制的动物饲料

一、本章的结构及商品范围

1. 本章包括食品工业所剩的残渣和废料，还包括某些动物质的产品，这些产品大部分用来作为动物饲料，有些也适于供人食用。

2. 本章一共 9 个品目，按动物质渣粉、植物质加工残渣、制粉、榨油、酿酒、制糖的、配制的动物饲料的顺序排列。

3. 本章的产品，品目 23.01 到 23.08 是没有经过配制的，只有品目 23.09 是经过配制得到的。

4. 本章品目排列为：不适合供人食用的动物渣粉及油渣（品目 23.01），制粉残渣（品目 23.02），制淀粉、制糖、酿酒（不含葡萄酒）残渣（品目 23.03），榨油残渣（品目 23.04 ~ 23.06）、葡萄酒渣、粗酒石（品目 23.07），其他配制动物饲料用残渣（品

目 23.08），配制的动物饲料（品目 23.09）。

二、章及子目注释提要

（一）章注释提要

本章有 1 条章注释。

章注 1 明确了品目 23.09 适用的货品范围。

（二）子目注释提要

本章有 1 条子目注释。

子目注释 1 对子目 2306.41 所称"低芥子酸油菜子"做出了明确定义。

三、商品基础知识、商品介绍及名词解释

下面将本章条文或注释中涉及的商品、名词等作简单介绍，以便归类。

"植物原料的废料、残渣"（品目 23.08）：

品目 23.08 这里所提到的植物废料、残渣，并不是长出来就给动物吃的植物材料，若是生长出来就给动物吃的植物材料，归到品目 12.14 中，如：驴喜豆、羽扇豆等。

品目 23.08 中主要包括甜菜叶、胡萝卜叶，还有一些水果的果皮。

四、部分品目介绍

下面将本章部分品目的商品范围介绍如下：

（一）品目 23.01

品目 23.01 是指不适于食用的第一类产品，特别是第 2 章和第 3 章，但是要与第 5 章的产品相区分开，注意子目 2301.1 中提到的肉骨粉，这个肉骨粉要和子目 0506.9 中提到的骨粉相区别，比如牛的肉骨粉归入子目 2301.1011，而牛骨粉归入子目 0506.9011。

还要注意可供人食用的动物的粉，不论是否深加工，都归到第一类中。如第 2 章的动物的粉归到子目 0210.9900，而第 3 章的动物的粉，如果是鱼类的归入子目 0305.1000，甲壳动物的归入 03.06 中。不适合供人食用的动物粉归到品目 23.01 中，动物油渣均归到品目 23.01 中。

（二）品目 23.09

品目 23.09 是工业上经配制的两种或两种以上成分构成的供动物吃的饲料，它们是由动物原料加工而成的，并且已经改变了原料的基本特征，如维嘉牌猫粮等。

五、归类时容易混淆或忽视的地方

下面的内容是本章及其相关商品归类时容易混淆或忽视的地方，应该注意掌握。

葡萄酒渣、粗酒石归入品目 23.07，而酿造及蒸馏时产生的糟粕及残渣归入品目 23.03，但提取出来的酒石酸、酒石酸盐及酒石酸脂应归入子目 2918.1200。

六、归类原则

关于谷壳的归类：

谷壳归到品目 12.13 中，因为品目 23.08 不包括品目 12.13 的产品，也不包括咖啡荚、可可的废料子目 1802.0000。

商品归类练习题

1. 废啤酒花
2. 鳗鱼饲料
3. 饲料用鱼粉，具体列名，属于未配制的
4. 肉骨粉，饲料用，含猪成分
5. 牛骨粉，含牛羊成分
6. 玉米麸
7. 甜菜叶
8. 棉子渣
9. 谷壳
10. 驴喜豆

5.10 第 24 章 烟草、烟草及烟草代用品的制品

一、本章的结构及商品范围

本章共 3 个品目。基本是按原料（品目 24.01）、卷烟和代用品卷烟（品目 24.02）、其他制品（品目 24.03）的顺序排列，品目 24.03 包括烟丝、其他可供吸用的烟草及其代用品的制品和烟草精汁。

品目 24.01 的产品是烟草、烟草废料，这些产品人不能直接去吸，其中的烟草又称为烟叶。一级子目按照是否去梗来分的。

二、章及子目注释提要

（一）章注释提要

本章有 1 条章注释。

章注 1 是排他条款，列出了不能归入本章的 1 类货品。

（二）子目注释提要

本章有 1 条子目注释。

子目注释 1 对子目 2403.11 所称"水烟料"做出了明确定义。

三、商品基础知识、商品介绍及名词解释

下面将本章条文或注释中涉及的商品、名词等作简单介绍，以便归类。

1."精汁"（品目 24.03）：

品目 24.03 中包含烟丝，烟草精汁。精汁：一个是动物的精汁，包括第 2 章和第 3 章的，归入子目 1603.0000，还有一个是咖啡、茶、马黛茶的精汁归入品目 21.01 中。子目 2403.9900 包括鼻烟、烟草膏、咀嚼烟、烟草精汁等。

2."水烟料"（品目 24.03）：

指由烟草和甘油混合而成用水烟筒吸用的烟草，不论是否含有芳香油及提取物、糖蜜或糖，也不论是否用水果调味，但供在水烟筒中吸用的非烟草产品除外。

四、部分品目介绍

下面将本章部分品目的商品范围介绍如下：

品目 24.02：

品目 24.02 包括雪茄烟和卷烟，这类产品人可以去吸，注意：当这个烟中既有烟草又含有烟草代用品时，按含有烟草的来归类。

五、归类时容易混淆或忽视的地方

下面的内容是本章及其相关商品归类时容易混淆或忽视的地方，应该注意掌握。

一根香烟由滤嘴、卷烟纸和烟草构成，卷烟的滤嘴归入子目 5601.2210。前提是用化学纤维制成的絮胎制成，卷烟纸，不论尺寸多少均归到品目 48.13 中，而烟草归到品目 24.01 中，做成的卷烟归入品目 24.02 中。

六、归类原则

关于药用卷烟的归类：

本章不包药用卷烟，药用卷烟归入第 30 章，尼古丁（从烟草中提取的生物碱）归入子目 2939.7910。

商品归类练习题

1. 烟草精汁，用新鲜烟叶通过压榨获得
2. 万宝路香烟，用烟草制的卷
3. 红塔山牌香烟，卷烟
4. 烤烟叶，干的，未去梗
5. 雪茄烟，全部由烟草代用品制成
6. 烟斗
7. 成管状的卷烟纸

8. 化学纤维制的卷烟滤嘴

9. 用醋浸泡的胡萝卜丝

10. 火锅蘸料用酱

【本篇小结】

本章在概括阐述 HS 第四类货品归类要点的基础上，从商品范围、注释提要、商品知识、品目介绍、归类易混淆之处等方面依次明确了第 16～24 章货品的归类要点，诸如第 16 章简单介绍了"食品、饮料的归类原则"，为食品、饮料、酒、醋、烟草及其制品的正确归类提供了必要的基础知识。

【本篇关键名词或概念】

食品　饮料　酒

【本篇简答题】

1. 本类食品、饮料具有什么特点?

2. 简述饮料的归类。

第六篇　第五类 矿产品

【本篇导读】

本篇系统介绍了矿产品的归类要点。

【本篇学习目标】

通过本篇的学习，熟悉 HS 第五类的商品范围，了解与相关类、章商品的区别和联系，明确归类易混淆之处，掌握矿产品的主要归类原则并能正确进行商品归类。

6.1 本类归类要点

一、本类的结构和商品范围

本类共分 3 章，主要包括从陆地或海洋中直接获取的原料性的矿产品及其经过有限加工的产品。除特殊规定外，矿产品都归入本类。本类包括的矿产品按基本化学成分划分为三大组，并按照非金属矿——金属矿——有机矿产品的顺序排列章次，分列于第 25 ~ 27 章，其中，非金属矿产品一般不得经过煅烧、混合或超过品目所列的加工范围，只包括原产状的或只经过洗涤、粉碎或机械物理方法精选过的货品。金属矿产品则主要是指冶金工业中提炼汞、放射性金属、贵金属及贱金属的矿物，即使这些矿物不用于冶金工业。但不包括以非冶金工业正常加工方法处理的各种矿物。有机矿产品可经过较深的加工，固体矿物燃料可用干馏方法加工，矿物油可经蒸馏处理。

二、类注释提要

本类没有类注释。

6.2 第 25 章 盐；硫磺；泥土及石料；石膏料、石灰及水泥

一、本章的结构及商品范围

本章共有 29 个品目，主要按照矿产品的基本成分、聚集状态及来源分列品目。

本章主要包括天然的或经洗涤（包括用化学品清除杂质而不改变矿物本身结构的洗涤）破碎、磨碎、研粉、淘洗、细筛、粗筛及用浮选、磁选或其他机械或物理方法（不包括结晶法）精选的矿产品（冶金用金属矿砂除外）。如果通过再结晶使产品提纯、将本章同一或不同品目的矿物相互混合或经制作或雕刻等其他方法加工则一般归

入后续相关类、章（如第 28 章、第 68 章、第 96 章等）。作为例外本章还通过在品目条文具体列名的方式将纯氯化钠（品目 25.01）、精制硫（品目 25.03）、纯氧化镁（品目 25.19）、熔凝和烧结的镁氧矿（品目 25.19）等一些或天然状态、或存在状况或加工方法已超出上述允许范围的矿产品。

易误归入第 26 章的本章货品主要有未焙烧黄铁矿；稀土金属的矿砂，如硅铍钇矿（但品目 26.12 的独居石及专用于或主要用于提取铀或钍的其他矿砂，如硅钙铀矿除外）；辉钼"精矿"（润滑用）；调制软锰矿（制干电池用）。

易误归入本章的货品主要有原产状的宝石或半宝石（第 71 章）。

二、章及子目注释提要

本章有 4 条章注释，无子目注释。

1. 章注 1 明确了本章产品适用的加工方式；规定在不使原产品改变其一般用途而适用于某些特殊用途的前提下本章产品可含有添加的抗尘剂。

2. 章注 2 是排他条款，列出了不能归入本章的 9 类货品。

3. 章注 3 规定了品目 25.17 是本章的优先归类品目。

4. 章注 4 用列举的方法概括了品目 25.30 主要适用的货品范围。

三、商品基础知识、商品简介及名词解释

下面将本章条文或注释中涉及的商品、名词等做简单介绍，以便归类。

1. "原状"（子目 2515.11、2516.11）：

它是指按石料天然解理面劈开的石块或石板，其表面通常起伏凹凸不平，一般还带有劈解石料时所用工具的印记或用镐或炸药等从原开石面上开采出来的不成型石料（粗石、毛石）。

2. "粗加整修"（子目 2515.11、2516.11）：

"粗加整修"的石料是指开采后经粗略加工成表面仍有些地方粗糙不平的石块或石板，也可用锤、凿等工具削去多余的突起部分。

3. "石棉"（品目 25.24）：

石棉的主要成分是硅酸盐，是矿物质天然纤维，分为蛇纹石棉和角闪石类石棉两类，颜色多样，通常为白、灰、青、蓝、深棕不等。蓝石棉（青石棉）呈蓝色、青蓝色或淡紫色，属单斜晶系，一般常见的蓝石棉为纤维铁闪石石棉、镁钠铁闪石石棉和钠闪石石棉。

4. "黑玉"（品目 25.30）：

它是一种密质的褐煤，颜色墨黑，容易雕琢，光泽度高，用于制作珠宝首饰，但在本目录中不属于宝石。

四、部分品目介绍

下面将本章部分品目的商品范围介绍如下：

（一）品目 25.01

包括从地下提取的盐、蒸发盐以及海水、盐水和其他含盐溶液。厨房及佐餐用食盐可经碘化处理。但不包括加调料的盐，如芹盐（品目 21.03）及制成药品的氯化钠（品目 30.04）、每颗重量不低于 2.5 克的培养晶体。

（二）品目 25.17

主要包括：通常作混凝土粒料、铺路、铁道路基或其他路基的卵石、砾石及破碎或砸碎的石料（含混合的各种石料）；圆石子及燧石；铺路碎石（由粗略分级的碎石、卵石、矿渣或类似工业废料及其混合物组成）及沥青碎石（混有沥青或柏油的碎石）；品目 25.15 或 25.16 所列石料的颗粒及粉末。

（三）品目 25.30

本品目主要包括其他品目未列名的四组矿产品，列举如下：

1. 土色料；天然云母氧化铁。

2. 海泡石及琥珀；黏聚海泡石及黏聚琥珀的板、条、杆（模制后未经进一步加工）；黑玉。

3. 菱锶矿（无论是否煅烧），氧化锶除外。

4. 未列名的矿物质；碎陶器、碎砖或混凝土碎块。

五、归类时容易混淆或忽视的地方

下面的内容是本章商品归类时容易混淆或忽视的地方，应该注意掌握。

（一）本章可以经过煅烧或烧结或熔凝的矿产品

可以经过煅烧的主要包括高岭土（品目 25.07）、硅线石等（品目 25.08）、毒重石（品目 25.11）、硅质化石粗粉和类似的硅质土（品目 25.12）、白云石（品目 25.18）、天然硼酸盐及其精矿（品目 25.28）；可以经过烧结的主要包括白云石（品目 25.18）、镁氧矿（品目 25.19）等；可以经过熔凝的主要包括镁氧矿（品目 25.19）等。

（二）本章可用锯或其他工具修整或简单切割成矩形（包括正方形）板、块状的矿产品

主要包括：石英岩（品目 25.06）、板岩（品目 25.14）、大理石等石灰质碑或建筑用石（品目 25.15）、花岗岩等碑用或建筑用石（品目 25.16）、白云石（品目 25.18）及天然冻石（品目 25.26）等。

六、优先归类原则

既可归入品目 25.17 又可归入本章其他品目的产品，应归入品目 25.17。

商品归类练习题

1. 食用盐，盐的主要化学成份为氯化钠含量为 99%（属于混合物），粉末状，400g/袋

2. 粉碎黏土与其他耐火材料的煅烧混合物制成的耐火黏土

3. 牙科用的熟石膏

4. 纯的氧化镁

5. 未焙烧的黄铁矿

6. 硅藻土

7. 云母粉

8. 长石

6.3 第 26 章　矿砂、矿渣及矿灰

一、本章的结构及商品范围

本章共有 21 个品目，按照金属矿砂及其精矿——钢铁熔渣——其他金属矿渣、矿灰及残渣——其他矿渣及矿灰的顺序列目。本章主要包括两组货品，分列如下：

1. 金属矿砂及其精矿（品目 26.01 ~ 26.17）。

2. 矿渣、矿灰及残渣（品目 26.18 ~ 26.21）。

金属矿砂及其精矿主要是指各种冶金工业中（在商业上）用于提炼第十四类所列的贵金属（银、金、铂、铱、锇、钯、铑、钌）、第十五类所列的贱金属（铁、铜、镍、铝、铅、锌、锡、钨、钼、钽、钴、铋、镉、钛、锆、锑、锰、铬、锗、钒、铍、镓、铪、铟、铌、铼、铊）、汞（品目 28.05）及品目 28.44 所列金属，以及某些用于提取锰铁或铬铁等合金的矿砂（即使这些矿砂实际上不是用于冶金工业）；以及未经非冶金工业正常方法处理的金属矿砂。

矿渣及矿灰主要是指通过加工矿砂或冶炼金属、加工其他材料或用其他方法、焚烧废物或垃圾等方法获得的渣、灰。

易误归入其他章的货品主要有稀土金属矿砂应归入品目 25.30，但是作为重要稀土金属矿的独居石，因为含有金属钍（钍及稀土的磷酸盐）而应归入品目 26.12。

易误归入本章的货品主要有不是以冶金工业正常加工方法处理的各种金属矿物，如制电池用的软锰矿（品目 25.30）；未焙烧的黄铁矿（品目 25.02）；宝石（第 71 章）；从脉石等中分拣出来的天然金属及合金（第十四类、第十五类）。

二、章及子目注释提要

（一）章注释提要

本章有 3 条章注释。

1. 章注 1 是排他条款，列出了不能归入本章的 7 类货品。

2. 章注 2 对品目 26.01 ~ 26.17 所称"矿砂"做出了明确定义；规定品目 26.01 ~ 26.17 不包括不是以冶金工业正常加工方法处理的各种矿物。

3. 章注 3 规定了品目 26.20 适用的货品范围。

（二）子目注释提要

本章有 2 条子目注释。

1. 子目注释 1 对子目 2620.21 所称"含铅汽油的淤渣及含铅抗震化合物的淤渣"做出了明确定义。

2. 子目注释 2 规定用于提取或生产砷、汞、铊及其化合物的含有砷、汞、铊及其混合物的矿灰及残渣，应归入子目 2620.60。

三、商品基础知识、商品介绍及名词解释

下面将本章条文或注释中涉及的商品、名词等作简单介绍，以便归类。

1. "矿砂"（品目 26.01 ~ 26.17）：

所称"矿砂"，是指与相关的物质共存于矿藏之中并被一起开采出来的含金属矿物以及在脉石中的天然金属（例如含金属砂）。

2. "精矿"（品目 26.01 ~ 26.17）：

所称"精矿"是指为方便日后金属的冶炼或减少运输费用而采用专门方法部分或全部除去异物的金属矿砂。

3. "含铅汽油的淤渣及含铅抗震化合物的淤渣"（子目 2620.21）：

它是指含铅汽油及含铅抗震化合物（例如，四乙基铅储罐）的淤渣，主要含有铅、铅化合物以及铁的氧化物。

四、部分品目介绍

下面将本章部分品目的商品范围介绍如下：

（一）品目 26.20

主要包括除冶炼钢铁产生的灰、渣以外的用于提取金属、砷或生产金属化合物（贵金属及其化合物除外）的矿渣、矿灰及残渣，主要有：

1. 含有金属及其化合物的矿渣、矿灰及残渣，例如锌铳；机械加工有色金属所得的金属皮（金属氧化物）；非机械加工金属的电解、化学等处理方法所得的产物，如镀锌时浸锌所剩的残渣——硬锌块；仅适合提取贱金属或生产化工品的废催化剂等；主要用于提取氯化镁的光卤石碱液残渣。

2. 主要用于回收铅或铅的化合物的含铅汽油的淤渣及含铅抗震化合物的淤渣。

3. 含有砷及其化合物的矿渣、矿灰及残渣。

不归入品目 26.20 的矿渣、矿灰及残渣主要有第 28 章已有化学定义的化合物；品目 71.12 的贵金属或包贵金属的废碎料及用于回收贵金属及其化合物的含贵金属或贵金属化合物的废碎料；锌粉（品目 79.03）；机械加工第十五类金属产生的金属碎料；品目 26.21 的焚化多种废物产生的灰渣及品目 27.10 的来自储罐的主要含石油的淤渣。

（二）品目 26.21

主要包括焚化城市垃圾所产生的灰、渣及不归入品目 26.18 ~ 26.20 的炉渣及矿灰。这些产品很多作肥料用，主要货品有矿质灰及烧结块；海草灰（稻草灰）及其他植物灰；骨灰（动物炭黑除外）及在榨糖工业中处理糖蜜残渣所得的粗钾盐等。

五、归类时容易混淆或忽视的地方

下面的内容是本章商品归类时容易混淆或忽视的地方，应该注意掌握。

品目 26.01 ~ 26.17 产品的加工范围：

可经煅烧、焙烧或燃烧（不论是否烧结）加工（不论引起何种变化）；在不改变所要提炼金属的基本化合物化学成分的前提下，可经过在提炼金属上属正常工序的其他加工（不包括经多次物理变化制得的近乎纯净产品或改变了基本矿砂的化学成分或晶体结构的精矿），包括物理、物理—化学或化学加工。

1. 物理或物理—化学加工包括破碎、磨碎、磁选、重力分离、浮选、筛选、分级、矿粉造块（例如通过烧结或挤压等制成粒、球、砖、块状，不论是否加入少量黏合剂）、干燥、燃烧、焙烧以使矿砂氧化、还原或使矿砂磁化等（但不得使矿砂硫酸盐化或氯化等）。

2. 化学加工（例如溶解加工）主要为了清除不需要的物质。

六、归类原则

（一）含有一种以上矿物的矿砂及精矿的归类原则

含有一种以上矿物的矿砂及精矿当品目条文有规定时按品目条文归类，否则按归类总规则三（2）或三（3）办理即按照基本特征或从后归类办理。

（二）黄铁矿的归类

黄铁矿俗称"硫铁矿"（FeS_2），未焙烧的黄铁矿主要用于提炼硫磺，按非金属矿产品归入品目 25.02；已焙烧的黄铁矿已脱硫，主要成分为氧化铁（Fe_2O_3），按铁矿砂归入品目 26.01。

商品归类练习题

1. 钨精矿

2. 金矿砂

3. 铜矿砂

4. 原状铁矿砂（平均粒度 5 毫米）

5. 钴矿砂

6. 铅矿砂

6.4 第 27 章 矿物燃料、矿物油及其蒸馏产品；沥青物质；矿物蜡
一、本章的结构及商品范围
本章包括有机矿产品及其精制品。主要货品有煤及其他矿物燃料、石油和从沥青矿物提取的油及其蒸馏产品和类似品、矿物蜡和天然沥青物质。

本章共有 16 个品目，产品主要按来源分为四组，各组货品分列如下：

1. "煤及其加工产品"（品目 27.01 ~ 27.08）：

按照煤——煤的干馏产品——煤的蒸馏产品的顺序排列品目。

2. "石油及其蒸馏产品"；"天然气"（品目 27.09 ~ 27.11）：

按照原油——石油的蒸馏产品的顺序排列品目。

3. "矿物蜡和天然沥青物质"（品目 27.12 ~ 27.15）：

按照蜡——石油及矿物油残渣——天然沥青物质及沥青混合物的顺序排列品目。

4. "电力"（品目 27.16）：

易误归入本章的货品主要有包装容器的容量不超过 300 立方厘米的香烟打火机及类似打火机充气用的液体燃料或液化气燃料（品目 36.06）。

二、章及子目注释提要
（一）章注释提要

本章有 3 条章注释。

1. 章注 1 是排他条款，列出了不能归入本章的 3 类货品。

2. 章注 2 明确了品目 27.10 所称"石油及从沥青矿物提取的油类"的适用货品范围。

3. 章注 3 对品目 27.10 所称"废油"做出了明确定义，并列出了所属的三类"废油"。

（二）子目注释提要

本章有 5 条子目注释。

1. 子目注释 1 对子目 2701.11 所称"无烟煤"做出了明确定义。

2. 子目注释 2 对子目 2701.12 所称"烟煤"做出了明确定义。

3. 子目注释 3 规定了子目 2707.10、2707.20、2707.30、2707.40 所称的"粗苯""粗甲苯""粗二甲苯""萘"的最低含量要求。

4. 子目注释 4 对子目 2710.12 所称"轻油及其制品"做出了明确定义。

5. 子目注释 5 对品目 27.10 的子目所称"生物柴油"，做出了明确定义。

三、商品基础知识、商品介绍及名词解释

下面将本章条文或注释中涉及的商品、名词等作简单介绍，以便归类。

1."石油及从沥青矿物提取的油类"（品目 27.10）：

它是指石油、从沥青矿物提取的油及类似油以及那些用任何方法提取的、非芳族成分的重量超过芳族成分的主要含有不饱和烃混合物的油 [温度在 300℃时，压力转为 1013 毫巴后减压蒸馏出的液体合成聚烯烃，以体积计小于 60% 的货品 (第 39 章) 除外]。

2."轻油及其制品"（子目 2710.12）：

它是指根据 ISO 3405 方法（等同于 ASTM D 86 方法），温度在 210℃时以体积计馏出量（包括损耗）在 90% 及以上的产品（以美国标准试验法 D86 为准）。

3."汽油"（品目 27.10）：

轻油产品中的一大类。沸点范围在 40 ~ 200℃，主要由四碳至十二碳烃类组成。作汽油机燃料用的为航空汽油或车用汽油；在橡胶、油漆、油脂、香料等工业作溶剂用的为溶剂汽油。

4."石脑油"（品目 27.10）：

原油分馏得到的一个馏分，又称粗汽油。石脑油的沸点范围大致在 40 ~ 200℃之间，密度约为 0.7，可加工成各种石油产品，如汽油、灯油、溶剂油等。

5."煤油"（品目 27.10）：

它是指从石油中分离出来的燃料用油，挥发性比汽油低，比柴油高。用作航空喷气式发动机燃料的煤油称为航空煤油，其沸点范围为 150 ~ 250℃，相对密度不大于 0.850，凝固点不高于 –60℃，热值不小于 10 250 千卡 / 千克。

6."柴油"（品目 27.10）：

它是指从石油中分离出来的燃料用油，挥发性比润滑油高，比煤油低，是用于柴油机的液体燃料。

7."废油"（品目 27.10）：

它是指主要含石油及从沥青矿物提取的油类的废油，不论其是否与水混合。它们包括：①不再适于作为原产品使用的含有致癌物质的废油 [例如，用过的润滑油、液压油及变压器油，含有诸如换热器、变压器或开关等电气设备排出的多氯联苯 (PCBs)、多氯三联苯 (PCTs) 或多溴联苯 (PBBs) 等化学物质]；②石油储罐的淤渣油，主要含石油及高浓度的在生产原产品时使用的添加剂（例如化学品）；③水乳浊液状或与水混合的废油，例如浮油、清洗油罐所得的油或机械加工中已用过的切削油。

8."生物柴油"（品目 27.10、38.26）：

它是指从动植物油脂（不论是否使用过）得到的用作燃料的脂肪酸单烷基酯。

四、部分品目介绍

下面将本章部分品目的商品范围介绍如下：

品目 27.10 主要包括：

1."拔顶原油"及轻油、中油及重油。这些油主要含非芳族烃，呈液状或半固体状，例如汽油、石油溶剂、煤油、粗柴油、燃料油、锭子油及润滑油、白油。

2.非芳族成分以重量计超过芳族成分的其他类似油，例如由不饱和无环烃及饱和无环烃混合组成混合烯烃 [在温度 300℃时，压力转为 1013 毫巴后减压蒸馏出的液体合成聚烯烃以体积计小于 60% 的货品（第 39 章）除外]。

3.加有不同物质以适合某些专门用途的以上 1、2 两款所述的油（按重量计含油在 70% 及以上，而且协调制度的其他品目未列名的产品）。例如由润滑油 [例如复合油、重负荷机油、掺石墨油、上部气缸润滑剂、纺织用油及由润滑油和 10% ~ 15% 的铝皂、钙皂、锂皂等组成的固体润滑剂 (润滑脂)] 及其他产品混合组成的润滑剂；加有抗氧剂并经稳定和特制的变压器油及绝缘油；由加入 10% ~ 15% 乳化剂的重油组成的切削油；由通常加有少量胶溶剂的重油组成的清洗油；由含有约 10% 植物脂肪等的重油组成的脱膜油；由加入增强润滑性能的物质、抗氧剂、防锈剂等的重油组成的闸用液压油等。

4.废油。

五、归类时容易混淆或忽视的地方

下面的内容是本章及其相关商品归类时容易混淆或忽视的地方，应该注意掌握。

本章不包括：含石油或沥青矿物油重量低于 70% 的制剂，例如品目 34.03 的纺织材料油脂处理制剂及其他润滑剂和品目 38.19 的闸用液压油；在协调制度其他品目已列名的含任何比例 (包括按重量计超过 70% 的) 石油或沥青矿物油的制剂或非以石油及沥青矿物油为基料的制剂。例如溶于石油溶剂的羊毛脂溶液防锈剂（品目 34.03 ）；消毒剂、杀虫剂、杀菌剂等（品目 38.08）；矿物油用的配制添加剂（品目 38.11）；清漆用的复合溶剂及稀释剂（品目 38.14）；品目 38.24 的某些制剂，例如汽油机用启动燃料，含石油重量在 70% 及以上的乙醚或以乙醚为基料的其他成分及含铅汽油的淤渣及含铅抗震化合物的淤渣（品目 26.20 ）。

六、归类原则

（一）苯、甲苯、二甲苯、萘、酚的归类

按重量计苯、甲苯、二甲苯、甲酚、二甲苯酚的含量大于 50% 并小于 95% 的产品以及萘的结晶点低于 79.4℃并且含量大于 50% 的产品，苯酚的含量大于 50% 并小于 90% 的产品应归入品目 27.07，否则应归入第 29 章。前者在品目 27.07 项下子目分别被称作"粗苯""粗甲苯""粗二甲苯""萘"和"酚"。

（二）沥青及其主要相关产品的归类

煤沥青应归入子目 2708.1000；石油沥青应归入子目 2713.2000；天然沥青（地沥青）应归入子目 2714.9010；植物沥青应归入子目 3807.0000。

沥青与杂酚油或其他煤焦油蒸馏产品的混合物应归入品目 27.06；乳化沥青应归入品目 27.14；稀释沥青应归入品目 27.15；柏油碎石应归入品目 25.17；沥青制品一般应归入品目 68.07。

商品归类练习题

1. 石油沥青，从石油所提炼的沥青
2. 焦炭
3. 天然沥青
4. 中国出口给俄罗斯的电力
5. 石蜡（含油量小于 0.75%）
6. 无烟煤
7. 泥煤（包括肥料用泥煤）
8. 粗甲苯
9. 液化天然气
10. 凡士林

【本篇小结】

本篇在概括阐述 HS 第五类货品归类要点的基础上，一般从商品范围、注释提要、商品知识、品目介绍、归类易混淆之处等方面依次明确了第 25 章～第 27 章货品各自的归类要点，为全方位把矿产品的正确归类提供了必要的基础知识。

【本篇关键名词或概念】

矿砂　生物柴油　废油

【本篇简答题】

1. 本类矿产品具有什么特点？
2. 简述本类矿产品允许的加工方式。

第七篇　第六类 化学工业及其相关工业的产品

【本篇导读】

本篇系统介绍了化学工业及其相关工业的产品的归类要点。

【本篇学习目标】

通过本篇的学习，熟悉 HS 第六类的商品范围，了解与相关类、章商品的区别和联系，明确归类易混淆之处，掌握化学工业及其相关工业的产品的主要归类原则并能正确进行商品归类。

7.1 本类归类要点

一、本类的结构和商品范围

本类共有 11 章（第 28 章～第 38 章），除高分子化工产品、作为材料使用的金属单质及部分石油化工产品外，几乎包括了所有的化学工业以及与化学相关工业的产品。本类产品绝大多数是人工制造的（尤其是基本化工原料），例如无机化合物氢氧化钠、有机化合物甲醛等；少数是以天然的动、植物或矿物为原料，经过一系列复杂加工处理制得的产品，例如从橙皮提取的橙油等。按照各章的分列原则以及各章内所属商品的特征，可将本类分成两部分。第 28 章～第 29 章为第一部分，第 30 章～第 38 章为第二部分。

（一）第一部分

本部分商品基本上是符合化学定义的纯净物，是基本化工原料。按照产品的化学结构先无机再有机的顺序分列章次。无机化学品（小部分特殊有机化学品）应归入第 28 章，其他有机化学品应归入第 29 章。

纯净的无机或有机化合物可以含有"允许杂质"，它们的加入未使产品改变其一般用途而专门适合于某些特殊用途。本部分不包括为了使产品改变一般用途而专门适合于某些特殊用途而故意加入了某些物质的产品（所加入的物质被称为不允许杂质），该类产品属于混合物。

（二）第二部分

本部分商品基本上是不符合化学定义的混合物，是具有特定用途的相关化学工业的产品，按照用途分列章次，主要包括药品、化肥、染料、香料、表面活性剂、蛋白质、炸药、感光材料以及杂项化学产品等，依次归入第 30 章 ~ 第 38 章。

二、类注释提要

本类有 3 条类注释。

1. 类注一是优先归类条款，规定了可归入优先于本目录或本类其他品目归类的 5 个品目所属货品的归类原则。

2. 类注二是优先归类条款，规定了由于按一定剂量或作为零售包装而可归入 12 个品目货品的优先归类规定。

3. 类注三明确了由两种或两种以上成分（部分或全部成分属于本类）构成的配套货品应具备的条件，并规定了该产品的归类原则。

三、商品介绍及名词解释

下面将本类条文或注释中涉及的商品、名词等作简单介绍，以便归类。

"已有化学定义的化合物"：

它是指化学上所定义的纯净的化合物即：①符合"化学计量比"的化合物。每一种该类化合物都有固定不变的组成，对于无机化合物可用相应的分子式来表示；对于有机化合物可用相应的结构式来表示。②晶格间有间隙或插入物的固体化合物（称为"似化学计量化合物"）。根据其理论公式几乎（但不完全）符合化学计量比，例如氧化锌（有过量的金属）及硫化亚铁（有过量的非金属）。

四、归类原则

（一）优先归类原则

1. 优先于本目录其他品目的归类原则。

（1）放射性物质的归类。

①放射性矿砂应归入第五类。

②所有的放射性化学元素及放射性同位素及这些元素与同位素的化合物（不论是无机还是有机、是否已有化学定义、是否制成一定剂量或零售包装、是否可以归入本类或其他类的品目），应一律归入品目 28.44。

（2）制成一定剂量或零售包装的货品的归类。

制成一定剂量或零售包装的货品，当它既可以归入 28.43、28.44、28.45、28.46 或 28.52 中的品目，又可以归入 30.04、30.05、30.06、32.12、33.03、33.04、33.05、33.06、33.07、35.06、37.07 或 38.08 中的品目时，不论是否可归入其他品目，应一律归入 28.43、28.44、28.45、28.46 或 28.52 中的品目；当不可以归入 28.43、28.44、28.45、28.46 或 28.52 中的品目时应一律归入 30.04、30.05、30.06、32.12、33.03、33.04、33.05、33.06、33.07、35.06、37.07 或 38.08 中的品目。

2. 优先于本类其他品目货品的归类原则。

（1）非放射性同位素及其化合物的归类。

所有非放射性同位素及其化合物（不论是无机还是有机、是否已有化学定义、是否制成一定剂量或零售包装、是否可以归入本类其他品目），应一律归入品目 28.45。

（2）非放射性、非同位素形式的贵金属及其相关货品的归类。

①贵金属单质（铂、铱、锇、钌、铑、钯）及其合金应归入第 71 章。

②贵金属化合物（不论是无机还是有机、是否已有化学定义、是否制成一定剂量或零售包装、是否可以归入本类其他品目）、贵金属汞齐（可含有贱金属）及胶态贵金属应一律归入品目 28.43 而不应归入本类的其他品目。

（3）非放射性、非同位素形式的稀土金属的化合物的归类。

①稀土金属的天然化合物应归入第五类。

②非放射性、非同位素形式的稀土金属的其他化合物（不论是无机还是有机、是否已有化学定义、是否制成一定剂量或零售包装、是否可以归入本类其他品目）应归入品目 28.46 而不应归入本类的其他品目。

（4）非放射性、非同位素形式的汞的其他化合物（不论是无机还是有机、是否已有化学定义、是否制成一定剂量或零售包装、是否可以归入本类其他品目）应优先归入品目 28.52，但汞齐应归入品目 28.53（贵金属汞齐归入品目 28.43）。

例：重水。

说明：重氢是氢的非放射性同位素，重水是氢的非放射性同位素的化合物。依上述优先归类原则，应归入品目 28.45，最终归入子目 2845.1000。

（二）由两种或两种以上成分（部分或全部成分属于本类）构成的配套货品的归类原则

1. 由两种或两种以上单独成分（部分或全部为本类货品）组成的配套的货品，混合后构成第六类或第七类的货品，当同时符合其包装形式足以表明这些成分不需经过改装就可一起使用的；一起报验的；这些成分的属性及相互比例足以表明是相互配合使用的时，应按混合后产品归入相应的品目。

2. 由两种或两种以上单独成分（部分或全部为本类货品）组成的配套货品，如果组分不需事先混合而是逐个连续使用时，当①制成零售包装的应按归类总规则 [一般是规则三（二）] 的规定进行归类；②未制成零售包装的则应分别归类。

例：袋装牙科黏固剂，供一次治牙使用（袋内装有分别包装的氯化锌、氧化锌、古塔波胶）。

说明：氯化锌（品目 28.27 ）与氧化锌（品目 28.17）二组分是属于第六类的货品，古塔波胶是属于第七类的组分。混合后构成第六类牙科黏固剂（品目 30.06）。按照上述配套货品的归类原则应按混合后产品牙科黏固剂归类。再依据第 30 章章注 4 归入相应的品目 30.06，最终归入子目 3006.4000。

7.2 第28章 无机化学品；贵金属、稀土金属、放射性元素及其同位素的有机及无机化合物

一、本章的结构及商品范围

本章共有50个品目，包括绝大部分无机化学品及少数有机化学品。本章按化学结构及化学品所属类别即基本按元素——非金属化合物——金属化合物——杂项化学产品的顺序排列品目。本章将商品分成六组，分列于六个分章。

（一）第1分章元素（品目28.01～28.05）

本分章包括所有的非放射性的非金属元素（某些仅包括部分形态，例如碳元素）及少数金属元素。金属元素主要包括碱金属、碱土金属、汞、钪、钇及稀土金属。

易误归入本分章的货品主要有贵金属（第71章）；贱金属（第72章～第81章）以及本分章单质的某些同素异形体，例如炭黑的同素异形体金刚石形态的晶体碳（第71章）。

（二）第2分章无机酸及非金属无机氧化物（品目28.06～28.11）

本分章包括无机酸、非金属无机氧化物以及由非金属无机酸或一种非金属无机酸与一种金属酸构成的符合化学定义的络酸。

（三）第3分章非金属卤化物及硫化物（品目28.12～28.13）

（四）第4分章无机碱和金属氧化物、氢氧化物及过氧化物（品目28.14～28.25）

易误归入本分章的货品主要有第五类的氧化物及氢氧化物，例如氧化镁（品目25.19）、经过颜料化处理的二氧化钛（钛白）（品目32.06）。

（五）第5分章无机酸盐、无机过氧酸盐及金属酸盐、金属过氧酸盐（品目28.26～28.37、28.39～28.42）

易误归入本分章的货品主要有氯化钠（品目25.01）；可作为肥料用的某些盐（第31章）。

（六）第6分章杂项产品（品目28.43～28.50、28.52～28.53）

本分章包括：第1分章～第5分章以外的本章的其他无机化学品以及绝大多数不归入第29章的有机化学品。归入本分章的某些货品可以不符合化学定义。例如：贵金属化合物、放射性元素的化合物、同位素及其化合物和钇、钪及稀土金属的化合物；过氧化氢（品目28.47）。

二、章注释提要

（一）章注释提要

本章共有8条章注释。

1.章注1明确了除条文另有规定的外，本章各品目仅包括的5类货品范围。

2.章注2明确了本章包括的含碳化合物范围。

3. 章注 3 是排他条款，列出了不能归入本章的 8 类货品（除条文另有规定的外）。

4. 章注 4 规定了已有化学定义络酸的归类原则。

5. 章注 5 规定了复盐及络盐的归类原则；明确了品目 28.26 ～ 28.42 适用的货品范围。

6. 章注 6 明确了品目 28.44 适用的货品范围（放射性元素及同位素）；对品目 28.44、28.45 及本注释所称"同位素"做出了明确定义。

7. 章注 7 规定品目 28.53 包括含磷量超过 15% 的磷化铜（磷铜）。

8. 章注 8 规定了经掺杂用于电子工业的高纯度元素及其加工产品的归类原则。

（二）子目注释提要

本章有 1 条子目注释。

子目注释对子目 2852.10 所称"已有化学定义"做出了明确定义。

三、商品基础知识、商品介绍及名词解释

下面将本章条文或注释中涉及的商品、名词等做简单介绍，以便归类。

1. "杂质"（章注 1）：

所称"杂质"仅适用于在制造（包括纯化）过程中直接产生的物质即是指通常所称的"允许的杂质"。杂质的主要类型：①未转化原料；②存在于原料中的杂质；③所用试剂；④副产品。在制造（包括纯化）过程中故意残留下的物质，并使产品适用于特殊用途而不适用于一般性用途，则不能视为"杂质"。此种产品应视为混合物或制品。

2. "人造刚玉"：

它是指通过直接煅烧氢氧化铝（>1000℃）或在电炉中熔融氧化铝（>1000℃）制取的异常坚硬的产品，通常呈小块、团块、碎块或颗粒等形状，有时含有少量的二氧化钛等其他氧化物。

3. "同位素"（品目 28.44、28.45 及章注 6）：

原子序数相同而质量数不同的核素，称为元素的同位素。是指①单独的核素，但不包括自然界中以单一同位素状态存在的核素；②同一元素的同位素混合物，其中一种或几种同位素已被浓缩，即人工地改变了该元素同位素的自然构成。

4. "稳定剂、抗尘剂、着色剂"（章注 1）：

它是指本章产品为了保藏或运输目的而加入的适量的稳定剂（例如加入硼酸稳定的过氧化氢，应归入品目 28.47），为了保持产品的原有物理状态，而加入的适量的抗结块剂（该抗结块剂可视为稳定剂），以及为了易于识别或安全原因加入的适量的抗尘剂、着色剂。

5. "汞齐"：

汞能溶解许多金属，生成汞合金称为汞齐。汞齐可以呈液态或固态。

四、部分品目介绍

下面将本章部分品目的商品范围介绍如下：

（一）品目 28.44

本品目主要包括天然或人造放射性化学元素及其天然或人造放射性同位素（包括可裂变或可转换的化学元素及其同位素）以及它们的化合物、混合物、残渣。最重要的一些放射性同位素包括：氢3（氚）、碳14、钴60。

（二）品目 28.45

本品目包括不论是否已有化学定义的稳定的同位素及其无机或有机化合物，例如：重氢（氢2）或氘；重水；用氘制成的其他化合物，例如重石蜡；碳的非放射性同位素（碳13）及其化合物。

（三）品目 28.53

本品目包括的货品主要有：

1. 磷化物，不论是否已有化学定义，但磷铁除外。

2. 蒸馏水、导电水及类似的纯净水。

3. 杂项无机化合物。

4. 液态空气及压缩空气。

5. 汞齐，但贵金属汞齐除外。

本品目不包括：磷与氧的化合物（品目 28.09）、磷与卤素的化合物（品目 28.12）或磷与硫的化合物（品目 28.13）；铂及其他贵金属的磷化物（品目 28.43）；磷铁（磷化铁）（品目 72.02）；不论是否经过滤、消毒、纯化或软化的天然水（品目 22.01）；作为药物并制成一定剂量或零售包装的蒸馏水（品目 30.04）；含有贵金属的汞齐，不论是否与贱金属缔合（品目 28.43）。除汞齐以外的汞化合物，不论是否已有化学定义，归入品目 28.52。

五、其他归类时容易混淆或忽视的地方

下面的内容是本章及其相关商品归类时容易混淆或忽视的地方，应该注意掌握。

（一）本章不符合化学定义的货品范围

本章的货品一般是单独的化学元素及单独的符合化学定义的纯净物，但是按照品目条文规定，某些不符合化学定义的化合物也归入本章。例如：胶态硫（品目 28.02）、人造刚玉（品目 28.18）、含氧化铁重量在 70% 及以上的土色料（品目 28.21）、经有机物稳定的连二亚硫酸盐（品目 28.31）、汞的无机或有机化合物，不论是否已有化学定义（品目 28.52）。

（二）不归入本章的单独的化学元素及单独的符合化学定义的无机化合物的范围

单独的化学元素及单独的符合化学定义的纯净的无机化合物通常应归入本章，但

是按照条文或注释的规定某些单独的化学元素及单独的符合化学定义的无机化合物因为用途等原因不归入本章，而归入其他类、章。这些无机化学品主要包括：

1. 第25章的某些符合化学定义的矿产品，例如氯化钠（品目25.01）、硫磺（品目25.03）、氧化镁（品目25.19）等。

2. 第31章的某些符合化学定义的无机化学肥料，例如硝酸钠（品目31.02或31.05）。

3. 人造石墨（品目38.01）。

4. 符合化学定义的宝石、次宝石（金刚石等）、贵金属单质（第71章）。

5. 大多数金属单质（第十四类、第十五类）。

6. 某些制成一定剂量或零售包装等状态的纯净的无机化学品，应按其用途分别归类，例如药品（第30章）；颜料（第32章）；黏合剂及胶（第35章）；照相用化学制剂（第37章）；杀虫剂、杀菌剂、除草剂及植物生长调节剂等（第38章）；经掺杂用于电子工业的高纯度化学元素薄片（第38章）。

（三）不按第30章~第38章所列用途归类的无机化学品

本章有些货品虽然具有与第30章~第38章所属货品相同的用途，但却不归入第30章~第38章，如作肥料用的符合化学定义的氯化铵应归入子目2827.1010。

六、归类原则

（一）化学品水溶液的归类原则

本章产品的水溶液与原产品归入同一品目，例如硝酸银水溶液，应按硝酸银归入品目28.43，最终归入子目2843.2100。

（二）汞及其汞齐的归类

汞应归入子目2805.4000；贵金属的汞齐应归入子目2843.9000；非贵金属的汞齐应归入子目2853.9090；药用汞的胶态溶液及悬浮液，例如胶体汞（未配定剂量、非零售包装）应归入品目30.03。

商品归类练习题

1. 炭黑
2. 零售包装供摄影用硝酸银
3. 符合化学定义的氯化铂
4. 放射性氯化钠
5. 重甲烷
6. 棒状单晶硅（经掺杂、直径63mm）

7. 氯化铵肥料

8. 氢氧化钾水溶液，用途为实验用缓冲液

9. 过硼酸盐

10. 碳化硅

7.3 第 29 章 有机化学品

一、本章的结构及商品范围

本章分成 13 个分章，共有 42 个品目。除少数品目条文另有规定外，本章仅包括单独的已有化学定义的有机化学品。本章的产品一般是根据其官能团或化学结构进行归类的。本章商品范围广泛，从简单到复杂按分子结构排列品目。即按烃（第 1 分章）；含氧基有机化合物（第 2 分章～第 8 分章）；含氮基有机化合物（第 9 分章）；有机—无机化合物、杂环化合物、核酸、磺酰胺（第 10 分章）；从动、植物体提取的化学物质（第 11 分章～第 12 分章）；其他有机化合物（第 13 分章）。

（一）第 1 分章烃类及其卤化、磺化、硝化或亚硝化衍生物（品目 29.01 ～ 29.04）

归入本分章的某些烃受纯度限制。

（二）第 2 分章醇类及其卤化、磺化、硝化或亚硝化衍生物（品目 29.05 ～ 29.06）

本分章包括醇类（乙醇除外）及其卤化、磺化、硝化或亚硝化衍生物（含复合衍生物）以及醇的金属化合物。水合三氯乙醛是醇的卤化衍生物应归入品目 29.05，不能按三氯乙醛的水溶液对待。

（三）第 3 分章酚、酚醇及其卤化、磺化、硝化及亚硝化衍生物（品目 29.07 ～ 29.08）

归入本分章的某些商品受纯度限制。

（四）第 4 分章醚、过氧化醇、过氧化醚、过氧化酮、三节环环氧化物、缩醛及半缩醛及其卤化、磺化、硝化或亚硝化衍生物（品目 29.09 ～ 29.11）

应注意品目 29.10 仅包括三节环的环氧化物，四节环以上的环氧化物按杂环化合物归入品目 29.32。

（五）第 5 分章醛基化合物（品目 29.12 ～ 29.13）

制成片状、条状等作燃料用的四聚乙醛应归入品目 36.06。

（六）第 6 分章酮基化合物及醌基化合物（品目 29.14）

（七）第 7 分章羧酸及其酸酐、酰卤化物、过氧化物和过氧酸以及它们的卤化、磺化、硝化或亚硝化衍生物（品目 29.15 ～ 29.18）

磺酸不同于羧酸，应作为磺化衍生物归入相应分章，例如苯磺酸应作为芳香烃的

磺化衍生物归入品目 29.04。

（八）第 8 分章非金属无机酸酯及其盐以及它们的卤化、磺化、硝化或亚硝化衍生物（品目 29.19 ～ 29.20）

本分章不包括可归入第 9 章～第 13 分章各品目的酯。

（九）第 9 分章含氮基化合物（品目 29.21 ～ 29.29）

本分章包括各种含氮基化合物，例如氨基化合物、含氧基氨基化合物、酰胺基化合物、亚胺基化合物、腈基化合物、重氮或偶氮基化合物、肼及胲的有机衍生物等。肼及胲以及它们的无机盐应归入品目 28.25。

（十）第 10 分章有机—无机化合物、杂环化合物、核酸及其盐及磺（酰）胺（品目 29.30 ～ 29.35）

品目 29.32 及 29.33 的含有附加杂原子的内酯及内酰胺的归类应视附加杂原子的种类而定，不应归入以内酯及内酰胺列名的子目。

（十一）第 11 分章维生素原、维生素及激素（品目 29.36 ～ 29.37）

应注意有些名为维生素的产品不归入本分章，一般应根据其化学结构或用途归类，有些物质也易被误视为激素归入本分章。

（十二）第 12 分章天然或合成再制的苷（配糖物）、生物碱及其盐、醚、酯和其他衍生物（品目 29.38 ～ 29.39）

本分章包括天然或合成再制的苷、植物碱及其盐、醚、酯和其他衍生物。归入本分章罂粟杆浓缩物所含有的植物碱受纯度的限制。

（十三）第 13 分章其他有机化合物（品目 29.40 ～ 29.42）

本分章包括化学纯糖（蔗糖、乳糖、麦芽糖、葡萄糖及果糖除外）；糖酯、糖缩醛、糖醚及其盐；抗菌素及其未列名的其他单独的有机化合物。归入本分章的抗菌素应符合未经人为混合、非零售包装等条件。

二、章及子目注释提要

（一）章注释提要

本章共有 8 条章注释。

1. 章注 1 明确了除条文另有规定的以外，本章各品目适用的 8 类货品。

2. 章注 2 是排他条款，列出了不能归入本章的 11 类货品。

3. 章注 3 规定了可以归入本章两个或两个以上品目货品的从后归类规定。

4. 章注 4 明确了 29.04 等品目包括复合衍生物；规定了硝基及亚硝基不应作为品目 29.29 的含氮基官能团；对 29.11 等品目的"含氧基"官能团的含义。

5. 章注 5 规定了酯、金属醇化物、盐及羧酸酰卤化物、配位化合物等化学品的归类原则。

6. 章注 6 对品目 29.30 ～ 29.31 所属化合物做出了明确定义；强调了除外衍生物

的化学结构特征。

7. 章注 7 是排他条款，列出了品目 29.32、29.33 及 29.34 所列环化功能形成的环内杂原子的化合物的除外货品。

8. 章注 8 明确了品目 29.37 所称"激素"及"主要起激素作用的"货品的适用范围。

（二）子目注释提要

本章有 2 条子目注释。

1. 子目注释 1 阐述了任一品目项下的一种（组）化合物的衍生物在子目的归类规定。

2. 子目注释 2 明确了章注 3 阐述的品目从后归类规定不适合本章子目归类。

三、商品基础知识、商品介绍及名词解释

下面将本章条文或注释中涉及的商品、名词等作简单介绍，以便归类。

1. "除条文另有规定的以外"（第 29 章章注 1）：

它是指本章各品目包括虽然不符合注释 1（1）～ 1（8）的规定，但在其品目条文中具体列名的货品，例如章注 1（1）强调本章只适用于单独的已有化学定义的化合物，但因品目 29.23 的条文中列有卵磷脂（一种结构相似的不同化合物组成的混合物），应归入本章。

2. "有机—无机化合物"（品目 29.30 ～ 29.31）：

它是指除含有氢、氧及氮外，还含有直接与碳原子连接的其他非金属或金属原子（例如硫、砷或铅）的有机化合物。

3. "杂环化合物"（品目 29.32、29.33 及 29.34）：

"杂环化合物"是指由一个或数个环组成的有机化合物，环中除碳原子外还含有氧、氮、硫等其他杂原子。

4. "维生素"（品目 29.36）：

维生素是生物生长和代谢所必需的微量有机物，存在于许多天然产物中。已知的重要维生素有二十余种，一般可分为脂溶性和水溶性两类。

5. "激素"（品目 29.37）：

所称"激素"包括激素释放因子、激素刺激和释放因子、激素抑制剂及激素抗体。

6. "主要起激素作用的"（品目 29.37）：

所称"主要起激素作用的"适用于激素衍生物以及主要起激素作用的结构类似物，也适用于在品目 29.37 所列产品合成过程中主要用作中间体的激素衍生物及结构类似物。

7. "生物碱"（品目 29.39）：

生物碱是一类具有碱性的含氮有机化合物，通常存在于植物中，也有一些存在于动物中，有些已可用人工合成制得。植物碱具有很强的生理作用和不同程度的毒性。简单的生物碱中含有碳、氢、氮等元素，复杂的则含有氧。

四、部分品目介绍

下面将本章部分品目的商品范围介绍如下：

（一）品目 29.12

本品目主要包括：醛；醛醇；醛醚、醛酚及其他含有含氧基的醛；醛的环状聚合物；多聚甲醛。归入本品目的聚乙醛及类似物质应呈晶体状或粉状，作燃料用呈片状、条状者应归入品目 36.06。本品目不包括高聚甲醛（品目 39.07）。

（二）品目 29.36

本品目主要包括：天然（含浓缩）或合成再制的维生素、维生素原、主要用作维生素的衍生物及它们的混合物。还包括上述物质的溶液。不包括虽有时名为维生素，但没有维生素活性或所具维生素活性与其他用途相比处于次要地位的货品；维生素合成代用品（按其化学结构归类）。

（三）品目 29.41

本品目的抗菌素包括下列各类物质：

1. 杂环类抗菌素，例如青霉素类（几种青霉素真菌的分泌物）、普鲁卡因青霉素、新生霉素、头孢霉素类、链丝菌素、法罗培南、多尼培南、单内酰环类。

2. 相关糖类抗菌素，例如链霉素类。

3. 四环素类及其衍生物，例如氯四环素（金霉素）、氧四环素（土霉素）。

4. 氯霉素及其衍生物。

5. 大环内酯类抗菌素，例如红霉素、泰乐菌素。

6. 多肽类抗菌素，例如放线菌素、杆菌肽、短杆菌肽、短杆菌酪肽。

7. 其他抗菌素，例如肉瘤霉素、万古霉素。

本品目也包括具有同样用途的化学改性抗菌素；通过合成法再生的天然抗菌素（例如氯霉素）；与天然抗菌素紧密相关并用作抗菌素的某些合成产品（例如甲甲砜霉素氯霉素）。

本品目不包括的货品主要有：用于动物饲料的抗菌素制剂；喹啉羧酸衍生物、硝基呋喃、磺酰胺及其他归入本章前面各品目所列具有抗菌作用并且已有化学定义的有机化合物；将各种抗菌素人工加以混合的产品（品目 30.03 或 30.04）。

五、其他归类时容易混淆或忽视的地方

下面的内容是本章及其相关商品归类时容易混淆或忽视的地方，应该注意掌握。

（一）归入第 29 章的不符合化学定义的产品

通常第 29 章只包括符合化学定义的产品，但因条文中列名等原因某些不符合化学定义的产品也归入本章，主要包括多聚甲醛（品目 29.12）；卵磷脂（品目 29.23）；维生素原及维生素（包括浓缩物及相互混合物）（品目 29.36）；激素（品目 29.37）；生物碱及其衍生物（品目 29.39）；糖醚、糖缩醛及糖酯，及它们的盐（品

目 29.40）；抗菌素（品目 29.41）。

（二）不归入第 29 章的单独的已有化学定义的有机化合物

通常符合化学定义的有机化合物应归入第 29 章，不归入第 29 章的单独的已有化学定义的化合物主要包括蔗糖（品目 17.01）；乳糖、麦芽糖、葡萄糖及果糖（品目 17.02）；乙醇（品目 22.07）；甲烷及丙烷（品目 27.11）；尿素（品目 31.02 或 31.05）；合成有机染料（包括颜料）以及用作荧光增白剂的合成有机产品（品目 32.04）。

（三）按纯度（或浓度）区别归类的有机化学品举例

1.乙烷、乙烯的体积纯度大于或等于 95% 时，应归入品目 29.01，低于此值时应归入品目 27.11。

2.丙烯的体积纯度大于或等于 90% 时，应归入品目 29.01，低于此值时应归入品目 27.11。

3.苯、甲苯、二甲苯异构体的重量纯度大于或等于 95% 时，应归入品目 29.02，低于此值时应归入品目 27.07。

4.萘（$C_{10}H_8$）的结晶点高于或等于 79.4℃时，应归入品目 29.02，低于此值时应归入品目 27.07。

5.甘油的干品重量纯度大于或等于 95% 时，应归入品目 29.05，低于此值时应归入品目 15.20。

6.苯酚的重量纯度大于或等于 90% 时，应归入品目 29.07，低于此值时应归入品目 27.07。

7.甲酚、二甲苯酚的重量纯度大于或等于 95% 时，应归入品目 29.07，低于此值时应归入品目 27.07。

8.醋酸水溶液的重量浓度大于或等于 10% 时（可作食物的醋代用品除外），应归入品目 29.15；低于此值时应归入品目 22.09。

9.脂肪酸的干燥重量纯度大于或等于 90% 时，应归入品目 29.15，低于此值应归入品目 38.23。

注：归入品目 27.07 的产品还应符合纯度大于 50% 的要求。

六、归类原则

（一）已溶解的有机化学品的归类规定

已溶解的有机化学品的归类原则与已溶解的无机化学品的归类原则相同。

（二）可归入第 29 章内两个及两个以上品目货品的归类原则

对于看起来可归入第 29 章内两个及两个以上品目的货品应按序号归入可归品目中的最后一个品目即从后归类。例如抗坏血酸既可作为内酯（品目 29.32），也可作为维生素（品目 29.36），应归入品目 29.36。但应该注意，鉴于品目 29.40 条文明确地规定该品目不包括品目 29.37、29.38 及 29.39 的货品，所以涉及该组品目的货品归类时不能采用从后原则。

（三）一种化合物的衍生物在子目的归类原则

如果该化合物所属品目项下①有明确将该衍生物包括在内的子目，应将其归入该列名子目；②无明确将该衍生物包括在内的子目，又无列名为"其他"的子目，则衍生物应与该化合物归入同一子目；③无明确将该衍生物包括在内的子目，有列名为"其他"的子目，则衍生物应归入列名为"其他"的子目。

（四）原药（未配定剂量、非零售包装）的归类

原药（未配定剂量、非零售包装）应归入本章。其中已在品目条文具体列名的原药按列名归类，例如维生素、激素、生物碱、抗菌素等类原药依次按列名归入品目 29.36、29.37、29.39 和 29.41，例如头孢拉啶属于抗菌素，应归入品目 29.41；其余一般按化学结构归类，例如安乃近属于仅含有氮杂原子的杂环化合物，应作为仅含有氮杂原子的杂环化合物归入品目 29.33。

商品归类练习题

1. 糖精

2. 纯度在 95% 以上的精甘油，作为牙膏的重要润湿剂

3. 硬脂酸镁润滑剂，饱和无环一元羧酸，用作化妆品中的润滑剂，使之润滑光亮透明，成分为 99% 硬脂酸镁，1% 水分

4. 乙醚，无色透明液体，有特殊刺激气味，带甜味，极易挥发，其蒸汽重于空气，在空气的作用下能氧化成过氧化物、醛和乙酸，暴露于光线下能促进其氧化

5. 甲醛

6. 草酸

7. 硫丹（ISO）

8. 乙烯

9. 甲苯

7.4 第 30 章 药品

一、本章的结构及商品范围

本章共有 6 个品目，基本按照治病或防病用人体或动物制品——混合或零售包装药品——供医疗、外科、牙科或兽医用的无治病或防病作用产品的顺序列目。

本章主要包括两类货品：①具有防治人类或动物疾病的内服或外用药品即具有治

病或防病作用的产品；②本身没有治病或防病作用，但可单独供医疗、外科、牙科或兽医用的产品。

易误归入本章的货品主要有糖尿病食品（第四类）、牙科用熟石膏（品目25.20）、药品原药（第29章）、药用的单一胶态贵金属（品目28.43）及以熟石膏为基本成分的牙科用制品（品目34.07）、不作治疗及预防疾病用的血清蛋白（品目35.02）、用于帮助吸烟者戒烟的制剂，例如，片剂、咀嚼胶或透皮贴片（品目21.06或38.24）等。

二、章及子目注释提要

本章有4条章注释，2条子目注释。

（一）章注释提要

1. 章注1是排他条款，列出了不能归入本章的8类货品。

2. 章注2在对品目30.02所称"免疫制品"做出了明确定义的基础上，通过举例对适用范围作了进一步说明。

3. 章注3明确了品目30.03及30.04，及章注4（4）所述的非混合产品及混合产品适用的货品类别。

4. 章注4明确了品目30.06仅包括的11类货品。

（二）子目注释提要

1. 子目注释1明确了3002.13及3002.14两个子目的商品范围。

2. 子目注释2明确了3003.60及3004.60两个子目的商品范围。

三、商品基础知识、商品介绍及名词解释

下面将本章条文或注释中涉及的商品、名词等作简单介绍，以便归类。

1. "免疫制品"（品目30.02）：

它是指直接参与免疫过程调节的多肽及蛋白质（品目29.37的货品除外）。例如，单克隆抗体（MAB）、抗体片段等。

2. "非混合产品"：

（1）溶于水的非混合产品。

（2）第28章及第29章的所有货品。

（3）品目13.02的单一植物浸膏，只经标定或溶于溶剂的。

3. "混合产品"：

（1）胶体溶液及悬浮液（胶态硫磺除外）。

（2）从植物性混合物加工所得的植物浸膏。

（3）蒸发天然矿质水所得的盐及浓缩物。

4. "抗血清"（子目3002.10）：

它是指将微生物或其毒素等抗原物质注入动物（马、牛、兔等）体内所产生的含有相应的特异性免疫球蛋白的免疫血清。主要用作传染病的诊断、预防和治疗。例如破伤风抗血清用以防治破伤风。

5. "专用凝胶制品"（子目 3006.70）：

它一般由多元醇（丙三醇等）、水和增稠剂等构成。通常作为体检（如妇科检查）时躯体部位的润滑剂或者作为外科手术时躯体部位与外科医师手、手套或医疗器械间的润滑剂；专用凝胶制品通常也用于作为躯体和医疗器械（如心电仪）之间的耦合剂。

6. "造口术及可确定用于造口术的用具"（子目 3006.91）：

在人体上人工开口被称作造口，实施该种造口的外科手术即为造口术。可确定用于造口术的用具是指裁切成型的结肠造口术、回肠造口术和尿道造口术用袋及其具有黏性的片或底盘。

7. "废药物"（子目 3006.92）：

它是指因超过有效保存期等原因而不适于按原用途使用的药品。

四、部分品目介绍

下面将本章部分品目的商品范围介绍如下：

（一）品目 30.03

本品目包括混合制成的治病或防病用药品（未配定剂量、非零售包装），主要有混合药剂（例如眼药水）；含有一种单独的药物和一种赋形剂、甜味剂、聚结剂、载体等混合的制剂；仅供静脉摄入（静脉注射或静脉滴注）用的滋养品；药用的胶态溶液及悬浮液（例如，胶体硒）；药用混合植物浸膏品目 12.11 的植物及其部分品的药用混合物；通过蒸发天然矿泉水所得的药用盐及类似的人造产品；从制盐原料获得的供治病用的浓缩水（例如，克劳氏矿泉水等）；药浴（硫浴、碘浴等）用混合盐，不论是否加有香料；药用保健盐（例如，由碳酸氢钠、酒石酸、硫酸镁及糖组成的混合剂）及类似的混合泡腾盐；樟脑油、酚油等。止喘药品，例如，止喘纸；"阻滞药"（例如由一种药物成分固定于聚合离子交换剂上而成的药物）；人体、兽医或外科用麻醉药。

（二）品目 30.06

本品目包括的物品（只能归入品目 30.06 而不得归入本目录其他品目）有：无菌外科肠线、类似的无菌缝合材料及外伤用的无菌黏合胶布；无菌昆布及无菌昆布塞条；外科及牙科用无菌吸收性止血材料；用于病人的 X 光检查造影剂及其他诊断试剂（由单一产品配定剂量或由两种以上成分混合而成的）；血型试剂；牙科黏固剂及其他牙科填料；骨骼黏固剂；急救药箱、药包；以激素、品目 29.37 的其他产品或杀精子剂为基本成分的化学避孕药物；专用于人类或作兽药的凝胶制品，作为外科手术或体检时躯体部位的润滑剂，或者作为躯体和医疗器械之间的耦合剂；可确定用于造口术的用具及废药物。

五、其他归类时容易混淆或忽视的地方

下面的内容是本章及其相关商品归类时容易混淆或忽视的地方，应该注意掌握。

1. 在理解品目 30.03、30.04 及 30.06 所称非混合产品的含义时，要特别注意对第 28 章及第 29 章的所有货品都是非混合产品这一规定的内涵的掌握，即依据此规定第 28 章及第 29 章具体列名的混合物在第 30 章将被视为非混合产品，例如品目 29.36 所列混合维生素如果未配定剂量或制成零售包装则不应归入品目 30.03。

2. 本章包括为改进药效将聚乙二醇（PEGs）聚合物与第 30 章的药品（例如功能性蛋白质及多肽、抗体片段）连接而成的聚乙二醇化产品。本章品目的聚乙二醇化产品与其未聚乙二醇化的产品归入同一品目 [例如品目 30.02 的聚乙二醇化干扰素（INN）]。

3. 除供静脉摄入用的滋养品外，营养品、糖尿病食品、强化食品、保健食品、滋补饮料及矿泉水，即使具有某些有利于身体健康、抵御疾病的作用，不能作为药品归入本章，只能归入第四类。此外具有治疗及预防疾病某些作用的化妆盥洗品，仍应归入第 33 章。

六、归类原则

（一）药品的归类原则

原药（未配定剂量、未制成零售包装）一般应归入第 29 章；原药经人为混合的应归入第 30 章（条文另有规定的除外，例如人为混合的维生素归入品目 29.36）；制成零售包装或已配定剂量的药品应归入第 30 章。

例如安乃近原药，粉状，5000 克装，系未配定剂量也未制成零售包装，并且是未经人为混合的产品，所以应归入子目 2933.1920；安乃近药片（500 毫克 ×12 片 ×2 板 / 盒），系已配成一定剂量零售包装的药品，应归入子目 3004.9090。

（二）诊断试剂的归类

诊断试剂归类时应注意区分诊断试剂是用于病人体内（通常为口服剂、注射剂等）还是用于病人体外，如体外验血、验尿。前者归入品目 30.04；后者按其构成物质归入第 28 章、第 29 章、品目 30.02 或品目 38.22 等。

商品归类练习题

1. 人用狂犬病疫苗

2. 祛风壮骨酒

3. 止咳合剂（由氯化钠、甘草浸膏、桔梗汁等调配，装入 200 毫升玻璃瓶中，用于治疗呼吸道疾病）

4. 邦迪牌苯扎氯铵贴，是由弹性织物和高分子热熔胶胶黏剂组成的胶带，有杀菌、止血作用

5. 由金属氧化物、氯化锌、塑料物料组成的配套牙科粘固剂

6. 皮革制急救药箱（内有药品）

7. 医用橡皮膏，已经药物浸涂由基质、辅料和药物组合而成

8. 石膏绷带，医用，用于骨折崩裂等患处固定作用，由熟石膏，纱布，涤纶制成，石膏涂层

9. 外科用的无菌肠线

10. 血型试剂

7.5 第 31 章 肥料

一、本章的结构及商品范围

本章共有 5 个品目，主要包括通常作天然或化学肥料的绝大多数产品。

本章产品按来源、肥效元素类别及包装状况可分成下列三类：

1. 动、植物肥料（品目 31.01）。

2. 一元矿物或化学肥料（品目 31.02、31.03 及 31.04）。

3. 多元矿物或化学肥料；其他混合肥料；小包装的本章各项货品（品目 31.05）。

易误归入本章的货品主要有能改良土壤，但不能增加肥力的物质，例如石灰；泥灰及腐殖质土（不论是否天然含有少量的氮、磷或钾肥效元素）；已制成的植物生长培养基，例如盆栽土（可含有少量的氮、磷或钾肥效元素）。

二、章及子目注释提要

本章有 6 条章注释，无子目注释。

1. 章注 1 是排他条款，列出了不能归入本章的 3 类货品。

2. 章注 2 明确了品目 31.02 仅适用未制成品目 31.05 所述形状或包装的 4 类货品。

3. 章注 3 明确了品目 31.03 仅适用未制成品目 31.05 所述形状或包装的 3 类货品。

4. 章注 4 明确了品目 31.04 仅适用未制成品目 31.05 所述形状或包装的 2 类货品。

5. 章注 5 规定磷酸二氢铵及磷酸氢二铵以及相互之间的混合物应归入品目 31.05 项下。

6. 章注 6 对品目 31.05 所称"其他肥料"做出了明确定义。

三、商品基础知识、商品介绍及名词解释

下面将本章条文或注释中涉及的商品、名词等作简单介绍，以便归类。

"其他肥料"（品目 31.05）：

它仅指其基本成分至少含有氮、磷、钾中一种肥效元素的肥料用产品。

四、部分品目介绍

下面将本章部分品目的商品范围介绍如下：

（一）品目 31.01

本品目包括动、植物肥料（本身可作肥料的产品如海鸟粪等），不论是否混合或经化学处理；本身不能作肥料的动、植物经混合或化学处理而制得的肥料（例如干动物血与骨粉的混合物或用硫酸处理生皮而得的产品）；城市污水处理厂处理的性质稳定的下水道淤泥。

（二）品目 31.02 ~ 31.04

本组品目包括仅含氮、磷、钾三种肥效元素中的一种元素的肥料，也包括无论是否作肥料用的某些纯净化学品。作肥料用但未列入章注的某些纯净化学品不归入本组品目。

五、其他归类时容易混淆或忽视的地方

下面的内容是本章及其相关商品归类时容易混淆或忽视的地方，应该注意掌握。

在运用本章章注 2 ~ 4 时，应特别注意纯净化学品的归类：①在章注 2 ~ 4 中没有具体列名的产品，即使作肥料用，也不应归入第 31 章，例如不论是否作肥料用的纯净氯化铵，均应归入品目 28.27；②在章注 2 ~ 4 中已明确列名的某些产品有时即使不作肥料用，仍应归入本章，例如不论是否作肥料用的纯净硝酸钠，均应归入品目 31.02 或 31.05。

六、肥料的归类原则

1. 某些矿产品或化学产品（不论是否纯净），即使明显不作为肥料使用，也归入第 31 章（详见本章章注 2 ~ 5），例如尿素、硝酸铵、硫酸铵、氯化钾、硫酸钾、磷酸氢二铵、磷酸二氢铵。

2. 某些含氮、磷、钾或复合肥效元素的符合化学定义的无机化合物，即使用作肥料，也不归入第 31 章（详见本章章注 2 ~ 5）而归入第 28 章，例如氯化铵、硝酸钙、碳酸氢铵、磷酸二氢钾、碳酸钾、硝酸钾。

3. 凡是制成片及类似形状或每包毛重不超过 10 千克的本章各项货品应归入子目 3105.1000。

4. 微量元素肥料以及间接肥料均不归入本章，它们均应按各自的结构或属性归类。例如用于改良酸性土壤的生石灰 CaO 若属于纯净状态则归入子目 2825.9090，其余通常应归入品目 25.22。

商品归类练习题

1. 硫酸铵化肥，以每袋 5 千克包装

2. 混合肥料，成分含量：尿素 80%、硫酸铵肥 20%，颗粒状，包装：25 千克 / 袋，用于供肥料厂销售

3. 尿素 [分子式（NH$_2$）$_2$CO]，每包毛重大于 10 千克

4. 每袋毛重 10 千克的过磷酸钙

5. 20 千克装、化学纯级、粉末状硝酸钠

6. 磷酸二氢铵

7. 未经化学处理的海鸟粪（浅黄色粉末；包装重 20 千克）

7.6 第 32 章 鞣料浸膏及染料浸膏；鞣酸及其衍生物；染料、颜料及其他着色料；油漆及清漆；油灰及其他类似胶黏剂；墨水、油墨

一、本章的结构及商品范围

本章共有 15 个品目，主要包括：用于鞣制及软化皮革的制剂（植物鞣膏、不论是否与天然鞣料混合的合成鞣料以及人造脱灰碱液）；植物、动物、矿物着色料及有机合成着色料；着色料制成的大部分制剂（油漆、陶瓷着色颜料、墨水等）；干燥剂及油灰等制品。

易误归入本章的货品主要有生漆（品目 13.02）；沥青胶黏剂（品目 27.15）；品目 29.36 ~ 29.39、29.41、35.01 ~ 35.04 的鞣酸盐及其他鞣酸衍生物；未经过颜料化加工的人造无机颜料（第 28 章）；已着色的打字机用色带（品目 96.12）。

二、章及子目注释提要

本章有 6 条章注释，无子目注释。

1. 章注 1 是排他条款，列出了不能归入本章的 3 类货品。

2. 章注 2 明确了品目 32.04 包括制偶氮染料的混合物。

3. 章注 3 规定了品目 32.03 ~ 32.06 适用及除外的某些货品。

4. 章注 4 明确了品目 32.08 包括由品目 39.01 至 39.13 所列产品溶于挥发性有机溶剂（溶剂重量超过溶液重量的 50%）的溶液（胶棉除外）。

5. 章注 5 规定了不能视为本章所称"着色料"的货品。

6. 章注 6 说明了品目 32.12 所称"压印箔"的含义。

三、商品基础知识、商品介绍及名词解释

下面将本章条文或注释中涉及的商品、名词等作简单介绍，以便归类。

1. "酸性染料"（子目 3204.12）：

主要包括强酸性染料、弱酸性染料、酸性媒介染料、酸性络合染料和中性染料等几类。

2. "阳离子染料"（碱性染料）（子目 3204.13）：

阳离子染料染色时，先在染浴中形成有色的阳离子，再以阳离子的形式与腈纶纤维的阴离子相结合使纤维着色，由此而得名。商业上将适于染腈纶的品种以阳离子为冠称，老品种的冠称为碱性。

3. "瓮染料"（子目 3204.15）：

它又名还原染料，不溶于水，染色前须经还原剂（通常为保险粉 $Na_2S_2O_4$）在碱性溶液中还原成可溶性的隐色体钠盐溶解以后进行染色。

4. "色淀颜料"（品目 32.05）：

将沉淀剂与可溶性或难溶性染料作用生成的不溶性有色物质称为色淀颜料。本品目色淀包括：①用着色料对无机基料染色后的产物；②将不溶性着色料与惰性无机基料经机械处理得到的二者紧密混合物；③将天然色料或有机合成色料用沉淀剂固定在矿物质基底上；④色料与基底的共沉淀物（矿物元素是色淀分子组成部分除外）。

5. "色淀浓缩分散体"（品目 32.05）：

色淀分散于塑料、橡胶或其他介质中的浓缩分散体，多呈小片或小块状，大量用作塑料、橡胶等染色的原料，常以着色母粒称之（染料、颜料也可用类似的方法制成相应的着色母粒，应注意区别）。

6. "钛白粉"（子目 3206.1110）：

它是将二氧化钛经表面处理或与硫酸钙等物质混合的二氧化钛或在生产过程中故意加入了化合物使其获得某种物理特性，以适合作颜料而成的外观为白色的微细粉末状的白色颜料，工业上主要利用的是金红石型和锐钛型钛白粉。

7. "锌钡白"（子目 3206.4210）：

锌钡白的商品名称为立德粉，是硫酸锌与硫化钡溶液相互作用生成的等分子硫化锌与硫酸钡，分子式为 $ZnS \cdot BaSO_4$。

8. "清漆"（品目 32.08 ~ 32.10）：

它是指干性油、树脂、催干剂溶于有机溶剂制成的透明状态涂料，组成中不含有颜料，未加催干剂时称为漆料。

9. "磁漆"（品目 32.08 ~ 32.10）：

它是指成膜物质中含有树脂的色漆，能形成不可逆涂膜，较仅含油料的色漆光泽高。

10. "压印箔"（品目 32.12）：

它是指用以压印诸如书本封面或帽带之类的薄片，薄片由①金属粉末（包括贵金属粉末）或颜料经胶水、明胶及其他黏合剂凝结而成；②金属（包括贵金属）或颜料沉积于任何材料衬片上构成。

四、其他归类时容易混淆或忽视的地方

下面的内容是本章及其相关商品归类时容易混淆或忽视的地方，应该注意掌握。

1. 本章基本不包括单独的化学元素及单独的已有化学定义的化合物。但品目 32.03 及 32.04 所述货品、品目 32.06 所称发光无机产品、品目 32.07 所称呈粉状、粒状或粉片状的熔凝石英或其他熔凝硅石制成的玻璃料及玻璃、品目 32.12 所述零售形状或包装的染料及其他着色料，包括单独的已有化学定义的产品。

2. 第 39 章高聚物配制的溶剂型涂料，其中挥发性有机溶剂重量大于 50%，应归入本章，其余以及各种浓度的硝化纤维素溶液应归入第 39 章。

3. 归入本章的搪瓷玻璃料及其他玻璃必须呈粉、粒及粉片状的，否则通常归入第 70 章。

4. 归入本章的胶黏剂主要用于堵塞、封闭或嵌填缝隙，将物体的组成部分牢固地黏结起来的胶黏剂填料，应注意与品目 35.06 的调制胶及调制黏合剂的区别。

五、归类原则

（一）染料的归类

天然及有机合成染料应归入本章。动植物质着色料及染料浸膏如天然靛蓝、乌贼染料、紫胶染料等应归于品目 32.03，有机合成染料应归入品目 32.04，零售包装的各类染料应归入品目 32.12。

在具体归类时应掌握如下原则：

1. 既可作还原染料又可作还原颜料用的商品应按还原染料归入子目 3204.15。

2. 可归入 3204.11 ~ 3204.17 中两个或多个子目的商品，应按从后原则归入最后一个有关子目。

3. 既可归入子目 3204.11 ~ 3204.17 的某一具体子目，又可归入 3204.19（其他）子目的有机合成染料应归入具体列名子目。

4. 可归于 3204.11 ~ 3204.19 不同子目中的两种或两种以上产品的混合物应归入子目 3204.1990，但归于同一子目的两种及两种以上产品的混合物，仍应归入原子目。

（二）颜料的归类

颜料的归类应随其来源、化学组成、制造及加工程度和方法的不同而不同。未经颜料化加工的矿物颜料多归于第五类矿产品类，金属颜料归第十四类、第十五类；其他颜料基本上归第六类。具体归类如下：

1. 天然矿物颜料（未进行颜料化加工）中除按重量计 Fe_2O_3 含量 ≥ 70%（云母氧化铁不受此限制）的土色料外均应归入第 25 章。

2. 符合化学定义的人造无机颜料、人造体质颜料、按重量计 Fe_2O_3 ≥ 70% 的土色料及虽不符合化学定义，但第 28 章中有具体列名的商品（未进行颜料化加工）如铅白，应归入第 28 章。

3. 符合化学定义的有机颜料（未进行颜料化加工），如醋酸铜，应归入第 29 章。

4. 金属颜料（未进行颜料化加工）应归入第十四类、第十五类。

5. 其他颜料、经过颜料化加工的上述 1～4 款所列商品及混合颜料制品（自相混合的黏土除外）应归入第 32 章。

在按照上述原则归类时要特别注意，同一名称的颜料会因加工、组成等情况不同而归于不同编码。如化学纯未进行表面处理的钛白粉应归入品目 28.23，化学纯进行过表面处理的应归入子目 3206.1110；非化学纯但以干重计二氧化钛含量在 80% 以上的颜料及制品应归入子目 3206.1190；其他以二氧化钛为基本成分的颜料及制品应归入子目 3206.1900。

（三）涂料的归类

涂料的多数品种应归入第 32 章。溶剂型涂料和非水分散体涂料中以合成聚合物或化学改性天然聚合物为主要成分的品种应归入品目 32.08，其他应归入品目 32.10；水性涂料中以合成聚合物或化学改性天然聚合物为主要成分的品种应归入品目 32.09，其他应归入品目 32.10；对无溶剂涂料、粉末涂料和水浆涂料，一般应归入品目 32.10，腻子应归入品目 32.14。需要指出的是某些涂料品种因组成、性能或有其他用途等原因归类时不能一概而论。一般来说只能作涂料用的商品应归入第 32 章，否则将按构成该商品的主要成膜物质的属性归类。

商品归类练习题

1. 酸性红 B，一种有机合成染料，红色主要用于化学纤维的染色，25 千克包装
2. 溶于挥发性有机溶剂中的丙烯酸聚合物，丙烯酸聚合物占溶液总重量的 45%
3. 零售包装的分散染料
4. 人体彩绘颜料膏
5. 鞣质皮革用的鞣料浸膏
6. 烫金箔，由 PET 基片（无色透明薄箔）与转印层组成，用于商品包装
7. 玻璃粉
8. 固化剂

7.7 第 33 章 精油及香膏；芳香料制品及化妆盥洗品
一、本章的结构及商品范围

本章共有 7 个品目，主要包括精油及香膏；芳香料制品及化妆盥洗品（无论是否含有起辅助作用的药物或消毒成分；是否具有辅助治病、防病作用）。两组货品分列

如下：

1. 香料及其工业制品（品目 33.01 ~ 33.02）。

2. 化妆盥洗品、室内除臭剂（品目 33.03 ~ 33.07）。

易误归入本章的货品主要有天然油树脂或植物浸膏（品目 13.01 或 13.02）；非零售包装（供润肤用）的凡士林（品目 27.12）；具有芳香料制品、化妆品或盥洗品等辅助用途的药品（品目 30.03 或 30.04）；香皂（品目 34.01）；脂松节油、木松节油和硫酸盐松节油（品目 38.05）。

二、章及子目注释提要

本章有 4 条章注释，无子目注释。

1. 章注 1 是排他条款，列出了不能归入本章的 3 类货品。

2. 章注 2 明确了品目 34.01 所称"香料"的含义。

3. 章注 3 强调了品目 33.03 ~ 33.07 主要包括适合作这些品目所列用途的零售包装产品。

4. 章注 4 明确了品目 33.07 所称"芳香料制品及化妆盥洗品"的适用范围。

三、商品基础知识、商品介绍及名词解释

下面将本章条文或注释中涉及的商品、名词等作简单介绍，以便归类。

1. "精油"（品目 33.01）：

它是指通过压榨等方法从植物获取的一类含有各种比例的醇、醛、酮、酯、醚及萜烯等的物质，大多具有挥发性，通常按来源的植物名称命名。

2. "香膏"（品目 33.01）：

它是指通过萃取某些干燥的动、植物树脂渗出物制取的工业用定香剂。主要由不挥发的物质构成，广泛用于香料、化妆品、肥皂或表面活性剂工业。例如阿魏香膏、麝香香膏等。

3. "薄荷油"（品目 33.01）：

它是由唇形科多年生芳香草本植物薄荷的叶和茎经蒸馏而得的一种精油，无色或淡黄色液体，主要成分是薄荷脑，有浓郁的薄荷香气，可溶于乙醇、乙醚和氯仿中。

4. "留兰香油"（品目 33.01）：

它又称绿薄荷油。是由唇形科留兰香的新鲜茎叶经蒸汽蒸馏而得的一种精油，黄绿色油状液体，主要成分是香芹酮，含量可达 50%~70%，有特别的留兰香气味。

5. "香料"（品目 33.02）：

它仅指品目 33.01 所列的物质、从这些物质离析出来的香料组分以及合成芳香剂。

6. "芳香料制品及化妆盥洗品"（品目 33.07）：

主要指：香袋；通过燃烧散发香气的制品；香纸及用化妆品浸渍或涂布的纸；隐形眼镜片或假眼用的溶液；用香水或化妆品浸渍、涂布、包覆的絮胎、毡呢及无纺织物；

动物用盥洗品。

四、部分品目介绍

下面将本章部分品目的商品范围介绍如下：

（一）品目 33.01

本品目包括精油、香膏、提取的油树脂；含浓缩精油的脂肪、固定油、蜡或类似品；萜烯副产品；精油水馏液、水溶液。本品目不包括合成芳香物质、单独的已有化学定义的化合物及本目录其他品目列名的产品（例如树胶、木松节油、硫酸盐松节油或品目 38.05 的其他产品）。

（二）品目 33.02

本品目主要包括作为工业原料使用的精油混合物、香膏混合物、合成芳香剂的混合物以及以其他章的物质与芳香料为基本成分的混合物。不包括没有加入其他物料的精油水馏液、水溶液及其相互混合物或由此构成的香水或药料（品目 33.01）。

五、其他归类时容易混淆或忽视的地方

下面的内容是本章商品归类时容易混淆或忽视的地方，应该注意掌握。

1. "橙"（子目 3301.12）不包括橘（含蜜橘及莎摩橘）、克莱芒柑、威尔金斯柑橘及类似的杂交柑橘。

2. 品目 33.03 ~ 33.07 所述产品特点：

（1）以具有品目条文所列用途的零售包装货品为主，可以是纯净物，但不包括精油水馏液及水溶液。

（2）货品可以含有起辅助作用的药物或消毒成分，也可以具有辅助治疗或预防疾病作用。但室内除臭剂即使其消毒性能已超出辅助作用，仍应归入品目 33.07。

（3）除具有条文所列用途外还具有其他用途的制剂（例如清漆）及未混合产品（例如未加香料的滑石粉），当该货品①是零售包装并贴有标签、说明及其他标志，表明其为芳香料制品、化妆盥洗品、室内除臭剂；或②包装形式足以表明该货品是专供这些用途的（例如配有涂指甲用小刷子的小瓶装指甲油），仍应归入上述品目。

商品归类练习题

1. 紫外线吸收剂（添加入涂抹于人体皮肤上的护肤品精华素中，起到吸收紫外线的作用。精华素是用在人体的皮肤上的护肤产品。该商品为混合物。非有机表面活性剂。包装为桶装。成分含量：苯基苯并咪唑磺酸大于等于 50%，其余为水和乳化剂均匀调和。25 千克 / 桶）

2. 清洁面膜

3.假牙清洁片（包装30片／管，12管／中盒，10个中盒／外箱。片剂直径23.2mm，厚5.5mm，硬度大于等于100KG，白色单层，用于清洁假牙。主要成分：单过硫氢酸钾、柠檬酸、碳酸钠、过硫酸钠、乳糖等。）

4.芳香沐浴露

5.隐形眼镜片用药水

6.卫生香纸（卫生香纸，纤维纸制，单面经涂布，裁成片，每片4毫米×3毫米，塑料包装，每包为四片，每包2克，用于服装的防霉。）

7.加有香水的甘油

8.芥子精油，食品工业中用于调制食品香精使用，化学加工

9.液体口香糖

10.香浴盐，可用于洗脸、足浴，能促进新陈代谢，深层清洁肌肤

7.8 第34章 肥皂、有机表面活性剂、洗涤剂、润滑剂、人造蜡、调制蜡、光洁剂、蜡烛及类似品、塑料用膏、"牙科用蜡"及牙科用熟石膏制剂

一、本章的结构及商品范围

本章共有7个品目，主要包括通过工业处理油、脂或蜡而得的产品（例如肥皂、某些润滑剂、调制蜡、光洁剂及蜡烛）以及某些人造产品（有机表面活性剂及制品、人造蜡等）。本章不包括符合化学定义的化合物及未混合或未经处理的天然产品。

易误归入本章的货品主要有含肥皂或其他有机表面活性剂的洗发剂、洁齿品、剃须膏及沐浴用制剂（品目33.03、33.06及33.07）；含有表面活性剂的润滑剂及对纺织材料、皮革、毛皮或其他材料的油脂处理的制剂（当其中石油或沥青矿物油产品占70%及以上时）（品目27.10）。

二、章及子目注释提要

本章有5条章注释，无子目注释。

1.章注1是排他条款，列出了不能归入本章的3类货品。

2.章注2明确了品目34.01所称"肥皂"应具备的条件。

3.章注3对品目34.02所称"有机表面活性剂"做出了明确定义。

4.章注4阐述了品目34.03所称"石油及沥青矿物油"适用的产品范围。

5.章注5用列举及排他方式明确了品目34.04所称"人造蜡及调制蜡"的货品范围。

三、商品基础知识、商品介绍及名词解释

下面将本章条文或注释中涉及的商品、名词等作简单介绍，以便归类。

1."肥皂"（品目34.01）：

它仅指通常呈条状、块状、模制形状、粉片状、粉末状、膏状或水溶液状的水溶

性肥皂，可以含有添加料（例如消毒剂、磨料粉、填料或药料）。主要包括盥洗皂（一般都着色并加香料），例如浮水皂、除臭皂、甘油皂、剃须皂、药皂、某些消毒皂及磨蚀皂（磨蚀皂只能呈条状、块状、模制形）；家用皂，可以加入磨料或消毒剂等；工业用皂，用于特殊用途。

2. "有机表面活性剂"（品目 34.02）：

它是指温度在 20℃时与水混合配成 0.5% 浓度的水溶液，并在同样温度下搁置一小时后同时具备①成为透明或半透明的液体或稳定的乳浊液而未离析出不溶解物质；②将水的表面张力减低到每厘米 45 达因及以下的产品。

3. "表面活性剂制品"（品目 34.02）：

主要包括：不同表面活性剂的混合物；表面活性剂在有机溶剂中的溶液或分散体；以表面活性剂为主要成分，加入其他添加剂的制品（包括在其中加入肥皂的制品）；肥皂在环己醇等有机溶剂中的溶液或分散体。

4. "石油及从沥青矿物提取的油类"（品目 34.03）：

适用于第 27 章章注 2 所规定的产品即是指石油、从沥青矿物提取的油及类似油以及那些用任何方法提取的、非芳族成分的重量超过芳族成分的主要含有不饱和烃混合物的油 [温度在 300℃时，压力转为 1013 毫巴后减压蒸馏出的液体合成聚烯烃以体积计小于 60% 的货品（第 39 章）除外]。

5. "人造蜡及调制蜡"（品目 34.04）：

仅适用于：①用化学方法生产的具有蜡质特性的有机产品，不论是否为水溶性的；②各种蜡混合制成的产品；③以一种或几种蜡为基本原料并含有油脂、树脂、矿物质或其他原料的具有蜡质特性的产品。

四、部分品目介绍

下面将本章部分品目的商品范围介绍如下：

品目 34.03 主要包括：

1. 所含作为基本成分的石油或从沥青矿物提取的油类重量低于 70% 的下列混合制剂：

（1）用以减少机器等动件之间的摩擦力的润滑剂（完全由或主要由动、植、矿物油、脂组成，一般都加入石墨等添加剂）及以癸二酸二辛酯等为基料的合成润滑剂。

（2）用于拉丝中保证盘条易于通过拉丝膜的润滑剂。它包括动物脂及硫酸的水乳浊液；钠皂、硬脂酸铝、矿物油及水的混合物；油、脂肪及磺化油酸盐的混合物；钙皂及石灰的粉状混合物。

（3）切削油剂。通常以动、植物油或矿物油为基料，用以直接制切削油。

（4）螺栓或螺母松开剂。通常以润滑油为基料，也可含有固体润滑油、溶剂、表面活性剂、除锈剂等。

（5）主要含润滑剂的防锈或防腐蚀剂。

（6）各种工业用（例如塑料、橡胶、建筑、铸造）的以润滑剂为基料的脱膜剂（作脱膜剂的食用动、植物油、脂混合物或制剂除外）。

（7）用于润滑、油化或脂化纺织品、皮革、生皮、毛皮等的制剂。

2.二硫化钼在矿物油中的稳定悬浮液，含有按重量计达到 70% 及以上的矿物油，供发动机等作润滑油。

3.以羊毛脂为基料并溶于石油溶剂中的防锈剂（不论石油溶剂的含量按重量计是否达到 70% 及以上）。

4.由凡士林及钙皂组成，装配真空机动闸时用于润滑及密封接头及螺纹用的不硬化膏。

本品目不包括人造油鞣回收脂（品目 15.22）、胶态或半胶态石墨或石墨膏（品目 38.01）、凝胶制品（品目 30.06）、传动带防滑剂（品目 38.24）及品目 38.24 的防锈剂。

五、其他归类时容易混淆或忽视的地方

下面的内容是本章及其相关商品归类时容易混淆或忽视的地方，应该注意掌握。

1.消毒皂与含同样组分的消毒剂的区别：

二者的区别在于组分（肥皂的组分和苯酚、甲苯酚等组分）的比例不同。消毒皂含有少量的苯酚、甲苯酚、萘酚、甲醛或其他杀菌、抑菌物质，通常为固体；而品目 38.08 的消毒剂含有大量的苯酚、甲苯酚等，呈液状。

2.含肥皂或其他有机表面活性剂的洗发剂、洁齿品、剃须膏及沐浴用制剂，均应视为化妆盥洗品，应按具体列名分别归入品目 33.03、33.06 及 33.07 而不应归入本章。

3."牙科用制品"（品目 34.07），不包括牙科用熟石膏（应归入品目 25.20），也不包括牙科黏固剂及品目 30.06 的其他牙科填料。

六、归类原则

（一）含有表面活性剂的产品的归类

含有表面活性剂的产品的归类与用途有关，其归类原则如下：

1.在日常生活、纺织工业、毛皮工业、采矿工业等领域具有洗净、润湿、乳化、浮选、分散等功能的表面活性剂制品，按列名的"表面活性剂制品"归入品目 34.02。

2.具有除上述洗净、润湿、乳化、浮选、分散等功能以外用途的表面活性剂制品不作为列名的"表面活性剂制品"归类，通常按用途归入具体列名品目，例如：润滑剂及对纺织材料等材料的油脂处理制剂（当其中石油或沥青矿物油产品占 70% 或以上时归品目 27.10，否则归入品目 34.03。）；杀虫剂、杀菌剂、植物生长调节剂等（品目 38.08）；纺织、造纸、制革等工业用的整理剂、媒染剂、软化剂、抗水剂等（品目 38.09）。

3.含有有机表面活性剂的洗发水、泡沫浴剂或其他化妆盥洗品，均应归入第33章。

4.含有有机表面活性剂的液状、膏状洁肤产品及制剂，不论是否含有肥皂均应归入第34章。

5.对于未在其他品目具体列名的不溶于水的表面活性剂及其制品，应作为未列名化学工业品归入品目38.24。

（二）蜡的归类

1.未经混合的动物蜡：如蜂蜡应归入品目15.21。

2.未经混合的植物蜡：如甘蔗蜡应归入品目15.21。

3.矿物蜡应归入品目27.12（含不同矿物蜡的混合物）。

4.人造蜡，以化学方法取得的产品，如聚乙烯蜡等应归入品目34.04。

5.混合蜡（不同植物蜡的混合物、不同动物蜡的混合物、植物蜡与颜料外其他材料的混合物、动物蜡与颜料外其他材料的混合物等）应归入第34章。

6.制成蜂房状的蜡应归入品目96.02。

商品归类练习题

1."美孚"牌5w-40车用机油（由全合成基础油加上特有的添加剂配制而成，用于汽车发动机的润滑。）

2."美丽"牌柠檬香型亮光液，以500毫升压力灌装，使用时喷于家具表面

3.儿童娱乐用橡皮泥

4.含有机表面活性剂的"白猫"牌洗衣液

5.汽油发动机润滑油，成分含量含烃类基础油（PAO）72.3%，矿物基础油5%，增黏剂、降凝剂等添加剂22.7%，用作汽油发动机润滑油

6.厨房泡沫清洁剂

7.切削润滑剂，用于滚槽工艺过程中润滑，含有矿物油50%，溶剂油20%，磺化钠29%，碳酸钙1%，10L/桶

8.用光洁剂浸渍的纸，车用

9.香皂（鹅蛋圆形；盥洗用）

7.9 第35章 蛋白类物质；改性淀粉；胶；酶
一、本章的结构及商品范围
本章共有7个品目，按照蛋白类物质——改性淀粉——胶——酶及酶制品的顺序列目。主要包括蛋白质及蛋白质衍生物、糊精及其他改性淀粉、酶及酶制品以及适于

作胶或黏合剂的产品。

易误归入本章的货品主要有酵母（品目 21.02）；治病、防病用的血清白蛋白（第 30 章）；预鞣用酶制剂（品目 32.02）；加酶的浸透剂、洗涤剂及其他产品（第 34 章）；硬化蛋白（品目 39.13）。

二、章及子目注释提要

本章有 2 条章注释，无子目注释。

1. 章注 1 是排他条款，列出了不能归入本章的 6 类货品。

2. 章注 2 对品目 35.05 所称"糊精"做出了明确定义。

三、商品基础知识、商品介绍及名词解释

下面将本章条文或注释中涉及的商品、名词等作简单介绍，以便归类。

1. "蛋白质"：

它是由多种氨基酸构成的高分子化合物，广泛存在于肉类、乳类、蛋类、豆类、谷类等食品中。主要包括具有催化作用的酶、免疫功能的抗体、输送作用的血液蛋白、运动功能的肌肉蛋白，以及某些激素、毒素等。

2. "酪蛋白"（品目 35.01）：

酪蛋白（酪朊），属于含磷蛋白质，又称"酪素"或"干酪素"，是构成牛乳的主要蛋白质。通常在酸剂或凝乳酶的作用下，用乳凝法使脱脂牛奶沉淀成固体制取，如酸酪蛋白、酪蛋白原，以及酶凝酪素等。

3. "白蛋白"（品目 35.02）：

它是指动、植物蛋白质，尤以动物蛋白最为重要，包括卵清蛋白（蛋白）、血清蛋白、乳清蛋白及鱼白蛋白。

4. "明胶"（品目 35.03）：

明胶是指由温水处理动物的皮、骨、筋腱等制取的水解蛋白质。呈无色到淡黄色透明或半透明的薄片或粉粒状。溶于热水，冷却后形成透明胶状物。

5. "蛋白胨"（品目 35.04）：

蛋白胨是将蛋白质通过水解等方法得到的可溶性物质，通常为白色或浅黄色粉末，极易吸湿，常装于密封容器中，也可呈溶液状，主要品种有肉胨、酵母胨、血胨及酪蛋白胨。

6. "未列名蛋白质"（品目 35.04）：

主要有：谷蛋白、球蛋白（如乳球蛋白、卵球蛋白）、大豆球蛋白、角蛋白、核蛋白、离析蛋白等。

7. "糊精"（品目 35.05）：

它是指淀粉降解产品，其还原糖含量以右旋糖的干重量计不超过 10%。

8. 酶（品目 35.07）：

生物体的活性细胞产生的有机物质，由蛋白质组成，可以加快或减缓有机体内进行的化学变化，但本身的化学结构不变，称为生物催化剂。

四、部分品目介绍

下面将本章部分品目的商品范围介绍如下：

品目 35.07：

本品目主要包括"纯净"（离析）酶；酶催浓缩物；其他品目未列名的酶制品。商业上重要的酶主要有凝乳酶、胰酶、胃蛋白酶、麦芽糖酶、木瓜蛋白酶、菠萝蛋白酶、无花果蛋白酶、凝血酶、凝血酶原酶、从微生物制取的淀粉酶及蛋白酶、果胶酶、转化酶、葡萄糖异构酶等。

五、其他归类时容易混淆或忽视的地方

下面的内容是本章及其相关商品归类时容易混淆或忽视的地方，应该注意掌握。

1. 作为食品添加剂的主要由氨基酸及氯化钠混合物构成的水解蛋白质以及除去脱脂大豆粉某些成分而制得的浓缩产品，应归入品目 21.06。

2. 治病或防病用的血份应作为药品归入第 30 章（例如人血浆）。只有不具治病或防病作用的血份才能归入本章。

3. 糊精所含还原糖量以右旋糖的干重量计超过 10% 时，应归入品目 17.02。

4. 皮粉（品目 35.04）不同于皮革粉末（品目 41.10）。皮粉实际上是一种骨胶原，用新鲜生皮精制而得的白色纤维状物质，可用于测定鞣料中的鞣质含量；皮革粉末通常作塑料等的填料使用，价格明显低于皮粉。

5. 要注意区分本章的胶（通常含有第 39 章产品不允许添加的物质）与第 32 章的胶黏剂填料、第 39 章的制胶用树脂的不同。

商品归类练习题

1. 双面胶带〔本商品为双面胶带，由薄膜衬基 (PET)、黏合剂（丙烯基）、剥离纸 (PET) 构成，整体重量小于 1 千克，属于零售包装，规格是 1200mm×50m，用于电路基板上对电子元件进行粘合固定。〕

2. 明胶，是一种水溶蛋白物质，药用的，零售包装

3. 制作胶用的面筋，零售包装每件 1 千克

4. 蛋白胨

5. 硅胶

6. 粘贴膜

7. 碱性蛋白酶

8. 碱性脂肪酶

7.10 第 36 章 炸药；烟火制品；火柴；引火合金；易燃材料制品
一、本章的结构及商品范围

本章共有 6 个品目，主要包括发射药及配制炸药；雷管、火帽、引爆管等引爆时所需的辅助产品；用爆炸、发火、易燃或可燃材料制成的用以产生光、声、烟、火焰或火花的制品（例如烟火制品、火柴、各种形状的铈铁及其他引火合金，以及某些特定的易燃材料制品）。

易误归入本章的货品主要有雷酸汞（品目 28.38）及三硝基甲苯 (TNT)（品目 29.04）；闪光灯材料（品目 37.07）及通过化学发光现象产生光效应的物品，例如在溶剂及荧光化合物存在下草酸酯和过氧化氢之间起化学反应而具有光效应的发光棒（品目 38.24）；硝化纤维素（品目 39.12）；军火（品目 93.06）等。

二、章及子目注释提要

本章共有 2 条章注释，无子目注释。

1. 章注 1 是排他条款，明确了本章不包括已有化学定义的化合物及本款的例外规定。

2. 章注 2 明确了品目 36.06 所称"易燃材料制品"仅适用的货品范围。

三、商品基础知识、商品介绍及名词解释

下面将本章条文或注释中涉及的商品、名词等作简单介绍，以便归类。

1. "易燃材料制品"（品目 36.06）：

它仅指聚乙醛、六甲撑四胺及类似物质，已制成片、棒或类似形状作燃料用的；以酒精为基本成分的固体或半固体燃料及类似的配制燃料；直接灌注香烟打火机及类似打火器用的液体燃料或液化气体燃料，其包装容器的容积不超过 300 立方厘米；树脂火炬、引火物及类似品。

2. "引火合金"（品目 36.06）：

引火合金是指在粗糙表面摩擦时能产生足以点燃煤气、汽油、火绒或其他易燃物料的合金，通常是铈与其他金属的合金，例如铈铁。

3. "固体酒精"（品目 36.06）：

它通常是指以酒精为基料并含有肥皂、胶凝物质、纤维素衍生物等的燃料。

四、其他归类时容易混淆或忽视的地方

下面的内容是本章及其相关商品归类时容易混淆或忽视的地方，应该注意掌握。

木屑黏结块等木燃料不属于易燃材料制品，应归入品目 44.01。

五、单独的已有化学定义的作燃料用化合物的归类原则

1. 制成片、棒或类似形状作燃料用的聚乙醛、六甲撑四胺及类似化合物；包装容器的容量不超过 300 厘米的液体燃料或液化气体燃料应归入本章。

2. 制成其他形状（例如粉状或结晶状）的单独的已有化学定义的固体燃料，通常应按化合物所属类别归入第 28 章或第 29 章。如聚乙醛（三聚乙醛片）及六亚甲基四胺（乌洛托品），应分别归入品目 29.12 或 29.33。

3. 容器的容量超过 300 立方厘米的液体燃料或液化气体燃料应按种类分别归入第 27 章或第 29 章。

4. 已充燃料作为香烟打火机或类似打火器零件的可换芯子或其他容器应归入品目 96.13。

商品归类练习题

1. 防水火柴

2. 烟花

3. 电雷管

4. 已切成形可直接使用的铈铁

5. 信号弹

6. 导爆索

7.11 第 37 章 照相及电影用品

一、本章的结构及商品范围

本章共有 7 个品目，按照未曝光的感光胶片——未曝光的摄影感光纸、纸板及纺织物——已曝光未冲洗的感光硬片、软片、纸、纸板及纺织物——已曝光已冲洗的感光硬片、软片、电影胶片——摄影用化学产品的顺序列目。

本章主要包括摄影感光硬片、软片，不论是否已曝光或已冲洗；摄影感光纸、纸板及纺织物，不论是否已曝光（需未冲洗）；摄影用的各种化学制剂、闪光灯材料及符合条件的某些未混合产品。本章不包括废碎料。

易误归入本章的货品主要有已冲印的感光纸、纸板及布（第 49 章或第十一类）、摄影及电影用品的废碎料（按其构成材料归入相应品目）、零售包装的硝酸银（品目 28.43）等。

二、章及子目注释提要

本章有 2 条章注释，无子目注释。

1. 章注 1 是排他条款，明确了本章不包括废碎料。

2. 章注 2 对本章所称"摄影"做出了明确定义。

三、商品基础知识、商品介绍及名词解释

下面将本章条文或注释中涉及的商品、名词等作简单介绍，以便归类。

1.“摄影”（本章）：

它是指光或其他射线作用于感光面上直接或间接形成可见影像的过程。

2.“未曝光”：

它是指感光硬片、软片、纸、纸板及纺织物未受光或其他射线作用。

3.“感光硬片、软片、纸、纸板及纺织物”（本章）：

通常是指涂有一层或多层对光线、其他具有足够能量使感光材料起必要反应的射线（在电磁光谱中波长不超过1300纳米的射线，包括 γ 射线、X 射线、紫外线及近红外线）及粒子（或核子）射线敏感的乳剂，单色或彩色显像。也指某些不涂感光乳剂而是全部或基本由可附于基板上的感光塑料构成的感光硬片。可供照相、蓝图或照相制版雕刻等用。

4.“一次成像感光胶片（胶）又称即影即现胶片（胶）”：

它是指由一层感光负片（涂有感光材料的醋酸纤维素等塑料或纸及纺织物等）、一层经特殊处理的纸（正片）和一层显影剂构成的平面或卷装的胶片。

5.“冲洗”：

它是指经化学处理使已曝光的胶片显现图像。

四、部分品目介绍

下面将本章部分品目的商品范围介绍如下：

品目37.07：

本品目包括：①通常由铝或镁的粉、片、箔等组成，有时与其他物料混合以促进燃烧的闪光灯材料；②直接用以显现摄影图像的产品，主要是指：乳剂；显影剂（例如氢醌、儿茶酚）；静电复制文件用的显影剂；定影剂（例如硫代硫酸钠即海波苏打）；增厚剂及减薄剂（例如重铬酸钾）；调色剂（例如硫化钠）；去污渍剂（例如钾矾）。

易误归入本品目的货品主要有非直接用于产生摄影影像、蓝图等的辅助产品（例如贴相片的胶水）；摄影用闪光灯泡（品目90.06）；可归入品目28.43 ～ 28.46及28.52的货品，例如零售包装硝酸银水溶液。

五、其他归类时容易混淆或忽视的地方

下面的内容是本章及其相关商品归类时容易混淆或忽视的地方，应该注意掌握。

1.可直接使用的印刷用已冲洗硬片，例如胶版应归入品目84.42。

2.非感光的硬片及平面软片应归入材料所在的章，不应归入本章。

六、归类原则

（一）摄影及电影用品的废碎料的归类

本章产品的废碎料即摄影及电影用品的废碎料一律不归入本章。主要用于回收贵

金属的含贵金属或贵金属化合物的摄影或电影用品废碎料应归入品目 71.12；其他的摄影或电影用品废碎料应根据其构成材料归类（例如塑料的应归入品目 39.15；纸的应归入品目 47.07 等）。

（二）摄影用化学产品的归类

符合品目 28.43 ~ 28.46 及 28.52 规定的产品（例如贵金属盐及其他产品）不论如何包装，也不论作何用途均应归入品目 28.43 ~ 28.46 及 28.52（例如零售包装的硝酸银应归入品目 28.43）；其他已混合或已配合的摄影用化学产品，以及可立即使用并附有说明的定量包装或零售包装摄影用未混合产品应归入品目 37.07；其他未混合产品应按其属性归类（例如化学品归第 28 章或第 29 章、贱金属粉末归入第十五类）。摄影用上光漆、胶水、黏合剂及类似品不视为摄影用化学产品，应分别归入各自的品目。

商品归类练习题

1. 已冲洗的教学专用幻灯片
2. 书籍、报刊用的已曝光已冲洗的缩微胶片
3. 幻灯片用曝光彩色摄影胶卷
4. 石英玻璃基质的未曝光感光硬片
5. 已曝光未冲洗的电影胶片
6. 不含银的感光乳液剂
7. 未曝光的 X 光感光硬片及平面软片

7.12 第 38 章 杂项化学产品

一、本章的结构及商品范围

本章是第六类的最后一章，共有 26 个品目。本章包括不能归入第 28 章 ~ 第 37 章的许多化学产品及相关工业产品、配制品及副产品。除人造石墨等品目 38.01、38.08、38.13、38.24 所列及少数产品外，本章不包括单独的已有化学定义的化学元素及化合物。

本章主要包括具有第 30 章 ~ 第 37 章所列用途以外的化学"制剂"及各种混合物。

易误归入本章的货品主要有废油（品目 27.10）；废药物（品目 30.06）；第 28 章 ~ 第 29 章的"检定参照物"；用于配制食品的以营养价值为主的混合物。

二、章及子目注释提要

（一）章注释提要

本章有 7 条章注释。

1. 章注 1 是排他条款，列出了不能归入本章的 5 类货品。

2. 章注 2 对品目 38.22 所称"检定参照物"做出了明确定义；规定了该货品的归类原则。

3. 章注 3 明确了品目 38.24 适用的 5 类货品。

4. 章注 4 对本目录所称"城市垃圾"做出了明确定义；用排他方式列举了 4 类除外货品。

5. 章注 5 对品目 38.25 所称"下水道淤泥"做出了明确定义。

6. 章注 6 明确了品目 38.25 所称"其他废物"所适用的货品范围。

7. 章注 7 对品目 38.26 所称"生物柴油"做出了明确定义。

（二）子目注释提要

本章有 2 条子目注释。

1. 子目注释 1 明确了子目 3808.50 除含有苯菌灵 (ISO)、克百威 (ISO) 及福美双 (ISO) 混合物的粉状制剂外，仅包括一种或多种该子目注释所列物质的品目 38.08 的产品。

2. 子目 3808.61 至 3808.69 仅包括品目 38.08 项下含有子目注释所列物质的货品。

3. 子目 3824.81 至 3824.88 仅包括含有一种或多种子目注释所列物质的混合物及制品。

4. 子目注释 2 对子目 3825.41 和 3825.49 所称"废有机溶剂"做出了明确定义。

三、商品基础知识、商品介绍及名词解释

下面将本章条文或注释中涉及的商品、名词等作简单介绍，以便归类。

1. "再熔胶"（品目 38.06）：

它是指加热处理热带森林树木的含油树脂渗出物而获得的能溶于干性油的产品，不同于由橡胶（或塑料）等为基料制成的热熔胶。

2. "检定参照物"（品目 38.22）：

它是指附有证书的参照物，该证书标明了参照物属性的指标、确定这些指标的方法，以及与每一指标相关的确定度，这些参照物适用于分析、校准和比较。组成检定参照物的材料包括：含有附加分析物的基质材料，其含量已经精确确定；未掺杂材料，其某些成分的含量已经精确确定（如奶粉中蛋白质和脂肪的含量）；天然或合成材料，其某些属性已经精确确定（如抗拉强度，特定比重）。

3. "改正带"（品目 38.24）：

它又名修正带，为成卷的修正条，通常装在一个塑料分配器内，用于掩盖打字稿、手稿、复印件、胶印印刷品及类似品上的手写及打字错误或其他多余印记。这些产品

的带长及带宽不一。修正条的表面有不透明的颜料涂层。使用时，用手将转印头压在需要修正的部分上。

4. "废有机溶剂"（子目 3825.41 和 3825.49 ）：

它是指通常来源于清洗过程并主要含有有机溶剂的废物，不适合再作原产品使用，不论其是否用于回收溶剂。

5. "医疗废物"（子目 3825.30 ）：

它是指医学研究、诊断、治疗及其他内科、外科、牙科或兽医治疗所产生的被污染的废物，通常含有病菌和药物，需作专门处理（例如脏的敷料、用过的手套及注射器等）。

四、部分品目介绍

下面将本章部分品目的商品范围介绍如下：

（一）品目 38.24

本品目主要包括：铸模及铸芯用黏合剂；化学产品及化学制剂或其他制剂。除零售包装的除墨剂、每颗重量不小于 2.5 克的氧化镁、碱金属或碱土金属卤化物的培养晶体及某些未装配但已切好的压电材料元件以外，均不包括符合化学定义的纯净物（第 28 章 ~ 第 29 章）。很多第 28 章 ~ 第 29 章产品的混合物及溶于非水介质的溶液应归入本品目（不是全部）。例如作为炼钢时脱硫剂使用的碳化钙、碳化钙及其他材料的混合物；不具有蜡特性的多氯联苯及氯化石蜡；不具有蜡特性的、用作脂肪乳化剂的甘油单脂肪酸酯、甘油双脂肪酸酯及甘油三脂肪酸酯的混合物；含有黏合剂的人造沸石及类似结构的离子交换剂；由糖精及其盐、碳酸氢钠等与酒石酸组成的制剂（能用作食品甜味剂但未构成食品）；由氯化钠添加亚硝酸钠构成的腌制用盐；以明胶为基料的复写膏；可熔性陶瓷测温器；零售包装的改正液、改正带等。本品目不包括以营养价值为主的化学品与食品或其他营养物质的混合物（在制造某些供人食用的食品时作为拼料或改良食品特性用）；带胶粘衬背的纸质改正带（第 48 章）及品目 38.26 的货品。

（二）品目 38.25

本品目主要包括：①本目录其他品目未列名的化学工业及相关工业的副产品（例如碱性氧化铁；生产抗菌素时获得的残渣；氨液；废氧化物等）；②城市垃圾；③下水道淤泥；④本章章注 6 规定的其他废物（例如医疗废物；废有机溶剂；废的金属酸洗液、液压油、制动油及防冻液；化学工业或相关工业的其他废物）。

易误归入本品目的货品有①含有金属、砷或它们的混合物，用于回收砷或金属或者生产它们的化合物的矿渣、矿灰及残渣（品目 26.20）；②焚化城市垃圾所产生的灰、渣（品目 26.21）；③主要含有石油及从沥青矿物提取的油类的废油（品目 27.10）等。

五、其他归类时容易混淆或忽视的地方

下面的内容是本章及其相关商品归类时容易混淆或忽视的地方，应该注意掌握。

1. 应该注意 "混合" 是本章货品与第 28 章、第 29 章某些货品的本质区别。

例如：由邻苯二甲酸二丁酯占 55%、邻苯二甲酸二辛酯占 45% 组成的塑料增塑剂与分别单独报验的邻苯二甲酸二丁酯与邻苯二甲酸二辛酯的归类是不同的。混合物构成的塑料增塑剂应归入子目 3812.2000；而单独报验的两种酯将分别归入第 29 章的两个列名子目即归入 2917.3410 及 2917.3200。

2. 通常本章不包括单独的化学元素及单独的已有化学定义的化合物，但作为例外某些单独的化学元素及单独的已有化学定义的化合物归入本章，主要包括：

（1）人造石墨（品目 38.01）。

（2）制成品目 38.08 所述形状或包装的杀虫剂、杀鼠剂、杀菌剂、除草剂、抗萌剂、植物生长调节剂、消毒剂及类似产品。

（3）灭火器的装配药及已装药的灭火弹（品目 38.13）。

（4）每颗重量不低于 2.5 克的氧化镁及碱金属或碱土金属卤化物制成的培养晶体（光学元件除外）（品目 38.24）。

（5）零售包装的除墨剂（品目 38.24）。

3. 制成零售包装符合品目 38.08 规定的货品，应优先归入这一品目，而不归入本目录的其他品目（品目 28.43、28.44、28.45、28.46 或 28.52 除外）。

4. 含有一种或多种子目注释 1 所列物质的品目 38.08 的产品，应归入子目 3808.50。

5. 当某一产品因具有多种用途看起来可归入 3808.91～3808.99 中的一个以上子目时一般应按归类总规则三办理。

六、归类原则

（一）农药的归类原则

1. 对于符合化学定义的原药中未制成零售包装、制剂或制品的商品（原药的水剂不视为制剂），应按化学结构归入第 28 章（无机化学品）、第 29 章（有机化学品）中的相应品目。

2. 农药的制剂（水剂除外）、零售包装的农药（包括原药）、农药成品，均应按主要用途归类，一般应归入品目 38.08。含有一种或多种子目注释 1 所列物质的杀虫剂，应归入子目 3808.50。

3. 某些具有杀虫作用的产品按属性归类，例如磨碎的除虫菊花应归入品目 12.11。

4. 某些以杀虫作用为辅的产品按主要功能归类，例如具有药物基本特性的杀虫剂应归入品目 30.03 或 30.04。

（二）检定参照物的归类

1. 对于可归入第 28 章或第 29 章的检定参照物应归入第 28 章或第 29 章。

2. 其他检定参照物若既可以归入品目 38.22 又可以归入本目录其他品目应优先归入品目 38.22。此品目下的检定参照物用于仪器装置的校准、测试方法的评估或材料的赋值。

（三）溶剂及稀释剂的归类

非复合的有机溶剂及稀释剂一般应归入第 29 章；由有机物构成的复合溶剂及稀释剂一般应归入品目 38.14；无机复合溶剂一般应归入品目 38.24。

商品归类练习题

1. 早孕自测卡

2. 唾液酒精快速检测条

3. 修正笔

4. 人造石墨

5. 以竹子为原料生产的活性炭（非零售包装；不具药物作用）

6. 生物柴油（含有按重量计低于 10% 的从沥青矿物提取的油类）

【本篇小结】

本篇在阐述 HS 第六类货品归类要点诸如"优先归类原则""由两种或以上成分（部分或全部成分属于本类）构成的配套货品的归类原则"的基础上，一般从商品范围、注释提要、商品知识、品目介绍、归类易混淆之处及归类原则等方面依次明确了第 28 章~第 38 章货品各自的归类要点，为全方位把握化学工业及其相关工业的产品的正确归类提供了必要的基础知识。本类中某些归类原则例如"可归入第 29 章内两个及两个以上品目产品的归类原则"，"一种化合物的衍生物在子目的归类规定" 所涉及的对象商品，多数学生知之甚少，对该类原则的运用不作要求。至于本篇重点阐述的药品、肥料、染料、涂料、表面活性剂及制品、农药及检定参照物的归类原则应熟练掌握。

【本篇关键名词或概念】

已有化学定义的化合物　检定参照物

【本篇简答题】

1. 简述本类的优先归类原则。

2. 简述由两种或以上成分（部分或全部为本类货品）构成的配套货品的归类原则。

第八篇　第七类 塑料及其制品；橡胶及其制品

【本篇导读】

本篇系统介绍了塑料、橡胶及其制品的归类要点。

【本篇学习目标】

通过本篇的学习，熟悉 HS 第七类的商品范围，了解与相关类、章商品的区别和联系，明确归类易混淆之处，掌握塑料、橡胶及其制品的主要归类原则并能正确进行商品归类。

8.1 本类归类要点

一、本类的结构和商品范围

本类共分两章（第 39 章和第 40 章），按材料开列章次，先塑料及其制品，再橡胶及其制品。这两章所包括的货品从加工程度来看都是包括原料—半制成品—制成品；从货品的材料属性上看都属于高聚物，制品用途广泛，应用于国民经济各个领域。从这类开始，货品的材料属性显得越发重要，除了按用途、功能或杂项货品等方式在其他类、章具体列名或因为与其他材料混合制等原因归入其他类、章以外，塑料或橡胶制品一般都应该归入本类。此外对本目录所称橡胶与塑料的界定不能靠货品名称，而是要通过对货品的化学结构等进行区分，按照相关注释进行判断，例如名为聚氨酯橡胶、硅橡胶、二元乙丙橡胶等货品，在本目录中属于塑料。

二、类注释提要

本类有 2 条类注释。

1. 类注一明确了由两种或以上成分（部分或全部成分属于本类）构成的配套货品应具备的条件；规定了该产品的归类原则。

2. 类注二规定了以所印花纹、文字、图画等作为主要用途的塑料及橡胶制品的归类原则。

三、两种或两种以上单独成分配套货品的归类原则

配套货品的部分或全部成分属于第七类范围以内，混合后构成第六类或第七类的货品，当同时符合①其包装形式足以表明这些成分不需要经过改装就可以一起使用；②一起报验；③这些成分的属性及相互比例足以表明是配套使用的时，应按混合后的

产品归入相应的品目。但必须注意如果在使用时不是预先混合而是相继加入的货品则不能按混合后的产品归类，此种货品如属零售包装应按归类总规则归类，如属非零售包装应按各单独成分分别归类。

8.2 第 39 章 塑料及其制品

一、本章的结构及商品范围

本章包括初级形状的高聚物（塑料）及其半制成品和制品，共有 26 个品目，按照原料；半制成品和制成品，被分成两个分章。

第 1 分章包括初级形状的高聚物，共有 14 个品目，基本是按照聚合物主链的结构列目的，先碳碳结构的合成聚合物（本类聚合物又按侧基的种类，即按照氢——苯环——卤素——其他基团的顺序列目）（品目 39.01 ~ 39.06）、再其他官能团的合成聚合物（品目 39.07 ~ 39.11）、天然聚合物及其衍生物（品目 39.12 ~ 39.13）、离子交换剂（品目 39.14）。主要货品有合成树脂及加入了添加剂的合成树脂、纤维素及其化学衍生物、天然聚合物（如藻酸）、改性天然聚合物（如硬化蛋白、天然橡胶的化学衍生物）及离子交换剂等。

第 2 分章包括废碎料及下脚料、半制成品、制成品，共有 12 个品目。按照产品的加工程度由浅至深列目，先半制成品后制品即按照废碎料及下脚料——丝、条、杆、型材——管状——板、片、箔、膜——制品的顺序列目。本分章包括的制品主要有塑料糊墙纸、地衣品、卫生洁具、塑料衣服及衣着附件、建筑用塑料制品、装饰品等。

易误归入本章的货品主要有天然树脂（第 13 章）；酯胶、再熔胶（第 38 章）；按用途、功能或杂项货品等方式在其他类、章具体列名的塑料制品，例如塑料游泳帽（第 65 章）、塑料制液体泵（第 84 章）、塑料椅子（第 94 章）、塑料玩偶（第 95 章）、塑料扣子（第 96 章）、塑料制的卫生巾（护垫）及止血塞、婴儿尿布及尿布衬里和类似品（品目 96.19）等。

二、章及子目注释提要

（一）章注释提要

本章有 11 条章注释。

1. 章注 1 对了本目录所称"塑料"做出了明确定义；强调包括钢纸但不包括第十一类的纺织材料。

2. 章注 2 是排他条款，列出了不能归入本章的 25 类货品。

3. 章注 3 明确了品目 39.01 ~ 39.11 仅包括的货品范围。

4. 章注 4 明确了本章所称"共聚物"的含义；规定了共聚物在本章的归类原则。

5. 章注 5 明确了本章所称"化学改性聚合物"的含义；规定了化学改性聚合物的归类原则。

6. 章注 6 明确了本章所称"初级形状"（品目 39.01 ~ 39.14）的形状范围。

7. 章注 7 规定了品目 39.15 不适用于已制成初级形状的单一的热塑材料废碎料及下脚料（品目 39.01 至 39.14）。

8. 章注 8 明确了品目 39.17 所称"管子"的含义及其货品范围。

9. 章注 9 阐述了品目 39.18 所称"塑料糊墙品"适用货品及其具备特征。

10. 章注 10 阐述了品目 39.20 及 39.21 所称"板、片、膜、箔、扁条"的适用货品特征。

11. 章注 11 列举了品目 39.25 仅适用的 9 类物品。

（二）子目注释提要

本章有 2 条子目注释。

1. 子目注释 1 规定了本章任一品目项下聚合物及化学改性聚合物的归类原则。

2. 子目注释 2 明确了子目 3920.43 所称"增塑剂"包括"次级增塑剂"。

三、商品基础知识、商品介绍及名词解释

下面将本章条文或注释中涉及的商品、名词等作简单介绍，以便归类。

1. "塑料"（本目录）：

它是指品目 39.01 ~ 39.14 的材料。这些材料能够在聚合时或聚合后在外力（一般是热力和压力，必要时加入溶剂或增塑剂）作用下通过模制、浇铸、挤压、滚轧或其他工序制成一定的形状，成型后除去外力，其形状仍保持不变。除上述物质外塑料的范围还包括钢纸。

2. "合成聚合物"（第 39 章品目 39.01 ~ 品目 39.11）：

合成聚合物是用第 29 章的低分子单体，经过聚合反应而合成的聚合物，包括①温度在 300℃时压力转为 1013 毫巴后减压蒸馏出的液体合成聚烯烃，以体积计小于 60% 的货品（品目 39.01 ~ 39.11）；②非高度聚合的苯并呋喃 - 茚树脂（品目 39.11）；③聚硅氧烷（品目 39.10）；④甲阶酚醛树脂（品目 39.09）及其他预聚物；⑤其分子中平均至少有五个单体单元所组成的其他合成聚合物。

3. "单体单元"：

单体在聚合物中所能形成的最大结构单元。如对于均聚物聚氯乙烯，单体为氯乙烯（分子式：$CH_2 = CHCl$），单体单元为：CH_2CHCl。

4. "热塑性塑料"：

当加热至一定温度时变软，冷却后变硬，可多次反复加热而仍具有可塑性。如聚乙烯（PE）、聚氯乙烯（PVC）、聚苯乙烯（PS）、苯乙烯丙烯腈丁二烯共聚物（ABS）、聚甲醛（POM）、聚碳酸酯（PC）、有机玻璃（PMMA）等。

5. "热固性塑料"：

它是指在一定温度下能软化或熔化，具可塑性，但继续加热则伴随化学反应而变坚硬，再加热也不再软化只能分解不再有可塑性的塑料。如酚醛树脂（PF）、环氧树

脂（EP）、氨基树脂、不饱和聚酯树脂（UP）等。

6. "共聚物"：

它是指在整个聚合物中按重量计没有一种单体单元的含量在95% 及以上的各种聚合物。本章的共聚物，包括共缩聚物、共加聚物、嵌段共聚物及接枝共聚物。

7. "化学改性聚合物"：

它指聚合物主链上的支链通过化学反应发生了变化的聚合物，例如氯磺化聚乙烯是化学改性聚乙烯。

8. "聚乙烯"（品目 39.01）及其聚合物：

通常进口的有低压聚乙烯（高密度聚乙烯，HDPE）、高压聚乙烯（低密度聚乙烯，LDPE）、线型低密度聚乙烯（LLDPE）、交联聚乙烯、化学改性聚乙烯（氯化聚乙烯及氯磺化聚乙烯等）。

9. "聚苯乙烯（PS）"（品目 39.03）及其聚合物：

聚苯乙烯有通用型 (GPPS) 和可发型 (EPS)。苯乙烯的共聚物主要包括苯乙烯丙烯腈共聚物 (SAN)、丙烯腈丁二烯苯乙烯共聚物 (ABS)、由橡胶微粒 (5% ~ 30%) 分散在聚苯乙烯连续相中形成的改性聚苯乙烯即高抗冲聚苯乙烯 (HIPS) 等。

10. "丙烯酸聚合物"（品目 39.06）：

主要包括：聚甲基丙烯酸甲酯（有机玻璃）（PMMA）；聚丙烯酰胺、聚丙烯醛、聚丙烯腈等。

11. "聚对苯二甲酸乙二酯（PET）"（品目 39.07）：

它又叫"涤纶树脂"，是通过对苯二甲酸与乙二醇的酯化作用（或对苯二甲酸二甲酯与乙二醇反应）制得的线型高分子聚酯树脂。

12. "聚乳酸（PLA）"（品目 39.07）：

它又称为聚交酯，通常通过乳酸合成。乳酸转化为环状的交酯二聚物，其环状结构在最后的聚合步骤中打开，是新型聚酯树脂。

13. "聚酰胺（PA）"（品目 39.08）：

聚酰胺俗称"尼龙"，主链上具有许多重复酰胺基团的树脂的总称。它的名称由单体的碳原子数来决定。即或由二元胺与二元酸中的碳原子数来决定，前一组数字为二元胺中的碳原子数，后一组数字为二元酸中的碳原子数；或由氨基酸中的碳原子数来决定。

14. "离子交换剂"（品目 39.14）：

离子交换剂是以品目 39.01 ~ 39.13 的聚合物为基本成分。其特点是在分子组成中有可离子化的基团（活性基团），在溶液中具有不溶性，能将本身的离子与溶液中的相同电荷离子进行交换。

注：离子交换柱（品目 39.26）是由离子交换剂填充的，是离子交换剂的制品。

15."初级形状"（品目 39.01 ～ 39.14）：

只限于液状及糊状（包括分散体即乳浊液、悬浮液及溶液）；不规则形状的块、团、粉（包括压形粉）、颗粒、粉片及类似的散装形式。

16."子目所列名称冠有'聚（多）'的聚合物的含义（在同级子目中有一个"其他"子目时）"：

它是指列名的聚合物单体单元的含量在整个聚合物中按重量计必须在 95% 及以上。

17."共聚物"（子目 3901.30、3901.40、3903.20、3903.30、3904.30）：

它是指列名共聚物的共聚单体单元的含量在整个聚合物中按重量计必须在 95% 及以上。

18."塑料糊墙品"（品目 39.18）：

它是指装饰墙壁或天花板用的、宽度大于或等于 45 厘米的成卷产品。塑料面应经起纹、压花、着色、印刷图案或用其他方法装饰并且牢固地附着于除纸以外的任何材料的衬背上。

19."板、片、膜、扁条"（品目 39.20 ～ 39.21）：

仅指未切割或仅切割成矩形（包括正方形）（含切割后即可被使用）但未经进一步加工的板、片、膜、扁条（表观宽度大于 5 毫米）及正几何形块，无论是否经过印制或其他表面加工。

20."人造革"（第 39 章）：

以纺织物作底基（如针织布），表面用树脂（如聚氯乙烯树脂）涂覆或贴合加工而成的刚性（温度在 15 ～ 30℃时，用手工将其绕于直径 7 毫米的圆柱体上会发生断裂的产品）的真皮感较差的仿皮革。

21."合成革"（第 39 章）：

以无纺布作底基，表面用树脂（如微孔的聚氨酯树脂）涂覆加工而成的刚性（温度在 15 ～ 30℃时，用手工将其绕于直径 7 毫米的圆柱体上会发生断裂的产品）的真皮感较强的仿皮革。

四、部分品目介绍

下面将本章部分品目的商品范围介绍如下：

品目 39.26：

本品目包括其他品目未列名塑料及品目 39.01 ～ 39.14 所列其他材料的制品。

主要包括用塑料片缝合或焊接而成的衣着及衣着附件（玩具除外）；家具、车厢或类似品的附件；小雕塑品及其他装饰品；挡尘片、防护袋、遮篷、文件夹、公文套、书籍封面、读物封套及用塑料片缝合或黏合的类似防护用品；镇纸、裁纸刀、吸墨水纸滚台、笔架、书签等；螺丝、螺栓、垫圈及类似的通用紧固件；单独报验的环状、裁成一定长度并首尾相接或用紧固件连接的传动带、输送带或升降机带；聚合物的离子交换柱；装有羧甲基纤维素的塑料容器（用作冰袋）； 未制成特定形状或未在内部装有配件，专门适于盛装工具（带或不带附件）的工具箱、盒；婴儿奶嘴、冰袋、冲洗袋、灌肠袋及附件、病残者护理用垫、阴道环、避孕套、注射用圆球、洗肠用胶球；其他各种物品，例如手袋紧固件、衣箱包角、挂钩、装于家具底部的防护碗及滑轨、工具和刀叉等的手柄、穿孔小珠、表"玻璃"、数码及字母、行李标签夹。

五、其他归类时容易混淆或忽视的地方

下面的内容是本章及其相关商品归类时容易混淆或忽视的地方，应该注意掌握。

1. 管子（品目 39.17）和中空异型材（品目 39.16）的区别。

管子是指香肠用肠衣及扁平管以及通常用于运输或供给气体或液体的、内截面是圆形、椭圆形及长度不超过宽度 1.5 倍的矩形的空心制品或半制成品；其他空心制品或半制成品是中空异型材。

2. 塑料和树脂的区别。

塑料和树脂有时是有区别的，塑料的主要成分是树脂，树脂的性质决定塑料的基本性质，通常树脂占塑料总重量的 40% ~ 100%。但在本章中无需区分二者。

六、归类原则

（一）单丝及扁条的归类

1. 扁条（第 39 章与第 54 章）的归类。

扁条的宽度大于 5 毫米时应归入第 39 章，否则应归入第 54 章。

2. 单丝（第 39 章与第 54 章）的归类。

单丝的细度大于 1 毫米时应归入第 39 章，否则应归入第 54 章。

（二）品目 39.18（塑料地衣品或糊墙品）及品目 39.19（胶粘的塑料板等）的货品的归类

品目 39.18（塑料地衣品或糊墙品）及品目 39.19（胶粘的塑料板等）的货品即使印有花纹、文字或图画，而且所印花纹、字画等作为主要用途，仍归入上述品目 39.18 及 39.19。但第七类所有其他塑料及橡胶货品，如果以所印花纹、字画等作为主要用途，则应归入第 49 章。

（三）塑料（树脂）的归类原则

1. 共聚物（包括聚合物混合体）（品目 39.01 ~ 39.13）的归类原则。

（1）品目的归类：

除条文另有规定以外，均应按聚合物中重量最大的那种共聚单体单元所构成的聚合物归入相应品目。为此，归入同一品目的聚合物的共聚单体单元应作为一种单体单元对待。如果没有一种或一组共聚单体单元重量最大，则共聚物和聚合物混合体应按序号顺序归入有关品目中的最后一个品目即从后归类。

（2）子目的归类：

①在同级子目中有一个"其他"子目时：

当共聚物不能按所列名称冠有"聚（多）"的聚合物（聚合物中有一种单体单元的重量在95%及以上）、共聚物（子目3901.30、3901.40、3903.20、3903.30、3904.30）及化学改性聚合物归类时，应按聚合物中重量最大的那种共聚单体单元（与其他各种单一的共聚单体单元相比）所构成的聚合物归入该级相应子目。为此，归入同一子目的聚合物的共聚单体单元应作为一种单体单元对待。只有在同级子目中的聚合物共聚单体单元才可以进行比较。如果没有一种或一组共聚单体单元重量最大，则共聚物和聚合物混合体应按序号顺序归入有关子目中的最后一个子目即从后归类。

②在同级子目中没有"其他"子目时：

共聚物应按聚合物中重量最大的那种共聚单体单元（与其他各种单一的共聚单体单元相比）所构成的聚合物归入该级相应子目。为此，归入同一子目的聚合物的共聚单体单元应作为一种单体单元对待。只有在同级子目中的聚合物共聚单体单元才可以进行比较。如果没有一种或一组共聚单体单元重量最大，则共聚物和聚合物混合体应按序号顺序归入有关子目中的最后一个子目即从后归类。

例1：乙烯乙酸乙烯酯共聚物的水分散体，其中乙烯单体单元为50%，乙酸乙烯酯单体单元为50%。

说明：由于乙烯单体单元与乙酸乙烯酯单体单元比例相同，而乙烯聚合物应归入品目39.01，乙酸乙烯酯聚合物应归入品目39.05，因为共聚物应归入重量最大的那种单体单元所构成的聚合物的品目，比例相同时从后归类。所以本题商品应按乙酸乙烯酯聚合物归类，归入品目39.05。因39.05品目下有一个"其他"子目，所以子目的归类应参照子目注释1办理，即因为本题商品乙酸乙烯酯的含量不足95%，所以不能视为聚乙酸乙烯酯，而应视为乙酸乙烯酯共聚物。水分散体应归入子目3905.2100。

例2：以40%乙烯单体单元、25%丙烯单体单元及35%异丁烯单体单元构成的乙烯丙烯异丁烯共聚物颗粒。

说明：乙烯聚合物应归入品目39.01，丙烯及异丁烯聚合物均应归入品目39.02，由于丙烯单体单元和异丁烯单体单元合计超过乙烯单体单元，所以应归入品目39.02。因39.02品目下有一个"其他"子目，又由于异丁烯单体单元比归入39.02的其他聚合物共聚单体单元的比例都大，所以应作为异丁烯共聚物归类，最终归入子目3902.9000。

2.化学改性聚合物的归类。

（1）品目的归类：

化学改性聚合物应归入未改性的聚合物的相应品目。例如氯化聚乙烯是品目39.01聚乙烯的化学改性聚合物，应按聚乙烯归入品目39.01。

（2）子目的归类：

①在同级子目中有一个"其他"子目时：

化学改性聚合物如未在其他子目中具体列名则应归入"其他"子目。如氯化聚乙烯（初级形状）应归入子目 3901.9090。

②在同级子目中没有"其他"子目时：

化学改性聚合物应按未改性的聚合物归入相应子目。如乙酰化酚醛树脂（初级形状）应归入子目 3909.4000。

3. 塑料的废碎料及下脚料的归类。

（1）制成初级形状的单一种类热塑性塑料的废碎料及下脚料按初级形状的塑料归类，应归入 39.01 ～ 39.14 的相应品目；

（2）热固性塑料的废碎料及下脚料，或由两种或两种以上热塑性塑料的废碎料及下脚料构成的混合物，即使加工成初级形状，仍应归入品目 39.15；废碎的塑料制品也应归入品目 39.15。

例：用机器将回收的废"可乐"饮料瓶粉碎成的细小碎片（该饮料瓶是由化学名称为聚对苯二甲酸乙二酯的热塑性塑料制成的）。

说明：因所用材料聚对苯二甲酸乙二酯是热塑性塑料并且细小碎片在品目 39.01 ～ 39.14 被称为"初级形状"，不能归入品目 39.15，应归入品目 39.07……初级形状的聚碳酸酯、醇酸树脂、聚烯丙基酯及其他聚酯，最终归入子目 3907.6990。

商品归类练习题

1. PVC（聚氯乙烯）泡沫塑料板（矩形）

2. 塑料夹具

3. 塑料零件盒，用途：运输及包装用；材料：PP 塑料；品牌：无；型号：06769509，尺寸：D400XW117XH90MM

4. 塑料镊子，手工工具，用于夹持瓷套管

5. 未改性的 ABS 粒子

6. TPU 薄膜，TPU 是 Thermoplastic Urethane 的缩写，中文名称：热塑性聚氨酯弹性体，规格：300 毫米 ×100 米，用于制作手机按键

7. 复合聚乙烯膜

8. 浴帘，主要由 PVC 型材和涤纶浴帘组成，并带有部分金属制和塑料制的配件，用于淋浴时挡水

9. 成卷塑料糊墙品（表层为印有图案的聚氨酯塑料、衬底为涤纶无纺布；宽45厘米）

10. 硅橡胶密封圈，用于水泵上

11. 塑料板，长宽 200cm×120cm，由表层板为聚乙烯板组成，底层板由聚丙烯薄板加强，用于做隔板用

12. 氯乙烯－乙酸乙烯酯共聚物，外观：颗粒状，成分含量：氯乙烯 40%、乙酸乙烯酯 60%

13. 某企业进口一批塑料瓶粉碎片，经海关化验结果约 75% 的聚碳酸酯、25% 聚丙烯

14. 某公司进口一批由 100% 的聚乙烯塑料制成的软管，无接头，爆破压力值为 18.5 兆帕斯卡

15. 聚乙烯制的啤酒杯

16. 聚乙烯制地毯，铺地用，成分为聚乙烯

17. 有机玻璃板（化学名称为聚甲基丙烯酸甲酯）

8.3 第 40 章 橡胶及其制品

一、本章的结构及商品范围

本章共有 17 个品目，按照产品的加工程度由浅至深列目，先原料再半制成品后制品即初级形状未硫化橡胶——废碎料及下脚料——初级形状未硫化复合橡胶——未硫化橡胶丝、条、杆、型材——未硫化橡胶制品——硫化橡胶半制成品——硫化橡胶制成品——各种形状的硬质橡胶及制品。本章所属的“橡胶”（除条文另有规定的以外）是指不论是否硫化或硬化的下列产品：天然橡胶；巴拉塔胶、古塔波胶、银胶菊胶、糖胶树胶及类似的天然树胶；合成橡胶；从油类中提取的油膏及上述物品的再生品。

易误归入本章的货品主要有聚氨酯橡胶、硅橡胶、二元乙丙橡胶；用未硫化的天然橡胶或合成橡胶浸渍或包覆的纺织线（品目 56.04）；硬质橡胶制的机械器具、电气器具及其零件(包括各种电气用品)（第十六类）；灯具、照明装置及发光标志的橡胶零件（按其实际用途归入品目 94.05）等。

二、章及子目注释提要

本章有 9 条章注释，无子目注释。

1. 章注 1 明确了本目录所称“橡胶”的含义及其货品范围。

2. 章注 2 是排他条款，列出了不能归入本章的 6 类货品。

3. 章注 3 明确了本章所称“初级形状”（品目 40.01 ~ 40.03 及 40.05）的形状范围。

4. 章注 4 明确了本章章注 1 及品目 40.02 所称“合成橡胶”的适用范围。

5. 章注 5 明确了品目 40.01 ~ 40.02 适用及除外的含有其他物质的橡胶或橡胶混合物范围。

6. 章注 6 对品目 40.04 所称“废碎料及下脚料”做出了明确定义。

7. 章注 7 阐述了全部用硫化橡胶制成的线的归类规定。

8. 章注 8 说明了品目 40.10 适用的货品范围。

9. 章注 9 对品目 40.01 ~ 40.03、40.05 及 40.08 所称"板""片""带"及品目 40.08 所称"杆"或"型材"及"异型材"做出了明确定义。

三、商品基础知识、商品介绍及名词解释

下面将本章条文或注释中涉及的商品、名词等作简单介绍，以便归类。

1. "初级形态"（第 40 章）：

它只限于①液状及糊状，包括胶乳（不论是否预硫化）及其他分散体和溶液；②不规则形状的块、团、包、粉、粒、碎屑及类似的散装形状。

2. "天然胶乳"（品目 40.01）：

它是橡胶树分泌出的乳白色液体，内含 30% ~ 40% 橡胶，其余为水分及少量的蛋白质、脂肪酸及其衍生物等物质。

3. "烟胶片（R.S.S.）"（品目 40.01）：

在胶乳里加入少许电解质（如醋酸或其他弱酸），胶体就会凝聚，将凝聚物压去水分就成为胶片，再悬挂在烟熏室里并用燃烧椰子壳等产生的烟和热加以熏烤制得的片状物为烟胶片。

4. "技术分类天然橡胶（TSNR）"（品目 40.01）：

该货品必须随附生产国出具的检验证书，列明橡胶等级、规格及检验结果。用聚乙烯包裹，打成重 3313 千克的胶包并附有标明等级、重量、货号等详细情况的标签。

5. "合成橡胶"（品目 40.02）：

它包括①不饱和合成物质：经硫磺硫化后不可逆地变成非热塑性物质，能在温度 18 ~ 29℃ 之间被拉长到原长的三倍而不断裂，拉长到原长的两倍时可在五分钟内回复到不超过原长一倍半［如符合硫化、延伸及回复要求的：丁苯橡胶 (SBR)、羧基丁苯橡胶 (XSBR)、丁基橡胶 (IIR)、丁二烯橡胶 (BR)、卤代丁基橡胶 (CIIR 或 BIIR)、氯丁橡胶 (CR)、丁腈橡胶 (NBR)、异戊二烯橡胶 (IR)、乙丙非共轭二烯橡胶 (EPDM)、羧基丁腈橡胶 (XNBR)、丙烯腈异戊二烯橡胶 (NIR) 等］；②聚硫橡胶 (TM)；③符合上述①规定的关于硫化、延伸及回复要求的与塑料接枝共聚或混合而改性的天然橡胶、解聚天然橡胶及不饱和合成物质与饱和合成高聚物的混合物。但天然橡胶的化学衍生物如氯化橡胶、盐酸橡胶、氧化橡胶、环化橡胶则属于塑料范围（品目 39.13）。

6. "再生橡胶"（品目 40.03）：

它是经过化学或机械加工处理，使废旧橡胶制品或硫化橡胶废碎料"脱硫"并脱去不需要的物质后所制得的橡胶。

7. "复合橡胶"（品目 40.05）：

它是指任何凝结前或凝结后与下列物质相混合的橡胶或橡胶混合物：

（1）硫化剂、促进剂、防焦剂或活性剂（为制造预硫胶乳所加入的除外）；

（2）颜料或其他着色料，但仅为易于识别而加入的除外；

（3）增塑剂或增量剂（用油增量的橡胶中所加的矿物油除外）、填料、增强剂、有机溶剂或其他物质。

8."硫化橡胶"：

生橡胶过于柔软易粘，不适于制造大多数橡胶制品，必须将硫磺（一般加硫量为 3% ~ 10%）或其他化合物加入生橡胶内进行硫化，使其溶解性减少，弹性增加，并减少温度对橡胶的影响，经此处理过的橡胶称为硫化橡胶或熟橡胶。

9."杆"或"型材及异型材"（品目 40.08）：

它仅指不论是否切割成一定长度或进行表面加工，但未经进一步加工的该类产品（含任一截面尺寸超过 5 毫米的全部用硫化橡胶制成的线）。

10."硬质橡胶"（品目 40.17）：

它是用高比份的硫磺（每 100 份橡胶对 15 份以上的硫磺）使橡胶硫化制得的橡胶。硬质橡胶又称硬橡胶或硬质胶。天然橡胶与 47% 硫磺制成的硬质胶称为纯硬质胶、角质橡胶或胶木；硫磺在 20% 左右的为硬质胶。

四、部分品目介绍

下面将本章部分品目的商品范围介绍如下：

品目 40.16：

本品目包括所有不归入本章其他品目或其他章的硫化橡胶（硬质橡胶除外）制品。主要有：泡沫橡胶制品；铺地制品及门垫（包括浴室垫）；垫片、垫圈及其他密封件；船舶或码头的碰垫，不论是否可充气的；充气床垫、枕头、软垫及其他可充气制品（品目 40.14 或 63.06 的货品除外）；橡胶箍条；日期戳字粒及类似品；瓶子的塞及封环；泵机转子及活塞端头、其他技术上用的物品（包括第十六类机器设备的零、部件及第 90 章仪器、仪表的零、部件）；汽车底盘衬垫橡胶、挡泥胶片及踏垫；自行车的制动胶、挡泥胶片及脚踏胶，以及第十七类的汽车、航空器或船舶用的其他零、附件；仅切割成非矩形的板、片及带，以及因为经铣削、车削、用胶水黏合、缝合或其他方式加工而不能归入品目 40.08 的物品；经模压、切割或磨削制成的修补内胎的有斜削边的矩形（包括正方形）补胎片及其他任何形状的补片；小的吸力挂钩、碗盘垫、制门器、家居用制品等。

易误归入本品目的货品主要有归入第十一类的橡胶与纺织复合材料制品（参见第 56 章章注 3 及第 59 章章注 4）；橡皮艇及筏（第 89 章）；泡沫橡胶床垫、枕头及软垫，不论是否有罩套（品目 94.04）；手工操作的日期、封缄、编号戳和类似印戳。

五、其他归类时容易混淆或忽视的地方

下面的内容是本章及其相关商品归类时容易混淆或忽视的地方，应该注意掌握。

1. 乙丙橡胶和乙丙非共轭二烯橡胶的区别。

乙丙橡胶（EPR）又称"二元乙丙橡胶"，是以乙烯、丙烯为单体共聚而得的合成橡胶。由于分子中没有双键，所以属于饱和高聚物。在本目录中，乙丙橡胶按塑料归类。由乙烯、丙烯和第三单体共聚而成的橡胶称为"三元乙丙橡胶"。第三单体为非共轭二烯烃时，又称为"乙丙非共轭二烯橡胶"（EPDM），因为分子中有双键，所以属于不饱和高聚物，在本目录中，乙丙非共轭二烯橡胶按橡胶归类。

2. 线型低密度聚乙烯虽然名为聚乙烯但通常是乙烯与 α 烯烃的共聚物，按重量计 α 烯烃单体单元通常在 8% 以上，故应作为乙烯共聚物归类。

六、橡胶与纺织品复合物的归类

1. 下列橡胶与纺织品复合物应归入第 40 章：

(1) 用橡胶浸渍、涂布、包覆或层压的毡呢，按重量计，含纺织材料在 50% 及以下 9 以及完全嵌入橡胶的毡呢。

(2) 完全嵌入橡胶或用肉眼可以辨出两面全部用橡胶涂层或包覆的无纺织物，但仅颜色变化的除外。

(3) 用橡胶浸渍、涂层、包覆或层压的纺织物（按第 59 章章注 1 的规定），每平方米重量超过 1500 克，并且按重量计所含纺织材料在 50% 及以下。

(4) 与纺织物、毡呢或无纺织物组合的海绵橡胶板、片、带，其中纺织物仅起增强作用。

2. 应归入第十一类的货品（详见第十二篇）。

商品归类练习题

1. 丁腈橡胶颗粒

2. 通气管，汽车专用的排水系统上的零件，硫化橡胶制

3. 硫化橡胶输送带，用蓝色纯涤纶机织物增强

4. 硫化橡胶制避孕套

5. 硫化橡胶护指套

6. 海绵

7. 缝纫机用软木橡胶垫片

8. 非海绵硫化氯丁橡胶线（细度 6 毫米）

9. O 型圈，硫化橡胶制，阀门密封用

【本篇小结】

本篇在概括阐述 HS 第七类货品归类要点的基础上，主要从商品范围、注释提要、商品知识、品目介绍、归类易混淆之处及归类原则等方面依次明确了第 39 章及第 40 章货品的归类要点，为全方位把握塑料、橡胶及其制品的正确归类提供了必要的基础知识。第 39 章关于"塑料（树脂）的归类原则"是重要的涉及材料性商品的归类规定，应熟练掌握。

【本篇关键名词或概念】

塑料　橡胶　复合橡胶

【本篇简答题】

1. 塑料的归类规定有哪些？

2. 橡胶的归类规定有哪些？

第九篇　第八类　生皮、皮革、毛皮及其制品；鞍具及挽具；旅行用品、手提包及类似容器；动物肠线（蚕胶丝除外）制品

【本篇导读】

本篇系统介绍了生皮、皮革、毛皮及其相关产品的归类要点。

【本篇学习目标】

通过本篇的学习，熟悉 HS 第八类的商品范围，了解与相关类、章商品的区别和联系，明确归类易混淆之处，掌握第八类的主要归类原则并能正确进行商品归类。

9.1　本类归类要点

一、本类的结构和商品范围

本类包括了绝大部分皮革行业的动物质原料以及各种材料制的具有皮革行业产品特征的制品。生皮及未鞣毛皮虽然是未经过加工或仅经过了有限的简单加工的动物产品，但因为它们通常作为皮革行业原材料使用，所以不归入第一类而归入本类。

本类商品大致可分为以下三大类：

1. 生皮及皮革（第 41 章）。

2. 皮革行业制品（第 42 章）。

3. 毛皮及毛皮制品（第 43 章）。

二、类注释提要

本类没有类注释。

9.2　第 41 章　生皮（毛皮除外）及皮革

一、本章的结构及商品范围

本章共有 11 个品目，按照加工程度由浅至深的顺序列目，即生皮（品目 41.01 ~ 41.03）——仅经鞣制的皮革及坯革（品目 41.04 ~ 41.06）——经进一步加工的皮革（品目 41.07、41.12 ~ 41.13）——特种皮革（品目 41.14）——再生皮革、再生皮革及皮革的边角废料和皮革粉末（品目 41.15）。

本章主要包括生皮（例如：生牛皮），以及带毛的牛、马、绵羊及羔羊、山羊或小山羊、猪、小羚羊、瞪羚、骆驼（包括单峰骆驼）、鹿、麋、驯鹿、狍及狗的生皮（但经过鞣制的带毛生皮归入第43章，如鞣制后的带毛绵羊皮）；经过预鞣、鞣制（包括油鞣）、鞣制后或进一步加工或羊皮纸化处理的皮革（例如：植物预鞣的牛皮革）；再生皮革及皮革的边角废料（例如：破的牛皮手套）；以皮革或皮革纤维为基本成分的再生皮革（例如：用胶水将牛皮革的边角料黏合而成的皮革）。

二、章及子目注释提要

本章有3条章注释，无子目注释。

1. 章注1是排他条款，列出了不能归入本章的3类货品。

2. 章注2强调了品目41.04～41.06所称"坯革"包括在干燥前经复鞣、染色或加油（加脂）的皮；明确了该组品目不包括的货品。

3. 章注3明确了本目录所称"再生皮革"的含义。

三、商品基础知识、商品介绍及名词解释

下面将本章条文或注释中涉及的商品、名词等作简单介绍，以便归类。

1. "生皮"（品目41.01～41.03）：

它是指不带毛的各类生皮，包括鸟皮、鱼皮和爬行动物皮（如蛇皮、鲜鱼皮），也包括带毛的马皮、牛皮等不具有毛皮用途的生皮。只有未经过任何方式的鞣制、部分鞣制或类似的处理（逆鞣除外）才可以被视为是生皮。生皮可以是新鲜的（未经处理的），也可以经过下列加工：为了防腐而经过盐渍、干燥、用石灰或酸浸渍或用其他方法保藏；对皮张进行清洁、剖层、刮肉、逆鞣处理等。

2. "剖层"：

它又称片皮，制革的一个工序，将皮或革的过厚部分片去而达到厚度一致。在浸灰后剖层的称为片灰皮；铬鞣后剖层的称为片蓝皮；在铝盐或其他白色或无色鞣剂处理后剖层的称为片白湿皮。根据裸皮或革的厚度，剖层可分为两层或两层以上。带有粒面的一层皮（革）用于制作主要产品，二层及二层以下的皮（革）称为剖层皮，由剖层皮制作的革称为剖层革。剖层革经贴膜和做成假面后，可用来制作鞋面革或箱包革等。

3. "鞣制"：

用鞣料使兽皮变柔软的处理（逆鞣除外），鞣制可使皮张不烂，提高其防水性能。

4. "油鞣皮革"（品目41.14）：

通过先用鱼油或动物油反复鞣制兽皮，然后加热烘干或晾干，用碱水洗去余油后，再清洁皮张表面，最后用浮石或其他磨料进行磨里加工制得的皮革。

5. "镀金属皮革"（品目41.14）：

指表面涂有或覆盖金属（例如银、金、青铜或铝）粉末或箔的皮革（不包括再生

皮革）。

6. "漆皮"（品目 41.14）：

它是指①涂有一层清漆或大漆，或在皮革表面覆盖一层塑料膜的皮革，涂层或塑料膜的厚度不得超过 0.15 毫米；②用颜料（包括云母、硅石或类似的片状粉末）混合黏合剂（例如，塑料或植物干性油）组成的油漆或大漆涂覆，使其具有金属光泽的皮革（"仿镀金属皮革"）。

7. "再生皮革"（品目 41.15）：

它是指以天然皮革或天然皮革纤维为基本原料制成的皮革。

四、部分品目介绍

下面将本章部分品目的商品范围介绍如下：

（一）品目 41.01 和 41.02

本品目不包括：

1. 未烹煮的食用动物皮（品目 02.06 或 02.10）（已烹煮的应归入品目 16.02）。

2. 生皮的边角废料（品目 05.11）。

（二）品目 41.15

本品目不包括：

1. 生皮的边角废料（品目 05.11）。

2. 品目 63.09 的旧鞋靴。

五、归类时容易混淆或忽视的地方

下面的内容是本章及其相关商品归类时容易混淆或忽视的地方，应该注意掌握。

1. 生皮的边角废料应归入品目 05.11。

2. 带羽毛或羽绒的整张或部分鸟皮（当仅经过洗涤、消毒或仅为保藏而作过处理时归入品目 05.05，当经过进一步加工时归入品目 67.01）。

3. 带毛的阿斯特拉罕、喀拉科尔、波斯羔羊或类似羔羊、印度、中国羔羊；也门或蒙古山羊及小山羊的生皮（第 43 章）。

4. 本章的带毛生皮经鞣制加工后归入第 43 章。

六、归类原则

（一）层压漆皮及其归类

层压漆皮在商业上称为"特种漆革"，其表面覆盖了一层厚度超过 0.15 毫米，但不超过总厚度的一半的塑料片，具有与漆皮同样的镜面般光洁的表面。层压漆皮，应归入品目 41.14；当塑料片的厚度超过 0.15 毫米并且大于皮革总厚度的一半时应归入第 39 章。

（二）皮革的边角废料及相关产品的归类

不能当作原制品使用或不能用来制造皮革制品的皮革碎片及破旧皮革制品应该归

入品目 41.15，可供制造皮革制品的皮革碎片及破旧皮革制品，应作为皮革归入适当的品目；旧皮鞋和皮帽应归入品目 63.09。

商品归类练习题

1. 整张蓝湿牛皮（粒面剖层革）
2. 未鞣制的狗毛皮
3. 鳄鱼皮革（除鞣制外未经进一步加工）
4. 蛇皮，未鞣制
5. 漆皮
6. 仅经过逆鞣处理的绵羊皮（未浸酸）

9.3 第42章 皮革制品；鞍具及挽具；旅行用品、手提包及类似容器；动物肠线（蚕胶丝除外）制品

一、本章的结构及商品范围

本章共有 5 个品目，主要按照用途列目即按照鞍具及挽具——旅行用品、手提包及类似容器——衣服及衣着附件——其他皮革制品——动物肠线及筋腱制品的顺序排列品目。本章主要包括各种皮革和再生皮革制品；各种箱包及类似容器；鞍具及挽具；动物肠线(蚕胶丝除外)、膀胱、肠膜及筋腱制品。第42章不是一个完全按材料列目的章，以皮革制品为主，但也包括某些不是用皮革材料制成，而在贸易中具有皮革制品特征的货品，如品目 42.01 的鞍具和挽具，可用任何材料制成。

易误归入本章的货品主要有单独报验的挽具附件及装饰物，如马镫、马嚼子、马铃铛及类似品及带扣（一般归入第十五类）；马鞭及鞭子（品目 66.02）；非供长期使用的带把手的塑料薄膜袋（品目 39.23）；编结材料制品如柳条编结的衣箱（品目 46.02）；按用途在其他章具体列名的某些皮革制品，如皮鞋（第 64 章）、皮表带（品目 91.13）等。

二、章及子目注释提要

本章有 4 条章注，无子目注释。

1. 章注 1 对本章所称的"皮革"做出了明确定义。

2. 章注 2 是排他条款，列出了不能归入本章的 12 类货品。

3. 章注 3 明确了品目 42.02 除外货品范围；规定了品目 42.02 ~ 42.03 所列制品装有用贵金属、包贵金属、天然或养殖珍珠、宝石或半宝石（天然、合成或再造）制的零件时的归类原则。

4.章注4用列举法明确了品目42.03所称"衣服及衣着附件"主要适用的货品范围。

三、商品基础知识、商品介绍及名词解释

下面将本章条文中涉及的商品范围作简单介绍，以便归类。

1."皮革"（第42章）：

除各种动物的皮革外还包括油鞣皮革（含结合鞣制的油鞣皮革）、漆皮、层压漆皮和镀金属皮革。

2."衣服及衣着附件"（品目42.03）：

它包括分指手套、连指手套及露指手套（含运动及防护手套）、围裙及其他防护用衣着、领带、背带、腰带、子弹带、腕带等，不包括表带。

3."羊肠线"：

由洁净干燥的动物肠，尤其是羊肠的细条经过搓捻制成，主要用于制球拍、渔具和机器零件。

四、部分品目介绍

下面将本章部分品目的商品范围介绍如下：

（一）品目42.02

1.本品目仅包括本品目具体列名的物品及类似容器；

2.本品目不包括编结材料制品（品目46.02）。

（二）品目42.06

本品目不包括外科用无菌肠线或类似的无菌缝合材料（品目30.06）或制成乐器弦的肠线（品目92.09）。

五、其他归类时容易混淆或忽视的地方

下面的内容是本章及其相关商品归类时容易混淆或忽视的地方，应该注意掌握。

1.明确品目42.02包括的两组货品的区别。

分号前是第一组货品，如衣箱、提箱、小手袋、公文箱、公文包、书包、眼镜盒、望远镜盒、照相机套、乐器盒、枪套及类似容器，可以用任何材料（除天然或养殖的珍珠、宝石或半宝石，或贵金属或包贵金属）制成，但注意不包括章注3（1）所列商品。分号后是第二组货品，如旅行包、食品或饮料保温包、化妆包、帆布包、手提包、购物袋、钱夹、钱包、地图盒、烟袋、工具包、运动包、瓶盒、首饰盒、粉盒、刀叉餐具盒等必须用皮革或再生皮革、塑料片、纺织材料、钢纸或纸板制成或者其全部或大部分用所列材料或纸包覆制成。

2.掌握按用途在其他章具体列名的某些皮革制品的范围。

六、归类原则

皮革与毛皮组合制的衣服及衣着附件归类规定：

用皮革与毛皮（或人造毛皮）组合制的①手套应归入品目42.03；②其他衣服及衣

着附件应归入第 43 章（毛皮仅起装饰作用的除外）。

商品归类练习题

1. 制球拍用羊肠线

2. 衣箱（木制）

3. 塑料片制个人用首饰盒（具装饰性）

4. 拳击手套（皮革制）

5. 女式羊皮革制腰带

6. 男式羊皮夹克

7. 面料为牛皮，衬里为人造毛皮的手套（明显供劳保用）

8. 供猫穿的纯毛针织外套

9. 贱金属制个人用首饰盒（装饰性为主）

10. 手提包，用玉米皮为原材料手工编结而成

9.4　第 43 章　毛皮、人造毛皮及其制品

一、本章的结构及商品范围

　　本章共有 4 个品目，按照加工程度由浅至深的顺序列目，即生毛皮——已鞣毛皮——毛皮制的衣服、衣着附件及其他制品——人造毛皮及其制品排列品目。本章主要包括毛皮、人造毛皮及其制品。归类时应注意品目 43.01 所列的生毛皮不包括品目 41.01 ～ 41.03 所列的带毛生皮（详见第 41 章结构及商品范围部分）。

　　易误归入本章的其他货品主要有带羽毛或羽绒的鸟皮（品目 05.05 或 67.01）；用皮革与毛皮（或人造毛皮）制的手套，无论皮革或毛皮（人造毛皮）是里还是面（品目 42.03）。

二、章及子目注释提要

本章有 5 条章注释，无子目注释。

1. 章注 1 对本目录所称"毛皮"做出了明确定义。

2. 章注 2 是排他条款，列出了不能归入本章的 6 类货品。

3. 章注 3 明确了品目 43.03 适用的货品范围。

4. 章注 4 阐述了毛皮、人造毛皮制的衣服、衣着附件的归类规定。

5. 章注 5 对本目录所称"人造毛皮"做出了明确定义。

三、商品基础知识、商品介绍及名词解释

下面将本章条文或注释中涉及的商品、名词等作简单介绍，以便归类。

1. "毛皮"（本目录）：

它是指已鞣的各种动物的带毛毛皮。不包括品目 43.01 的生毛皮。

2. "人造毛皮"（本目录）：

它是指以毛、发或其他纤维黏附或缝合于皮革、织物或其他材料之上而构成的仿毛皮，但不包括以机织或针织方法制得的仿毛皮（一般归入品目 58.01 或 60.01）。

四、部分品目介绍

下面将本章部分品目的商品范围介绍如下：

品目 43.01：

毛皮的碎片以及头、尾、爪等部分，只要是生皮，也归入本品目。但明显不能作皮货用的毛皮废料，不归入本品目（品目 05.11）。

五、其他归类时容易混淆或忽视的地方

下面的内容是本章及其相关商品归类时容易混淆或忽视的地方，应该注意掌握。

1. 品目 43.03 包括加有其他材料缝合的毛皮和毛皮部分品，以及缝合成衣服、衣服部分品、衣着附件或其他制品的毛皮和毛皮部分品，只要这些缝合物品所加的其他材料未改变其作为毛皮的基本特征；

2. 毛皮制成的手提包、购物袋等容器应归入品目 43.03，不应归入品目 42.02；

3. 用皮革与毛皮（或人造毛皮）制的手套，无论皮革或毛皮（人造毛皮）是里还是面（品目 42.03）。

六、归类原则

毛皮（或人造毛皮）与其他材料混合制的衣服、衣着附件的归类：

用皮革与毛皮（或人造毛皮）制的手套，应归入品目 42.03，其他毛皮（或人造毛皮）与其他材料混合制的衣服、衣着附件均应归入第 43 章即按照毛皮（或人造毛皮）制的衣服、衣着附件归类（毛皮或人造毛皮仅起装饰作用的除外）。

商品归类练习题

1. 已鞣制的整张海狸毛皮（未缝制）

2. 手套（面料为纯棉蓝色斜纹布；衬里为兔毛皮；明显供劳保用）

3. 人造毛皮制的可拆卸大衣领（面料由 10 毫米长黏胶纤维黏附于针织物底布上构成

4. 面料为纯毛大衣呢，衬里为兔毛皮的男式大衣

【本篇小结】

本章在概括阐述 HS 第八类货品归类要点的基础上，一般主要从商品范围、注释提要、商品知识、归类易混淆之处及归类原则等方面依次明确了第 41 章～第 43 章货品的归类要点，诸如"毛皮（或人造毛皮）与其他材料混合制的衣服、衣着附件的归类"等，为全方位把握生皮、皮革、毛皮及其相关产品的正确归类提供了必要的基础知识。

【本篇关键名词或概念】

剖层皮革　再生皮革　人造毛皮

【本篇简答题】

1. 简述毛皮（或人造毛皮）与其他材料混合制的衣服、衣着附件的归类规定。

2. 简述典型皮革类商品的归类规定。

3. 简述典型毛皮类商品的归类规定。

第十篇　第九类　木及木制品；木炭；软木及软木制品；稻草、秸秆、针茅或其他编结材料制品；篮筐及柳条编结品

【本篇导读】

本章系统介绍了木及木制品、编结材料制品等的归类要点。

【本篇学习目标】

通过本篇的学习，熟悉 HS 第九类的商品范围，了解与相关类、章商品的区别和联系，明确归类易混淆之处，掌握第九类商品的主要归类原则并能正确进行商品归类。

10.1 本类归类要点

一、本类的结构和商品范围

本类共分 3 章（第 44 章 ~ 第 46 章），按照木及木制品——软木及软木制品——编结材料制品的顺序排列章次。

其商品大致可分为以下三类：

1. 木炭；木及木制品（第 44 章）。

2. 软木及软木制品（第 45 章）。

3. 编结材料制品；篮筐及柳条编结品（第 46 章）。

本类从原料到制品都是植物类产品，包括木材工业的原料和大部分木材工业的制品以及编结材料制品。原木、天然软木等虽然是未经过加工或仅经过了有限的简单加工的植物产品，但因为它们通常是作为木材等工业原材料使用的，所以不归入第二类而归入本类。本类有些货品（如某些编结材料制品）的加工程度高于第二类的编结材料，应该注意搞清楚这两类商品间的不同之处，避免发生归类错误。

二、类注释提要

本类没有类注释。

10.2 第 44 章 木及木制品；木炭

一、本章的结构及商品范围

本章共有 21 个品目，按照加工程度由浅至深的顺序列目，即薪柴——木炭——原木及未加工的木材——木材半制成品——木制品的顺序排列品目。从货品所用材料上看本章除木材外还包括竹及其他木质材料，应分清归入本章的竹及其他木质材料与归入其他章货品的界限（特别是与第 14 章货品的界限）。为了保存的需要对木材所做的处理不影响对木材的品目归类。例如将木材干燥、表面炭化、填缝及塞孔、浸染酚油或其他防腐剂，或对其表面用喷刷涂料、涂布着色剂等方式处理都不会引起商品所属品目的变化。

本章主要包括四组商品，各组的范围如下：

1. 原木及薪材、废料、木片和木粒；箍木、木桩；木粉；木炭；枕木（一般归入品目 44.01 ~ 44.06）。

2. 经锯、削、切片、旋切、刨平、砂光、端接以及制成连续形状的木材（品目 44.07 ~ 44.09）。

3. 木质碎料板及类似木质材料板、纤维板、胶合板及强化木（品目 44.10 ~ 44.13）。

4. 木制品（品目 44.14 ~ 44.21）。

易误归入本章的货品主要有明显具有不同于本章用途的木及木质材料，如主要作香料、药料、杀虫、杀菌或类似用的木片、刨花、木碎、木粒或木粉（品目 12.11）；按用途在其他章具体列名的木制品，如木椅子（第 94 章）等。

二、章及子目注释提要

（一）章注释提要

本章有 6 条章注释。

1. 章注 1 是排他条款，列出了不能归入本章的 17 类货品。

2. 章注 2 对本章所称"强化木"做出了明确定义。

3. 章注 3 明确了品目 44.14 ~ 44.21 适用制品的范围。

4. 章注 4 阐述了品目 44.10 ~ 44.12 所列货品应具有的特征。

5. 章注 5 明确了品目 44.17 不适用的工具范围。

6. 章注 6 阐述了本章品目中所称"木"的含义。

（二）子目注释提要

本章有 1 条子目注释。

子目注释对子目 4401.31 所称"木屑棒"做出了明确定义。

三、商品基础知识、商品介绍及名词解释

下面将本章条文或注释中涉及的商品、名词等作简单介绍，以便归类。

1. "木屑棒"（子目 4401.31）：

它是指由木材加工业、家具制造业及其他木材加工活动中产生的副产品（例如刨花、锯末及碎木片）直接压制而成或加入按重量计不超过 3% 的黏合剂后黏聚而成的圆柱状，其直径不超过 25 毫米，长度不超过 100 毫米的产品。

2. "木炭"（品目 44.02）：

木炭是木材在隔绝空气的条件下经炭化而得，不同于动物炭黑或矿物炭黑，比水轻，段状的可见木材纹理。

3. "原木"（品目 44.03）：

一般指砍伐后呈天然状态的木材，也包括经剥皮、粗斩、粗锯成方、去边材等加工的木材。

4. "辐射松"（子目 4403.2030）：

松科。该木材心、边材区别明显，心材黄色略带红色，边材白色至浅黄色。生长轮明显。树干顶部和接近心部的木材常现螺旋纹理，其他部分为直纹理。木材轻、较软，气干密度 0.5 ~ 0.7 克 / 立方米。该木材广泛用于轻型地板、箱板、衬板、火柴梗片、胶合板、家具、玩具、旋制品及一般用器。

5. "针叶木"：

叶子的形状像针或鳞片的树木。在植物学中，针叶木属于裸子植物树木，松树、杉树和柏树都属于针叶木类。

6. "制胶合板用单板"（子目 4408.1020）：

它是指锯成、刨切或旋切制成厚度不超过 6 毫米的用于制胶合板的薄板。

7. "胶合板"（品目 44.12）：

它是由三层及以上薄板层叠胶合后，再压合制成，相邻薄板的木纹成一定的角度以增加成品的强度，减少翘曲。每层板都被称为夹板，胶合板通常由单数的多层夹板组成，中间一层被称为"芯板"。

8. "单板饰面板"（品目 44.12）：

它是由一层饰面薄板在压力下胶粘于一块通常为较次木质的底板上而构成的木板。

9. "强化木"（品目 44.13）：

它是指经过化学或物理方法处理，从而增加了密度或硬度并改善了机械强度、抗化学或抗电性能的木材（对于多层黏合木材，其处理应超出一般黏合的需要）。

10. "木制工具"（品目 44.17）：

木制工具是指由木材制的工具，不允许装有第82章章注1所述材料（如贱金属）制成的刀片、工作刃、工作面或其他工作部件的工具，例如木锤（头和手柄都是木制的）；但榔头（在木柄上装有金属头）则应作为贱金属工具。

四、部分品目介绍

下面将本章部分品目的商品范围介绍如下：

（一）品目 44.14

1. 装有衬背、支架及平面玻璃的框架仍归入本品目。

2. 用木框装镶的印刷图画及照片，如果木框构成了物品的基本特征，也应归入本品目；否则，改归入品目 49.11。

3. 镶框玻璃镜不应归入本品目（品目 70.09）。

（二）品目 44.19

本品目不包括：

1. 木制箍桶（品目 44.16）。

2. 餐具或厨房用具的木制零件（品目 44.21）。

3. 刷子及扫帚（品目 96.03）。

4. 手用筛（品目 96.04）。

五、其他归类时容易混淆或忽视的地方

下面的内容是本章及其相关商品归类时容易混淆或忽视的地方，应该注意掌握。

1. 品目 44.14 ~ 44.21 所述制品的适用材料。

该组品目既包括天然木制品，也包括木质碎料板或类似木质材料板、纤维板、层压板或强化木的制品。

2. 品目 44.10 ~ 44.12 所列产品的适用加工程度及方式。

这些产品既可加工成品目 44.09 所述的各种形状，也可以加工成弯曲的、瓦楞形的、多孔的或其他形状（正方形或长方形除外）的，还可以是经过其他任何加工但不具有其他品目所列制品的特性的产品。

六、归类原则

（一）木（第 44 章）与木质材料的归类

木（第 44 章）也包括除第 44 章章注 1 另有规定以外的竹子和具有木质材料性质的其他材料。归类时应注意与章注 1(2) 和章注 1(6) 结合起来考虑。例如竹子，只有当确定其不是主要用于编结的植物材料，也不属于第 46 章的货品时，才归入第 44 章。归入第 44 章的竹子的状态明显适用于普通木材加工。

（二）木板与木地板的归类

普通木板，依其厚度不同归入品目 44.07 或 44.08，其他木板按本章章注 4 及品目条文的规定分别归入品目 44.09 ~ 44.12。除已拼装的拼花木地板应归入品目 44.18 以

外，一般木地板与相应材质的木板归入同一品目，诸如其侧面带有槽和榫的实木地板应归入品目 44.09；其侧面不论是否制成品目 44.09 所列的连续形状的①碎料板制木地板应归入品目 44.10；②纤维板制木地板应归入品目 44.11；胶合板制木地板应归入品目 44.12。

（三）木制工具（品目 44.17）的归类

不包括装有第 82 章章注 1 所述材料（如贱金属）制成的刀片、工作刃、工作面或其他工作部件的工具。例如木锤（头和把手都是木制的）归入品目 44.17，而榔头（在木柄上装有金属头）则应归入品目 82.05。

（四）木炭和活性炭及某些制品的归类

木炭应归入品目 44.02；零售包装的冰箱除臭剂（活性炭）应归入品目 33.07；活性炭应归入品目 38.02；绘图用木炭（炭笔）应归入品目 96.09。

（五）木板与塑料片构成的建筑板材的归类

木板与塑料片构成的建筑板材通常应该根据用途按照具有主要特性的面材归类。例如由一木板层和一绝缘塑料层组成的，用于屋顶、墙壁或地板作结构件的建筑板材，因为是坚硬的木板使货品能作为结构件使用，而塑料层只起辅助的绝缘功能，所以无论塑料层厚度如何都应归入品目 44.10；反之外层为塑料而木材仅起衬背支撑作用的板材则一般应归入第 39 章。

商品归类练习题

1. 铺设铁轨用枕木（已浸渍沥青，非针叶木）

2. 木制衣架

3. 竹制筷子（一次用）

4. 柚木实木地板，规格 910 毫米 ×122 毫米 ×18 毫米，边、端制成榫接企口以便于安装

5. 木材（辐射松）制成的鞋楦模

6. 锯末直接压制而成的木屑棒（直径不超过 25 毫米，长度不超过 100 毫米）

7. 餐刀木柄

8. 表层为白蜡木薄板，其他两层为针叶木薄板压制的三合板（每层薄板厚度为 1 毫米）

9. 漆木餐桌

10.3　第 45 章　软木及软木制品

一、本章的结构及商品范围

本章共有 4 个品目，按照加工程度由浅至深的顺序列目即按照天然软木——软木半制成品——软木制成品的顺序排列品目。本章主要包括各种形状的天然软木、压制软木及软木制品。

二、章及子目注释提要

本章有 3 条章注释，无子目注释。

章注 1 ~ 3 是排他条款，依次列出了不能归入本章的 3 类货品。

三、商品基础知识、商品介绍及名词解释

下面将本章条文中涉及的商品、名词等作简单介绍，以便归类。

软木：又称"栓皮"。来自栓皮槠树的外层树皮。软木质轻而富弹性，可压缩性强，柔软，有绝热、隔音、抗腐蚀、不透水、不透气等特性，能加工成软木纸、软木砖、瓶塞、栓粒板、软木粉等制品。

四、部分品目介绍

下面将本章部分品目的商品范围介绍如下：

品目 45.03：

1. 第 46 章的鞋靴及其零件，包括可换的内鞋底（鞋垫）。

2. 第 65 章的帽类及其零件。

3. 玩具、游戏用品和运动用品及其零件，包括钓鱼竿浮子（第 95 章）。

商品归类练习题

1. 热水瓶软木塞，表层涂蜡

2. 压制软木瓦

10.4　第 46 章　稻草、秸秆、针茅或其他编结材料制品；篮筐及柳条编结品

一、本章的结构及商品范围

本章共有 2 个品目，按照加工程度由浅至深的顺序列目即缏条及席子——编结材料制品的顺序列目。本章主要包括稻草、秸秆、针茅或其他编结材料编成的缏条和席子以及各种编结材料制品；篮筐及柳条编结品；丝瓜络制品。

二、章及子目注释提要

本章有 3 条章注释，无子目注释。

1. 章注 1 阐述了本章所称"编结材料"的含义；用列举和排他方式进一步明确了"编结材料"范围和种类。

2. 章注 2 是排他条款，列出了不能归入本章的 5 类货品。

3. 章注 3 对品目 46.01 所称"平行连结的成片编结材料、绳条或类似的编结材料产品"做出了明确定义。

三、其他归类时容易混淆或忽视的地方

下面的内容是本章及其相关商品归类时容易混淆或忽视的地方，应该注意掌握。

1. 用编结方法加工以及以编结材料为原材料是归入本章货品必须具备的条件。

2. 编结材料的范围。

它是指其状态或形状适于编结、交织或类似加工的材料。主要包括稻草、秸秆、柳条、竹子、藤、灯芯草、芦苇、木片条、其他植物纤维扁条（如酒椰叶、狭叶或从阔叶获取的条、树皮条）、未纺的天然纺织纤维、塑料单丝及扁条（截面尺寸超过 1 毫米的塑料单丝及表观宽度超过 5 毫米的扁条）、纺织材料作芯，外缠塑料条、纸带等。

3. 常用于编结的非编结材料的范围。

主要包括皮革扁条、再生皮革扁条、毡呢或无纺织物的扁条、人发、马毛、纺织粗纱或纱线及第 54 章的单丝和扁条（截面尺寸不超过 1 毫米的化纤单丝及表观宽度不超过 5 毫米的化学纤维纺织材料制扁条及类似品）。

商品归类练习题

1. 用 6 毫米宽的聚丙烯扁条交织的席料

2. 苇帘

3. 藤条衣箱（编制）

4. 塑料丝编制的茶杯套（丝的细度为 2 毫米）

5. 丝瓜络制的搓澡用品

6. 灯心草编结的旅行袋

【本篇小结】

本章在概括阐述 HS 第九类货品归类要点的基础上，一般主要从商品范围、注释提要、商品知识、归类易混淆之处等方面依次明确了第 44 章~第 46 章货品的归类要点，诸如"木板与木地板的归类"等，为全方位把握木及木制品、编结材料制品的正确归

类提供了必要的基础知识。

【本篇关键名词或概念】

木屑棒强化木 编结材料

【本篇简答题】

1. 简述编结材料的范围。

2. 简述典型木制商品的归类规定。

第十一篇　第十类 木浆及其他纤维状纤维素浆；回收（废碎）纸或纸板；纸、纸板及其制品

【本篇导读】
本篇系统介绍了纸浆、纸张及其制品的归类要点。

【本篇学习目标】
通过本篇的学习，熟悉 HS 第十类的商品范围，了解与相关类、章商品的区别和联系，明确归类易混淆之处，掌握第十类商品的主要归类原则并能正确进行商品归类。

11.1 本类归类要点

一、本类的结构和商品范围

本类共分 3 章（第 47 章～第 49 章），按照加工深度排列章次，先造纸原料纸浆，再纸，最后印刷品。其商品范围大致可分为以下三大类：

1. 植物纤维纸浆（第 47 章）。

2. 纸及制品（第 48 章）。

3. 印刷品（第 49 章）。

需要特别注意的是，类标题不具有法律效力，虽然第 47 章和第 48 章的货品都是由植物纤维构成的，但是并不要求第 49 章的印刷品必须以纸作为文字等的载体材料。

二、类注释提要

本类没有类注释。

11.2 第 47 章 木浆及其他纤维状纤维素浆；回收（废碎）纸或纸板

一、本章的结构及商品范围

本章共有 7 个品目，商品范围包括木浆及其他纤维状纤维素浆；回收纸及纸板。

本章按照制浆方法和所用原料排列品目，先各种木浆再其他植物纤维浆最后废纸。纤维素浆通常用各种纤维素含量高的植物材料或某些植物质纺织物废料制得。

易误归入本章的货品主要有合成纸浆（品目 39.20）；主要由第 47 章纸浆构成的纸

浆制品（应按用途分别归入第 48 章品目 48.12、48.18、48.22 和 48.23）。

二、章及子目注释提要

本章有 1 条章注释，无子目注释。

章注释 1 对品目 47.02 所称"化学木浆，溶解级"做出了明确定义。

三、商品基础知识、商品介绍及名词解释

下面将本章条文或注释中涉及的商品、名词等作简单介绍，以便归类。

1."机械木浆"（品目 47.01）：

用机械法将木材制成的纸浆叫机械木浆或磨木浆 (GP)。机械木浆按磨木设备和所用原料可分为磨石磨木浆 (SGP) 和木片磨木浆 (RGP) 两大类。主要包括白色磨木浆；褐色磨木浆；压力磨石磨木浆 (PGW)；盘磨机械浆 (RMP)；热压木片机械浆 (TMP) 等。

2."化学木浆 (溶解级)"（品目 47.02 ）：

它是指在 200℃温度条件下，经 18％浓度的氢氧化钠溶液处理 1 小时后，按重量计含有 92％及以上不溶级分的烧碱木浆和硫酸盐木浆，或者按重量计灰分含量≤ 0.15％，且含有 88％及以上的不溶级分的亚硫酸盐木浆。

3."碱木浆或硫酸盐木浆"（品目 47.03)(溶解级除外)：

用强碱溶液蒸煮通常为木片状的木材制得。碱木浆用的煮液是氢氧化钠溶液；硫酸盐木浆用的煮液是经过改性的氢氧化钠溶液。用以上方法制得的木浆用于生产吸水产品(例如，纸绒和婴儿纸尿布)及需具有高抗撕裂度、抗张强度和耐破度的纸和纸板。硫酸盐未漂浆 (UKP) 曾被称作"牛皮浆"。

4."亚硫酸盐木浆"（品目 47.04)(溶解级除外)：

用亚硫酸盐法将木材制得的纸浆称作亚硫酸盐木浆。主要包括：亚硫酸盐未漂浆 (USP)、亚硫酸盐漂白浆 (BSP)。亚硫酸盐木浆可单独使用或与其他纸浆混合使用，用于制造各种书写或印刷纸张等，也用于制造防油纸或高光泽透明纸。

5."用机械与化学联合法制得的木浆"（品目 47.05 ）：

它是指用化学药剂与机械磨解两种方法结合使用，将木材制得的纸浆分为化学机械木浆以及半化学木浆两类。主要包括化学热磨机械木浆(CTMP)及漂白浆 (BCTMP)、化学木片机械木浆 (CRMP) 等。化学 – 机械木浆主要用于生产新闻纸，也用于制造薄棉纸及图表纸。

四、归类原则

纸浆及其制品的归类比较简单。主要由纤维态的植物纤维构成的纸浆应归入第 47 章；合成纤维片构成的合成纸浆归入第 39 章，主要由第 47 章纸浆构成的纸浆制品归入第 48 章品目 48.12、48.18、48.22 及 48.23。纸丝，即使是以废纸制成，也不归入品目 47.07，而应归入品目 48.23。

商品归类练习题

1. 未漂白亚硫酸盐针叶木浆（非溶解级）

2. 漂白亚硫酸盐杉木浆（非溶解级）

3. 漂白桦木硫酸盐木浆（非溶解级）

4. 棉短绒纸浆

5. 成捆旧人民日报报纸

6. 半漂白硫酸盐松木浆（非溶解级）

7. 从回收纸提取的纤维浆（该回收纸是用机械与化学联合法制得的木浆为原料抄造的纸）

8. 白色磨木浆（桦木）

11.3 第 48 章 纸及纸板；纸浆、纸或纸板制品

一、本章的结构及商品范围

本章共有 22 个品目，按照加工深度由浅至深的顺序列目。本章包括由第 47 章的木浆或其他纤维状纤维素浆制成的纸、纸板及其制品，也包括复合纸或复合纸板的制品。其商品范围除纸浆制品归入品目 48.12、48.18、48.22 及 48.23 外，其余大致可分为以下五大类：

1. 未经特殊加工的纸应归入品目 48.01 ~ 48.06（部分）。

2. 加工纸应归入品目 48.06（部分）~ 48.11。

3. 生产及生活专项用纸应归入品目 48.13 ~ 48.14。

4. 列名纸制品应归入品目 48.16 ~ 48.22。

5. 其他纸品及纸制品应归入品目 48.23。

但并非所有的纸和纸板或含纸和纸板的产品都归入本章，不包括在本章的纸制品中最主要的是印刷品（第 49 章）。

易误归入本章的货品主要有玻璃纸又叫"赛璐玢纸"（子目 3920.7100)；钢纸（子目 3920.7900）。

注：应归入品目 48.03 ~ 48.09 的纸品，除品目条文另有规定的以外，其规格尺寸应符合第 48 章章注 8 的规定。

二、章及子目注释提要

（一）章注释提要

本章有 12 条章注释。

1. 章注 1 明确了除条文另有规定的以外，本章所称"纸"包括纸板。

2. 章注 2 是排他条款，列出了不能归入本章的 16 类货品。

3. 章注 3 阐述了品目 48.01 ~ 48.05 所属货品允许的加工方式。

4. 章注 4 对本章所称"新闻纸"做出了明确定义。

5. 章注 5 规定了归入品目 48.02 纸品的标准。

6. 章注 6 对本章所称"牛皮纸及纸板"做出了明确定义。

7. 章注 7 规定了符合品目 48.01 ~ 48.11 中两个或两个以上品目条文所规定的纸、纤维素絮纸及纤维素纤维网纸的从后归类原则。

8. 章注 8 规定了归入品目 48.03 ~ 48.09 纸品的规格标准。

9. 章注 9 列举了适用品目 48.14 所称"壁纸及类似品"的全部纸品；规定了既可作铺地制品，也可作壁纸的以纸或纸板为底的产品，应归入品目 48.23。

10. 章注 10 明确规定品目 48.20 不适用切成一定尺寸的活页纸张或卡片。

11. 章注 11 明确了主要适用于品目 48.23 的纸品种类。

12. 章注 12 阐述了以所印图案、文字或图画作为主要用途的纸及其制品的归类规定。

（二）子目注释提要

本章有 7 条子目注释。

1. 子目注释 1 对子目 4804.11 及 4804.19 所称"牛皮衬纸"做出了明确定义。

2. 子目注释 2 对子目 4804.21 及 4804.29 所称"袋用牛皮纸"做出了明确定义并规定了规格要求。

3. 子目注释 3 对子目 4805.11 所称"半化学的瓦楞纸"做出了明确定义。

4. 子目注释 4 明确了子目 4805.12 适用的"主要用机械和化学联合法制得的草浆制成的成卷纸张"的产品含义。

5. 子目注释 5 明确了子目 4805.24 及 4805.25 适用的货品范围。

6. 子目注释 6 对子目 4805.30 所称"亚硫酸盐包装纸"做出了明确定义。

7. 子目注释 7 对子目 4810.22 所称"轻质涂布纸"做出了明确定义。

三、商品基础知识、商品介绍及名词解释

下面将本章条文或注释中涉及的商品、名词等作简单介绍，以便归类。

1. "纸"与"纸板"（第 48 章）：

与造纸行业不同，在本目录中纸与纸板不以厚度或每平方米重量为区分标志，纸与纸板无界定尺度即纸包括纸板。

2. "纤维素网纸（薄棉纸）"（第 48 章）：

纤维素网纸是指由紧密结构的纤维素纤维皱网组成的纸，起皱前单层纸的定量可达 20 克／平方米，起皱后其最大起皱率为 35％，亦有一层和多层的几种结构，该纸不能视为皱纹纸。

3. "多层纸和纸板"（第 48 章）：

多层纸是指由至少有一层具有异于其他层纸浆特征的、由两层或多层湿纸页压制而成的纸。纸浆特征上的差别主要有三方面：①原料不同，如硫酸盐针叶材浆与硫酸盐阔叶材浆；②生产方法不同，如硫酸盐阔叶材浆与亚硫酸盐阔叶材浆；③加工程度不同，如未漂白硫酸盐针叶材浆与漂白硫酸盐针叶材浆。

4. "新闻纸"（品目 48.01）：

它俗称"白报纸"，是指所含机械或化学 – 机械方法制得的木纤维不少于全部纤维重量的 50% 的未经涂布的报刊用纸，该纸应未施胶或微施胶，每面帕克印刷表面粗糙度 (1MPa) 超过 25 微米，纸品定量不小于 40 克，但不超过 65 克且符合第 48 章章注 4 和章注 8 规定的新闻纸。

5. "手工纸和纸板"（品目 48.02）：

凡纸浆纤维抄造成纸张这一关键工序是用手工操作的纸，无论其他工序是否由机器完成，均应视作手工纸或纸板。

6. "宣纸"（子目 4802.1010）：

它是采用产自安徽省泾县境内及周边地区的青檀皮和沙田稻草，不掺杂其他原材料，并利用泾县独有的山泉水，按照传统工艺和特殊配方，在严密的技术监控下，在安徽省泾县现辖行政区域生产的，具有润墨和耐久等独特性能，供书画、裱拓、水印等用途的高级艺术用纸。宣纸是拥有我国自主知识产权的传统特色产品。宣纸属于国家地理标志产品保护范围，限于国家质量监督检验检疫行政主管部门根据《地理标志产品保护规定》批准的宣纸产地范围，即：安徽省泾县现辖行政区域。

7. "胶版印刷纸"：

胶版印刷纸简称胶版纸，俗称道林纸，是专供胶印机进行套色印刷用的未经涂布的高级印刷纸。符合第 48 章章注 5 规定的胶版印刷纸应归入品目 48.02。

8. "半化学的瓦楞纸"（品目 48.05）：

它是指所含用机械和化学联合法制得的未漂白硬木（阔叶木）纤维不少于全部纤维重量的 65%，在温度为 23℃和相对湿度为 50%的环境下经过 30 分钟的恒温恒湿处理 (CMT30) 后，马上测得的瓦楞芯纸抗平压强度超过 1.8 牛顿／（克·平方米）的成卷纸张。

9. "草浆瓦楞原纸"（子目 4805.12）：

它是指主要用机械和化学联合法制的草浆制成的，每平方米重量在 130 克及以上，并且在温度为 23℃和相对湿度为 50% 时，经过 30 分钟的瓦楞芯纸平压强度测定 (CMT30)，抗压强度超过 1.4 牛顿／（克·平方米）的成卷纸张。

10. "强韧箱纸板"（子目 4805.24 及 4805.25）：

它是指全部或主要用回收（废碎）纸及纸板制得的浆制成（也可以有一面用染色纸或由漂白或未漂白的非再生浆制得的纸做表层），缪伦耐破指数不小于 2 千帕斯卡·平

方米 / 克的纸及纸板。

11. "亚硫酸盐包装纸"（品目 48.05）：

它是指所含用亚硫酸盐法制得的木纤维超过全部纤维重量的 40％，灰分含量不超过 8％，并且缪伦耐破指数不小于 1.47 千帕·平方米 / 克的机器研光纸。

12. "植物羊皮纸"（品目 48.06）：

它也叫硫酸纸，是用硫酸处理原纸，从而改变原纸性质的一种变性加工纸。符合第 48 章章注 8 规定的植物羊皮纸应归入品目 48.06。

13. "复合纸及纸板"（品目 48.07）：

它是指用黏合剂 (如糊精、动物胶、焦油、树胶、沥青、乳胶) 将两层或多层纸黏合而成的纸及纸板。其黏合剂可兼作防水材料，内部可用纺织品或其他材料 (如纺织或金属薄纱、塑料) 增强，以不改变纸和纸板的主要特征为限。这种纸主要用于防水包装、印刷、文具及制盒和书本封面等方面。

14. "皱纹纸"（品目 48.08）：

它是指外表呈沟纹状并具有高弹性的纸张。通常是趁纸网潮湿时用机械方法加工或将抄造好的纸张通过两个皱面滚筒进行压纹处理，经处理后纸的表面积大为缩小的纸种。该纸多经过着色，并以单层或多层用于制造水泥袋、装饰袋或其他包装材料。

15. "压纹纸及纸板"（品目 48.08）：

它是指表面呈明显不平整的纸品，包括通称为浮花纸、麻面纸 (如用布面滚筒压制而成) 及表面经压印形成各种皮革纹理的纸种。

16. "铜版纸 (胶版印刷涂布纸)"：

它是铜版印刷纸的简称，由原纸涂布白色无机涂料加工而成的印刷用纸。此种纸是网线铜版印刷的专用纸，也可作胶版印刷用。用于印刷高级书刊的彩色插图和封面、精美的商品广告、样本、商标等。铜版纸为平板纸，它可分为单面、双面、光面、布纹等多种。

17. "铸涂纸"：

它又名高光泽铜版纸，俗称玻璃卡纸，是印刷请柬等的一种单面高光泽的无机涂布印刷纸。

铸涂纸未经过超级压光，却具有高于经过超级压光处理的铜版纸的光泽，有镜面感，用于最细网线的印刷时，可得到图像清晰、立体感强的印刷效果；并且适用于凸版、胶版、凹版等多种印刷方式，是一种性能优良的印刷用纸。

18. "轻质涂布纸"（品目 48.10）：

它是指每面每平方米的涂层重量不超过 15 克，纸的定量不超过 72 克 / 平方米的双面涂布纸。该纸所用原纸所含用机械方法制得的木纤维不少于全部纤维重量的 50％。

19. "氧化锌静电复印纸"：

它是以半导体光导物质 ZnO 与高诱电体树脂，加上增感剂构成的光感材料涂布于纸基上制成的光敏性复印纸，品种较多。

20. "壁纸及类似品"（品目 48.14）：

（1）宽度 ≥ 45 厘米但不超过 160 厘米的：①起纹、压花、染面、印有图案或经其他装饰（例如起绒），可经透明的防护塑料涂布或覆盖；②表面饰有木粒或草粒而构成凹凸不平纸面的；③表面塑料涂布或覆盖并经起纹、压花、染面、印有图案或经其他装饰的；④表面用编结材料覆盖的，适合作墙壁或天花板装饰用的成卷纸张。

（2）经（3）所述的方式加工并且具有与（1）中商品同样用途的纸边及纸条。

（3）由几幅拼成的壁纸，成卷或成张，贴到墙上可组成印刷的风景或图案。

21. "胶印版纸和胶印版"：

胶印版纸是指一面具有一种不透平印油墨的特殊涂层的纸品。胶印版是指用于办公室型胶印机上的印版，可将手工机器或其他任何印记方法印记于胶印版上的文字或图案复印到普通纸上。

22. "封缄信片"：

它是边上涂胶（有时打排孔）或可以用其他方式封合而不需使用信封的成张的纸、纸板或纸卡。

23. "pH 试纸"（品目 38.22）：

pH 试纸是用来检测溶液酸碱性的纸品。

24. "钢纸"（品目 39.20）：

它是采用对纤维具有剧烈润胀和胶化特性的金属盐—氯化锌溶液为处理剂，对钢纸原纸进行处理、层叠制得的变性加工纸，又称硬化纸。是一种优良的电器绝缘材料和结构材料。钢纸可经碾压、切削、研磨、钻孔、锯、锉、弯曲、冲制等加工成形。（其他形状则归入品目 39.16、39.17 或 39.21）

25. "赛璐玢纸"（品目 39.20）：

也叫玻璃纸，它是一种高度透明的装饰性包装用纸。制造方法与普通纸张完全不同，是将化工用浆（α 纤维素含量 >90％的漂白化学木浆或棉浆）浸渍于氢氧化钠溶液中，使之生成碱化纤维素，再与二硫化碳作用生成纤维素磺酸钠黏液，从一条狭缝中喷出，经凝固形成薄膜，而成成品纸。

26. "植物羊皮纸"：

它是将优质未施胶及无填料的纸在硫酸中浸泡数秒钟后制得，可用于包装炸药，作油脂物品（例如黄油、猪油）及其他食品的保护性包装等。

27. "自印复写纸"：

也称为无碳复写纸，可制成折扇形。

四、部分品目介绍

下面将本章部分品目的商品范围介绍如下：

（一）品目 48.02

本品目主要包括：任何尺寸或形状的毛边手工制纸及纸板、任何一边经过修剪或切割的手工制纸和纸板，以及符合本章章注 5 规定的机制纸和纸板，例如：

1. 原纸及原纸板（光敏、热敏、电敏、高岭土涂布纸及纸板的原纸及原纸板等）。

2. 书写、印刷或其他绘画用的纸及纸板（杂志纸及书籍印刷纸、胶版印刷纸、招贴纸、图画纸、学生练习或笔记本纸、打字纸、账簿纸、明信片纸、复印纸、支票、邮票、钞票或类似用途的证券纸等）。

3. 未打孔的穿孔卡纸及穿孔带纸。

（二）品目 48.16

品目主要包括一般为盒装的、经涂布或经浸渍的纸，它可在压力（例如打字机键的冲击）、湿气、墨水等的作用下把原文制成一份或多份复制本；各种规格的油印蜡纸或胶印版纸。例如复写纸或类似的拷贝纸（包括用于胶印机上的胶版誊印复写纸，用以制成母片，母片反过来可作为"印版"，复制更多的副件）、热敏转印纸［纸品的一面涂有热敏材料，在用红外线复印机复印时，涂层中的染料可转印到一张普通纸上（热转印工序），从而获得原文的副本］、不论是否按序号装订的、载有文字或图案以供复印的拷贝纸及转印纸。

本品目不包括的货品主要有：名为压印箔或烫金箔的转印纸（品目 32.12）；感光纸或纸板（品目 37.01 ~ 37.04）；用塑料膜片制成的、具有一张可分离的衬褙纸，并在一边打有孔眼的油印模板（第 39 章）；用热敏物质涂布的纸；转印纸（移画印花纸）（品目 49.08）。

（三）品目 48.17

本品目主要包括用于通信的纸制文具，例如信封、封缄信片、素色明信片（包括经印刷或其他加工的通信卡片），以及内装各种纸制文具的纸或纸板制的盒子、袋子及夹子。

本品目不包括的货品主要有信笺本（品目 48.20）；散张的已折叠或未折叠信纸，不论是否印刷，也不论是否盒装或小包装；印有或用其他方式赋予正在流通的邮票的信封、明信片及信卡等（品目 49.07）；印刷或图画明信片及印刷卡片（品目 49.09）；印有图画的首日封及集邮大型张，未附邮票的（品目 49.11），附有邮票的（品目 49.07 或 97.04）。

（四）品目 48.19

本品目主要包括①通常用于包装、运输、存储或销售商品的各种式样及规格的容器；②硬挺耐用的容器；③特种用途的纸袋。本品目的物品可用非纸质材料进行加强或作配件（例如用纺织物作衬背、用木作架、用绳作挽手、用金属或塑料包角，作铰链、把柄及锁闭装置）。易归入其他品目的货品主要有不论是否涂蜡的盛装牛奶或奶油用的纸杯及类似品；真空吸尘器用袋；旅行呕吐用袋；唱片盒及唱片套。

本品目不包括的货品主要有用纸编结的物品（品目 46.02)；旅行容器（品目 42.02)；纺织纸纱制的包、袋（品目 63.05）等。

（五）品目 48.23

本品目主要包括本章或本目录其他品目不包括的纸及纸板及其制品。例如非矩形（包括正方形）的滤纸；非矩形（包括正方形）的已印制的自动记录器用纸盘；本章其他品目未包括的切成矩形（包括正方形）以外其他形状的书写、印刷或类似用途的纸及纸板；纸或纸板制的盘、碟、盆、杯及类似品；模制或压制的纸浆制品；纸丝；糖纸、水果包装纸及其他切成一定尺寸的包装纸；糕饼卡纸及纸；果酱罐封纸；袋用成形纸；提花机或类似机器用的穿孔纸及纸板卡片即打有操作织机所需孔眼的纸及纸板卡片（"打孔"纸及纸板卡片）；纸花边及刺绣品；纸垫片及垫圈；集邮衬纸、相角及照片衬纸、手提箱的加固角；包装蛋品的模制纸片；纸制肠衣；用作缠绕纱、带等的扁平纸卡；编结或其他用途的（书写、印刷或类似用途的除外）未经涂布的纸条（不论是否折叠）；既可作壁纸也可作铺地制品的以纸或纸板为底的产品。

五、其他归类时容易混淆或忽视的地方

下面的内容是本章及其相关商品归类时容易混淆或忽视的地方，应该注意掌握。

（一）影响纸及纸制品（第 48 章）的归类因素

1. 纸的浆料组成：

纸浆的种类、配比及漂白与否，对纸品归类有重要影响。如新闻纸，未经涂布的书写印刷纸，牛皮纸及纸板，半化学的瓦楞纸，轻质涂布纸等，对纸浆的种类等都有严格的限制和规定。灰分含量是书写、印刷等类纸品进行商品归类的重要依据。

2. 技术性能指标：

影响纸张归类的技术性能指标主要有①定量（多数纸品都有此方面的要求）；②亮度（如未经涂布的书写、印刷纸类）；③厚度（如未经涂布的书写、印刷纸类）；④施胶度（新闻纸）；⑤帕克印刷表面粗糙度（新闻纸）；⑥耐破度（牛皮衬纸）；⑦耐破指数（如未经涂布的书写和印刷纸类、袋用牛皮纸、亚硫酸盐包装纸）；⑧抗平压强度（瓦楞原纸）；⑨撕裂度（袋用牛皮纸）；⑩抗张强度（袋用牛皮纸）及伸长率（袋用牛皮纸）、起皱度（纤维素纤维网纸）等。一般来说对同类纸品机械性能的要求，常常随纸品的定量而异，归类时对此应给以充分的注意。

3. 加工范围：

加工范围及加工深度对纸品归类的影响主要体现在加工方法限于正常造纸工艺流程之内，具有由纤维构成的不平整的自然表面的纸品应归入品目 48.01 ~ 48.06（部分）；

加工方法除正常造纸工艺流程外，还经过了特殊加工的纸品，应归入品目48.06（部分）～48.11。其中变性加工纸应归入品目48.06(或第39章），未经涂布的复合纸，应归入品目48.07，经涂布或浸渍加工的复写纸及转印纸类应归入品目48.09；用无机物进行涂布加工的涂布加工纸如铜版纸等，应归入品目48.10；用有机物进行涂布以及经塑料涂布、浸渍或覆盖的纸（其塑料层不超过总厚度的一半的单层纸，不含壁纸），如彩色相纸用双面涂塑纸、绝缘纸和热敏纸等，应归入品目48.11。（注：应归入品目48.01、48.03～48.09的纸品，除品目条文另有规定的以外，其规格尺寸应符合第48章章注8的规定。）

4.规格尺寸及形状：

第48章纸张除少数纸品如卷烟纸(品目48.13)等品目归类时无规格尺寸的限制外，同类纸品多会因规格尺寸及形状的不同归入不同的品目。

5.纸的结构：

纸的结构有单层和多层之分，亦是某些纸品归类的依据。

（二）对品目48.01～48.05的纸和纸板的加工要求

它可以经过研光、高度研光、釉光或类似处理、仿水印、表面施胶等加工；纸、纸板、纤维素絮纸及纤维素纤维网纸可用各种方法本体着色或染成斑纹。除品目48.03另有规定外，品目48.01～48.05不适用于经过其他方法加工（如涂布或浸渍）的纸、纸板、纤维素絮纸或纤维素纤维网纸。

（三）对品目48.03～48.09纸品规格尺寸及形状的限制

品目48.03～48.09仅适用于下列规格的纸、纸板、纤维素絮纸及纤维素纤维网纸：

1.成条或成卷，宽度超过36厘米。

2.成张矩形（包括正方形），一边超过36厘米；另一边超过15厘米（以未折叠计）。

例：成卷的半透明纸，宽30厘米。

说明：半透明纸在第48章品目48.06有列名，但为什么应归入品目48.23呢？这是因为该章章注8规定：品目48.01、48.03至品目48.09不适用宽30厘米的纸。本题商品不符合品目48.06的货品规格，应归入品目48.23，最终归入子目4823.9090。

（四）本章某些条文所称"木纤维"，不包括竹纤维

（五）本章不包括纸卫生巾及止血塞、婴儿纸尿布、尿布衬里及类似的卫生用品（品目96.19）

六、归类原则

（一）纸张及其制品的归类原则

1.由50%及以上纺织纤维（本目录）为原料抄造的纸张，应按无纺织物归类，归入品目56.03。

2.由纤维素化学衍生物为原料构成的纸状物应归入第39章，如矩形钢纸和赛璐

玢纸应归入品目 39.20。

3. 塑料与纸混合制成的纸状物，壁纸应归入品目 48.14；其他用塑料覆盖或涂布的单层纸当塑料部分占总厚度的一半以上时归入第 39 章，否则归入第 48 章。

4. 经特殊加工或因其他原因失去了纸及其纸制品的基本特征或功能时，不能归入第 48 章。如纸纱线及纸纱线纺织物（第十一类）、纸带编结制品（第 46 章）、纸或纸板衬底的贱金属箔（第十五类）、砂纸（第 68 章）、香纸及化妆品浸渍或涂布的香水纸（第 33 章）、用肥皂或洗涤剂以及光洁剂等浸渍、覆盖或涂布的清洁纸或纤维素絮纸（第 34 章）、感光纸或感光纸板（第 37 章）、诊断或实验用试剂浸渍的试纸，捕蝇纸及浸渍水杨酸的保存果酱用纸归入第 38 章；纸制鞋靴一般归第 64 章；纸帽归第 65 章；纸制玩具等归第 95 章；纸制杂项制品归第 96 章；完全由沥青包裹的纸归第 68 章；用纸增强的塑料板归第 39 章等。

5. 其他纸张一般应归入第 48 章。

6. 以第 48 章纸为原料的纸制品除第 4 款所述商品外一般亦应归入第 48 章；所印图案、文字或图画作为主要用途的，以第 48 章纸为载体的印刷、手稿、打字稿及设计图纸归入第 49 章。

7. 回收（废碎）纸应归入品目 47.07，废纸制品应归入第 48 章。如废纸制成的纸丝应归 4823.9090。

（二）纸品的优先归类规定

1. 除品目条文另有规定的以外，符合品目 48.01 ~ 48.11 中两个或两个以上品目条文所规定的纸、纤维素絮纸及纤维素纤维网纸，应按品目顺序归入最后一个有关品目。

2. 既可作壁纸也可作铺地制品的以纸或纸板为底的产品，应按铺地制品归入品目 48.23。

（三）牛皮纸、纸板及其归类

指所含硫酸盐法或烧碱法制得的木纤维不少于全部纤维重量的 80% 的纸及纸板。

1. 牛皮衬纸指所含用硫酸盐法或烧碱法制得的纤维不少于全部纤维重量的 80%。定量大于 115 克／平方米的成卷经机器上光和研光的纸及纸板，并且其最低缪伦耐破度应符合 48 章子目注释 1 的规定。

2. 袋用牛皮纸是指定量不少于 60 克／平方米又不超过 115 克／平方米的成卷机器上光纸（木纤维含量同牛皮衬纸），应符合缪伦耐破指数不小于 3.7 千帕·平方米／克，横向伸长率大于 4.5%，纵向伸长率大于 2% 或至少能达到子目注释 2 所示的最小撕裂度和抗张强度。

符合第 48 章章注 6 和章注 8 规定的牛皮纸，①当满足子目注释 1 规定时归入子目 4804.1；②满足子目注释 2 规定时归入子目 4804.2；③皱纹牛皮纸归子目 4808.3；④经无机物涂布的归子目 4810.3；⑤其余未经涂布的一般归子目 4804.4 或子目 4804.5。

商品归类练习题

1. 婴儿纸尿布

2. 纸板制卷宗盒

3. 圆形滤纸

4. 一次性纸碟（原生木浆纸制）（直径为 20 厘米）

5. 印有图画的圣诞卡

6. 玻璃卡纸（100％漂白化学木浆抄造；300 克 / 平方米；规格为 787 毫米 ×1092 毫米）

7. 沥青黏合而成的双层牛皮纸（成卷；宽度为 60 厘米）

8. 纸纱线

9. 道林纸（成卷；宽度为 30 毫米；80 克 / 平方米；用 80% 化学木浆和 20% 机械木浆抄造）

10. 木粒覆面、纸为底基的成卷壁纸（宽度 60 厘米）

11. 成卷的新闻纸，宽度为 36 厘米，所含用机械方法制得的纤维为 65%，每面的帕克印刷面粗糙度（1 兆帕）为 3 微米，每平方米重量为 45 克

12. 胶版纸（机械木浆含 20%；150 克 / 平方米；规格为 400 毫米 ×250 毫米）

13. 卷装卫生纸（零售包装，宽度为 12 厘米）

14. 一种热敏传真纸，规格 210 毫米 ×30 米，由热敏原纸为纸基，在其一面涂布一层热敏发色层，发色层是由胶粘剂、显色剂、无色染料组成。当热敏纸遇到发热的打印头时，打印头所打印之处的显色剂与无色染料即发生化学反应而变色并形成图文

11.4　第 49 章 书籍、报纸、印刷图画及其他印刷品；手稿、打字稿及设计图纸

一、本章的结构及商品范围

本章共有 11 个品目，商品范围包括书籍、报纸、印刷图画及其他印刷品；手稿、打字稿及设计图纸。本章包括绝大多数以所印花纹图案、文字或图画为其基本特征或用途的货品。较常见的印刷品有书籍、报纸、小册子、图画、广告品等，除此之外，本章还包括印刷的转印贴花纸（移画印花法用图案纸）；印刷的图画明信片、贺卡；印刷的日历、地图、设计图表及绘画；邮票、印花税票及类似票证。本章物品的不透明底基缩微本应归入品目 49.11。

易误归入本章的货品主要有透明基的照相负片或正片（第 37 章）；立体地图、设计图表或地球仪、天体仪（品目 90.23）；使用过的邮票（品目 97.04）；以所印花纹图案、

文字或图画作为货品的主要用途的品目 39.18、39.19、48.14 或 48.21 的货品等。

二、章及子目注释提要

本章有 6 条章注释，无子目注释。

1. 章注 1 是排他条款，列出了不能归入本章的 4 类货品。

2. 章注 2 明确了本章所称"印刷"也适用的方式。

3. 章注 3 规定了用纸以外材料装订成册的报纸、杂志和期刊，以及一期以上装订在同一封面里的成套报纸、杂志和期刊的归类原则。

4. 章注 4 列出了品目 49.01 还适用的货品范围。

5. 章注 5 明确了主要做广告用的出版物的归类规定。

6. 章注 6 对品目 49.03 所称"儿童图画书"做出了明确定义。

三、商品基础知识、商品介绍及名词解释

下面将本章条文或注释中涉及的商品、名词等作简单介绍，以便归类。

1. "印刷"（第 49 章）：

所称"印刷"，不仅包括以普通手工印刷（例如雕版印刷）或机械印刷（例如胶版印刷、平版印刷、照相凹版印刷等）的几种方法印制，还包括用复印机复制、油印机印制，在自动数据处理设备控制下打印绘制，压印、冲印、感光复印、热敏复印或打字。印刷的文字可以是任何形式（例如字母、数字、速记符号、摩尔斯电码或其他电码符号、布莱叶盲字、音乐符号、图画及图解），但"印刷"一词不包括着色、装饰性或重复图案的印制。

2. "儿童图画书"（品目 49.03）：

它指图画为主、文字为辅，供儿童阅读的书籍。

3. "邮票"（品目 49.07）：

一般用以预付邮递费，但在某些国家也可作印花税票用（例如贴在收据及单证上）。还包括用于邮资不足信件等收费用的欠资邮票。

4. "印花税票"（品目 49.07）：

用于附贴在法律、商业等各种文件上，有时附贴在货物上作为缴付了票值所示金额的政府税收的凭证。还包括标签形式的印花税票，这种税票用以系在某些应税货物上作为缴清税款的凭证。

5. "其他印有印花税票的纸品"（品目 49.07）：

一般指印有或盖有印花税票印记的官方表格、空白表格等（例如应缴纳印花税的法定单证）。

6. "钞票"（品目 49.07）：

即由政府及其授权银行发行的各种面额本票，该票在发行国或其他地方作为货币或法币使用。上述钞票包括报验时在任何国家尚未成为法币的钞票。

7. "空白支票"（品目 49.07）：

即已盖或未盖日期的空白支票，常以纸封面装订或呈小本状，由银行（包括某些国家的邮政银行）发行，供其顾客使用。

8. "股票、债券及类似所有权凭证"（品目 49.07）：

属于正式的文书，即由社会或私人团体发行或将要发行的正式凭证，用以授予或有权拥有凭证中指明的金融利益、货物或其他利益的所有权。除上述单证外，这些凭证还包括信用证、汇票、旅行支票、提货单、地契及股息票。它们一般需经所有人签章才能生效。

9. "不透明底基缩微本"（品目 49.11）：

它是通过能大大缩小所拍照文件尺寸的光学仪器制得的，通常需要借助放大器具才能阅读的缩微本。

四、部分品目介绍

下面将本章部分品目的商品范围介绍如下：

品目 49.03：

1. 本品目不包括以连续叙述故事为内容，但只对其中某些故事情节附加插图的书。不论其插图如何丰富，这些书均归入品目 49.01。

2. 本品目的书可以印在纸或纺织材料上，并包括儿童碎布书。

五、其他归类时容易混淆或忽视的地方

下面的内容是本章及其相关商品归类时容易混淆或忽视的地方，应该注意掌握。

1. 本章的货品一般印在纸上，但也可印在其他材料上。不过对于商店招牌或橱窗用的带印刷图画或文字内容的字母、数字、标识及类似符号等货品，如果用陶瓷、玻璃或贱金属制成的，应分别归入品目 69.14、70.20 及 83.10，如果带有照明装置的，则应归入品目 94.05。

2. 品目 49.10 的商品范围包括以所印日历为基本特征的印在纸或纸板上的日历、印在其他材料上（如纺织物或木片上）的日历及日历芯。

3. 仅具有收藏价值的邮票及贴有仅具有收藏价值的邮票的首日封应归入第 97 章。

六、归类原则

（一）用纸以外材料装订成册的报纸、杂志和期刊的归类

用纸以外材料装订成册的报纸、杂志和期刊，以及一期以上装订在同一封面里的成套报纸、杂志和期刊应归入品目 49.01。

（二）广告用出版物的归类

主要作广告用的出版物不归入品目 49.01，而应归入品目 49.11。

商品归类练习题

1. 中国 2012 年发行的邮票小型张（未经使用）
2. 在计算机控制下打印绘制的保修卡（折叠）
3. 釉转印贴花纸
4. 用塑料封皮装订成册的中国日报
5. 印制的纸制歌剧票（成本）
6. 印在不透明底基上的汉英字典缩微本
7. 手绘的供广告宣传用的时装绘画原稿
8. 手绘的地形设计图纸原稿
9. 三高音乐会海报（无商业价值）
10. 没有说明文字的印刷图片（非随同成册书籍的图画附刊）
11. 儿童画册（图画为主、内容适合儿童阅读）
12. 标签形式的印花税票（未使用过；中国；2012 年）

【本篇小结】

本章在概括阐述 HS 第十类货品归类要点的基础上，一般主要从商品范围、注释提要、商品知识、归类易混淆之处及归类原则等方面依次明确了第 47 章~第 49 章货品的归类要点，诸如"纸张及其制品的归类原则""纸品归类的优先规定"等，为全方位把握纸浆、纸张及其制品的正确归类提供了必要的基础知识。

【本篇关键名词或概念】

宣纸壁纸及类似品印刷

【本篇简答题】

1. 简述影响纸及其纸制品（第 48 章）的归类因素。
2. 简述典型纸品的归类规定。

第十二篇　第十一类 纺织原料及纺织制品

【本篇导读】

本篇系统介绍了纺织原料及纺织制品的归类要点。

【本篇学习目标】

通过本篇的学习，熟悉 HS 第十一类的商品范围，了解与相关类、章商品的区别和联系，明确归类易混淆之处，掌握第十一类商品的主要归类原则并能正确进行商品归类。

12.1 本类归类要点

一、本类的结构和商品范围

本类包括纺织工业使用的各种纺织原料（丝、毛、棉、麻、化纤等），也包括各种纺织半制成品或中间产品（纱线、机织物等）和纺织制成品（地毯、服装、毛巾、装饰品等）。

本类共分成 14 章（第 50 章 ~ 第 63 章），按章的分列原则和各章内所包括商品的特征，可将其分成两部分。第 50 章 ~ 第 55 章为第一部分，包括纺织原料、普通纱线和织物；第 56 章 ~ 第 63 章为第二部分包括各种纺织制成品及一些以特殊方式或工艺制成的或有特殊用途的纱线、织物及制成品。分述如下：

1. 第一部分：

这部分只包括纯纺织材料（以本目录规定为准）及以其为原料的半制成品，即不包括纺织材料与非纺织材料混合制商品（肉眼辨别为准）。

商品范围包括：①长度在 5 毫米以上的全部纺织纤维（含长丝）；②扩大范围的普通纱线；③扩大范围的普通机织物。扩大范围有四方面含义：已被非纺织材料浸渍、涂布、包覆或层压的纱线和机织物，在肉眼看不到非纺织材料存在时视作纯纺织材料商品；构成机织物的纱线还包括粗纱、单丝、扁条、纵行起圈纱线、窄带、编带和用黏合法制成的有经无纬的狭幅织物等；在"经""纬"纱线交叠处用化学药剂或热熔法黏结而成的织物——网络平纹织物，也视为普通机织物；对纱线而言，马毛应视作纺织材料；对机织物而言，金属线、含金属纱线、马毛纱线均应视作纺织材料；对机织印花织物而言，塑料等非纺织材料形成的印花图案，应视作纺织材料。第一部分按纤维属性排列章次：先天然纤维后化学纤维；天然纤维中先蛋白质纤维后纤维素纤维；同类纤维以长短为序，长丝居前，较长居中，短的居后。各章按商品加工程度由低至高列目，通常按纤维、废料、已梳纤维、纱线、机织物顺序排列。

2. 第二部分：

这部分商品范围广泛，主要包括：长度在 5 毫米及以下的纺织纤维、特种纱线、线绳索缆、絮胎、非织造布、特种机织物和簇绒织物、针织物和钩编织物，地毯料及地毯、与非纺织材料混合制纺织商品、各种纺织制成品、未拉松的碎或旧纺织商品，以及符合第 63 章章注 1 条件的石棉外任何材料制旧鞋、帽等。其中，第 60 章和除品目条文另有规定的第 56 章、第 58 章～第 59 章，一般不含制成品。这部分各章的划分一般不考虑原料的性质而是根据产品的用途、特征、制造方法或处理方式等分立章次。各章内除 58.09 和 59.02 外，列目时都是直接开列商品名称，不考虑纤维属性。例如品目 61.06 列名为针织女衬衫，在品目级不分原料，只列出货品名称，而在该品目下进一步按原料区分子目。

不归入本类的商品主要包括①因与其他材料混合制等原因，从功能等方面判断已不具备纺织商品主要特征的制品，如用香水浸渍的无纺织物（第 33 章）、洗涤剂浸渍的毡呢（第 34 章）、感光布（第 37 章）、纺织物仅起增强作用的泡沫塑料板（第 39 章）、涂有研磨材料的纺织材料（第 68 章）等；②因规格等技术指标的限定，被视为非纺织商品，如直径超过 1 毫米的化学丝和表观宽度超过 5 毫米的化学纤维纺织材料制扁条（第 39 章）及其编结制品（第 46 章）；③具有在其他类列名商品基本特征（或用途等）的纺织材料制品，如动物用挽具和旅行袋（第 42 章）、鞋靴（第 64 章）、帽类（第 65 章）、人造花和假发（第 67 章）、卫生巾（护垫）及止血塞、婴儿尿布及尿布衬里（品目 96.19）、艺术品和收藏品及古物（第 97 章）等。

还应注意不属于纺织纤维的其他纤维及其制品是不归入本类的，例如石棉纤维及其制品应归入第 25 章或第 68 章；碳纤维及其制品应归入第 68 章；玻璃纤维及其制品应归入第 70 章等。

二、类注及子目注释提要

（一）类注释提要

本类有 14 条类注释。

1. 类注一是排他条款列出了不能归入本类的 21 类货品。

2. 类注二阐述了由两种及以上纺织材料混合制成的货品（第 50 章～第 55 章及品目 58.09 或 59.02）的归类原则。

3. 类注三规定了本类所称"线、绳、索、缆"的规格标准及除外的产品范围。

4. 类注四规定了第 50 章～第 52 章及第 54 章～第 55 章所称"供零售用"纱线的包装方式及除外的产品范围。

5. 类注五明确了品目 52.04、54.01 及 55.08 所称"缝纫线"的适用范围。

6. 类注六规定了本类所称"高强力纱"的断裂强度标准。

7. 类注七明确了本类所称"制成的"适用的 7 类货品范围。

8. 类注八明确了第 50 章 ~ 第 60 章不包括的货品范围。

9. 类注九明确了第 50 章 ~ 第 55 章包括网络平纹织物（纱线层叠织物）。

10. 类注十明确了纺织材料和橡胶线制成的弹性产品归入本类。

11. 类注十一明确了本类所称"浸渍"包括"浸泡"。

12. 类注十二明确了本类所称"聚酰胺"包括"芳族聚酰胺"。

13. 类注十三对本目录所称"弹性纱线"做出了明确定义。

14. 类注十四阐述了品目 61.01 ~ 61.14 及品目 62.01 ~ 62.11 所列的各种服装成套包装供零售用时的归类规定。

（二）子目注释提要

本类有 2 条子目注释。

1. 子目注释 1 解释了本类及本目录所用的 9 个名词的含义。

2. 子目注释 2 阐述了由两种及以上纺织材料混合制成的货品（第 56 章 ~ 第 63 章）的归类原则。

三、商品基础知识、商品介绍及名词解释

下面将本类条文或注释中涉及的商品、名词等作简单介绍，以便归类。

1. "特克斯"：

它简称"特"是一种表示线密度的单位，属于定长制。即指在公定回潮率下 1000 米长的纱线、长丝、纤维或其他线形纺织材料的克重。1特 = 10 分特克斯（分特）。

2. "单纱"（第 52 章 ~ 第 55 章）：

短纤维单纱、单根长丝（扁条）、多根单丝（扁条）并合或经一次加捻纱线的统称。

3. "多股纱线"（第 52 章 ~ 第 55 章）：

它由两根或两根以上有捻单纱再经一次合股加捻形成的纱线；

4. "缆线"（第 52 章 ~ 第 55 章）：

两根或多根多股纱线（至少有一根为多股纱线）经一次或多次合股加捻形成的纱线。

5. "线、绳、索、缆"：

详见类注三。

6. "零售与非零售纱线"（第 50 章 ~ 第 52 章、第 54 章 ~ 第 55 章）：

详见类注四。

7. "缝纫线"（品目 52.04、54.01 及 55.08）：

必须是经上浆用作缝纫线并符合以下条件的多股纱线和缆线：①终捻为反手捻 (Z

捻) 的；②重量不大于 1000 克 (含纱芯)；③绕在芯子 (线轴、纱管) 上。

8. "高强力纱" (第 54 章)：

具有高断裂强度的纱线，是指断裂强度高于下列标准的长丝纱线：

聚酰胺或聚酯制单纱 60cN ／ tex。

聚酰胺或聚酯制的多股纱线或缆线 53cN ／ tex。

黏胶纤维制单纱、多股纱线或缆线 27cN ／ tex。

9. "未漂白纱线"：

呈纤维的自然色泽或回收纤维的固有色泽的纱线 (允许用无色浆料、易褪色染料或消光剂处理)。

10. "漂白纱线"：

全部或局部呈漂白、染白或白浆料处理后色泽，其余部分呈未漂白纱线色泽的纱线。

11. "着色纱线"：

全部或局部呈非白色泽的纱线。

12. "弹性纱线"：

合成纤维纺织材料制的长丝纱线 (包括单丝，变形纱线除外) 可拉伸至原长的三倍而不断裂；在拉伸至原长的两倍后撤去外力，5 分钟内其长度可恢复到等于或小于原长的 1.5 倍。

13. "机织物" (第 50 章 ~ 第 55 章、第 58 章)：

它是由织机将互相垂直排列的两个系统的纱线，按一定规律交织而成的织物。

14. "未漂白机织物" (第 50 章、第 52 章 ~ 第 55 章)：

用未漂白纱线织成后未经漂白、染色或印花加工的机织物 (可用无色浆料或易褪色染料处理)。

15. "漂白机织物" (第 50 章、第 52 章 ~ 第 55 章)：

全部呈漂白、染白或白浆料处理后色泽或局部呈漂白、染白及白浆料处理后色泽，其余呈未漂白机织物色泽的机织物。

16. "染色机织物" (第 52 章、第 54 章 ~ 第 55 章)：

全部呈白色 (未漂白、漂白、白浆料处理) 以外的单一色泽 (深浅相同) 的机织物。

17. "印花机织物" (第 52 章、第 54 章 ~ 第 55 章)：

经印花等加工形成花纹图案的机织物。

18. "色织机织物" (第 52 章、第 54 章 ~ 第 55 章)：

除漂白机织物和印花机织物以外的色泽不同 (含深浅不同) 的机织物，主要包括：①用颜色不同 (含深浅不同) 的纱线织成的机织物；②用未漂白纱或漂白纱与着色纱织成的机织物；③用夹色纱线或混色纱线织成的机织物。

19. "平纹组织"（第 52 章、第 55 章）：

每根纬纱在并排的经纱间上下交错而过的织物组织。

20. "三线、四线斜纹织物"（第 52 章、第 55 章）：

组织循环纱线数是三或四的斜纹组织织造的斜纹织物，例如哗叽、卡其、华达呢等。

21. "制成的"（第 56 章～第 59 章、第 61 章～第 63 章）：

主要有 7 种情况：

（1）裁剪成除正方形或长方形以外的其他形状的（如纺织材料的服装式样）。

（2）呈制成状态，无须缝纫或其他进一步加工（或仅需剪断分隔连线）即可使用的（某些抹布、毛巾、台布等）。

（3）裁剪成一定尺寸，至少有一边为带有可见的锥形或压平形的热封边，其余各边经本类类注七其他各项所述加工，但不包括为防止剪边脱纱而用热切法或其他简单方法处理的织物。

（4）已缝边或滚边，或者在任一边带有结制的流苏，但不包括为防止剪边脱纱而锁边或用其他简单方法处理的织物，如毯子、床单、台布。

（5）裁剪成一定尺寸并经抽纱加工的。

（6）缝合、胶合成用其他方法拼合而成的，但不包括将两段或两段以上同样料子的织物首尾连接而成的匹头，以及由两层或两层以上的织物，不论中间有无胎料，层叠而成的匹头。

（7）针织或钩编成一定形状，报验时以单件或若干件相连成幅的。

四、归类原则和方法

（一）由两种及以上纺织材料混合制成的商品的归类

1. 第 50 章～第 55 章及品目 58.09 或 59.02 商品的归类。

对这类商品中以缝合、胶黏等方式将不同结构或不同纤维组成的纺织物叠层拼合而成的产品，一般按归类总规则三（二）办理；对其他商品一般按重量最大的纺织材料构成的商品归类；重量相同时依从后原则，按序号归入可归品目中的最后一个；在确定混纺产品主要与哪种材料混纺时，应以与其混纺的材料中重量最大的为主要混纺对象，重量相等时依从后原则。

归类时应先确定章，再确定品目，这一点与其他商品归类的操作程序不同。

例 1：按重量计，含麻 45%，含锦纶短纤 55%，幅宽 110 厘米，每平方米重 190 克的色织平纹机织物。

说明：两种材料按重量计锦纶大于麻，按锦纶短纤机织物归入 5515.9900。

例 2：按重量计含麻 50%，含涤纶短纤 50%，幅宽 110 厘米，每平方米重 210 克的染色平纹机织物。

说明：两种材料按重量计相同，归入最末一个可归品目，按涤纶短纤机织物归入

5515.1900。

例3：按重量计，含棉40%，黏胶纤维短纤35%，羊毛25%，幅宽110厘米，每平方米重210克的漂白平纹机织物。

说明：按棉织物归第52章，由于在确定混纺产品主要与哪种材料混纺时，应以与其混纺的材料中重量最大的为主要混纺对象，鉴于与棉混纺的两种材料中粘胶纤维短纤重量最大，所以按主要与粘胶纤维短纤混纺的棉织物归入子目5211.2000。

计重时主要还应注意：

（1）马毛粗松螺旋花线和含金属纱线，均应作为单一的纺织材料对待。

（2）对于机织物，金属线应作为一种纺织材料。

（3）同一章或同一品目所列的不同纺织材料，应作为单一的纺织材料对待，在归类时合并计重，先确定章，再确定品目。

例4：按重量计，含山羊绒45%，醋酸纤维短纤30%，涤纶短纤25%，幅宽110厘米，每平方米重210克的蓝色平纹精纺机织物。

说明：由于醋酸纤维短纤与涤纶短纤都是第55章商品，经合并计重后得知化学纤维短纤重量大于山羊绒，此织物应归第55章；醋酸纤维短纤重量大于涤纶短纤应按人造纤维短纤机织物归入子目5516.3200。

（4）当可归入第54章和第55章的商品与其他章的商品进行比较时，应将这两章作为一个单一的章对待，合并计算两章内不同的纺织材料。

例5：按重量计，含精梳羊毛40%，涤纶长丝35%，粘胶纤维短纤25%，幅宽110厘米，每平方米重210克的染色机织物。

说明：当可归入第54章和第55章的商品与其他章的商品进行比较时，应将这两章作为一个单一的章对待，合并计算两章内不同的纺织材料。由于第54章的长丝与第55章的短纤作为同一章的纺织材料合并计重，故化学纤维重量大于羊毛，应作为化学纤维织物归类；涤纶长丝重量大于粘胶纤维短纤，按涤纶长丝织物归入子目5407.9200。

2. 第56章~第63章商品的归类。

（1）应比照第50章~第55章对此类商品的归类原则办理。对由第50章~第55章商品为原材料的制成品，先按上述原则确定制品所用原材料的纤维属性，再以所确定的原材料的纤维属性作为制品的纤维属性并据此归类。

例1：机织印花布制女衬衫，衣料按重量计，含麻40%，涤纶短纤30%，粘胶丝30%，幅宽110厘米。

说明：因衣料属第50章~第55章商品，先判断衣料属性。由于涤纶和粘胶丝都是化学纤维应合并计重，此织物化学纤维重量大于麻重量，应属化学纤维织物。两种化学纤维重量相等，依从后原则此衣料可视为合成纤维短纤印花机织物，此衬衫可视为合成纤维短纤印花机织布制，应归子目 6206.4000。

（2）对由底布与绒面或毛圈构成的纺织品不计算底布纤维重量含量，仅按绒面或毛圈中重量最大的纺织材料归类，计重方法同上。

例2：按重量计，含 65 / 35 的涤棉混纺地经，地纬为 50%，含 55 / 45 的棉涤混纺绒纬 50%，每平方米重 270 克的灯芯绒织物（幅宽 110 厘米）。

说明：对由底布与绒面或毛圈构成的纺织品不计算底布纤维重量含量，仅按绒面或毛圈中重量最大的纺织材料归类，计重方法同普通机织物。本题因绒面所含的棉花重量大于涤纶重量，故应按棉制纬起绒机织物归子目 5801.2200。

（3）对品目 58.10 的刺绣品及其制品，可见底布的只计算底布的纺织材料重量，不见底布的则计算绣线的纺织材料重量。

（4）在依照本规定办理时应酌情考虑运用归类总规则三。

例3：按重量计，100% 棉机织底布占绣品总重 45%，100% 真丝绣线占绣品总重 55% 的刺绣品。

说明：对 58.10 的刺绣品及其制品，可见底布的只计算底布的纺织材料重量，不见底布的则计算绣线的纺织材料重量。本题不计算绣线的纺织材料重量，按棉刺绣品归入子目 5810.9100。

（二）纺织产品归类方法

纺织产品归类方法是先判断待归类商品在本类哪部分，如是第一部分商品则按纤维属性及长短归入相应章次（特别注意在归类时需合并计重纤维重量时，一定先确定章，再确定品目），再按加工程度及规格归入具体列名品目及相应子目；如是第二部分商品（制成品、非纺织原料混合制产品等）则依商品的功能、用途、特征、制造方法、处理情况等归入相应章次，再依品名归入品目及未依纤维属性细分的子目，最后按纤维属性等归入依纤维属性等分类标识细分的子目。

12.2 第 50 章 蚕丝

一、本章的结构及商品范围

本章共有 7 个品目，主要包括丝的原料、落绵或其他废丝、残丝、普通丝纱线和丝绸（机织），也包括蚕胶丝和作为上述产品归类的混纺产品。本章所称"丝"，不仅包括家蚕（桑蚕）丝，也包括野蚕丝（如柞蚕丝）、蜘蛛丝、海丝及贝足丝等。

本章按商品加工程度由低至高排列品目，即按蚕茧、生丝、废料、纱线、机织物的顺序列目，各组货品分列如下：

1. 蚕茧、生丝及废丝（品目 50.01 ~ 50.03）。

2. 纱线（品目 50.04 ~ 50.06）。

3. 丝、绢丝机织物（品目 50.07）。

易误归入本章的货品主要有消毒的蚕胶丝（品目 30.06）、丝质仿肠线（品目 56.04)、丝绒（品目 58.01）、纱类（纱罗组织织造）和罗类丝织物（品目 58.03）、装有鱼钩的蚕胶丝或已制成的钓鱼线（品目 95.07）等。

二、章及子目注释提要

本章无章注释，也无子目注释。

三、商品基础知识、商品介绍及名词解释

下面将本章条文中涉及的商品、名词等作简单介绍，以便归类。

1."生丝"（品目 50.02）：

所称生丝是指未加捻的蚕丝，与丝织业不同。后者将桑蚕茧经缫丝后所得的产品叫生丝（未脱胶），包括厂丝，有白厂丝、黄厂丝之分；土丝；双宫丝。

2."蚕胶丝"（品目 50.06）：

将熟蚕杀死，取出蚕体内的绢丝腺，溶解在稀醋酸中，拉细成丝。

3."丝纱线"（品目 50.04、50.06）：

丝纱线是指加捻的蚕丝（无论是否脱胶）。

4."绢丝"（品目 50.05、50.06）：

它是以疵茧和缫丝过程中产生的废丝为原料，经绢丝纺工艺纺制的短纤纱线。品种有桑蚕绢丝和柞蚕绢丝等，多为股线。

5."细丝"（品目 50.05）：

它是指以绢丝纺末道梳棉机梳落下的长度短（一般不超过 5 厘米）、整齐度差，含绵粒杂质多的落绵为原料纺制而成的纱线。纱内纤维排列不整齐，结构疏松。细度在 333 ~ 1000 分特。表面多绵粒和毛茸，通常用于制织锦缎。

6."绢丝纺"：

用双股绢丝织成的平纹绸，与电力纺、杭纺相似。

7."绵绸"：

用细丝织制的织物，多采用平纹组织织造。绵绸表面满布不规则绵粒，具有呢的风格，有误称其为疙瘩绸的。

8."真丝"：

真丝又名桑蚕丝。

9."古香缎"：

中国传统的丝织物，与织锦缎齐名。是由真丝经与有光人丝纬交织的熟织提花织物，题材多为风景、亭、台、楼、阁等，色彩淳朴古色古香而故名。归类时按普通机织物归类。

10"香云纱"：

香云纱俗称莨绸、云纱，是一种用广东特色植物薯莨的汁水对桑蚕丝织物涂层、再用珠三角地区特有的含矿河涌塘泥覆盖、经日晒加工而成的一种昂贵的纱绸制品。由于穿着走路会"沙沙"作响，所以最初叫"响云纱"，后人以谐音叫作"香云纱"。香云纱是世界纺织品中唯一用纯植物染料染色的丝绸面料，被纺织界誉为"软黄金"。

商品归类练习题

1. 真丝练白电力纺（坯绸；幅宽110厘米）

2. 双宫丝（未加捻）

3. 绢丝（100％真丝；非供零售用）

4. 粉色绵绸（幅宽大于30厘米）

5. 纯桑蚕丝金丝绒（幅宽110厘米，经起绒织物）

6. 纯桑蚕丝印花双绉（幅宽110厘米）

7. 蚕胶丝（100％柞蚕丝；非供零售用）

8. 香云纱，我国特有的一种绸布，以上等桑蚕丝机制成布（幅宽大于30厘米）天然染料染色，再经河中黑泥涂抹，漂洗，曝晒，反复多次而成（幅宽110厘米）

12.3 第51章 羊毛、动物细毛或粗毛；马毛纱线及其机织物

一、本章的结构及商品范围

本章共有13个品目，主要包括毛纺纤维原料（羊毛、其他动物细毛或粗毛）、普通纱线及呢绒（机织），也包括作为本章产品归类的混纺（或混合）材料产品和马毛纱线及机织物。

本章按照商品加工程度由低至高排列品目，即按纤维、废料、已梳纤维、纱线、机织物的顺序列目，各组货品分列如下：

1. 羊毛、动物细毛或粗毛及废料（品目51.01～51.05）。

2. 羊毛、动物细毛或粗毛及马毛的纱线（品目51.06～51.10）。

3. 羊毛、动物细毛或粗毛及马毛的机织物（品目51.11～51.13）。

易误归入本章的货品主要有马毛及废马毛（品目05.11）；长毛绒（品目58.01）；加工后供制假发或类似品的羊毛（品目67.03）；制刷用成束兽毛（品目96.03）等。

二、章及子目注释提要

本章有3条章注释，无子目注释。

章注1～3依次解释了本目录所称"羊毛""动物细毛"和"动物粗毛"的含义。

三、商品基础知识、商品介绍及名词解释

下面将本章条文或注释中涉及的商品、名词等作简单介绍，以便归类。

1. "羊毛"（第 51 章）：

它指绵羊或羔羊身上的天然纤维。

2. "含脂羊毛"（品目 51.01）：

它一般包括原毛等未经水洗或其他方法清洗的羊毛。

3. "脱脂羊毛"（品目 51.01）：

它包括洗净毛或水洗毛,指经热水洗涤、热水及肥皂或其他洗剂,或碱性溶液洗涤,或其他化学或物理方法除去大部分或全部羊毛脂的羊毛。

4. "碳化羊毛"（品目 51.01）：

化学除草又称碳化,原毛通过浸酸使混入的草类变为易碎的碳质与羊毛分离而成的羊毛为碳化羊毛。

5. "动物细毛"及"动物粗毛"（品目 51.02）：

羊驼、美洲驼、驼马、骆驼（包括单峰骆驼）、牦牛、安哥拉山羊、西藏山羊、喀什米尔山羊及类似山羊（普通山羊除外）、家兔（含安哥拉兔）、野兔、海狸、河狸鼠或麝鼠的毛称为动物细毛;将马毛及制刷用鬃、毛以外的本部分未提及的其他动物的毛称作动物粗毛。其中动物细毛包括的喀什米尔山羊绒是指山羊的下层细软绒毛（羊绒）,不必考虑饲养动物的地区。

6. "精梳毛条"（品目 51.05）：

将洗净毛和毛加油、梳理、理条针梳(3 道)、精梳、整条针梳,再经洗涤烘干制成纤维平行伸直,去除了大部分过短纤维、草刺、毛粒和杂质,具有一定单位重量(一般为 20 克／米)的条子,最后绕成毛球即为成品精梳毛条。

7. "精梳片毛"（品目 51.05）：

精梳片毛亦称散装精梳羊毛、洗净除籽羊毛或开松毛条。一般利用精梳毛纺部分机器,通过机械方法清除洗净羊毛中的植物杂质,将精梳后的长毛条,经牵伸并拉断成不规则膨松毛片即为成品精梳片毛。

8. "粗梳毛纱"（第 51 章）：

用长度在 55 毫米以下的羊毛,并可混用部分回用毛,按粗梳毛纺工艺纺制的毛纱,多为单纱,适于织造较厚重的绒面和呢面织物。

9. "精梳毛纱"（第 51 章）：

用长度在 55 毫米以上优质细羊毛作原料,按精梳毛纺工艺纺制的毛纱,多为股线,适于织造细薄毛织物。

10. "粗纺呢绒"（品目 51.11）：

粗纺呢绒是用粗梳毛纱织制的毛织品,粗纺呢绒分为麦尔登类、大衣呢类、海军呢类、制服呢类、女式呢类、法兰绒类、粗花呢类、大众呢类和其他类九类。

11. "精纺呢绒"（品目 51.12）：

用精梳毛纱织制的毛织品，精纺产品分哔叽类和啥味呢类、华达呢类、中厚花呢类（195～315克/平方米）、凡立丁和派力司类、女衣呢类、贡呢类（马裤呢、巧克丁、驼丝锦等）、薄花呢类（195克/平方米以下）、其他类八类。

四、部分品目介绍

下面将本章部分品目的商品范围介绍如下：

品目51.11和51.12不包括：

1. 经过药物浸涂或供零售用的绷带（品目30.05）。

2. 品目59.11的技术上用的机织物。

商品归类练习题

1. 散装未梳碳化绵羊毛（新西兰产）

2. 绵羊套毛（新西兰）

3. 蓝色机织物，按重量计含40%合成纤维短纤维，35%精梳羊毛，25%的粗梳动物细毛（每平方米210克；幅宽180厘米）

4. 喀什米尔山羊绒（未梳）

5. 混色中灰精纺机织物，按重量计含有50%绵羊毛，50%涤纶短纤维（200克/平方米；幅宽180厘米）

6. 精梳纯喀什米尔山羊绒纱线（非供零售用）

7. 黑色机织物，按重量计含50%涤纶短纤维，25%精梳绵羊毛，25%的粗梳骆驼绒毛（300克/平方米；幅宽180厘米）

8. 纯羊毛纱线织造的派力司织物（精纺毛织物；170克/平方米；幅宽180厘米）

9. 纯羊毛纱线织造的哔叽织物（精纺毛织物；150克/平方米；幅宽180厘米）

10. 纯羊毛大衣呢织物（粗纺毛织物；560克/平方米；幅宽180厘米）

11. 绕成团的32公支粗梳多股羊毛绒线，每盒500克，有6个线团

12. 精梳动物细毛机织物制成的绷带（已浸涂药物，医用）

12.4 第52章 棉花

一、本章的结构及商品范围

本章共有12个品目，主要包括棉花、废棉、已梳棉、普通棉纱线和普通棉机织物，也包括作为上述产品归类的混纺产品。本章按照商品加工程度由低至高排列品目，即按纤维、废料、已梳纤维、纱线、机织物的顺序列目，各组货品分列如下：

1. 未梳棉、废棉、已梳棉（品目52.01～52.03）；

商品归类基础

2. 棉缝纫线及零售与非零售的棉纱线（品目 52.04 ~ 52.07）；

3. 各种棉机织物（品目 52.08 ~ 52.12）。

易误归入本章的货品主要有棉短绒（品目 14.04）；经药物浸渍或零售用的药棉和绷带（品目 30.06）、灯芯绒和平绒（品目 58.01）、毛巾布（品目 58.02）等。

二、章及子目注释提要

本章无章注释，有 1 条子目注释。

子目注释对子目 5209.42 及 5211.42 所称"粗斜纹布"做出了明确定义。

三、商品基础知识、商品介绍及名词解释

下面将本章条文或注释中涉及的商品、名词等作简单介绍，以便归类。

1. "梳棉纱"（第 52 章）：

用传统棉纺设备，不经精梳工序而纺成的棉纱，条干均匀度和光泽均较差，棉结杂质较多。

2. "精梳棉纱"（第 52 章）：

以高级棉纤为原料，采用精梳棉纺工序纺制的纱线。纱线表面光洁、条干均匀，品质优于梳棉纱和废纺纱。

3. "粗斜纹布（劳动布）"（子目 5209.42 及 5211.42）：

必须符合①组织循环纱线数是三或四；②采用斜纹或破斜纹组织织造的经面织物；③单一颜色的经纱，未漂白、漂白、灰色或比经纱稍浅颜色的纬纱等条件。

4. "府绸"：

采用高经密（经密大于纬密一倍左右）平纹或平纹底小提花组织织造的高档棉织物品种，织物表面具有由经纱凸起构成的明显的菱形颗粒。

5. "哔叽、卡其、华达呢"：

选用三线或四线斜纹组织织造的三个品种，三者的差别在于纱支粗细及密度不同。

6. "劳动布"（品目 52.09 和 52.11）：

劳动布（又称粗斜纹布），是指用不同颜色的纱线织成的三线或四线斜纹织物，包括破斜纹组织的织物，这种组织以经纱为面，经纱染成一种相同的颜色，纬纱未漂白或经漂白、染成灰色或比经纱稍浅的颜色。

四、部分品目介绍

下面将本章部分品目的商品范围介绍如下：

（一）品目 52.01 和 52.02

本品目不包括絮胎（品目 30.05 或 56.01）。

（二）品目 52.08 和 52.10

本品目不包括：

1. 经过药物浸涂或供零售用的绷带（品目 30.05）；

2. 品目 58.01 的机织物；

3. 毛巾织物及类似的毛圈织物（品目 58.02）；

4. 纱罗（品目 58.03）；

5. 品目 59.11 的技术上用的机织物。

商品归类练习题

1. 印花平纹机织物，按重量计含有 55% 棉花，45% 的涤纶短纤维（210 克 / 平方米；幅宽 110 厘米）

2. 磨蓝纯棉牛仔布（270 克 / 平方米，幅宽为 110 厘米）

3. 棉涤纶三线斜纹布，按重量计含棉 50%，涤纶短纤维 50%（漂白纱线和蓝色纱线交织而成；210 克 / 平方米；幅宽 110 厘米）

4. 精梳多股纱线，按重量计含有 55% 棉花，45% 的腈纶短纤维（每根单纱细度为 97 分特；非零售；非缝纫线）

5. 粗纱（100% 棉纤维构成）

6. 彩色棉花，是采用现代生物工程技术培育出来的一种在棉花吐絮时纤维就具有天然色彩的新型纺织原料

7. 纯棉平纹布（100 克 / 平方米；未漂白；幅宽为 110 厘米）

8. 机织纯棉毛巾织物（270 克 / 平方米；印花；幅宽为 110 厘米）

9. 由橡胶将平行的未漂白棉纱线黏合而成的无纬织物（1450 克 / 平方米；幅宽为 110 厘米；制输送带用）

10. 纯棉花格细纺（平纹机织物；100 克 / 平方米；幅宽 110 厘米）

11. 纯棉劳动布（经纱藏蓝色，纬纱浅灰色；织物重为 210 克 / 平方米；幅宽 110 厘米）

12.5 第 53 章 其他植物纺织纤维；纸纱线及其机织物

一、本章的结构及商品范围

本章共有 10 个品目，主要包括除棉以外的各种植物纺织材料的原料（如麻、作纺织用的泥炭纤维）、普通纱线和普通机织物，以及作为本章产品归类的混合（或混纺）纺织材料和纸纱线及其机织物。本章按照商品加工程度由低至高排列品目，即按纤维、废料、已梳纤维、纱线、机织物的顺序列目，各组货品分列如下：

1. 麻类植物及各种纺织用植物纤维（品目 53.01 ～ 53.03、53.05）；

2. 各种植物纤维纱线及纸纱线（品目 53.06 ～ 53.08）；

3. 植物纤维机织物及纸纱线机织物（品目 53.09 ～ 53.11）。

易误归入本章的货品主要有未经加工的泥炭纤维（品目 27.03）；纸条交织而成的机织物（品目 46.01）；符合线、绳、索、缆定义的麻绳（品目 56.07）；废碎绳索缆（第 63 章）等。

二、章及子目注释提要

本章无章注释，也无子目注释。

三、商品基础知识、商品介绍及名词解释

下面将本章条文或注释中涉及的商品、名词等作简单介绍，以便归类。

1. "亚麻"（品目 53.01）：

亚麻属植物有很多品种，最著名的是亚麻。亚麻纤维是在植物体上由植物胶质紧密粘合的成束韧皮。用于纺织工业时，须将纤维相互分开，还须将纤维与植物的其他部分分开，特别是与内层的木质部分分开。

2. "大麻打成麻"（品目 53.02）：

即已分离的大麻纤维，有时长度达 2 米以上，经打麻后从大麻茎上分离出来。

3. "椰壳纤维"（品目 53.05）：

椰壳纤维是从椰子的外层覆盖物获得的，粗糙性脆，棕色，成团或成束。

四、部分品目介绍

下面将本章部分品目的商品范围介绍如下：

（一）品目 53.06

本品目不包括含金属纱线，含任何比例金属线的亚麻纱线都不归入本品目（品目 56.05）。

（二）品目 53.09

本品目不包括经药物浸涂或供零售用的绷带（品目 30.05）。

五、其他归类时容易混淆或忽视的地方

下面的内容是本章及其相关商品归类时容易混淆或忽视的地方，应该注意掌握。

1. 有些植物只有在经过加工确实作纺织纤维用时才归入本章，如木棉等。

2. 纸纱线是指将潮湿的纸条纵向搓捻而得的单纱及由两根或两根以上单纱合股而成的纸多股纱线，应归入子目 5308.9091。

3. 简单地纵向一次或多次折叠的纸应归入第 48 章；用金属包覆的纸纱线应归入品目 56.05。

商品归类练习题

1. 本色机织物，按重量计含 35％亚麻，25％苎麻，40％涤纶短纤维（210 克/平方米；

幅宽 110 厘米）

　　2. 紧密编织黄麻绳

　　3. 亚麻纤维（打成麻）

　　4. 成团的椰壳纤维

　　5. 用金属包覆的纸纱线

　　6. 玉米纤维短纤（以玉米淀粉发酵制得的乳酸为原料，经聚合成聚乳酸，再经纺丝而成纤维）

12.6 第 54 章 化学纤维长丝；化学纤维纺织材料制扁条及类似品

一、本章的结构及商品范围

　　本章共有 8 个品目，主要包括化学纤维长丝纱线及其普通机织物、化学纤维纺织材料制扁条以及作为上述产品归类的混纺材料。本章按照商品加工程度由低至高排列品目，即按纱线、机织物的顺序列目，各组货品分列如下：

　　1. 化纤长丝纱线；化学纤维纺织材料制扁条及类似品（品目 54.01 ~ 54.06）。

　　2. 化学纤维长丝机织物；化学纤维纺织材料制扁条及类似品机织物（品目 54.07 ~ 54.08）。

　　易误归入本章的货品主要有消毒的合成纤维单丝（品目 30.06）；截面尺寸超过 1 毫米或表观宽度超过 5 毫米的化学纤维纺织材料制扁条及类似品（第 39 章）及其编结物（品目 46.01）；化学纤维长丝丝束（品目 55.01 ~ 55.04）；化学纤维长丝废料（品目 55.05）；起绒组织机织物（品目 58.01）；带鱼钩或以其他方式制成钓鱼线的化学纤维单丝（品目 95.07）；供制刷用的成束或成簇的材料（品目 96.03)。

二、章及子目注释提要

　　本章有 2 条章注释，无子目注释。

　　1. 章注 1 对本目录所称"化学纤维""合成纤维""人造纤维"做出了明确定义；强调"化学纤维"不适用于"化学纤维纺织材料制扁条及类似品"。

　　2. 章注 2 明确了品目 54.02 及 54.03 不适用的货品。

三、商品基础知识、商品介绍及名词解释

　　下面将本章条文或注释中涉及的商品、名词等作简单介绍，以便归类。

　　1."化学纤维"：

　　本目录所称"化学纤维"，是指通过下列任一方法加工制得的有机聚合物的短纤或长丝。

　　（1）合成纤维：将有机单体物质加以聚合而制成聚合物；或通过上述加工将聚合物经化学改性制得。常见的合成纤维包括锦纶，也叫尼龙（聚酰胺）、涤纶（聚酯）、腈纶（聚丙烯腈）、丙纶（聚丙烯）、聚氨基甲酸酯。

（2）人造纤维：将天然有机聚合物（纤维素）溶解或化学处理制成聚合物；或将天然有机聚合物经化学改性制成聚合物，又如，醋酸纤维素纤维或藻酸盐纤维。常见的人造纤维包括粘胶、醋酸、铜氨、天丝（Tencel）、莫代尔（Modal）。

品目 54.04 或 54.05 的扁条及类似品不视作化学纤维，视做"化学纤维纺织材料"，所称"化学纤维""合成纤维"及"人造纤维"的含义如上述（1）、（2）解释。

2．"合成纤维和人造纤维的短纤或长丝"（第 54 章、第 55 章）：

化学纤维长丝与短纤的区别在于：长丝是化学纤维纺丝加工得到的连续丝条，未经过切断工序，分为单丝和复丝。短纤是化学纤维纺丝加工得到连续丝条后，将丝束切断而成的各种长度规格的短纤维，例如，毛型、棉型等。

3．"聚酯纤维"（第 54 章、第 55 章）：

由二元酸与二元醇缩聚而成的聚酯，经纺丝所得的合成纤维，因含有酯基而得名。工业化大量生产的是聚对苯二甲酸乙二酯纤维，我国叫涤纶。

4．"聚酰胺纤维"（第 54 章、第 55 章）：

分子主链上都含有酰胺基，因此叫聚酰胺纤维。国内被命名为锦纶。（本目录称为尼龙）。

5．"聚丙烯腈纤维"和"变性聚丙烯腈纤维"（第 54 章、第 55 章）：

聚丙烯腈纤维是在高分子组成中，按重量计丙烯腈单元至少为 85% 的线型高分子纤维，我国叫腈纶；变性聚丙烯腈纤维是在高分子组成中丙烯腈单元大于或等于 35% 而小于 85% 的线型高分子纤维。变性腈纶主要指腈氯纶和偏氯腈纶两种纤维。

6．"氨纶"（第 54 章）：

聚氨基甲酸酯纤维的简称又称"莱卡"，我国叫氨纶；它的弹性好，伸长率可达 500%，俗称"橡筋丝"。

7．"天丝"（第 54 章、第 55 章）：

天丝是指由木质浆粕为原料制造的人造纤维素纤维。

8．"醋酯纤维"（第 54 章、第 55 章）：

由纤维素在醋酸酐的作用下发生酯化反应生成纤维素醋酸酯，再经纺丝而成纤维素醋酸酯纤维，简称"醋酯纤维"，又叫"醋酸纤维"。

9．"变形纱线（加工丝）"（第 54 章）：

用机械或物理方法，使长丝纱线改变几何形状，获得与短纤维纱线有关特性的加工工艺称为"变形"或"加工"，变形加工后得到的产物称作变形纱线或加工丝。变形加工使长丝纱中的每根光滑纤维变为卷曲、皱缩、起圈、膨松等非线形状，在拉力下变形纱线会被部分或全部拉直，一旦撤去外力变形即得到恢复。

10．"弹力丝"（第 54 章）：

有高弹丝和低弹丝之分，是利用合成纤维的热塑性，将预取向丝或全拉伸丝等原丝制成弹簧形状而获得弹性的长丝变形纱线，低弹丝也叫变性弹力丝，通常叫做定型弹力丝或纱。

11."空气变形丝（ATY丝）"（第54章）：

它是一种高膨松性的变形纱线亦称作长丝膨体纱。多用有捻丝为原料制取。高速喷吹的气流将超喂的有捻长丝解捻，被分散的各根单丝离开复丝中心，在复丝表面形成许多酷似短纤维毛羽的细小毛圈，由于圈结的形成，复丝便缩短，复丝的张力增加，并使突出于复丝表面的圈结固定于复丝的表面，由于多根单丝相互缠结及捻度的恢复共同作用，从而保证了变形纱线圈结的稳定，纱的外表像短纤纱，且具有较高的膨松性。

12."预定向丝（POY丝）"（第54章）：

它是由分子部分取向的纤维构成的长丝纱线，有较大的塑性，在拉伸外力下可伸长至原长的一倍以上，并易被拉断，不直接用于织造，常需要经过拉伸和拉伸—变形工序，制成加工丝后再使用。常用品种为涤纶POY丝，应归入子目5402.4600。

13."加工丝织物（变形长丝织物）"（第54章）：

主要包括：低弹涤纶丝仿毛织物（俗称弹力呢），品种较多，主要有哔叽、华达呢、嵌条呢、牙签呢等；弹力丝仿中厚型丝织物，品种主要有涤弹绫、涤松绫；中长弹力呢织物，经涤粘中长混纺纱，纬涤纶弹力丝织制的仿毛织物；化学纤维仿纱型织物，用仿纱型变形丝织制。

四、部分品目介绍

下面将本章部分品目的商品范围介绍如下：

（一）品目54.07

本品目不包括：

1. 经药物浸涂或供零售用的绷带（品目30.05）。

2. 用截面尺寸超过1毫米的合成纤维单丝或表观宽度超过5毫米的合成纤维纺织材料制扁条或类似品织造的机织物（品目46.01）。

3. 合成纤维短纤机织物（品目55.12至55.15）。

4. 品目59.02的帘子布。

5. 品目59.11的技术上用的机织物。

（二）品目54.08

本品目不包括：

1. 经药物浸涂或供零售用的绷带（品目30.05）。

2. 用截面尺寸超过1毫米的人造纤维单丝或表观宽度超过5毫米的人造纤维纺织材料制扁条或类似品织造的机织物（品目46.01）。

3. 人造纤维短纤机织物（品目55.16）。

4. 品目59.02的帘子布。

5. 品目 59.11 的技术上用的机织物。

五、其他归类时容易混淆或忽视的地方

下面的内容是本章及其相关商品归类时容易混淆或忽视的地方，应该注意掌握。

注意区分弹力丝和"弹性纱线"。

六、归类原则

（一）单丝和扁条的归类（第 39 章或第 54 章）

圆形或异形截面的单根连续的化纤长丝称作单丝。单丝直径≤1 毫米或扁条的表观宽度不超过 5 毫米，应作为单丝或化学纤维纺织材料制扁条及类似品归入第 54 章；否则按塑料归入第 39 章。

（二）"弹性纱线"及其相关产品的归类

1. "弹性纱线"按纺织商品归类。

2. 天然乳胶裸丝按橡胶归类。

商品归类练习题

1. 粘胶空气变形丝（仿麻型纱线；捻度超过每米 120 转；非缝纫线；非零售用）

2. 用 5 毫米宽的聚丙烯扁条交织成的席料，宽度大于 30 厘米

3. 浸渍橡胶的尼龙 6-6 高强力纱（断裂强度为 70cN／tex）

4. 印花涤纶丝双绉（幅宽 110 厘米）

5. 用金属线增强的锦纶 6-6 丝多股纱线（单纱细度 50 特克斯）

6. 蓝色涤纶丝织的丝绸（幅宽 110 厘米；所用纱线断裂强度为 60 厘牛顿/特克斯）

7. 丙纶弹力丝（非零售用；非缝纫线）

8. 涤纶弹力丝织物（黑色；幅宽 110 厘米）

9. 蓝色机织物，按重量计含有 35％的合成纤维长丝、25％的合成纤维短纤维、40％的精梳羊毛（幅宽 110 厘米）

10. 一种金拉线，又称烟用拆封拉带，材料是涂有特种黏合剂的聚丙烯，主要用于开拆包装卷烟条盒和小盒的薄膜，也可用于光碟、扑克等外包装薄膜的拆封，厚 $25\mu m$，宽 2.5mm，长 5000m

12.7 第 55 章 化学纤维短纤

一、本章的结构及商品范围

本章共有 16 个品目，主要包括化学纤维长丝丝束、化学纤维短纤、普通纱线和

普通机织物，以及可作为化学纤维短纤产品归类的混纺产品。还包括化学纤维长丝或短纤的废料（包括落棉、废纱和拉松的废碎化学纤维布）。本章按商品加工程度由低至高排列品目，即按照化学纤维长丝丝束、短纤维、废料、已梳纤维、纱线、机织物的顺序列目，各组货品分列如下：

1. 化学纤维长丝丝束、化学纤维短纤、化纤废料（品目 55.01 ~ 55.07）。

2. 化学纤维短纤纱线（品目 55.08 ~ 55.11）。

3. 化学纤维短纤机织物（品目 55.12 ~ 55.16）。

易误归入本章的货品主要有长度不超过 5 毫米的化学纤维屑（子目 5601.30）；灯芯绒、平绒和长毛绒（品目 58.01）；毛巾布（品目 58.02）等。

二、章及子目注释提要

本章有 1 条章注释，无子目注释。

章注释 1 阐述了仅适于品目 55.01 和 55.02 的货品范围及其规格要求。

三、商品基础知识、商品介绍及名词解释

下面将本章条文或注释中涉及的商品、名词等作简单介绍，以便归类。

1. "化学纤维长丝丝束"（品目 55.01 ~ 55.02）：

仅适用于每根单丝与丝束长度相等且相互平行的化学纤维构成的丝束，并必须同时符合以下规格：

（1）丝束长度超过 2 米。

（2）捻度每米少于 5 转。

（3）每根长丝细度在 67 分特以下。

（4）合成纤维长丝丝束必须经过拉伸，即本身不能被拉伸至超过本身长度的一倍;

（5）丝束的总细度必须大于 20 000 分特。

2. "化学纤维废料"（品目 55.05）：

它既包括短纤维废料，也包括长丝废料。

3. "聚苯硫醚纤维"（子目 5506.9010）：

国外商品名称赖顿。由聚苯硫醚树脂采用常规的熔融纺丝方法，然后在高温下进行后拉伸、卷曲和切断制得。制品主要用于高温烟道气和特殊热介质的过滤，造纸工业的干燥带以及电缆包胶层和防火织物等。

四、部分品目介绍

下面将本章部分品目的商品范围介绍如下：

品目 55.12、55.13、55.15 和 55.16。

本品目不包括：

经过药物浸涂的或供零售用的绷带（品目 30.05）。

五、其他归类时容易混淆或忽视的地方

需要注意本章货品多数是为替代天然短纤维的同类产品而生产的，与前几章的货品本质的不同往往只在所用原料上，具体归类时要排除品名的干扰。

商品归类练习题

1.经过拉伸加工的聚酯纤维长丝丝束，丝束长100米，3捻/米，单丝细度为60分特，丝束细度为21 000分特

2.腈纶棉（腈纶短纤维）

3.涤纶纤维条

4.印花平纹布，按重量计含棉30%，亚麻40%，涤纶短纤维30%（210克/平方米；幅宽110厘米）

5.毛粘藏蓝海军呢，按重量计含绵羊毛和兔毛各25%，粘胶短纤50%（幅宽110厘米）

6.毛涤银枪大衣呢（按重量计含羊毛和马海毛50%，涤纶短纤50%；幅宽110厘米）

7.色织平纹精纺机织物，按重量计，含羊毛45%、粘胶短纤维30%、锦纶短纤维25%、210克/平方米（幅宽180厘米）

8.按重量计含涤纶短纤维50%，醋酸短纤维25%，粘胶纤维短纤维25%，170克/平方米的四线斜纹色织机织物（幅宽110厘米）

12.8 第56章 絮胎、毡呢及无纺织物；特种纱线；线、绳、索、缆及其制品

一、本章的结构及商品范围

本章共有9个品目，主要包括絮胎、毡呢、无纺织物等非织造类纺织物；特种纱线及线、绳、索、缆及其制品等具有专门特性的纺织品。本章按照商品的特性将货品分成两个组，各组再按照加工程度由低至高排列品目，各组货品分列如下：

第一组：纤维屑；纤维制品。

1.纺织材料絮胎及其制品（品目56.01）；

2.非织造类纺织物（品目56.02～56.03）。

第二组：线型纺织商品。

1.特种纱线（品目56.04～56.06）；

2.线、绳、索、缆及其制品（品目56.07～56.08）；

3.用线型纺织商品制的其他纺织商品（品目 56.09）。

易误归入本章的货品主要有用香水（第 33 章）、洗涤剂（第 34 章）等浸渍、涂布、包覆的絮胎、毡呢或无纺织物（应归入相应制剂所属的章）；刚性的合成革（第 39 章）；纺织材料仅起增强作用的泡沫塑料或海绵橡胶板、片或扁条（第 39 章或第 40 章）；完全嵌入塑料或橡胶内的无纺织物（第 39 章或第 40 章）；以毡呢或无纺织物为底的纱布及类似品（品目 68.05）、黏聚云母（品目 68.14）以及金属箔（第十四类或第十五类）。

二、章及子目注释提要

本章有 4 条章注释，无子目注释。

1.章注 1 是排他条款，列出了不能归入本章的 6 类货品。

2.章注 2 明确了本目录所称"毡呢"适用的货品范围。

3.章注 3 阐述了品目 56.02 及 56.03 各自包括的货品范围以及不适用的货品类别。

4.章注 4 明确了 56.04 不适用的货品特征及其范围。

三、商品基础知识、商品介绍及名词解释

下面将本章条文或注释中涉及的商品、名词等作简单介绍，以便归类。

1."纺织材料絮胎"（第 56 章）：

它是由粗梳纺织纤维（常为棉纤维或人造纤维短纤）网或气流成网法制成的网，经层层相叠加，然后靠压紧增强纤维间抱合力而制成的片状物，呈极为蓬松的柔韧海绵状。主要用于衬垫（例如，用于制垫肩、衣服衬里、首饰盒垫等，用于家具及烫衣机），用作包装材料或用于卫生方面。

2."长度不超过 5 毫米的纺织纤维（纤维屑）及纤维粉末"（第 56 章）：

"纺织纤维屑"由长度不超过 5 毫米的纺织纤维（蚕丝、羊毛、棉、化学纤维等）构成。纤维粉末是从废料中获得的，或是把纺织纤维磨成粉末获得。

3."毡呢"（第 56 章）：

将用纺络法除外的机械加固法制的非织造布称作毡呢，例如毛毡、针刺毡、无纱线纤网型缝编织物、纤网 – 底布毛圈型缝编织物等。

4."无纺织物"（品目 56.03）：

将喷水（纺络）法非织造布和主要以化学和热黏合加固成布法制的非织造布视作无纺织物。

5."丝质仿肠线"（子目 5604.90）：

以硬质胶、黏胶液或塑料制的重浆料处理捻丝所得的形如蚕胶丝的线。（现在也有化学纤维长丝为原料的产品）。

6."绳绒线"（品目 56.06）：

由饰纱与芯纱构成，饰纱垂直于芯纱，在芯纱表面形成垂直于芯纱的直立的绒毛的花式线，如雪尼尔线。

7. "粗松螺旋花线"（品目 56.06）：

由芯纱与饰纱构成，饰纱绕着芯纱加捻（芯纱不与饰纱一起加捻）的花式线。

8. "合成革"（第 56 章）：

以合成纤维无纺布为底布，经聚酰胺或聚氨酯等涂层加工或贴膜而成的非刚性仿皮革织物。

四、部分品目介绍

下面将本章部分品目的商品范围介绍如下：

（一）品目 56.01

本品目不包括以下絮胎制品：

1. 经过药物浸涂的或制成零售包装的医疗、外科、牙科或兽医用的絮胎及其制品（品目 30.05）。

2. 用各种物质或制剂 [例如，香水或化妆品（第 33 章）、肥皂或洗涤剂（品目 34.01）、光洁剂及类似制剂（品目 34.05）、织物柔软剂（品目 38.09）] 浸渍、涂布或包覆的絮胎，其中的纺织材料仅作为承载介质。

3. 人造花、叶或果实及其零件（品目 67.02）。

4. 加香料的纺织纤维屑及粉末（品目 33.07）。

（二）品目 56.02

本品目不包括以下絮胎制品：

1. 用各种物质或制剂 [例如，香水或化妆品（第 33 章）、肥皂或洗涤剂（品目 34.01）、光洁剂及类似制剂（品目 34.05）、织物柔软剂（品目 38.09）] 浸渍、涂布或包覆的毡呢，其中的纺织材料仅作为承载介质。

2. 马鞍座布及鞍垫（品目 42.01）。

3. 第 57 章的毡呢地毯及其他毡呢的铺地制品。

4. 品目 58.02 的簇绒毡呢。

5. 刺绣毡呢，成匹、成条或成小块图案的毡呢刺绣品（品目 58.10）。

五、其他归类时容易混淆或忽视的地方

下面的内容是本章及其相关商品归类时容易混淆或忽视的地方，应该注意掌握。

1. 纺织纤维屑及粉末即使经漂白、染色，或纤维经人工卷曲，仍归入品目 56.01。切勿将本品目的纤维屑与用碎布料制成的用于填充被褥或靠垫等的毛屑相混淆，后者应归入第 50 章至第 55 章中适当的"废料"品目中。

2. 应该注意某些货品是因为在构成上有非纺织材料才归入本章的，例如丝制仿肠线；某些货品是因为结构特殊才归入本章的，例如绳绒线。此外本章不包括絮胎制的卫生巾及止血塞、婴儿尿布或尿布垫及类似卫生用品（品目 96.19）。

六、归类原则

（一）"含金属纱线"及其相关产品的归类

由金属与纺织材料（含纸纱线）构成的装饰性纱线被称为含金属纱线。本目录允许金属以任何形态、选用任何比例、采用任何方式，与纺织材料制成任何结构的含金属纱线。用金属线增强的纱线不能视为含金属纱线，而应作为线、绳、索、缆归入品目56.07。以纯黄金、白银制得的金银线属第十四类商品。

（二）帘子线的归类

帘子线是指用于制作轮胎等橡胶制品骨架的织物帘子布的经线的强力股线。产品有上胶与未上胶之分，上胶的帘子线属第56章商品，未上胶的帘子线符合高强力纱定义的按高强力纱线归类，否则视同普通纱线归类。

（三）纱线、线、绳、索、缆的归类（详见下表）

纱线、线、绳、索、缆归类表

种类	确定归类的特征	应归品目或章
用金属线加强	任何情况	56.07
含金属纱线	任何情况	56.05
粗松螺旋花线（马毛粗松螺旋花线和含金属纱线除外）绳绒线及纵行起圈纱线	任何情况	56.06
编织纺织纱线	1. 紧密编结的，结构密实的 2. 其他	56.07 58.08
丝或绢丝制	1. 细度在20 000分特及以下 2. 细度在20 000分特以上	第50章 56.07
羊毛或其他动物毛制	任何情况	第51章
亚麻或大麻制	1. 加光或上光的： (1) 细度在1429分特及以上 (2) 细度在1429分特以下 2. 未加光或上光的： (1) 细度在20 000分特及以下 (2) 细度在20 000分特以上	第53章 56.07
椰壳纤维制	1. 一股或两股 2. 三股及以上	53.08 56.07
棉或其他植物纤维制	1. 细度在20 000分特及以下 2. 细度在20 000分特以上	第52章或第53章 56.07
化学纤维（包括第54章的两根及多根单丝制的纱线）制	1. 细度在10 000分特及以下 2. 细度在10 000分特以上	第54章或第55章 56.07

例：粘胶纤维短纤纺制的多股纱线，12 000分特。

说明：从第十一类类注3（1）2中（见纱线、线、绳、索、缆的归类表）得

知：细度在 10 000 分特以上的化学纤维纱线，应作为"线、绳、索、缆"归入品目
56.07。本题商品细度为 12 000 分特，依据该规定符合线、绳、索、缆的规格要求，
应作为线、绳、索、缆归类，最终归入子目 5607.9090。

商品归类练习题

1. 涤纶纤维针刺毡片（经浸渍处理；幅宽 2 米）

2. 絮胎制的止血塞

3. 裁切成长方形的锦纶短纤维无纺织物制床单（70 克 / 平方米）

4. 聚酯薄膜真空镀铝扁条（表观宽度为 1 毫米）

5. 雪尼尔线（腈纶短纤维制）

6. 聚丙烯纤维长丝多股纱线（细度 100 特，捻度 >50 转 / 米；非零售），用金属
线增强

7. 锦纶丝紧密编织结构绳（细度 100 特；非零售）

12.9 第 57 章 地毯及纺织材料的其他铺地制品

一、本章的结构及商品范围

本章共有 5 个品目，主要包括使用时以纺织材料作面的地毯及其他纺织材料铺地
用品及具有纺织材料铺地用品特征（如厚度、硬挺度及强度），但当作其他用途使用的
物品（挂在墙上、铺在桌面上或作其他装饰用等）。本章物品可以是制成的（如直接制
成一定尺寸并镶边、加穗的方形地毯），也可以是呈大段供剪裁铺设的成幅地毯料。
对地毯及铺地品可以经浸渍处理、或用机织物、无纺织物、海绵橡胶或泡沫塑料等材
料衬背。本章按照加工方法分列品目，即按照结织地毯——机织地毯——簇绒地毯——
毡呢地毯——其他地毯的顺序列目。

易误归入本章的货品主要有铺地制品衬垫（按其构成材料归类）；手工针绣嵌花
装饰毯（品目 58.05）；以织物为底布用其他材料涂布或盖面的铺地制品（如列诺伦
应归入品目 59.04）等。

二、章及子目注释提要

本章有 2 条章注释，无子目注释。

1. 章注 1 对本章所称"地毯及纺织材料的其他铺地制品"做出了明确定义。

2. 章注 2 强调本章不包括铺地制品衬垫。

三、商品基础知识、商品介绍及名词解释

下面将本章条文或注释中涉及的商品、名词等作简单介绍，以便归类。

1."铺地制品衬垫"：

铺地制品衬垫是指置于地板与地毯之间的粗糙织物或毡呢衬垫，不能视为地毯。

2."结织栽绒地毯"（品目 57.01）：

指绒纬至少在一根紧经上绕一圈呈打结或扭绞状，然后竖立形成地毯绒面，并由紧地纬将绒纱固定的地毯。

3."机织地毯"（品目 57.02）：

它主要是指用双层毛圈织机或装有钢丝起圈装置织机所制成的带毛圈铺地织物，一般由纬纱与毛经与地经组成，其毛圈靠经纱构成，然后将毛圈经割绒后即成为绒头地毯。

四、归类原则

地毯及铺地用品的归类原则：

1. 超过 100 年，十分珍稀有收藏价值的地毯归第 97 章。

2. 其他以纺织材料作面的新、旧地毯及铺地用品归第 57 章，以非纺织材料作面的纺织地毯归第 59 章。

3. 非纺织材料制的铺地用品一般归入构成材料所在的章。

商品归类练习题

1. 旧的羊毛纤维制结织栽绒地毯（块状）

2. 腈纶短纤维制胶背簇绒地毯（匹状；幅宽 2 米）

3. 结织机织栽绒地毯，按重量计栽绒层含羊毛 55%、粘胶短纤维 25%、涤纶短纤维 20%

4. 纯羊毛毡地毯（120 厘米 ×40 厘米，块状）

5. 波斯地毯（丝制结织栽绒地毯，有 110 年历史）

6. 门垫，由海绵橡胶制成

12.10 第 58 章 特种机织物；簇绒织物；花边；装饰毯；装饰带；刺绣品

一、本章的结构及商品范围

本章共有 11 个品目，主要包括品种繁多的纺织品，这些产品大部分是用特殊方法加工制得的织物，除了装饰毯（品目 58.05）可以是制成品；标签、徽章（品目 58.07）可以裁成一定的形状或尺寸以及绒球等（品目 58.08）可以独立成件等极少数货品以外，本章只包括非"制成的"纺织品。具有装饰性的未制成的纺织商品大部分都归入本章。此外归入本章的货品在品目归类时基本不受纺织纤维类别的限制，归入本章的货品主要有特种机织物、簇绒织物、花边、壁毯、装饰带、刺绣品，以及用于衣着、装饰和类似用途的金属线机织物和成匹被褥状纺织品等。我国出口的衍缝床罩、衍缝被等因是成匹被褥状纺织品的制成品，应归入品目 94.04，如以纯棉机织布作面料和里料的衍缝丝绵被，应归入子目 9404.9030。

本章按照商品加工方式和用途排列品目，按用途将货品分成三组，各组货品分列如下：

1. 特种机织物（品目 58.01 ~ 58.03）。

2. 装饰性及某些规格形状特殊的纺织商品（品目 58.04 ~ 58.10）。

3. 成匹被褥状纺织品（品目 58.11）。

易误归入本章的货品主要有：线、绳、索结制的网状织物（品目 56.08）；雪尼尔针织物（第 60 章）；以非纺织材料为底布的刺绣品等。

二、章及子目注释提要

本章有 7 条章注释，无子目注释。

1. 章注 1 明确了本章不适用于第 59 章章注 1 所述的纺织物及第 59 章的其他货品。

2. 章注 2 明确了品目 58.01 适用未割绒的纬起绒织物。

3. 章注 3 对品目 58.03 所称"纱罗"做出了明确定义。

4. 章注 4 明确了品目 58.04 不适用于品目 56.08 的线、绳、索结制的网状织物。

5. 章注 5 对品目 58.06 所称"狭幅机织物"做出了明确定义；强调了流苏状的狭幅织物应归入品目 58.08。

6. 章注 6 明确了品目 58.10 所称"刺绣品"的适用范围；强调了不包括手工针绣嵌花装饰毯。

7. 章注 7 明确了本章包括用于衣着、装饰等类似用途的金属线制品。

三、商品基础知识、商品介绍及名词解释

下面将本章条文或注释中涉及的商品、名词等作简单介绍，以便归类。

1. "起绒机织物"（品目 58.01）：

这是在专用的起绒织机上生产的经起绒或纬起绒织物。一般是由两个系统的三组纱线构成。其中一系统的经纱或纬纱形成绒面，绒面可以是绒头（经割绒）也可以不经割绒。另一系统的一组经纱和一组纬纱（地经和地纬）构成织物的地组织（底布）。起绒机织物分为两种：经起绒织物，例如长毛绒等；纬起绒织物，例如灯芯绒等。

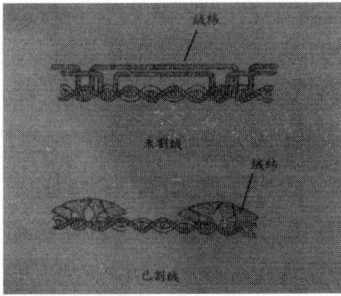

灯芯绒割绒示意图　　　　　　　　平绒割绒示意图

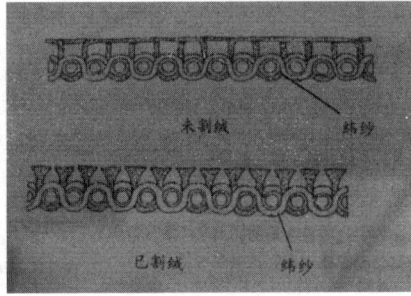

2."机织毛巾布"（品目 58.02）：

采用毛巾组织织造的起圈机织物，毛圈较短，有单、双面之分。

3."簇绒织物"（品目 58.02）：

用簇绒机将纱线插入纺织底布上，在底布表面形成毛圈即成簇绒绒圈织物，将毛圈割开则成为簇绒割绒织物。底布可以是机织物、针织物、钩编织物或非织造布等。

4."罗类丝织物"（品目 58.03）：

全部或部分采用罗组织形成孔眼的丝织物。在织物表面形成经向排列的直条孔眼称直罗，在织物表面形成纬向排列的直孔眼为横罗，传统品种杭罗大多是横罗。罗有三梭、五梭、七梭等。

5."绒类丝织物"（品目 58.01）：

地纹或花纹的局部或全部采用起绒组织，使织品表面耸立紧密绒毛或绒圈的丝织物。按制法不同可分为双层分割起绒的经起绒丝织物，如乔其绒；双层分割起绒的纬起绒丝织物，如鸳鸯绒纱；单层经起绒丝织物，如金丝绒；单层纬起绒丝织物，如万寿绒；用起绒杆形成绒圈或绒毛的经起绒织物，如漳绒等。

6."纱类丝织物"（品目 58.03）：

全部或局部采用由经纱扭绞形成全部或局部透明纱孔眼的纱组织织物。经纬密度较疏松，质地轻薄，透气性好，如芦山纱。不包括采用强捻丝作经纬，织品密度较稀，由于经纬丝返捻作用，在织品表面形成均习细微的纱孔和皱纹的纱，如乔其纱（第50章）。

四、部分品目介绍

下面将本章部分品目的商品范围介绍如下：

（一）品目 58.02

本品目不包括：

1.针织或钩编的毛圈织物（品目 60.01）；

2.沿无纬纱线所示划线裁切等简单加工即可成为多条带毛边制成品的成匹织物

（品目 63.02）。

（二）品目 58.06

1. 经过药物浸涂的或制成零售形状或包装的绷带（品目 30.05）。

2. 带有织造流苏的狭幅机织物、编结丝带及编带（品目 58.08）。

3. 其他品目具体列名的狭幅机织物，如：

（1）成条的机织标签、徽章及类似品（品目 58.07 或 58.10）。

（2）灯芯、炉芯、打火机芯、烛芯或类似品（品目 59.08）。

（3）纺织材料制的水龙软管及类似管子（品目 59.09）。

（4）品目 59.10 的传动带或输送带。

4. 打字机色带（品目 96.12）。

五、其他归类时容易混淆或忽视的地方

下面的内容是本章及其相关商品归类时容易混淆或忽视的地方，应该注意掌握。狭幅机织物不应归入纺织材料所在的章即不应归入第 50 章～第 55 章。

六、归类原则

（一）雪尼尔织物的归类

用雪尼尔线（绳绒线）织成的织物，有机织和针织两类。雪尼尔机织物通常采用腈纶针织线、中长线和雪尼尔线为原料，织造时以雪尼尔线和普通纱线作纬。将雪尼尔机织物称作绳绒织物，归入第 58 章，雪尼尔针织物归入第 60 章。

（二）狭幅机织物及其归类

所称狭幅机织物是指①幅宽不超过 30 厘米的机织物，不论是否织成或从宽幅料剪成，但两侧必须有织成的、胶黏的或用其他方法制成的布边；②压平宽度不超过 30 厘米的圆筒机织物；③折边的斜裁滚条布，其未折边时的宽度不超过 30 厘米。狭幅机织物应归入品目 58.06；流苏状的狭幅织物应归入品目 58.08。

例如：被称为魔术贴（尼龙搭扣），由公带和母带组成，若成条卷状进口，则应作为狭幅起绒机织物归入子目 5806.1090，若已做成制品进口，则应作为其他纺织物制品归入子目 6307.9000。

商品归类练习题

1. 印花机织灯芯绒，绒面按重量计含羊毛 50%，含涤纶短纤维 50%（幅宽 110 厘米，每平方米重 360 克）

2. 色织斜纹机织物，按重量计含棉 40%，含粘胶短纤维 30%，含锦纶短纤维 30%（210 克／平方米；幅宽 30 厘米）

3. 机绣的涤纶短纤维机织底布标签（成条）

4. 纯腈纶短纤维雪尼尔机织物（幅宽 30 厘米）

5. 成匹状绗缝被褥状纺织品，其结构：表层和底层均为纯涤纶短纤维平纹机织物，胎料为腈纶棉（宽度大于 30 厘米）

6. 按重量计算，绣料（亚麻机织布）占绣品总重 45%，纯羊毛绣线占绣品总重 55% 的刺绣品（宽度大于 30 厘米）

7. 丝织五梭罗，幅宽 110 厘米（罗组织织造）

8. 化纤短纤维机织滚边（宽度 30 厘米）

9. 一种桃皮绒，由一种新型超细纤维 (70% 涤纶短纤和 30% 锦纶短纤) 织成平纹机织物，染色，再在表面砂磨出一层精致细密似桃皮的小绒毛

12.11 第 59 章 浸渍、涂布、包覆或层压的纺织物；工业用纺织制品
一、本章的结构及商品范围

本章共有 11 个品目，主要包括各种用肉眼能够分辨出的用浆料、塑料或橡胶以及其他非纺织材料浸渍、涂布、包覆或层压的纺织物（包括普通机织物、纱罗、狭幅织物、匹状编带和非起绒针织物；不包括毡呢和无纺织物）和常用于工业、机械或技术上的纺织物及制品。本章按照商品加工方式、与纺织物混合的非纺织材料的属性以及用途排列品目，将货品分成两组，各组货品分列如下：

1. 浸渍、涂布、包覆或层压的纺织物（品目 59.01 ~ 59.07）；

2. 工业用纺织产品及制品（品目 59.08 ~ 59.11）；

易误归入本章的货品主要有刚性的人造革（第 39 章）；纺织材料仅起增强作用的泡沫塑料或海绵胶板、片或扁条（第 39 章或第 40 章）；合成革（第 39 章或第 56 章）；厚度在 3 毫米以下的传动带料和输送带料（第 50 章～第 55 章、品目 58.06）等。

二、章及子目注释提要

本章有 7 条章注释，无子目注释。

1. 章注 1 规定了本章所称"纺织物"仅适用的货品范围。

2. 章注 2 规定了适用于品目 59.03 的货品范围。

3. 章注 3 对品目 59.05 所称"糊墙织物"做出了明确定义；强调了不适用的糊墙物品范围。

4. 章注 4 说明了品目 59.06 所称"用橡胶处理的纺织物"的含义；明确了不适用的货品范围。

5. 章注 5 是排他条款，列出了不能归入品目 59.07 的 8 类货品。

6. 章注 6 是排他条款，列出了不能归入品目 59.10 的 2 类货品。

7. 章注 7 规定了适用于品目 59.11 的货品范围。

三、商品基础知识、商品介绍及名词解释

下面将本章条文或注释中涉及的商品、名词等作简单介绍，以便归类。

1. "列诺伦"（品目 59.04）：

将列诺伦浆料涂布在纺织底布上而成的涂层织物。列诺伦浆料是由氧化亚麻子油、树脂、胶及由软木粉等组成的填充料构成的稠厚浆料，浆料中亦常加有色料。

2. "人造革"（第 59 章）：

以聚氯乙烯、聚酰胺、聚氨酯等合成树脂为涂覆材料，以机织物或针织物等为底布的非刚性拟革织物。

3. "在泡沫塑料和橡胶板中仅起增强作用的纺织品"（第 39 章或第 40 章）：

一面为泡沫塑料或泡沫橡胶覆盖；另一面无花纹图案（呈未漂白织物或漂白织物或染色织物色泽），也未经其他装饰性加工处理的织物（如不能起绒）。

四、部分品目介绍

下面将本章部分品目的商品范围介绍如下：

品目 59.11：

本品目仅包括下列不能归入第十一类其他品目的货品。

1. 下列成匹的、裁成一定长度或仅裁成矩形（包括正方形）的纺织产品（具有品目 59.08 ~ 59.10 所列产品特征的产品除外）：

（1）用橡胶、皮革或其他材料涂布、包覆或层压的纺织物、毡呢及毡呢衬里机织物（作针布用），以及其他专门技术用途的类似织物，包括用橡胶浸渍的用于包覆纺锤（织轴）的狭幅丝绒织物；

（2）筛布；

（3）用于榨油机器或类似机器的纺织材料制或人发制滤布；

（4）用多股经纱或纬纱平织而成的纺织物，不论是否缩绒、浸渍或涂布，通常用于机械或其他专门技术用途；

（5）专门技术用途的金属增强纺织物；

（6）工业上用作填塞或润滑材料的线绳、编带及类似品，不论是否涂布、浸渍或用金属加强。

2. 专门技术用途的纺织制品（品目 59.08 ~ 59.10 的货品除外），无论是否装有其他材料制的附件。例如，造纸机器或类似机器（如制浆机或制石棉水泥的机器）用的环状或装有连接装置的纺织物或毡呢；真空吸尘器用袋。

五、其他归类时容易混淆或忽视的地方

下面的内容是本章及其相关商品归类时容易混淆或忽视的地方，应该注意掌握。

应该注意品目 59.11 的货品必须完全符合本章章注 7 的规定，不能仅凭"工业用"就将货品归入此品目。此外，本章所指"纺织物"除品目条文另有说明外不包括第 56

章的毡呢和无纺织物。

六、归类原则

纺织材料与非纺织材料混合制货品（非纺织材料用肉眼能够分辨）的归类原则：应先根据类、章注及归类总规则三等确定应按哪种材料制货品归类，若断定应按纺织商品归类，则在按类、章注释归类的同时，参考第56章~第63章混纺商品的归类原则，此类商品一般只能归入第56章~第63章的相应品目。举例如下（包括部分应按非纺织商品归类的）：

1. 用纺织材料和橡胶线制成的弹性产品按纺织商品归类：如线及绳应归入品目56.04，针织物应归入品目60.02或60.04。

2. 用橡胶及塑料浸渍、涂层、包覆、套裹的①纱线、扁条及类似品应归入品目56.04，如涂胶帘子线，丝制仿肠线；②线、绳、索、缆应归入品目56.07。

3. 经橡胶黏合的平行纺织纱线织物应归入品目59.06。

4. 纺织物与泡沫橡胶板、片或带组合的货品，其中纺织物仅起增强作用的应归入品目40.08，否则应归入品目59.06。

5. 纺织物与泡沫塑料板、片、带组合制成的货品，其中纺织物仅起增强作用的应归入第39章，否则应归入品目59.03。

商品归类练习题

1. 真丝筛布（规格为120目；纱罗组织织造；宽度大于30厘米）

2. 人发制的滤布（用于榨油机器；宽度大于30厘米）

3. 聚乙烯涂布的人造革（非刚性）

4. 聚酰胺高强力纱制帘子布（未涂胶）（帘子线符合HS注释对高强力纱的规定；宽度大于30厘米）

5. 表层是硫化海绵橡胶，底层是起增强作用的色织平纹机织物（宽度大于30厘米）的矩形板（1000克/平方米）

6. 本色纯棉斜纹机织物制传动带带料，经聚氯乙烯涂布（厚度为2.5毫米；非刚性；宽度大于30厘米）

7. 本色纯涤纶短纤维平纹机织物制传动带，经聚氯乙烯涂布（厚度为2.5毫米；非刚性；宽度大于30厘米）

8. 本色纯棉斜纹机织物制传动带带料（厚度为2.5毫米；宽度30厘米；300克/平方米）

12.12 第60章 针织物及钩编织物

一、本章的结构及商品范围

本章共有6个品目，归入本章的货品在品目归类时不受纺织纤维类别的限制。本章按照织物组织形式（织物外观特征）分列品目，各组货品分列如下：

1. 起绒、毛圈组织及纱线作缝编纱的毛圈缝编织物（缝编绒）（品目60.01）。

2. 宽度不超过30厘米的其他针织物（品目60.02～60.03）。

3. 宽度超过30厘米的其他针织物（品目60.04～60.06）。

归入本章的货品主要有经编针织物，纬编针织物，纱线作缝编纱的缝编织物和钩编织物。本章还包括明显用于衣着、家具布等类似用途的细金属线制的针织物与钩编织物。

易误归入本章的货品主要有钩编花边（品目58.04）；针织或钩编的标签、徽章及类似品（品目58.07）；经浸渍、涂布、包覆或层压处理的除起绒针织或钩编织物以外的针织物及钩编织物（如涂布塑料的非刚性汗布应归入第59章）等。

二、章及子目注释提要

（一）章注释提要

本章有3条章注释。

1. 章注1是排他条款，列出了不能归入本章的3类货品。

2. 章注2强调了本章包括用于衣着、装饰或类似用途的金属线织物。

3. 章注3规定了本目录所称"针织物"包括由纺织纱线用链式针法构成的缝编织物。

（二）子目注释提要

本章有1条子目注释。

子目注释1规定了子目6005.35织物的规格指标及加工要求。

三、商品基础知识、商品介绍及名词解释

下面将本章条文或注释中涉及的商品、名词等作简单介绍，以便归类。

1. "针织物"（第60章）：

针织物是由织针将一根或若干根纱线，沿纬向或经向弯成线圈，再把线圈相互串套而成的织物。也包括由纺织纱线用链式针法构成的缝编织物。例如表面有毛圈的毛圈针织物、绒面的针织天鹅绒和针织长毛绒、薄型的汗布、中厚型的棉毛布等。

2. "经编针织物"（第60章）：

经编针织物是指由若干根平行排列的经纱，同时沿着经向弯曲，互相缠绕成线圈而成的针织物。

3. "纬编针织物"（第60章）：

纬编针织品是指由一根或一组纱线顺序地、连续地沿着纬向弯曲成线圈套结而成的针织品。

商品归类练习题

1. 针织"长毛绒"织物，幅宽 110 厘米，绒面由腈纶构成

2. 腈纶短纤维蓝色棉毛布（纬编针织物；幅宽 110 厘米）

3. 纯棉漂白汗布（纬编针织物；幅宽 110 厘米）

4. 尼龙短纤维针织罗纹布（纬编；幅宽 30 厘米；蓝色）

5. 簇绒织物（以尼龙短纤维为原料的针织纬编底布；纯腈纶短纤维起绒纱线；幅宽 110 厘米）

12.13 第 61 章 针织或钩编的服装及衣着附件

一、本章的结构及商品范围

本章包括针织或钩编的各种款式的服装（含婴儿服装）以及除胸罩、束腰带、紧身胸衣、吊裤带、吊袜带、束袜带和类似品及其零件（品目 62.12）以外的衣着附件。本章物品的归类不受带有仅起装饰作用的毛皮、金属（包括贵金属）、皮革、塑料等材料制作的小饰件或附件的影响。金属线制成的针织或钩编的服装及衣着附件也归入本章。

本章共有 17 个品目，按照先外衣再内衣；同类服装先男装再女装，然后是不分性别的服装、婴儿服装、运动装；最后是衣着附件：袜子，手套，其他衣着附件及零件的顺序列目，各组货品分列如下：

1. 男装及女装（品目 61.01 ~ 61.08）；

2. 不分性别的服装（含婴儿服装及衣着附件）（品目 61.09 ~ 61.14）；

3. 衣着附件；服装及衣着附件的零件（品目 61.15 ~ 61.17）；

易误归入本章的货品主要有动物服装（品目 42.01）；针织或钩编的胸罩及类似品（品目 62.12）；玩偶服装（第 95 章）等。

二、章及子目注释提要

本章有 10 条章注释，无子目注释。

1. 章注 1 明确了本章仅适用的货品类别。

2. 章注 2 是排他条款，列出了不能归入本章的 3 类货品。

3. 章注 3 明确了品目 61.03 及 61.04 所称"西服套装"及"便服套装"的含义及其归类规定。

4. 章注 4 明确了品目 61.05 及 61.06 不适用的服装款式。

5. 章注 5 明确了品目 61.09 不适用的服装款式。

6. 章注 6 对品目 61.11 所称"婴儿服装及衣着附件"做出了明确定义；强调了品

目 61.11 是本章最优先归类的品目。

7. 章注 7 说明了品目 61.03 及 61.04 所称"滑雪服"及所属的"滑雪连身服"和"滑雪套装"的含义。

8. 章注 8 规定了看起来可归入本章两个及以上品目服装的归类方法。

9. 章注 9 明确了男式服装和女式服装的判断依据及归类规定。

10. 章注 10 规定了本章物品可用金属线制成。

三、商品基础知识、商品介绍及名词解释

下面将本章条文或注释中涉及的商品、名词等作简单介绍，以便归类。

1. "男式或女式服装"（第 61 章、第 62 章）：

凡门襟为左压右的视为男式服装；右压左的视为女式服装，但已明确说明是男式或女式的服装除外；无法判断男式或女式的视为女式服装。

2. "西服套装"（第 61 章、第 62 章）：

（1）面料用完全相同的织物制成（但背心后片衣身面料应与上装里料相同），款式、型号一致的两件套或三件套。西服上装面料除袖子外由四片或四片以上纵向缝合而成（至少前后身各两片），下装为不带背带或护胸的人体下半身穿用的服装（游泳裤除外）。套装的各件衣着可配有异于面料织物的滚边（缝于夹缝中的成条织物）。数件下装同时报验时，构成男式西服套装的下装应优先选择长裤，构成女式套装的下装应优先选择裙子或裙裤。

（2）无论是否符合上述条件的：①由一件后襟下垂并下端开圆弧形叉的素色短上衣和一条条纹长裤组成的长礼服；②一般用黑色织物制成，上装前襟较短且不闭合，背后有燕尾的晚礼服（长礼服）。

（3）上衣款式与普通上衣相似（可以更为显露衬衣前襟）并且有光滑丝质或仿丝质织物制翻领的无燕尾套装晚礼服。

3. "便服套装"（第 61 章、第 62 章）：

面料相同、型号一致并作零售包装的成套服装，但西服套装、田径服及滑雪服套装不能视为便服套装。便服套装由一件上衣（不包括套衫和背心）和一件或两件下装（不包括游泳裤）组成。

4. "滑雪服"（第 61 章、第 62 章）：

服装整体外观特征和织物质地可表明该服装为主要供高山滑雪或速度滑雪时穿用的滑雪连身服或滑雪套装。滑雪套装是由两件（一上、一下或一连身服、一有胎料背心）或三件（一上、一下及一背心）构成一套并作零售包装的服装组成，各件衣着颜色可以不同，但面料织物结构、风格、纤维组成及含量必须相同，服装型号也应一致。

5. "短上衣和运动上衣"（第 61 章、第 62 章）：

应具有上述西服上装的特征，但其面料除袖子、贴边或领子外，可由三片或三片

以上的布料（其中两片为前襟）纵向缝合而成（不包括外衣类服装）。

6."衬衣及仿男式女衬衣"（第61章、第62章）：

人体上身穿着并从领口处全开襟或半开襟的长袖或短袖衣服，其腰身以上可缝有口袋和衣领，腰围下无口袋、无棱纹紧腰带并且下摆不收紧。

7."汗衫和T恤衫"（第61章）：

以棉及化学纤维为原料，用非起绒、割绒、毛圈组织织造的针织或钩编男、女兼用服装。汗衫应有紧身长袖和短袖，可采用圆形、方形、船形或V形领口，允许用花边等装饰，下摆通常缝边，衣兜有否不限，但应无领、无扣、领口处无门襟，汗衫不许带棱纹紧腰带、束带，也不允许以其他方式收紧下摆。T恤的面料和款式要求与汗衫基本相同。

8."婴儿服装及衣着附件"（第61章、第62章）：

它指用于身高不超过86厘米，幼儿穿用的各种款式服装及衣着附件。

9."渐紧压袜类"：

渐紧压袜类是一种专门治疗腿部静脉曲张的长筒袜类。该类袜通过在脚踝部建立最高支撑压力，顺着腿部向上逐渐递减即产生的压力自上而下逐渐加强。压力的这种递减变化和人腿部正常静脉压力变化趋势相吻合，从而促使下肢静脉血回流，有效地缓解或改善下肢静脉和静脉瓣膜所承受的压力。

四、部分品目介绍

下面将本章部分品目的商品范围介绍如下：

（一）品目61.11

本品目包括：游戏服、小丑服、背心连裤童装外衣、婴儿围涎、分指手套、连指手套、露指手套、紧身衣裤及没有用粘、缝或其他方法将外底固定在鞋面上的婴儿连袜鞋。

本品目不包括：

1.针织或钩编的婴儿软帽（品目65.05）。

2.婴儿尿布及尿布衬里（品目96.19）。

（二）品目61.17

本品目包括在本章其他各品目或协调制度其他各章未具体列名的针织或钩编衣着附件，还包括服装或衣着附件的针织或钩编零件（品目62.12所列物品的零件除外）。

本品目主要包括：

1.披巾、头巾、围巾、披纱、面纱及类似品。

2.领带及领结。

3.吸汗垫布、垫肩或其他衬垫。

4.不论是否弹性的各式腰带（包括子弹带）及肩带（例如军队或教会中使用的肩带），这类物品即使带有金属制的搭扣或其他配件、饰有珍珠、宝石或半宝石（天然、合成或再造的），仍归入本品目。

5. 手笼，包括仅用毛皮或人造毛皮饰边的。

6. 衣袖护套。

7. 护膝布，但品目 95.06 体育运动用的除外。

8. 非裁切成形的标签、徽章、纹章、军衔符号及类似品（品目 58.10 的小块图案刺绣品除外）（通过裁切制成的此类物品归入品目 58.07）。

9. 单独报验的雨衣及类似服装的可拆卸衬里。

10. 服装的口袋、袖子、领子、领围、褶裥、各种服饰（例如，玫瑰花结、蝴蝶结、褶裥饰边、褶边及荷叶边）、女服大身、袖口、覆肩、卜头及类似品。

11. 手帕。

12. 头带，用于御寒、防止头发散乱等。

五、其他归类时容易混淆或忽视的地方

下面的内容是本章及其相关商品归类时容易混淆或忽视的地方，应该注意掌握。

1. 针织或钩编的胸罩、束腰、紧身胸衣、吊裤带和类似品及其零件不归入本章，应按品目 62.12 条文中的具体列名规定归入该品目。本章不包括婴儿尿布。

2. 用品目 59.03、59.06 或 59.07 的针织物或钩编织物制成的服装，应归入品目 61.13，但品目 61.11 的婴儿服装除外。

六、归类原则

（一）服装及衣着附件的归类原则

服装及衣着附件中，除动物穿用的服装应归入品目 42.01 外；旧衣着应归入品目 63.09；矫形器具、外科手术带、疝气带及类似品应归入品目 90.21；玩偶服装应归入品目 95.03；毛皮、人造毛皮作面或里料的应归入第 43 章；胸罩、束腰、紧身胸衣、吊裤带和类似品及其零件应归入品目 62.12；其余一般均按面料类别分列章次，采用针织和钩编面料的应归入第 61 章，采用非针织或非钩编面料的应归入第 62 章。

（二）归类时应注意

1. 婴儿服装及衣着附件应优先归入具体列名品目。

2. 品目 61.13 和 62.10 的货品处于次优先地位。

3. 不能区分男女的按女装归类。

4. 对于西服套装，数件下装同时报验时，构成男式西服套装的下装应优先选择长裤，构成女式套装的下装应优先选择裙子或裙裤。

5. 除具体列名的套装外，不同编号服装即使是成套零售包装，仍应按散件归入各自相应的编号。

6. 带有仅起装饰作用的非纺织材料的服装和衣着附件，一般仍按纯纺织材料制相应物品归类。本章物品不因带有其他材料（例如塑料、皮革、金属制零件或附件而影

响其归类。

7.用成匹被褥状纺织品缝制的服装及衣着附件，无论面料是否经塑料、橡胶等非纺织材料浸渍、涂布、包覆或层压，都应按未经处理的纯纺织面料制品归类。

商品归类练习题

1.已剪成汗衫形的针织经编纯棉布

2.男式防寒短上衣，被褥状纺织品制（面料为涂有塑料的针织物，构成针织物的纺织材料按重量计含有60%的棉，40%的涤纶短纤维）

3.下摆不收紧的纯棉针织女汗衫（无领、无门襟）

4.针织胸罩（真丝）

5.适合身高86厘米幼儿穿用的针织棉制不分指手套

6.纯羊毛钩编马甲

12.14 第62章 非针织或非钩编的服装及衣着附件

一、本章的结构及商品范围

本章共有17个品目，包括用第50章~第56章、第58章、第59章的纺织货品（如各种织物组织织成的机织物；毡呢及无纺织物）制成的各种款式的服装（包括婴儿服装）、衣着附件及其零件。除品目62.12的胸罩、束腰带、紧身胸衣、吊裤带、吊袜带及类似品及其零件可以是针织或钩编的外，本章不包括针织或钩编材料制成的货品。而且本章物品的归类不受带有仅起装饰作用的毛皮、金属（包括贵金属）、皮革、塑料等材料制作的小饰件或附件的影响。金属线制成的非针织或钩编的服装及衣着附件也归入本章。

本章共有17个品目，品目排列顺序与第61章基本相同，也是按照先外衣再内衣；同类服装先男装再女装；然后是不分性别的服装即婴儿服装、运动装；最后是衣着附件：袜子，手套，其他衣着附件以及服装及衣着附件的零件的顺序列目，各组货品分列如下：

1.男装及女装（品目62.01 ~ 62.08）。

2.不分性别的服装（含婴儿服装及衣着附件）（品目62.09 ~ 62.11）。

3.胸罩、束腰带、紧身胸衣、吊裤带、吊袜带及类似品及其零件,含针织或钩编（品目62.12）。

4.其他衣着附件；服装及衣着附件的零件（品目62.13 ~ 62.17）。

易误归入本章的货品主要有塑料雨衣（品目39.26）；动物挽具（品目42.01）；

玩偶服装（第 95 章）等。

二、章及子目注释提要

本章有 9 条章注释，无子目注释。

1. 章注 1 规定了仅本章适用的货品范围。

2. 章注 2 是排他条款，列出了不能归入本章的 2 类货品。

3. 章注 3 明确了品目 62.03 及 62.04 所称"西服套装"及"便服套装"的含义及其归类规定。

4. 章注 4 对品目 62.09 所称"婴儿服装及衣着附件"做出了明确定义；强调了品目 62.09 是本章最优先归类的品目。

5. 章注 5 阐述了看起来可归入本章两个及以上品目服装的归类方法。

6. 章注 6 说明了品目 62.11 所称"滑雪服"及所属的"滑雪连身服"及"滑雪套装"的含义。

7. 章注 7 阐述了正方形或近似正方形物品的归类规定。

8. 章注 8 明确了男式服装和女式服装的判断依据及归类规定。

9. 章注 9 规定了本章物品可用金属线制成。

三、商品基础知识、商品介绍及名词解释

下面将本章条文或注释中涉及的商品、名词等作简单介绍，以便归类。

1. 男式或女式服装（参考第 61 章）。

2. 西服套装（参考第 61 章）。

3. 便服套装（参考第 61 章）。

4. 滑雪服（参考第 61 章）。

5. 短上衣和运动上衣（参考第 61 章）。

6. 衬衣及仿男式女衬衣（参考第 61 章）。

7. 婴儿服装及衣着附件（参考第 61 章）。

8. 手帕（第 62 章）。

正方形或近似正方形，其任一边均不超过 60 厘米。（符合此规格具其他用途的小型布块也视为手帕。）

四、部分品目介绍

下面将本章部分品目的商品范围介绍如下：

（一）品目 62.09

本品目主要包括非针织或非钩编的游戏服、小丑服、背心连裤童装外衣、婴儿围涎、分指手套、连指手套、露指手套、紧身衣裤及没有用粘、缝或其他方法将外底固定在鞋面上的婴儿连袜鞋。

本品目不包括：

1. 针织或钩编的婴儿软帽（品目 65.05）。

2. 婴儿尿布及尿布衬里（品目 96.19）。

（二）品目 62.17

本品目包括在本章其他各品目或协调制度其他各章未具体列名的非针织或非钩编衣着附件，还包括非针织或非钩编的服装或衣着附件的零件，但品目 62.12 所列物品的零件除外。

本品目主要包括：

1. 吸汗垫布，通常用经橡胶处理的织物或橡胶包覆的纺织材料制成，但完全以塑料或橡胶制成的吸汗垫布除外（分别归入品目 39.26 及 40.15）。

2. 垫肩及其他衬垫，但用不覆纺织材料的橡胶（一般为海绵橡胶）制成的垫肩及其分衬垫除外。

3. 用织物或各种金属线机织物制成的各式腰带（包括子弹带）及肩带（例如军队或教会中使用的肩带），不论是否弹性或经橡胶处理的。这类物品即使带有金属制的搭扣或其他配件、饰有珍珠、宝石或半宝石（天然、合成或再造的），仍归入本品目。

4. 手笼，包括仅用毛皮或人造毛皮饰边的。

5. 衣袖护套。

6. 水兵领。

7. 肩章、臂章等。

8. 非裁切成形或裁切成一定尺寸而制成的标签、徽章、纹章、军衔符号及类似品（品目 58.10 的小块图案刺绣品除外）（通过裁切制成的此类物品归入品目 58.07）。

9. 挂剑带、勋带等。

10. 单独报验的雨衣及类似服装的可拆卸衬里。

11. 服装的口袋、袖子、领子、领围、褶裥、各种服饰（例如，玫瑰花结、蝴蝶结、褶裥饰边、褶边及荷叶边）、女服大身、袖口、覆肩、卜头及类似品。

12. 长筒袜、短袜、袜套（包括网眼织物制的）及没有用粘、缝或其他方法将外底固定在鞋面上的鞋靴（婴儿连袜鞋除外）。

五、其他归类时容易混淆或忽视的地方

下面的内容是本章及其相关商品归类时容易混淆或忽视的地方，应该注意掌握。

针织或钩编的胸罩、束腰、紧身胸衣、吊裤带和类似品及其零件归入本章，应按品目 62.12 条文中的具体列名规定归入该品目。本章不包括婴儿尿布。

六、归类原则

服装及衣着附件的归类原则参考第 61 章。

商品归类练习题

1. 真丝领带（机织）

2. 正方形机织真丝围巾，边长为 60 厘米，未经刺绣加工

3. 胸罩用罩杯（真丝针织布制）

4. 真丝双绉制男衬衫

5. 粘胶短纤维无纺织物制外科手术服

6. 完全由同一块涤纶短纤维机织布缝制的女西服套装（上衣衣身面料纵向由三片缝合而成）

7. 女式防寒服用的可拆卸帽子（100％棉机织物为原料）

8. 机织平纹布制女裤，裤料按重量计含真丝 50％，含涤纶丝 50％

9. 表层涂布橡胶的涤纶短纤维无纺织物（160 克/平方米）制的雨披

12.15 第 63 章 其他纺织制成品；成套物品；旧衣着及旧纺织品；碎织物

一、本章的结构及商品范围

本章是第十一类最后一章，共有 10 个品目，按照货品特点将本章分为三个分章。

第 1 分章（品目 63.01～63.07）所列的其他纺织制成品，是指用任何纺织物（机织物、针织物、毡呢，无纺织物等）制成的并且在其他章无具体列名的制品。本分章也包括用网眼薄纱及其他网眼织物（品目 58.04 或 58.10）、花边、刺绣品等装饰织物制成的制品。而且本分章物品的归类不受带有仅起装饰作用的毛皮、金属（包括贵金属）、皮革、塑料等材料制作的小饰件或附件的影响。

第 2 分章（品目 63.08）包括的货品是指由机织物及纱线构成的、供手工针绣、制毯等用的零售包装的成套货品，其中的机织物应保持原材料特征，不可以是制成品。

第 3 分章（品目 63.09～63.10）包括的货品是旧衣服、旧纺织物品（含旧鞋帽）及废碎纺织品。

易误归入本章的货品主要有纺织材料制旅行箱、购物袋等（品目 42.02；布底鞋（品目 64.05）；内部用絮胎等填充的寝具（被子、床罩、褥垫、坐垫等）（品目 94.04）等。需要注意本章第一分章的兜底品目 63.07 的货品范围，很多未列名纺织制品应归入该品目。

二、章及子目注释提要

（一）章注释提要

本章有 3 条章注释。

1. 章注 1 明确了本章仅第 1 分章适用的货品范围。

2. 章注 2 是排他条款，列出了不能归入本章第 1 分章的 2 类货品。

3. 章注 3 明确了仅品目 63.09 适用的货品范围。

（二）子目注释提要

本章有 1 条子目注释。

子目注释 1 明确了归入子目 6304.20 的经编针织物制品的加工要求。

三、商品基础知识、商品介绍及名词解释

下面将本章条文或注释中涉及的商品、名词等作简单介绍，以便归类。

1. "成套物品"（第 63 章第 2 分章）：

它是指零售包装的、至少由一幅机织物（无论是否印有刺绣图案）和纱线（无论是否裁成一定长度的绣花纱线等）组成，以供手工针绣和制毯等用的物品，须经进一步加工才能直接使用。

2. "旧衣着及纺织物品"（第 63 章第 3 分章）：

它是指必须以散装、捆装、袋装或类似大包装形式报验的并且明显穿用过的下列物品：①用第十一类纺织材料制成的衣着和衣着附件及其零件、毯子及旅行毯、家用织物制品（如床单及台布）、装饰织物（如桌罩），但地毯及其他铺地用品和手织壁毯及手工针绣嵌花壁毯等装饰织物无论使用与否、包装形式如何均不作旧纺织物论；②以石棉以外的任何材料制成的鞋靴及帽类。

四、部分品目介绍

下面将本章部分品目的商品范围介绍如下：

品目 63.07：

本品目是本类最后一个品目，包括第十一类其他品目或其他章未具体列名的用任何纺织材料制成的物品。主要包括擦碗布等擦拭用布；救生衣及安全带；服装裁剪样；旗帜（含三角旗及横幅）以及娱乐、节日庆典及其他方面用的旗布；家用洗衣袋类物品；服装袋（轻便衣橱）；网球拍等用的罩套；扁平防护罩；擦鞋垫；充气软垫（品目 63.06 的野营用品除外）；各种职业用带（如电工等用的带子）；以及网状运送带和类似品；便携式婴儿床等携带幼儿用品；以贵金属以外材料为骨架，织物作扇面制成的扇子；用作货物包装的打包布；外科医生在手术时所戴的织物面罩；不可更换过滤层的防尘、隔味无纺织物口罩；经过某些加工的制衣用纺织物片；关节（如膝、肘或腕）或肌肉（例如大腿肌肉）承托物品。

易误归入本品目的货品主要有旅行用品（旅行箱、背囊等）（品目 42.02）；包装用袋（品目 63.05）；绑腿、护腿等（第 64 章）。

五、其他归类时容易混淆或忽视的地方

下面的内容是本章及其相关商品归类时容易混淆或忽视的地方，应该注意掌握。

1. 充水、充气或无填充物的纺织材料制的床罩、褥垫、枕头及坐垫等类似货品应按材料归入本章；有填充物或直接用海绵、泡沫塑料等制造的同类货品应归入第94章。

2. 归入本章的床罩应作为装饰用而非床上用纺织品归类。

3. 本章的物品不因带有毛皮、金属（包括贵金属）、皮革、塑料等制的小饰件或附件而影响其归类；但如果这些材料超出了仅是装饰或附件的范围，则应根据具体情况，按照有关类、章的注释（归类总规则一）或归类总规则的其他规定进行归类。

商品归类练习题

1. 裁切成正方形的腈纶短纤维无纺织物制桌布（40克/平方米；表层涂布塑料，塑料厚度不足织物厚度的1/2）

2. 羊驼毛皮床毯，由8块经过处理的羊驼的毛皮缝制加工而成

3. 棉制旧油苫布

4. 棉制充气褥垫

5. 睡眠用眼罩，外表面为黑色尼龙针织面料，内表面为蓝色棉质无纺布，内衬丁苯橡胶海绵，用于旅行或日常休息，避免光线照射。

6. 麻制手工钩编环垫

7. 旧苎麻刺绣机织布制床罩（大袋装）

8. 机织亚麻布制刺绣桌布

9. 合成纤维短纤机织物作面料的救生衣

10. 涤纶短纤维纱线钩编的窗帘

11. 大包装旧塑料鞋

12. 纯棉印花机织毛巾被

13. 印花涤棉混纺机织布（50/50）制床罩

14. 丙纶扁条机织物制包装大米用袋（丙纶扁条表观宽度为4毫米）

15. 机织棉制擦碗布

16. 书包（棉机织物作面）

【本篇小结】

本章在阐述HS第十一类货品归类要点，诸如"由两种及以上纺织材料混合制成的商品的归类""纺织产品归类方法"等的基础上，一般从商品范围、注释提要、商品知识、归类易混淆之处及归类原则等方面依次明确了第50章～第63章货品各自的归类要点，诸如"单丝和扁条的归类""纱线及线、绳、索、缆的归类""服装及衣

着附件的归类原则"等，为全方位把握纺织原料及纺织制品的正确归类提供了必要的基础知识。第十一类所属货品在国际贸易领域中具有十分重要的地位，应熟练掌握该类货品的归类原则和方法。

【本篇关键名词或概念】
制成的线、绳、索、缆　狭幅机织物
【本篇简答题】
1.易误归入第十一类的纺织商品主要有哪些？
2.简述典型纺织商品的归类规定。

第十三篇　第十二类 鞋、帽、伞、杖、鞭及其零件；已加工的羽毛及其制品；人造花；人发制品

【本篇导读】

本篇系统介绍了鞋、帽等产品的归类要点。

【本篇学习目标】

通过本篇的学习，熟悉 HS 第十二类的商品范围，了解与相关类、章商品的区别和联系，明确归类易混淆之处，掌握第十二类产品的主要归类原则并能正确进行商品归类。

13.1 本类归类要点

一、本类的结构和商品范围

本类共分 4 章（第 64 章 ~ 第 67 章），是按鞋——帽——已加工的羽毛及其制品——人造花、人发制品的顺序排列章次的。前三章按用途开列标题，所以本类的多数商品是按用途列名的，它们几乎都排除于所用材料的类章。例如皮鞋、皮帽不应归入第 42 章而应归入本类。本类既包括鞋、帽、伞、杖、鞭及其零件、人造花等所用材料多样化的货品，也包括已加工的羽毛及其制品、人发制品等对所用材料严格限定的货品，应该注意按照不同的规定区别对待这两类商品的归类。

二、类注释提要

本类没有类注释。

13.2 第 64 章 鞋靴、护腿和类似品及其零件

一、本章的结构及商品范围

本章主要包括各种类型的鞋靴（包括套鞋），一般说来归入本章的鞋靴不受形状尺寸、用途、制造方法的影响，所用材料包括除石棉以外的任何材料（塑料、橡胶、皮革、再生皮革、毛皮、木材、软木、毡呢、无纺织物、其他纺织材料等）并可使用带有任何比例的第 71 章所列材料（珍珠、宝石或半宝石、贵金属及包贵金属）。例如：凉鞋、

拖鞋、舞蹈鞋、滑雪靴、拳击靴、赛车靴、无跟套鞋、橡胶模注鞋、高筒靴等均归入本章。

本章共有 6 个品目，按照鞋靴所用材料及先鞋靴再零件的顺序列目即按照塑料、橡胶雨鞋——塑料、橡胶其他鞋靴——塑料、橡胶、皮革、再生皮革制外底，纺织材料、皮革制鞋面鞋靴——其他鞋靴——鞋靴零件的顺序排列品目。

易误归入本章的货品主要有：没有用黏缝或其他方法将外底安装或固定在鞋面上的纺织材料制造的鞋靴（第十一类）；石棉鞋靴（品目 68.12）；装有冰刀或轮子的滑冰鞋（品目 95.06）等。应该注意对于具有其他功能鞋靴的归类，当这种功能在其他类章具体列名时通常应该归入那些相应类章，如玩偶鞋应归入第 95 章玩具类；矫形鞋应归入品目 90.21。

二、章及子目注释提要

（一）章注释提要

本章有 4 条章注释。

1. 章注 1 是排他条款，列出了不能归入本章的 6 类货品。

2. 章注 2 明确了品目 64.06 所称"零件"，不包括的货品范围。

3. 章注 3 明确了本章所称"橡胶""塑料"适用的纺织产品范围及"皮革"适用的货品范围。

4. 章注 4 规定了鞋面的材料及外底的主要材料的判定方法。

（二）子目注释提要

本章有 1 条子目注释。

子目注释明确了仅适用于子目 6402.12、6402.19、6403.12、6403.19 及 6404.11 所称"运动鞋靴"的货品范围。

三、商品基础知识、商品介绍及名词解释

下面将本章条文或注释中涉及的商品、名词等作简单介绍，以便归类。

1. "橡胶及塑料制鞋靴"（第 64 章）：

除使用第 7 类材料（塑料及橡胶）外还包括使用肉眼能看出表面有一层橡胶或塑料的纺织产品制造的鞋靴。

2. "运动鞋靴"（第 64 章）：

它仅指带有或可装鞋底钉、止滑柱、夹钳、马蹄掌或类似品的体育专用鞋靴；或滑冰靴、滑雪靴及越野滑雪用鞋靴、角力靴、拳击靴及赛车鞋。

3. "皮革"（第 64 章）：

指品目 41.07 及 41.12 ～ 41.14 的材料，不包括品目 41.15 的再生皮革。

4. "纺织材料"（第 64 章）：

它包括第 50 章～第 60 章的纤维；纱线；织物；毡呢；无纺布；线、绳、索、缆等，但不包括使用肉眼能看出表面有一层橡胶或塑料的纺织材料即不包括品目 56.02、

56.03、59.03、59.06、59.07 等所属的用橡胶或塑料浸渍、涂布、包覆或层压的纺织物及类似情况的其他纺织材料。

四、部分品目介绍

下面将本章部分品目的商品范围介绍如下：

品目 64.05 主要包括：

1. 外底用橡胶或塑料制成，而鞋面用塑料、橡胶、皮革、纺织材料以外其他材料制成的鞋靴。

2. 外底用皮革或再生皮革制成而鞋面用皮革或纺织材料以外其他材料制成的鞋靴。

3. 外底用木、软木、绳或索、纸板、皮毛、纺织物、毡呢、无纺织物、秸秆、丝瓜络制成的鞋靴，这种鞋靴的鞋面可用任何材料制成。

五、其他归类时容易混淆或忽视的地方

下面的内容是本章及其相关商品归类时容易混淆或忽视的地方，应该注意掌握。

鞋靴零件（品目 64.06）主要包括鞋面零件；硬衬；内底、中底和外底；鞋跟及活动式配件等。不包括：鞋栓、鞋钉、鞋眼、鞋钩、鞋扣、护掌、编带、绒球、鞋带（分别归入适当品目）、纽扣、揿扣、按扣（品目 96.06）及拉链（品目 96.07）等。

六、归类原则

（一）鞋靴（第 64 章）的归类原则

鞋靴分别按构成其外底及鞋面的材料归入不同品目。鞋面及外底的材料应按下述方法确定：

1. 鞋面材料的判定：

由两种或两种以上材料构成的鞋面，应该按照占鞋面表面面积最大的那种材料归类。计算面积时，不考虑附件及加固件或类似附属件（护踝、裹边、装饰物等）。

2. 外底的主要材料的判定：

外底的主要材料应以穿着时与地面接触面积最大的那种材料为准，计算接触面积时，不考虑鞋底钉、铁掌或类似附属件。

（二）旧鞋靴和帽类的归类

明显穿用过并且报验时呈散装、捆装、大袋装或类似大包装的石棉以外材料制的鞋靴和帽类应归入品目 63.09；石棉制的旧鞋靴和帽类应归入品目 68.12。

（三）一次性鞋靴的归类

有外绱底的一次性鞋靴按鞋归入第 64 章；没有外绱底的一次性鞋靴通常归入材料所在的章。

（四）滑冰鞋的归类

装有冰刀或轮子的滑冰鞋归入第 95 章；未装有冰刀或轮子的滑冰鞋按运动鞋靴归入第 64 章。

商品归类练习题

1. 网球鞋

2. 没有外缝底的涤纶无纺织物制一次性鞋靴

3. 泡沫塑料凉鞋（用栓塞方法将鞋面与鞋底连接）

4. 矫形单支鞋垫（成批生产，左右脚均适用）

5. 旅游鞋（外底为橡胶材料，鞋面为尼龙机织物，在鞋面上缝有起加固增强作用的聚氨酯合成革条，肉眼所见织物面积小于合成革面积）（不过踝），纺织纤维针织物做衬底

6. 滑雪靴，外底和靴面由橡胶构成

7. 纯棉针织物制无脚部的暖腿套

8. 牛皮长筒靴，外底由塑料构成

9. 泡沫塑料拖鞋（鞋面与鞋底为一体式；无纺织材料衬底）

10. 塑料凉鞋（用黏合剂将塑料鞋面与鞋底黏合连接）

13.3 第 65 章 帽类及其零件

一、本章的结构及商品范围

本章共有 6 个品目，按照先半制成品再制成品、先帽子再配件的顺序依所用材料列目即按照毡呢帽坯——编结帽坯——毡呢帽类——编结帽类——针织帽类——其他帽类——帽类配件的顺序排列品目。本章主要包括由各种材料（石棉除外）制成、具有任何用途（日用、戏剧用、化妆用、防护用等）的形形色色的帽子，也包括各种材料制的发网及帽类专用配件。此外，帽类归类不受所带装饰物（可用任何材料制，如第 71 章珠宝及贵金属制）的影响。

易误归入本章的货品主要有未装在帽上的各种帽子装饰物（扣子、别针、徽章、羽毛、人造花等，应按货品本身属性归入适当的品目）；石棉制的帽子（品目68.12）；与有关服装一同报验的用于披肩、斗篷等可分开的兜帽（应根据服装材料按服装归类）；旧帽类（品目 63.09）等。

二、章及子目注释提要

本章有 2 条章注释，无子目注释。

1. 章注 1 是排他条款，列出了不能归入本章的 3 类货品。

2. 章注 2 明确了品目 65.02 不包括的货品范围。

三、商品基础知识、商品介绍及名词解释

下面将本章条文或注释中涉及的商品、名词等作简单介绍，以便归类。

1. "发网、束发带及类似品" （品目 65.05 ）：

它们可用任何材料制得，通常所用的材料有网眼薄纱或其他网眼织物、针织物或钩编织物或人发。

2. "安全帽" （子目 6506.10 ）：

它包括不论是否装有防护垫或装有话筒及耳机的体育用帽、军事或消防员用的头盔以及摩托车驾驶员、矿工或建筑工人用的头盔或类似具有防护作用的帽类。

四、其他归类时容易混淆或忽视的地方

下面的内容是本章及其相关商品归类时容易混淆或忽视的地方，应该注意掌握。

对于具有其他功能的帽子，当这种功能在其他类章列名时通常应该归入那些类章，如供动物戴的帽子应归入品目 42.01 等。

商品归类练习题

1. 用麦秸编结的缏条缝合成的遮阳帽，前面有面纱，帽身饰有纺织材料制的人造花

2. 摩托车驾驶员专用头盔（有衬里）

3. 羊毛毡呢制男式帽

4. 合成纤维制发网

5. 石棉制安全帽（非青石棉制）

13.4 第 66 章 雨伞、阳伞、手杖、鞭子、马鞭及其零件

一、本章的结构及商品范围

本章共有 3 个品目，按照伞——手杖、鞭子——零件的顺序列目。本章主要包括各种材料制成的雨伞、阳伞（如仪仗用伞、伞式帐篷、手杖伞、露天餐馆用伞）、手杖（包括带座手杖）、棍、鞭子、马鞭及其类似品。上述商品的柄、杆可镶有宝石、半宝石、贵金属等，还可以全部或部分用皮革或其他材料包覆。

易误归入本章的货品主要有：不具有伞或伞式帐篷特征的海滩帐篷（品目 63.06 ）；丈量用杖及类似品（品目 90.17 ）；高尔夫球棒、曲棍球杆、滑雪杖（第 95 章）等。

二、章及子目注释提要

本章有 2 条章注释，无子目注释。

1. 章注 1 是排他条款，列出了不能归入本章的 3 类货品。

2. 章注 2 明确了品目 66.03 不包括的零件、附件及装饰品范围；阐述了该类货品

的归类规定。

三、其他归类时容易混淆或忽视的地方

下面的内容是本章商品中归类时容易混淆或忽视的地方，应该注意掌握。

1. "零件及装饰品（品目 66.03）"货品范围：把柄（用于雨伞、阳伞、手杖、鞭子等）；骨架（包括装在伞杆上的骨架伞骨及撑杆）；雨伞或阳伞的杆；鞭子及马鞭的握把；伞杆滑动件、伞骨头、开杯及梢杯、金属包头、弹簧、项圈、可调整伞面和伞杆角度的装置、大钉、带座手杖的地面板及类似品等。

2. "零件及装饰品（品目 66.03）"不包括的货品（材料）范围：由纺织材料制的品目 66.01 或品目 66.02 所列物品（伞、手杖、鞭子等）的零件、附件及装饰品或者任何材料制的罩套、流苏、鞭梢、伞套及类似品，即使与品目 66.01 或品目 66.02 的物品一同报验，只要未装配在一起，就应分别按材料属性归入各有关品目。

3. 其他规定：

除上述 2 所述的情况外，货品不受构成材料的影响（如可由贵金属、包贵金属、天然、合成或再造宝石或半宝石、兽牙、角、玳瑁制成）。

四、部分品目介绍

下面将本章部分品目的商品范围介绍如下：

品目 66.02：

本品目包括手杖、棍、鞭子（包括铅条鞭）、马鞭及类似品，不论其用何种材料制成。

1. 手杖、带座手杖及类似品：

除普通的手杖以外，本组还包括带座手杖（其手柄张开后能形成一座位）、专供残疾人及老人使用的拐杖、童子军棍、牧羊人用的弯柄杖。

本组也包括藤枝或木头经旋切、弯曲或其他加工制成的手杖半成品，但不包括仅粗加修整或车圆，适于制手杖的藤枝或木料（品目 14.01 或第 44 章）。本品目也不包括未制成手柄的坯件（品目 66.03）。

手杖等的柄及杆（杖）部分可用各种材料制成，也可镶有贵金属或包贵金属、宝石或半宝石（天然、合成或再造），还可全部或部分用皮革或其他材料包覆。

2. 鞭子、马鞭及类似品本组包括：

（1）通常由把手及鞭条结合构成的各种鞭子

（2）通常由把手和短皮革圈（而不是鞭条）构成的马鞭。

本品目不包括：

1. 丈量用杖、测量杆及类似品（品目 90.17）。

2. 拐杖及拐棍（品目 90.21）。

3. 火器手杖、刀剑手杖、灌铅手杖及类似品（第 93 章）。

4. 第九十五章的物品（例如，高尔夫球棒、曲棍球杆、滑雪杖、登山用破冰斧）。

商品归类练习题

1. 包银材料制的伞骨

2. 经塑料涂层处理的尼龙绸作伞面的遮阳伞（非折叠）

3. 玩具阳伞

4. 印花尼龙绸制的折叠伞套（与伞一同进口、分别包装）

5. 牛皮条编的马鞭

13.5 第 67 章 已加工羽毛、羽绒及其制品；人造花；人发制品

一、本章的结构及商品范围

本章共有 4 个品目，基本是按照材料类别和加工深度列目的。除其他品目更为具体列名的货品及本章明确不包括的货品以外，本章包括已加工的羽毛、羽绒及其制品；人造花和人发制品。归入本章的羽毛或羽绒、人发、制假发及类似品或制玩偶头发的羊毛、其他动物毛及其他纺织材料（如化学纤维）等均在加工程度上超过了第 5 章的同类货品，它们的外观状态也明显地表现出用途上的特点，有别于第十一类。

易误归入本章的货品主要有羽毛或羽绒仅作为填充料的物品，如羽绒被应归入品目 94.04；人发制滤布（品目 59.11）等。

二、章及子目注释提要

本章有 3 条章注释，无子目注释。

1. 章注 1 是排他条款，明确了不能归入本章的 6 类货品。

2. 章注 2 是排他条款，明确了不能归入品目 67.01 的 3 类货品。

3. 章注 3 是排他条款，明确了不能归入品目 67.02 的 2 类货品。

三、其他归类时容易混淆或忽视的地方

下面的内容是本章及其相关商品归类时容易混淆或忽视的地方，应该注意掌握。

人造花、叶及其部分品、制成品（品目 67.02）不包括玻璃制品（第 70 章），以及以陶器、石料、金属、木料或其他材料经模铸、锻造、雕刻、冲压或用其他方法整件制成型的人造花、叶或果实；用捆扎、胶黏及类似方法以外的其他方法将部分品组合而成的上述制品。

四、部分品目介绍

下面将本章部分品目的商品范围介绍如下：

品目 67.04 不包括：

1. 玩偶用假发（品目 95.03）。

2. 通常用低档材料和粗劣手工制成的狂欢节用品（品目 95.05）。

3. 品目 59.11 的毛发制滤布。

4. 发网（品目 65.05）。

5. 毛发制的手用筛（品目 96.04）。

商品归类练习题

1. 用捆扎法制造的塑料杜鹃花

2. 人发（经过消毒处理和染色加工）

3. 涤纶纤维制造的、供女士用的整头假发

4. 带有羽毛的鸟皮（经过消毒和染色处理）

5. 已涂敷金色的植物叶

【本篇小结】

本章在概括阐述 HS 第十二类货品归类要点的基础上，一般主要从商品范围、注释提要、商品知识、归类易混淆之处等方面依次明确了第 64 章～第 67 章货品的归类要点，诸如"鞋靴（第 64 章）的归类原则"等，为全方位把握鞋、帽等产品的正确归类提供了必要的基础知识。

【本篇关键名词或概念】

塑料制（第 64 章）鞋靴　运动鞋靴

【本篇简答题】

简述鞋及帽的归类规定。

第十四篇　第十三类 石料、石膏、水泥、石棉、云母及类似材料的制品；陶瓷产品；玻璃及其制品

【本篇导读】

本篇系统介绍了石料及其制品、陶瓷产品、玻璃及其制品的归类要点。

【本篇学习目标】

通过本篇的学习，熟悉 HS 第十三类的商品范围、了解与相关类、章商品的区别和联系，明确归类易混淆之处，掌握石料及其制品、陶瓷产品、玻璃及其制品的主要归类原则并能正确进行商品归类。

14.1 本类归类要点

一、本类的结构和商品范围

本类共分 3 章（第 68 章 ~ 第 70 章），基本按照货品成型方式的不同分列章次。本类商品按成型方式不同大致可以分为：主要通过加工（如成型、模制），改变了原料的形状，但没有改变原料的性质的产品和制成品属于第 68 章；泥土预制成型后经过烧制而成的物品即先成型再烧制的物品（陶瓷制品）属于第 69 章；玻璃原料完全熔融再成型的制品即先烧制再成型的物品属于第 70 章。本类包括了石料制品、陶瓷制品、玻璃及其制品。

二、类注释提要

本类没有类注释。

14.2 第 68 章 石料、石膏、水泥、石棉、云母及类似材料的制品

一、本章的结构及商品范围

本章共有 15 个品目，在兼顾了材质类别的同时，基本上是按照加工程度由浅至深的顺序排列品目的。本章主要包括下列四类货品：

1. 超过了第 25 章所允许加工范围的各种产品。即货品已经不是原产状态并且加工程度超过了洗涤、破碎、磨碎、淘洗以及浮选等类似机械物理方法等精选的货品（一

般未经过焙烧、混合等）。

2. 不属于第 25 章的已加工石料，即长方砌石、路缘石、扁平石、镶嵌石和类似石料及铺屋顶、饰墙面或防潮用的板岩。

3. 用属于第五类的矿物原料制成的某些物品。如水泥管子、石膏制装饰用小动物、石棉纱线等。

4. 用属于第 28 章的某些原料制成的物品。如人造研磨料涂布在纺织物上制成的砂纸等。

本章货品的加工方法主要包括成型、模制、黏聚（如将研磨料黏聚成的砂轮）、在高压釜内硬化（如灰砂砖）、熔炼（如通过熔化玄武岩而得的岩石棉）等。

易误归入本章的货品主要有：用人造石墨或其他炭精制的块、板及类似半制成品（品目 38.01）；用沥青涂层的包装纸及纸板（品目 48.11）；印刷用石板（品目 84.42）；炉用炭电极（品目 85.45）；石笔（品目 96.09）等。

二、章及子目注释提要

本章有 2 条章注释，无子目注释。

1. 章注 1 是排他条款，明确了不能归入本章的 13 类货品。

2. 章注 2 明确了品目 68.02 所称"已加工的碑石或建筑用石"的适用范围。

三、商品基础知识、商品介绍及名词解释

下面将本章条文或注释中涉及的商品、名词等作简单介绍，以便归类。

1. "天然板岩的制品"（品目 68.03）：

天然板岩是黏土岩变质形成的片状石，质地细致，不透水，多为灰色，或带绿色、紫色，可用来制石笔（品目 96.09）、石板、石板瓦等制品。

2. "油石"（品目 68.04）：

它是用磨料制成的各种形状的研磨工具。常用于磨精致的刀具或磨光工件表面，使用时通常需加油。有天然和人造的两种。后者用人造的细粒磨料（氧化铝、碳化硅等）靠结合剂制成各种条状（磨条）或块状（磨块）的油石。

3. "砂布、砂纸及以其他材料为底的类似品"（品目 68.05）：

它是指用胶水或合成树脂将磨碎的天然或人造研磨料粘在织物、纸、纸板等类似材料（如无纺织物）上面制成的货品。

4. "矿质棉"（品目 68.06）：

按所用原料可分为岩石棉和矿渣棉两大类。是将一种或多种石料（如花岗石、玄武石、石灰石等加以熔化），一般通过离心及水流或气流将熔液流转换成纤维制得。矿质棉呈羊毛状，质轻、耐久、不燃、不腐、不霉、不受虫蛀，是极好的隔热、隔音或吸音材料。

5. "碳纤维"（子目 6815.9920）：

碳纤维是指由元素碳组成的纤维状物质，为高强度、高模量、耐高温的无机高分子纤维。它通常是由有机纤维经固相反应转变而成的聚合物碳。制造碳纤维的原料有聚丙烯腈纤维、黏胶丝和沥青纤维等。碳纤维是将原料（聚丙烯腈、黏胶、聚乙烯醇、聚氯乙烯等）纤维在惰性气体保护下经高温碳化，再经表面处理等工序制成。

四、其他归类时容易混淆或忽视的地方

下面的内容是本章及其相关商品归类时容易混淆或忽视的地方，应该注意掌握。

1. 已加工的碑石或建筑用石及其制品的适用范围（品目 68.02）：

这类商品不仅适用于已加工的品目 25.15（如大理石、石灰华、蜡石）、品目 25.16（如花岗岩、玄武岩）所列各种石料，也适用于所有类似加工的其他天然石料（如石英岩、燧石、白云石及冻石），但不适用于板岩。除经劈、锯、粗切成块（石面为矩形）外还需要经进一步加工。主要包括石匠雕刻家等制成的粗锯坯件（如正三棱锥石英岩）及非矩形薄板（如三角形石英岩板材）；各种形状的石料无论是否已具有制成品形状（如一面抛光的石英岩矩形薄板；石英岩烟灰缸）等。

2. 研磨工具（品目 68.04）与金属研磨工具（第 82 章）的区别：

研磨工具（品目 68.04）不仅包括磨石、砂轮、石磨、石碾等，还包括主要由研磨料制成的工具，从及金属柄上只有一个极小研磨料头的工具和在硬质材料（金属、木、塑料、软木等）芯子上牢固地黏着多层紧密黏聚研磨料的工具。第 82 章只包括研磨工具中具有切割齿、出屑槽、油槽等的货品，施加研磨料后，它们仍具有原工具的形状和功能。例如用以将玻璃片切割成圆片的顶钻，如果工作刃口未涂研磨料时是平滑的，即应归入品目 68.04；如果工作刃口呈锯齿状即使涂有研磨料也应归入品目 82.07。

五、归类原则

（一）石棉及石棉制品（第 68 章）的归类

石棉是一种纤维状的镁、铁硅酸盐矿物质。天然石棉纤维或仅按长度分等级、拍打或净化的应归入品目 25.24，如果石棉再经过进一步加工（如已梳理纤维和染色纤维）则应归入品目 68.12。石棉与碳酸镁等材料的混合物以及石棉和上述混合物的制品应归入品目 68.12。石棉中掺入水泥、水而构成一种硬化物品，用这些物品制成的制品应归入品目 68.11。石棉纤维制的纱线、织物、衣服等应归入品目 68.12。以石棉为基本材料制的未装配摩擦材料及其制品应归入品目 68.13（如供制动器等用的石棉衬料）。

（二）炭精半制成品及其制品的归类

炭精是人造炭和石墨的总称，用炭精制成的块、板及类似的半制成品，主要用于切割后制电刷用，应归入品目 38.01；耐火材料制品应归入第 69 章第 1 分章；用炭精制的其他非电气制品，如过滤器、轴承等应归入子目 6815.10；电气设备用的炭精、炭刷、电极及其他零件或制品，按电气用品应归入品目 85.45。

（三）云母制品的归类

云母具有半透明性、高耐热性及高绝缘性能，主要用于电气工业。用云母粉涂层的机织物，应归入品目 59.07；一般非电气制品应归入品目 68.14（如烘箱炉的观察窗）；电气制品应归入第 85 章有关品目（如云母电容器归入品目 85.32；云母制的绝缘子应归入品目 85.46；云母制的绝缘材料配件应归入品目 85.47）。

商品归类练习题

1. 大理石板材，规格 120cm*200cm，表面、底面切割平整，并且表面经过磨平、抛光处理，用于建筑装修

2. 研磨，捣碎用，石料

3. 金刚石砂轮，材质为铁，外周粘聚金刚石磨料，用于陶瓷研磨机。其外形为圆盘状，内径 50.8mm，外径 200mm，通过研磨的方式将超硬刀的刃研磨至合适的工艺标准

4. 磨刀器，由黏聚合成料制成的手用磨刀器

5. 砂纸，用以研磨金属、木材等表面，以使其光洁平滑

6. 石膏板（建筑用石膏板，以纸贴面）

7. 墙板（钢筋混凝土制建筑预制墙板）

8. 弓，碳纤维制，用于组装绞弓，绞线机用

9. 每边长 20cm，厚 1cm，一面经平面磨光的正方形大理石块

14.3　第 69 章　陶瓷产品

一、本章的结构及商品范围

本章共有 13 个品目，主要包括成型后经过烧制的陶瓷产品。本章陶瓷产品通常用两种方法制得。其一是在室温下将无机非金属材料（如泥土）或具有高熔点的材料与黏合剂的混合物预先调制成型，再在高温下进行烧结而成；其二是将岩石（如块滑石）成型后进行烧制而成。本章陶瓷产品主要根据组成成分和所采取的烧制工序及用途分成两个分章。

第 1 分章包括硅化石粉或类似硅土的制品及耐火材料制品（品目 69.01 ~ 69.03）。

第 2 分章包括其他陶瓷产品（第 1 分章以外的陶瓷产品）（品目 69.04 ~ 69.14），本分章按用途排列品目即建筑工业用陶瓷——实验室、化学或其他技术用陶瓷器、农业和运输用陶瓷容器——陶瓷卫生设备——餐具及家用盥洗用陶瓷器——装饰用陶瓷制品——其他陶瓷制品。

易误归入本章的货品主要有玻璃陶瓷（第 70 章）、金属陶瓷（品目 81.13）、陶瓷制的绝缘子（品目 85.46），供电气设备等使用的绝缘配件（品目 85.47）等。易误归入其他章的本章货品主要有技术用陶瓷器，如瓷制液体泵（品目 69.09）。

二、章及子目注释提要

本章有 2 条章注释，无子目注释。

1. 章注 1 阐述了仅本章适用的货品范围，明确了品目 69.04 ～ 69.14 中不能归入品目 69.01 ～ 69.03 的产品。

2. 章注 2 是排他条款，明确了不能归入本章的 12 类货品。

三、其他归类时容易混淆或忽视的地方

下面的内容是本章及其相关商品归类时容易混淆或忽视的地方，应该注意掌握。

1. 陶器和瓷器的区别。

陶器和瓷器的区别主要有三点。其一，原料不同，陶器是用陶土（成分主要是高岭石、水白云母、蒙脱石、石英和长石等）或黏土调制成型后烧制的，含杂质（砂粒和土粒等）较多；瓷器是瓷土（高岭土）经调制成型后烧制的。其二，性质，陶器质地较粗、多孔、不透明；断面具有吸水性；敲击不能发出清脆音响；瓷器坯体洁白细密，几乎完全玻璃化，较薄者呈半透明；不上釉也具有不渗透性，断面不具吸水性，敲击能发出清脆音响。其三，烧制时的温度不同，陶器烧制温度（950 ～ 1165℃）一般较瓷器低。

2. 实验室、化学及技术用陶瓷器应归入品目 69.09；电气用陶瓷器应归入第 85 章。

商品归类练习题

1. 陶瓷勺子

2. 陶瓷盘

3. 陶瓷孔眼，材质为瓷制，制成特定形状用于卧式编织机

4. 陶瓷浴缸

5. 陶瓷餐具套装

6. 陶瓷锅

7. 大卫头像，陶制，家庭装饰用

14.4 第 70 章 玻璃及其制品

一、本章的结构及商品范围

本章共有 19 个品目，主要包括各种玻璃及其制品。本章基本上是按照加工程度由浅至深的顺序，同时兼顾了制造方法、材质类别及用途的不同排列品目的，即按照玻璃块料——未经加工的玻璃半制成品——玻璃制品——玻璃纤维及其制品——其他玻璃制品的顺序列目。

易误归入本章的货品主要有粉状、粒状或粉片状的玻璃（品目 32.07）；按照用途在其他章具体列名的商品，如已封装的玻璃灯管（品目 85.39）、玻璃制的绝缘子（品目 85.46）、供电气机器等使用的绝缘配件（品目 85.47）、光导纤维、注射用针管、经光学加工的玻璃制光学元件等应归入第 90 章；玻璃灯罩（品目 94.05）。

二、章及子目注释提要

（一）章注释提要

本章有 5 条章注释。

1. 章注 1 是排他条款，明确了不能归入本章的 7 类货品。

2. 章注 2 阐明了品目 70.03、70.04、70.05 所属货品允许的处理方式，对所称"吸收、反射或非反射层"做出了明确定义。

3. 章注 3 明确了品目 70.06 所述产品包括不具有制成品特征的货品。

4. 章注 4 规定了品目 70.19 所称"玻璃棉"的成分要求。

5. 章注 5 强调了本目录所称"玻璃"包括熔融石英及其他熔融硅石。

（二）子目注释提要

本章有 1 条子目注释。

子目注释对子目 7013.22、7013.33、7013.41 及 7013.91 所称"铅晶质玻璃"做出了明确定义。

三、商品基础知识、商品介绍及名词解释

下面将本章条文或注释中涉及的商品、名词等作简单介绍，以便归类。

1. "玻璃"（第 70 章）：

除了以不同比例的硅酸钠或硅酸钾与一种或多种钙和铅的硅酸盐相混合，并附加钡、铝、锰、镁等组成的一种熔融均匀的混合物以外，还包括熔融石英和其他熔融硅石以及乳白玻璃或玻璃瓷、微晶玻璃、具有低膨胀系数的玻璃等。

2. "已加工"（品目 70.03、70.04 和 70.05）：

玻璃在退火前的各种处理都不视为已加工（如在轧制过程中在玻璃表面轧上花纹）；玻璃切割成一定形状并不影响其作为板片归类（如切成三角形）。

3. "夹丝玻璃板、片"（子目 7003.20）：

它是为了预防玻璃破裂或打碎后所造成的危险，在玻璃中加入金属丝制成的玻璃

板、片，通常是通过将一层钢丝网嵌入正在轧制的软玻璃中制得。

4. "浮法玻璃板、片"（品目 70.05）：

将熔融玻璃液以带状浮在密度比玻璃大的加热液体表面（一般是熔融金属液面）而制成的一种透明玻璃，浮法工艺生产的玻璃板极为光洁平滑。

5. "吸收、反射或非反射层"：

它是指极薄的金属或化合物（如金属氧化物）镀层，该镀层可以吸收红外线等光线或可以提高玻璃的反射性能，同时仍然使玻璃具有一定程度的透明性和半透明性；或该镀层可以防止光线在玻璃表面的反射。

6. "钢化玻璃制的安全玻璃"（品目 70.07）：

分成热钢化玻璃和化学钢化玻璃。热钢化玻璃是指将玻璃件再加热直至软化，在软化程度还不足以使其变形时，用适当方法使其迅速冷却而制成的安全玻璃。化学钢化玻璃是用复杂的物理—化学方法处理（如离子交换）以增加玻璃的强度、耐用性与挠性，这项处理可以改变玻璃的表面结构。一般在撞击下这种玻璃将破裂成不带锋利边缘的小片或只有裂缝，不会对人造成严重伤害，所以称为安全玻璃。因为内应力的原因，一旦制成便不能再进行加工，因此，在回火前，钢化玻璃总是按所需形状和规格直接制成成品。

7. "层压玻璃制的安全玻璃"（品目 70.07）：

层压玻璃通过在两片或多片玻璃中间夹上一层或多层塑料制成。层压玻璃通常在撞击下破裂时只有裂缝，并无碎片飞出。塑料夹层通常由醋酸纤维素、乙烯基或丙烯酸塑料的薄片构成。特种用途的层压玻璃可夹有金属丝网或对塑料夹层着色（如防弹玻璃）。

8. "多层隔温、隔音玻璃组件"（品目 70.08）：

一般由两块或两块以上的玻璃片组成，片与片之间夹有一层干空气或惰性气体，边缘用金属、人造树脂或其他结合材料密封形成一个完全密封件。另一类型的多层隔温、隔音板由两片玻璃构成，中间夹有一层玻璃纤维。

9. "铅晶质玻璃"（子目 7013.22、7013.33、7013.41 及 7013.91）：

它仅指按重量计氧化铅含量在 24% 及以上的玻璃。

10. "信号玻璃"（品目 70.14）：

供安装于反光路标或展示牌上，或用作自行车、汽车等简单反射镜的玻璃。这类物品通常是凸面的，半球形的或是具有平行槽纹平面的，它们能将照射过来的光线（如汽车前灯灯光）加以反射，在黑暗中可从远处看清装有信号玻璃的被照物体。

11. "高脚杯"：

它是指通常具有底托部分和杯体容器之间通过较细的柱体连接结构的一种玻璃杯。

12. "玻璃纤维"（品目 70.19）：

它一般是指由熔融玻璃拉成的直径数微米至数十微米的纤维，有长丝和短纤维（玻璃棉）之分。具有不易弯曲；不具延伸性；强度大（比第十一类任何纺织纤维强度都大）；不燃烧；不腐烂；不受水和大部分酸的侵蚀、不吸湿；导电性能差；在某种情况下也不易传导热和声音等特征。

13."玻璃棉"（品目 70.19）：

它是指①按重量计 SiO_2 的含量在 60% 及以上的矿质棉。②按重量计 SiO_2 的含量在 60% 以下，但碱性氧化物（K_2O 或 Na_2O）含量在 5% 以上或 B_2O_3 的含量在 2% 以上的矿质棉。

四、其他归类时容易混淆或忽视的地方

下面的内容是本章及其相关商品归类时容易混淆或忽视的地方，应该注意掌握。

1. 仿宝石（品目 70.18）与合成宝石（品目 71.04）的区别：

仿宝石是用高折射率的特种玻璃制成；合成宝石是用化工方法制成的物质，该物质或具有与天然宝石相同的化学组成和晶体结构或因为性质特殊可以代替天然宝石使用。

2. 玻璃的制造方法：

玻璃的制造方法很多，诸如铸造、滚轧、浮法、吹制、拉拔或挤出、模制、挤压成型、灯工方法等。制造方法是影响玻璃归类的重要因素，应该按照品目条文对制法的不同要求区别对待。

五、归类原则

（一）微型玻璃球及制品的归类

微型玻璃球是供公路作反光路标板或电影银幕用的微小球形细粒，是实心球体，其直径不超过 1 毫米，多为 80 微米，应归入品目 70.18；表面涂有微型玻璃球供电影银幕等用的织物，应归入品目 59.07；准备安装在道路指示牌上或标识牌上的涂有微型玻璃球的玻璃板，应归入品目 70.14。

（二）光学加工及玻璃制光学元件的归类原则

玻璃的光学加工需要首先将玻璃表面加工成所需要的形状（一定的曲面、适当的斜面等），然后经粗磨、修整、精磨研磨其表面，最后进行抛光及光度校正。精磨以保证元件形状规格的精确度，抛光使玻璃制光学元件具有光学性能。是否进行了抛光加工是判断玻璃制光学元件是否进行了光学加工的界限。仅经过抛光前的一道或数道工序加工而成的玻璃物件应归入第 70 章；一个或多个表面、全部或部分经过抛光处理具备光学性能的玻璃元件，应归入第 90 章。例如未经抛光的信号玻璃器及其他玻璃制光学元件应归入品目 70.14（如汽车车头灯的透镜）；视力矫正用玻璃及呈弧面的平光太阳镜片、平光变色镜片等应归入品目 70.15；经光学加工的玻璃制光学元件应归入品目 90.01（如玻璃制眼镜片）。

（三）非玻璃制光学元件的归类原则

非玻璃材料制的光学元件，如氟石、塑料或金属制的光学元件及氧化镁、碱金属或碱土金属卤化物等人工培养晶体制成的光学元件，无论是否经过光学加工，均应归入第 90 章，如无论是否经过光学加工的有机玻璃眼镜片，均应归入品目 90.01。

商品归类练习题

1. 磨边玻璃，制作汽车玻璃用，加工方法：磨边，状态：未镶框未装配，形状：片，是经过磨边的浮法玻璃

2. 啤酒瓶，玻璃制啤酒瓶，容量 750 毫升

3. 玻璃高脚杯

4. 用玻璃制的仿宝石

5. 乳白玻璃制灯罩

6. 落地式玻璃镜（木框架、供服装店使用）

7. 钢化玻璃制未镶框安全玻璃，已制成一定形状，专用于小轿车上

8. 玻璃纤维粗纱机织物（300 克／平方米；幅宽 60 厘米）

9. 玻璃制远视眼镜片（有固定度数）

10. 普通玻璃制婴儿奶瓶

【本篇小结】

本篇在概括阐述 HS 第十三类货品归类要点的基础上，一般主要从商品范围、注释提要、商品知识、归类易混淆之处等方面依次明确了第 68 章～第 70 章货品的归类要点，诸如"石棉及石棉制品（第 68 章）的归类""光学加工及玻璃制光学元件的归类原则"等，为全方位把握石料及其制品、陶瓷产品、玻璃及其制品的正确归类提供了必要的基础知识。

【本篇关键名词或概念】

碳纤维

【本篇简答题】

1. 简述陶器和瓷器的区别。

2. 简述本类典型商品的归类规定。

第十五篇　第十四类 天然或养殖珍珠、宝石或半宝石、贵金属、包贵金属及其制品；仿首饰；硬币

【本篇导读】

本篇系统介绍了珍珠、宝石、贵金属及其制品；仿首饰等的归类要点。

【本篇学习目标】

通过本篇的学习，熟悉 HS 第十四类的商品范围，了解与相关类、章商品的区别和联系，明确归类易混淆之处，掌握珍珠、宝石、贵金属及其制品；仿首饰等的主要归类原则并能正确进行商品归类。

15.1 本类归类要点

一、本类的结构和商品范围

本类只有一章（第 71 章）。本类商品范围与第 71 章完全相同，将在该章一并阐述。

二、类注释提要

本类没有类注释。

15.2 第 71 章 天然或养殖珍珠、宝石或半宝石、贵金属、包贵金属及其制品；仿首饰；硬币

一、本章的结构及商品范围

本章共有 18 个品目，包括天然或养殖珍珠、钻石、其他宝石和半宝石（天然、合成或再造）；贵金属和包贵金属；全部或部分用天然或养殖珍珠、钻石或其他宝石、半宝石（天然、合成或再造）、贵金属或包贵金属制成的物品；仿首饰和硬币。按材料及加工深度将货品分成三组，并分列于 3 个分章中。

第 1 分章天然或养殖珍珠、宝石或半宝石（品目 71.01 ~ 71.05）

本分章主要包括不论是否加工或分级但未镶嵌或未穿成串（为运输暂时穿成串的除外）的珍珠、宝石以及在加工宝石过程中所产生的粉末。

第 2 分章贵金属及包贵金属（品目 71.06 ~ 71.12）

本分章主要包括贵金属、包贵金属及其废料。本分章按照先未锻造、半制成或粉末状，再包贵金属，最后废碎料的顺序列目。

第 3 分章珠宝首饰、金银器及其他制品（品目 71.13 ～ 71.18）

本分章主要包括珠宝首饰；贵金属或包贵金属制的首饰；贵金属或包贵金属制的其他制品及其零件；全部或部分用宝石、半宝石（天然、合成或再造）构成的物品；仿首饰；硬币。

易误归入本章的货品主要有专门配制作牙科填料用的合金（品目 30.06）；以贱金属或非金属为底料镀以贵金属的制品（一般按底料属性归类）；所含贵金属仅作为小零件（例如交织字母、圈、套环）的物品；装有宝石或半宝石工作部件的器具及用本章材料构成的在其他类章具体列名的商品（例如钟表用宝石轴承应归入子目9114.9010）等。

二、章及子目注释提要

（一）章注释提要

本章有 11 条章注释。

1. 章注 1 规定了构成本章制品的物品构成要求。

2. 章注 2 是排他条款，列出了易误归入品目 71.13 ～ 71.16 的部分制品。

3. 章注 3 是排他条款，列出了不能归入本章的 15 类货品。

4. 章注 4 明确了本目录所称"贵金属"及"铂"的含义并强调"宝石或半宝石"不适用第 96 章章注 2（2）所述矿物质雕刻材料。

5. 章注 5 阐明了贵金属合金的含义及其归类原则。

6. 章注 6 有条件地扩大了贵金属的范围。

7. 章注 7 对本目录所称"包贵金属"做出了明确定义并强调除条文另有规定的以外，也包括镶嵌贵金属的贱金属。

8. 章注 8 规定品目 71.12 是本目录中有条件的优先归类品目。

9. 章注 9 解释了品目 71.13 所称"首饰"的含义并明确了首饰的范围及物品构成。

10. 章注 10 明确了品目 71.14 所称"金银器"的货品范围。

11. 章注 11 解释了品目 71.17 所称"仿首饰"的含义并明确了仿首饰的范围。

（二）子目注释提要

本章有 3 条子目注释。

1. 子目注释 1 对子目 7106.10、7108.11、7110.11、7110.21、7110.31 及 7110.41 所称"粉末"做出了明确定义。

2. 子目注释 2 明确了子目 7110.11 及 7110.19 所称"铂"的含义。

3. 子目注释 3 规定了品目 71.10 项下子目所列合金的归类原则。

三、商品基础知识、商品介绍及名词解释

下面将本章条文或注释中涉及的商品、名词等作简单介绍，以便归类。

1."珍珠"：

珍珠是珍珠贝、珍珠贻贝等海水或淡水软体动物体内发生病理变化或外界砂粒和微生物等进入贝壳，由病态分泌物在贝壳内形成的圆形颗粒，乳白色或略带黄色，有光泽。基本上由一种角质物（真珠质）所包裹的多层碳酸钙所构成。

2."养殖珍珠"：

它是指人工种养的珍珠。人工养殖珍珠的方法是将珍珠母的小粒植入贝类，再将贝类放入水中放养，经数年养殖后，植入的小珠就被多层珍珠层同心包裹，此时即可捞贝割珠。

3."宝石或半宝石"：

它是指质量适于做首饰的宝石或半宝石（色泽艳丽、结构稳定、多为晶体结构），其矿物学名称和商业名称详见《商品及品目注释》第71章附录。不包括第96章章注2(2)所述的物质（琥珀、海泡石、黏聚琥珀、黏聚海泡石、黑玉及其矿物代用品）。

4."钻石"：

它又称"金刚石"或"金刚钻"，是在高压高温下的岩浆里形成的八面体结晶，是木炭、石墨等碳的同素异形体，也是世界上最坚硬的自然物质。钻石具有极强的折光力，任何方向的光线射入钻石后，都聚集在核心，然后集中向上反射，呈现夺目的光彩。

5."贵金属"：

它是指银、金及铂（"铂"是指铂、铱、锇、钯、铑及钌即铂族金属）及其合金。含有贵金属的合金中，只要其中任何一种贵金属的含量达到合金重量的2%，即应视为该贵金属合金。包贵金属或表面镀以贵金属的贱金属及非金属不能被视为贵金属。

6."包贵金属"：

它是指以贱金属为底料（包铂族贵金属材料也可以以银或金为底；包金材料也可以以银为底料），在其一面或多面用焊接、熔接、热轧或类似机械方法覆盖一层任何厚度的贵金属材料。除品目条文另有规定以外，镶嵌贵金属的贱金属也视为包贵金属，例如嵌有银条的铜板。

7."压电石英"：

它是指具有当施以机械压力时可产生电荷，其强度随所受压力变化而变化；当受到电势差影响时则可转换成机械压力特性的石英。

8."铂"（子目 7110.11 及 7110.19）：

它不包括铱、锇、钯、铑及钌，即仅指铂族金属中的铂。

9."首饰"（品目 71.13）：

（1）个人用小饰物（例如，戒指、手镯、项圈、饰针、耳环、表链、表链饰物、垂饰、领带别针、袖扣、饰扣、宗教性或其他勋章及徽章）；

（2）通常放置在衣袋、手提包或佩戴在身上的个人用品。（例如，雪茄盒或烟盒、鼻烟盒、口香糖盒或药丸盒、粉盒、链带、念珠）。

这些物品可以和下列物品组合或镶嵌下列物品：例如，天然或养殖珍珠、天然或合成及再造的宝石或半宝石、玳瑁壳、珍珠母、兽牙、天然或再生琥珀、黑玉或珊瑚。

10.“金银器”（品目71.14）：

（1）餐具，例如餐刀、切肉刀、汤匙、叉；长柄勺；家禽夹和肉夹；托盘、盘子、盛汤或盛菜的碟和碗；船形调味汁壶；水果盘；糖缸、咖啡壶、茶壶、茶杯或咖啡杯；酒杯；蛋杯、酒壶、酒具；装面包、糕点、水果等的筐和架；鱼夹；糕点夹；冰酒桶；调味品瓶；糖钳；刀架、餐刀环；餐桌铃；花饰瓶塞等。

（2）梳妆用具，例如有柄镜；瓶和香粉盒；刷子盒、衣刷、指甲刷、头发刷、梳；大壶等（品目71.13及96.16的物品除外，例如装饰性发梳和随身小梳、香水喷雾器等）。

（3）办公室和写字台用品，例如墨水瓶、墨水台、书档、镇纸、裁纸刀等。

（4）吸烟用具，例如雪茄和香烟盒、烟叶罐、烟灰缸、火柴盒架等（品目96.13或96.14的物品除外，例如香烟打火机、烟斗、烟嘴等）。

（5）其他室内用品及类似物品，例如室内装饰用的半身雕塑像、小雕塑像和其他雕塑像；珠宝盒；餐桌中心件、小花瓶、大花瓶；相框；灯具、灯台、烛台、枝形吊灯；壁炉台装饰品、装饰用碟盘、纪念章和大奖章（供个人佩戴的除外）；体育比赛奖品；香炉等。

（6）宗教用品。例如圣物箱、圣餐杯、圣体匣、耶稣十字架、烛台、灯具。

11.“仿首饰”（品目71.17）：

它是指不含天然或养殖珍珠、天然或合成及再造的宝石或半宝石以及贵金属或包贵金属（前述材料可作为镀层或小零件、小装饰品）的个人用小饰物（除纽扣及发夹、发梳和其他类似品以外的个人用小饰物（例如，戒指、手镯、项圈、饰针、耳环、表链、表链饰物、垂饰、领带别针、袖扣、饰扣、宗教性或其他勋章及徽章）。应注意，通常放在衣袋、手提包或携带在身上的个人用品，如香烟盒、粉盒等不能视为仿首饰。

四、部分品目介绍

下面将本章部分品目的商品范围介绍如下：

（一）品目71.12

本品目包括仅适于回收贵金属的金属废碎料或用来制造化学品的原料；主要用于回收贵金属的含有贵金属或贵金属化合物的任何材料的废碎料。主要有：

1.造币厂或金匠、银匠和首饰匠等在工场机械加工贵金属或包贵金属时产生的废料、残屑，例如成型、钻孔等加工产生的地脚、粉末、锉屑、刨屑等。

2. 不能再按原用途使用的破旧器具（餐具、金银器、丝网催化剂等）的废料。

3. 含有金属形态或化合物形态贵金属（例如卤化银）的照相用硬片、软片、纸、纸板或纺织物的废碎料。

4. 含有贵金属（例如金或银）的电子电路板及类似载体的废碎料。

5. 冶炼、电解或化学生产过程中所产生的含有贵金属的残渣（例如电解精炼及电镀时产生的熔渣、淤渣；照相定影槽中的银渣）。

6. 焚化胶片等得到的含有贵金属或贵金属化合物的灰。

不包括需要经过或不需要经过整修便能重新再做原用途使用的物品，以及不经回收加工便能转作其他用途的物品。

（二）品目 71.14

1. 材料要求：①应全部或部分为贵金属或包贵金属；②所含贵金属或包贵金属必须超出作为小配件的范围；③可以镶嵌珍珠、宝石、半宝石、仿宝石、玳瑁、珍珠母、象牙、琥珀、黑玉或珊瑚。

2. 货品范围：本品目包括"金银器"（通常比品目 71.13 的首饰大）；未制成或不完整的金银器及明显用于金银器的零件（例如餐具的银柄、梳妆用刷的银刷背）。

五、其他归类时容易混淆或忽视的地方

下面的内容是本章及其相关商品归类时容易混淆或忽视的地方，应该注意掌握。

1. 天然珍珠与养殖珍珠的区别：

通常从外形、珠眼儿、核心三方面区分天然珍珠与养殖珍珠。前者皮厚光老，精圆者甚少；珍珠眼儿小而有规则，从眼儿处往里看，发黄褐色；强烈灯光或阳光照射，珍珠中间无黑影。后者皮薄、色浮而飘，一般圆而大者较多；眼儿较大，往里看发白，用放大镜看眼儿的边缘有不规则或残缺现象；养珠有内芯。

2. 对品目 71.13 材料的限制：

本品目所称首饰所用材料①全部或部分为贵金属或包贵金属；②所含贵金属或包贵金属必须超出作为小配件的范围；③上述材料制的"首饰"可以镶嵌珍珠、宝石、半宝石、仿宝石、玳瑁、珍珠母、象牙、琥珀、黑玉或珊瑚。

3. 切勿将本章所述的包贵金属与通过电解、蒸汽沉积、喷镀或用贵金属盐溶液浸渍等方法镀上贵金属的贱金属相混淆。不论这些贱金属所镀的贵金属有多厚，都应按其底料金属为依据归类。

4. 首饰与仿首饰包括的货品范围不完全一样，需要明确二者的货品范围，以正确归类。

5. 超过 100 年的珍珠、宝石、半宝石应归入第 71 章，超过 100 年的珍珠、宝石、半宝石制品应归入第 97 章。

六、归类原则

（一）贵金属合金的归类原则

1.贵金属合金的品目归类。

含有贵金属的合金，只要其中任何一种贵金属的含量达到合金重量的2%，即应视为贵金属合金，且按以下规则归类：

（1）按重量计铂（或铂族）含量在2%及以上的合金，应视为铂合金。

（2）按重量计金含量在2%及以上的非铂（或铂族）合金，应视为金合金。

（3）按重量计银含量在2%及以上的非铂（或铂族）及金合金，应视为银合金。

（4）按重量计含铂（或铂族）、金、银含量均在2%以下的合金，应视为贱金属合金。

即在贵金属合金归类时，其优先顺序是铂（或铂族）合金，其次是金合金，最后是银合金。

2.品目71.10项下子目所列合金的归类。

归入该品目的合金应按所含铂、铱、锇、钯、铑及钌中重量最大的一种金属归类。

3.其他子目所属贵金属合金的归类。

比照上述品目的归类原则办理。

（二）优先归类原则（品目71.12贵金属或包贵金属的废碎料及用于回收贵金属的废碎料的归类原则）

1.含放射性贵金属及其化合物、贵金属同位素及其化合物的残渣应优先归入第28章的相应品目。

2.其他贵金属或包贵金属的废碎料及用于回收贵金属的废碎料应归入品目71.12，即可归入品目71.12的货品（上述1款除外）应归入品目71.12而不归入本目录其他品目。

（三）硬币的归类

1.任何金属（包括贵金属）制成的硬币（法定货币及非法定货币）归入品目71.18。

2.装在胸针、领带夹等个人装饰品上的硬币归入品目71.13、71.17或97.06。

3.具有钱币学意义的收藏品及珍藏品归入第97章。

4.只能作金属废碎料使用的废、碎的硬币归入材料所在的章。

（四）仅适用于回收贵金属用的材料的归类

仅适用于回收贵金属用的材料，诸如含有贵金属或贵金属化合物的照相硬片、软片、纸、纸板、纺织材料的废碎料及任何材料的废碎料；机械加工贵金属或包贵金属时产生的废料；不能再作原用途使用的餐具、金银器具等含贵金属的破旧器具；不能再作原用途使用的贵金属化合物；冶炼、电解、化学生产过程中所产生的贵金属及其贵金属化合物残渣；含有贵金属或贵金属化合物的灰等应归入品目71.12。

商品归类练习题

1. 纪念元宝，银制

2. 未分级钻石，制作钻石首饰的原料

3. 红宝石，加工程度：劈解、锯切、粗磨、滚抛、刻面、打磨、抛光，状态：未成串、未镶嵌，来源：天然

4. 翡翠石，加工程度为劈解、锯切、粗磨、滚抛、刻面、打磨、抛光，状态：未成串、未镶嵌，来源：天然。制作钻石首饰的原料

5. 银靶，规格160c，用途：用于光盘和电子业的真空溅镀，成分为99.99%的银，主要工艺流程为：通过提纯，锻轧，浇铸，检测

6. 成套的银制餐叉

7. 银制茶叶罐

8. 合金粉，成分含量：97.5%银、1%铂、1.5%钯

9. 金丝（实验室用）

【本篇小结】

　　本篇从商品范围、注释提要、商品知识、品目介绍、归类易混淆之处及归类原则等方面明确了第十四类第71章货品的归类要点，诸如"贵金属合金的归类原则"等，为全方位把握珍珠、宝石、贵金属及其制品；仿首饰等货品的正确归类提供了必要的基础知识。

【本篇关键名词或概念】

首饰　金银器　仿首饰

【本篇简答题】

1. 简述本类（章）货品的优先归类原则。

2. 简述本类（章）典型商品的归类规定。

第十六篇　第十五类 贱金属及其制品

【本篇导读】

本篇系统介绍了贱金属及其制品的归类要点。

【本篇学习目标】

通过本篇的学习，熟悉 HS 第十五类的商品范围，了解与相关类、章商品的区别和联系，明确归类易混淆之处，掌握贱金属及其制品的主要归类原则并能正确进行商品归类。

16.1 本类归类要点

一、本类的结构和商品范围

金属材料一般可以分为黑色金属材料和有色金属材料两大类。铁和以铁为基的合金（主要是钢、铸铁、铁合金）被称为黑色金属，黑色金属以外的所有金属及其合金被称为有色金属。

本类共分 11 章，按照黑色金属及其制品——有色金属及其制品——其他列名贱金属制品的顺序编排章次。

本类包括化学纯的贱金属及合金；从矿脉中分离出来的天然金属以及铜锍、镍锍和钴锍；未锻轧的贱金属及这些金属的条、杆、丝或板等半制成品及许多贱金属制品。可按材料属性将本类货品分为三组：

1. 钢铁及其制品（第 72 章 ~ 第 73 章）。

2. 有色金属、金属陶瓷及其制品（第 74 章 ~ 第 81 章）（第 77 章是空章）。

3. 其他列名贱金属制品（第 82 章 ~ 第 83 章）。

第一组、第二组的货品是按贱金属的自然属性列目的，包括未锻轧的贱金属原料等初级形状产品以及这些贱金属原料制成的条、杆等半制成品和某些贱金属制品。第三组的货品是按货品本身的功能及用途等特性列目的，不受贱金属类别的影响。第三组仅包括具体列名的货品，凡在第 82 章 ~ 第 83 章列名的贱金属制品，不论由哪类贱金属构成均应归入本组的列名品目而不应归入第 72 章 ~ 第 81 章各章其他品目。第二组各章未列名品目所属商品范围不尽相同，应注意区别归类。

易误归入本类的货品主要有：含于矿脉中的天然贱金属（第 26 章）；锍（铜锍、镍锍、钴锍除外）（第 26 章）、贱金属汞齐（品目 28.53）；贱金属胶态悬浮液（通常归入品目 30.03 或 30.04）；金属线织成的机织物（品目 58.09）；硬币（品目

71.18）；已装配的铁道或电车道轨道（品目 86.08）；金属丝刷（品目 96.03）等。

二、类注释提要

本类有 8 条类注释。

1.类注一是排他条款，列出了不能归入本类的 13 类货品。

2.类注二用列举法明确了本目录所称"通用零件"的范围及所属的品目；规定了"通用零件"、本类货品零件及第 82 章、第 83 章所述物品的归类规定。

3.类注三用列举法明确了本目录所称"贱金属"适用的金属范围。

4.类注四对本目录所称"金属陶瓷"做出了明确定义。

5.类注五规定了合金的归类规则；强调了本类所称"合金"，包括金属粉末的烧结混合物、熔化而得的不均匀紧密混合物（金属陶瓷除外）及金属间化合物。

6.类注六有条件的扩大了贱金属的范围。

7.类注七规定了贱金属复合材料制品的归类规则。

8.类注八解释了本类所使用的"废碎料""粉末"两个名词的含义。

三、商品介绍及名词解释

下面将本类条文或注释中涉及的商品、名词等作简单介绍，以便归类。

1."废碎料"：

它是指在金属生产或机械加工过程中产生的废料及废屑以及因破裂、切断、磨损及其他原因而明显不能作为原物使用的金属制品。

2."粉末"：

它是指按重量计 90% 及以上可从网眼孔径为 1 毫米的筛子通过的产品。

3."通用零件"（本目录）：

它是指①品目 73.07、73.12、73.15、73.17 或 73.18 的物品及其他贱金属制的类似品；②贱金属制的弹簧及弹簧片，但钟表发条（品目 91.14）除外；③品目 83.01、83.02、83.08、83.10 的物品及品目 83.06 的贱金属制的框架及镜子。

4."金属陶瓷"：

它是指由金属与陶瓷成分以极细微粒不均匀结合而成的产品及其金属碳化物与金属烧结而成的硬质合金。

5."贱金属"（本目录）：

它是指①铁及钢、铜、镍、铝、铅、锌、锡、钨、钼、钽、镁、钴、铋、镉、钛、锆、锑、锰、铍、铬、锗、钒、镓、铪、铟、铌（钶）、铼及铊；②除条文另有规定以外的贱金属合金；③可视为贱金属合金的金属粉末的烧结混合物、熔化而得的不均匀紧密混合物（金属陶瓷除外）及金属间化合物。

四、归类原则

（一）通用零件的归类原则

单独进口的通用零件（无论用于何种货品）一律作为通用零件归入第十五类相应品目。

（二）含有贱金属的合金的归类原则（第 72 章、第 74 章所规定的铁合金及铜母合金按列名归类）

1. 对于贱金属与贵金属的合金，当任一种贵金属（或铂族）的含量均不足 2% 时，应按所含重量最大的贱金属归类，贱金属比例相同时从后归类；否则应归入第 71 章。

2. 贱金属与贱金属的合金按其所含重量最大的贱金属归类，比例相同时从后归类。

3. 对于由本类的贱金属和非本类的元素构成的其他合金，如果其中贱金属的总重量等于或超过所含其他元素的总重量，应作为本类贱金属合金归类；反之一般归入品目 38.24。

（三）复合材料制品的归类原则

除各品目条文另有规定的以外，贱金属制品（包括根据"归类总规则"作为贱金属制品的混合材料制品）如含有两种或两种以上贱金属的，铜头的钢铁钉应归入品目 74.15，其余按所含重量最大的贱金属的制品归类。在具体操作时，应按下列规定计重：

1. 钢、铁或不同种类的钢铁，均视为一种金属。

2. 按照上述（一）的规定作为某一种金属归类的合金，应视为一种金属（例如由黄铜制成的铜制品应视为全部由纯铜制成）。

3. 品目 81.13 的金属陶瓷，应视为一种贱金属。

对于部分由非金属构成的制品，应按照归类总规则办理，当贱金属赋予这些制品基本特征时，应按其所含重量最大的那种贱金属的制品归类。

（四）贱金属废旧料的归类

1. 能作为原物使用的金属制品按原制品归类。

2. 在金属生产或机械加工过程中产生的废料及废屑应归入以废碎料列名的品目。

3. 明显不能作为原物使用必须经冶炼才可重新使用的废旧金属制品也应归入以废碎料列名的品目。

4. 明显不能作为原物使用但不需冶炼就能适用原用途或其他用途（例如经修补、改造即可使用；把损坏零件更换后即可使用）的废旧金属制品，应按相应用途金属制品归类。

16.2 第 72 章 钢铁

一、本章的结构及商品范围

本章包括黑色金属，即生铁、镜铁、铁合金及其他冶炼钢铁的金属原料；锭及其他初级形状产品、半制成品以及用它们直接生产出来的平板轧材；条、杆、丝；角材、型材及异型材等。本章共有29个品目，按加工深度及材料属性将所属货品分为四组，依次分列于4个分章中，其中第2分章～第4分章的货品基本相同，他们的区别主要在材料的属性上。

1. 第1分章：原料；粒状及粉状产品。

2. 第2分章：铁及非合金钢。

3. 第3分章：不锈钢。

4. 第4分章：其他合金钢；合金钢或非合金钢制的空心钻钢。

易误归入本章的货品主要有：钢铁板桩、焊接角材、型材及异型材；铁道及电车道铺轨用材料及管材等。

二、章及子目注释提要

（一）章注释提要

本章有3条章注释。

1. 章注1解释了本章所使用的"生铁""镜铁""铁合金""钢""不锈钢""其他合金钢""供再熔的碎料钢铁锭""颗粒""半制成品""平板轧材""不规则盘绕的热轧条、杆""其他条、杆""角材、型材及异型材""丝"和"空心钻钢"15个名词。

2. 章注2规定了"用一种黑色金属包覆不同种类的黑色金属"的归类规定。

3. 章注3规定了用电解沉积法、压铸法或烧结法所得的钢铁产品的归类规定。

（二）子目注释提要

本章有2条子目注释。

1. 子目注释1解释了本章所用的"合金生铁""非合金易切削钢""硅电钢""高速钢""硅锰钢"5个名词。

2. 子目注释2规定了品目72.02项下的子目所列铁合金的归类规则。

三、商品基础知识、商品介绍及名词解释

下面将本章条文或注释中涉及的商品、名词等作简单介绍，以便归类。

1. "合金生铁"：

按重量计含有一种或几种下列比例元素的生铁：铬>0.2%，铜>0.3%，镍>0.3%，铝、钼、钛、钨、钒分别>0.1%。

2. "铁合金"（品目72.02）：

它是指铁同某些元素的合金。一般无实用可锻性，不适于直接制造成品，通常用于钢铁冶炼中的除氧剂、脱硫剂及合金元素的添加剂。按重量计，铁元素的含量不小于4%，并含有下列一种或几种元素：铬超过10%，锰超过30%，磷超过3%，硅超过8%，除碳以外的其他元素，合计超过10%，但最高含铜量不得超过10%。

3. "磁粉"（子目 7202.9912）：

它是指钕铁硼磁粉 [符合第十五类类注 8（2）关于"粉末"的定义规定]，它是以铁合金、钕和其他金属等初级产品为原料，经高温二次重熔、快淬、破碎、退火制成的粉末，其典型组成成分为钕20% ～ 32%，钴 0 ～ 16%，硼0.8% ～ 1.3%，铌 0 ～ 2.5%，其他为铁。属于一种铁基稀土永磁材料，为 Fe 基稀土永磁三元系合金产品。

4. "不锈钢"：

它是指按重量计含碳量 ≤ 1.2%、含铬量 ≥ 10.5% 的合金钢。不论是否含有其他元素。

5. "硅电钢"：

它是指按重量计含硅量不少于0.6%，但不大于6%，含碳量不超过0.08%的合金钢。硅电钢中可以含有不超过 1% 的铝（按重量计），但所含其他元素的比例并不使其具有其他合金钢的特性。

6. "高速钢"：

它是指按重量计含碳量不小于 0.6%，含铬量在 3% ～ 6%，含钼、钨、钒中任意两元素的合计重量不小于 7%，不论是否有其他元素的合金钢。

7. "硅锰钢"：

它是指按重量计同时含有 0.7% 及以下的碳元素，0.5% ～ 1.9% 的锰元素，0.6% ～ 2.3% 的硅元素的合金钢，但所含其他元素的比例并不能使其具有其他合金钢的特性。

8. "平板轧材"：

它是指截面为矩形（不包括正方形）的实心轧制产品，可以是层叠的卷材，也可以呈平直形状。对于平直形状的板材其厚度和宽度应同时符合下列要求，即当厚度小于 4.75 毫米时，则宽度至少应为厚度的 10 倍；当厚度等于或大于 4.75 毫米时，其宽度应超过 150 毫米，并且至少应为厚度的两倍。包括直接轧制而成并有凸起式样的产品以及穿孔、抛光或制成瓦楞形的产品。

9. "不规则盘绕的热轧条、杆"：

它又称做盘条，应是热轧加工、不规则盘绕（非直），并可以带有在轧制过程中产生的凹痕、凸缘、槽沟或其他变形的实心产品。其截面应呈圆形、扇形、椭圆形、扁圆形、矩形（包括正方形）、变形矩形、三角形及其他外凸多边形状。对于截面呈矩形的产品，当厚度小于 4.75 毫米时，其宽度应小于厚度的 10 倍；当厚度等于或大于 4.75 毫米时，则宽度应小于厚度的 2 倍或不大于 150 毫米。

10. "其他条、杆"：

它是指截面呈圆形、扇形、椭圆形、扁圆形、矩形（包括正方形）、变形矩形、三角形及其他外凸多边形状等完全相同截面的非盘绕条、杆（笔直条状或折叠捆状），它们可以带有轧制过程中产生的凹痕、凸缘、槽沟或其他变形以及轧制后单根绞扭的产品,对于截面呈矩形的产品,当厚度小于 4.75 毫米时,其宽度应小于厚度的 10 倍;当厚度等于或大于 4.75 毫米时,则宽度应小于厚度的 2 倍或不大于 150 毫米。

11. "丝":

它是指不符合平板轧材定义但全长截面均为同样形状的盘卷冷成型实心产品。

12. "空心钻钢":

它是指适合于钻探用的各种截面(通常为圆形、六角形、八角形或截角正方形)的空心条、杆,截面最大外形尺寸超过 15 毫米,但不超过 52 毫米,最大内孔尺寸不超过最大外形尺寸的 1/2。

13. "初步热轧"的产品:

它是指经轧制后具有粗糙外观的产品。

四、部分品目介绍

下面将本章部分品目的商品范围介绍如下:

品目 72.07:

本品目包括铁或非合金钢半制成品,主要的货品有:大方坯、小方坯、圆材坯、厚板坯及薄板坯;外观粗糙的粗锻件(准备用于终加工的曲轴及锻模锻造而成的冲锻件及压锻件除外);角材坯、型材坯及异型材坯;通过连续铸造所得的半制成品。

五、其他归类时容易混淆或忽视的地方

下面的内容是本章商品归类时容易混淆或忽视的地方,应该注意掌握。

1. 截面高度的测量方法(品目 72.16):

为确定槽钢、工字钢、宽边工字钢、丁字钢、角钢的归类,须确定其截面高度,具体测量方法如下:

(1)槽钢、工字钢、宽边工字钢以平行的两边缘之间的距离为它们的截面高度;

(2)角钢以最长的一边的外缘高度为截面高度;

(3)丁字钢的截面总高度为截面高度。

2. 任何规格的非矩形(包括正方形)的平板轧材均按宽度超过 600 毫米的平板轧材归类。

六、归类原则

(一)品目 72.02 项下的子目所列铁合金的归类规定

对于只有一种元素超出规定的最低百分比的铁合金,应作为二元合金归入相应的子目。以此类推,如果有两种或三种合金元素超出了最低百分比的,则可分别作为三元或四元铁合金。在运用本规定时,对于未列名的"其他元素",按重量计单项含量必须超过 10%。

例如:按重量计含硅 51%、镍 30%、铝 8%、磷 4%、碳 0.3% 的铁合金。

说明： 经计算可知按重量计铁元素含量为 6.7%，在 4% 以上，其他元素的含量也符合第 72 章章注 1（3）的规定，应归入以"铁合金"列名的品目 72.02。本题商品所含铁以外的列名元素中硅和磷均超过了最低百分比（51% 大于 8% 和 4% 大于 3%）、作为未列名的"其他元素"镍超过了 10%（30% 大于 10%），故应视做四元合金，应按硅镍磷铁合金归类，最终归入以"其他"列名的子目 7202.9999。

（二）用黑色金属包覆的黑色金属的归类规定

在办理用黑色金属包覆的黑色金属的归类时，应按其中重量最大的材料归类。

（三）电解沉积法、压铸法或烧结法所得的钢铁产品的归类规定

在办理电解沉积法、压铸法或烧结法所得的钢铁产品的归类时，应按其形状、成分及外观归入本章类似热轧产品的相应品目。

（四）钢材的归类

钢材在归类时应严格按照注释中的规定办理，不能简单地按照申报名称归类，具体操作如下。

1. 截面为非凹型实心产品的归类。

归入本章的截面为非凹型的实心钢材主要包括："平板轧材""不规则盘绕的热轧条、杆（俗称'盘条'）""其他条、杆"和丝。

在进行钢材归类时，应按下列顺序进行操作：

首先，依据钢材的组分判断所给钢材的材质，即先判断它是"铁及非合金钢""不锈钢""其他合金钢"（高速钢、硅电钢、硅锰钢等）中的哪一类以决定应归入的分章。

其次，根据所给钢材的外形尺寸（厚度及宽度）、报验状况（盘卷还是平直）、加工方式（冷轧或热轧）判断是否属于"平板轧材"[依据本章章注 1（10）]。对于非平板轧材的钢材，其中直条状或折叠捆状的是"其他条、杆"；冷加工（冷成型）盘卷状的是"丝"；热轧不规则盘绕状的是"不规则盘绕的热轧条、杆（盘条）"。

最后，根据所给出的其他条件（例如未经其他加工或镀锌、涂塑、涂漆等）确定该类钢材应归入的品目及子目。特别要注意对于"其他条、杆"来说，加工方式（冷轧或热轧）不同，所属的品目往往也不同。还需要指出的是，在行业上我国没有"其他条、杆"这个钢材名称，代之的是型钢。

例如：截面为矩形的非合金钢钢材，除冷轧外未经进一步加工，钢材宽度 80 毫米，厚度 5 毫米，盘卷状报验。

说明： 先判断材质，非合金钢钢材应归入第 72 章第 2 分章铁及非合金钢。究竟在第 72 章中是哪一种型材（平板轧材、不规则盘绕的热轧条杆、其他条杆、丝）呢？盘卷状的形状使其不可能是其他条、杆；盘卷状的形状冷轧的加工状态使其只可能是丝；所以它完全符合第 72 章章注 1（14）对丝的规格、形状和加工等方面的规定，应按除轧制外未经进一步加工的非合金钢丝归入子目 7217.1000。

2. 截面为凹型实心产品的归类。

截面为凹型的实心钢材在本目录中被称为"角材、型材及异型材",专指角钢、H 型钢、槽钢、工字钢、丁字钢等大多在行业上被认为是异型材的钢材。归类时只需依据钢材的组分判断所给钢材的材质,决定应归入的分章,再归入列名为"角材、型材及异型材"的品目即可。

3. 截面为空心产品的归类。

先依据章注 1(15)所规定的最大外形尺寸及最大内孔尺寸判断是否为空心钻钢,若符合要求不论其材质如何,均按空心钻钢归入子目 7228.8000。

其他空心的管子及空心异型材应按钢铁制品归入第 73 章品目 73.03 ~ 73.06。归类时特别要注意钢材类别、截面形状、有无缝、用途等以免发生归类错误。

(1)棱角钢砂,"棱角钢砂"是将铁矿先经电炉熔炼、成为液态金属,再将其冷却使之转化为钢粒,钢粒再经高温热处理后破碎成钢砂,最后通过筛选系统筛选出符合要求的钢砂。

(2)螺纹钢,由非合金钢经热轧扭曲成表面起螺丝纹的实心直条状,直径 2 厘米,长 4 米。

(3)冷拔合金钢,由 10B21 合金钢线材先进行表面去除氧化皮再通过冷拔工艺制得,本商品出口后需要进行深一步加工,最终制得机械连接紧固件。本商品呈条杆状,实心产品、圆形截面。加工方法为冷加工(冷拔),除此以外未进一步加工。

(4)截面为矩形的、非合金钢经电镀法加工而成的平板镀锌铁皮(规格为 750 毫米 *1500 毫米,厚度为 1 毫米)。

(5)未经包覆、镀、涂层,厚度 0.8 毫米、宽度 70 厘米、屈服强度 250 牛顿 / 平方毫米的非金属钢冷轧平板卷材。

(6)截面为矩形的非合金钢钢材,除冷轧外未经进一步加工,钢材宽度 20 毫米,厚度 2 毫米,盘卷状报验。

(7)不规则盘卷状报验的不锈钢钢材(截面为矩形,宽为 50 毫米,厚为 2 毫米)除热轧外未经进一步加工。

(8)宽 1 米,厚 2 毫米的非合金钢热轧卷板,表面涂有防锈漆。

(9)由高速钢(一种合金钢)热轧制得的圆钢,截面为实心圆形,直条状,直径 4 厘米,长 4 米。

16.3 第 73 章 钢铁制品
一、本章的结构及商品范围
本章钢铁制品是由第 72 章的产品进一步加工而得。本章主要包括管、空心异型材等形状不同于第 72 章或由第 72 章的钢材进一步加工而得的钢材;部分钢铁通用零件及一些钢铁特征明显的制品（未在第 82 章或第 83 章具体列名又未归入本目录其他章的钢铁及铸铁制品）。本章共有 26 个品目，其中品目 73.01 ~ 73.24 是具体列名物品，品目 73.25 ~ 73.26 是未在第 82 章 ~ 第 83 章列名也不能归入其他章的钢铁制品。基本按照加工深度递进即钢材—零件、部件、装置、容器等列名物品—其他钢铁制品的顺序列目。

易误归入本章的货品主要有：已装配的轨道（品目 86.08）；专用机器零件；钟表发条（品目 91.14）；刀、匙、叉、勺（品目 82.11 ~ 82.15）等。

二、章及子目注释提要

本章有 2 条章注释，无子目注释。

1. 章注 1 说明了本章所称"铸铁"的含义。

2. 章注 2 对本章所称"丝"做出了明确定义。

三、商品基础知识、商品介绍及名词解释

下面将本章条文或注释中涉及的商品、名词等作简单介绍，以便归类。

1. "管"：

它是指内表面及外表面形状相同、全长横截面相同并且只有一个闭合空间的同心中空产品（空心钻钢除外）。钢管横截面除圆形、椭圆形或矩形（包括正方形）外，也有等边三角形或其他规则的外凸多边形。全长边角已经磨圆的非圆形横截面产品、带有法兰形端部的管子也应视为"管"。还可以经抛光、涂层、弯曲（包括盘管）、攻丝及不论是否两管相接、钻孔、缩腰、胀口、成锥形或装法兰、颈圈或套环。

2. "空心异型材"：

不符合"管"及"空心钻钢"定义的内外表面形状不同的空心产品。

3. "丝"（第 73 章）：

它是指其截面尺寸均不超过 16 毫米的热或冷成型的任何截面形状的产品。

4. "板桩"（品目 73.01）：

它是指通过在轧机中轧制、拉拔、挤压、压折或成型制得或通过组装轧制零件（例如通过铆接、焊接、咬边）制得的型材。这些型材可通过简单咬合或甚至通过将其各边纵向并置后装配在一起。因此，在纵向的各边都有连接装置（例如槽沟、凸缘、锁口）。

5. "焊缝管"（品目 73.05、73.06）：

焊缝管又名焊接钢管，是用带钢经过卷曲成型后焊接而成、断面有接缝的钢管。按生产方法分类有电焊管、炉焊管和气焊管，电焊管又分电弧焊管、高频或低频电阻焊管；按焊缝形式不同分为直接焊缝管和螺旋焊缝管两类。按表面镀锌与否，分为镀锌管（白管）与未镀锌管（黑管）。焊缝管常用作水、煤气、油等低压输送管道用管和一般结构钢管，如自行车用钢管。焊缝管比无缝管生产效率高、成本低。

6. "对焊件"（品目 73.05、73.06）：

对焊件是指管件与管子之间采用对缝焊接方式连接的管件。管件与管子连接部分没有螺纹结构，也有在接口部分采用"坡口"形式以保证焊接紧密性的产品。

四、部分品目介绍

下面将本章部分品目的商品范围介绍如下：

品目 73.26：

本品目货品可以通过锻造、冲压、切割、模压、折叠、组合、焊接、车削、铣削或穿孔等方法加工制得，主要包括：

1. 蹄铁；鞋靴护铁；攀树用铁钉助爬器；非机械式的通风装置；软百叶帘；电线钢铁配件（例如撑条、夹子、托架）；绝缘子串的悬吊或连接装置；未校准的钢珠；栅栏柱等；花坛边箍；树木等的培育器；绞紧栅栏钢铁丝用的松紧螺旋扣；瓦片；将软管夹紧于硬管或龙头等上的软管夹；固定管子用的挂钩、撑条及类似支撑物（专用于装配金属结构件管状元件的夹子及其他装置除外（品目 73.08）；容量量具（品目 73.23 的家用量具除外）；顶针；锻造吊钩；各种用途的弹簧扣；梯子及台阶；支架；铸模芯用支撑物或芯撑（模工用钉除外）；钢铁锻制的人造花或叶（但不包括品目 83.06 的制品及品目 71.17 的仿首饰）。

2. 钢铁丝制品，例如捕鼠器、捕鳗篓及类似品；捆扎饲料等用的扎铁丝；轮胎杆；动物鼻环；床垫钩等；废纸篓。

3. 某些箱及盒，例如未制成专门形状或内部装有配件以适合盛装特定工具（不论是否带附件等）的工具箱或工具盒；植物学家等用的收集箱或标本箱、小件饰物箱；化妆品盒及粉盒；香烟盒、口香糖盒等（品目 73.10 的容器、品目 73.23 的家用容器以及品目 83.06 的装饰品除外）。

4. 用于移动物体的、由一个底座、一个手柄、一个真空杆及多个橡皮圆盘组成的真空吸取器（吸夹）。

本品目不包括虽具有制成品基本特征但还需进一步加工的未制成锻件、钢铁铸造制品（品目 73.25）。

五、其他归类时容易混淆或忽视的地方

下面的内容是本章及其相关商品归类时容易混淆或忽视的地方，应该注意掌握。

1. 品目 73.09 ~ 73.11 不包括某些容器，例如家庭或厨房用的饼干筒等（详见主要钢铁制容器的归类）。

2. 应明确本章中通用零件所在的品目及所适用的零件名称及范围。

六、归类规定

（一）主要钢铁制容器的归类

1. 手提箱等应归入品目 42.02。

2. 装压缩气体或液化气体用的钢铁容器应归入品目 73.11。

3. 其他供商业运输、包装货物及固定安装在工厂等地盛装物料用的钢铁囤、柜、罐、桶、听、盒及类似容器，容积超过 300 升的归入品目 73.09；不超过 300 升的应归入品目 73.10。

4. 家庭或厨房用的饼干桶、茶叶罐、糖听等类似家用钢铁容器应归入品目 73.23。

5. 供个人用的香烟盒、粉盒、首饰盒等当以实用为主要用途时一般应归入品目 73.26；当以装饰为主要用途时应归入品目 83.06。

6. 专业用的标本箱、工具箱（品目 42.02 的货品除外）一般应归入品目 73.26。

7. 经专门设计及装备，可供一种或多种运输方式用的集装箱应归入品目 86.09。

（二）"针"的归类

名为"针"的主要货品的归类举例如下：

1. 手工用缝针、织针、穿带子用引针、钩针、刺绣穿孔针、结网针；安全别针、大头针等应归入品目 73.19。

2. 鞋匠用的无眼锥子及皮革加工、办公室用的穿孔锥形的穿刺工具应归入品目 82.05。

3. 针织机、编带机、刺绣机等机器用针，应作为相应的机器零件归入品目 84.48；缝纫机针应归入品目 84.52。

4. 拾音器用的唱针应归入品目 85.22。

5. 医疗、外科、牙科或兽医用的针应归入品目 90.18。

（三）钢铁"钉"的归类

名为"钉"的主要货品的归类举例如下：

1. 钢铁制的钉、平头钉、图钉、波纹钉等应归入品目 73.17。

2. 钢铁制的螺钉、方头螺钉、钩头螺钉、实心铆钉应归入品目 73.18。

3. 带有铜或铜合金钉头的钢铁钉、平头钉、图钉等应归入品目 74.15。

4. 订书机用的成条订书钉应归入品目 83.05。

5. 管形铆钉和开口铆钉（主要用于衣着、鞋靴、天篷、提包、旅行用品或其他制品等）应归入品目 83.08。

商品归类练习题

1. 卡车发动机用钢螺母

2. 不锈钢制的餐桌用酒杯

3. 不锈钢托盘，用途：工业用，具体为盛放电容器用的不锈钢托盘，应用于工厂的电容器生产车间内，为通用容器；材质：不锈钢；种类：托盘；加工方法：锻造后经过切割，抛光等制作工艺；规格：50MESH300-350-50H；无品牌

4. 丝网，材质：不锈钢；种类：网；品牌：太阳金网；用途：将成张的丝网经过特殊加工后装在网钵内，承载单板品的产品后送入 BR 烧结炉中对产品进行高温熔接（表面硬化）；加工方法：金属丝机织而得；网眼尺寸：0.28mm；规格：24cm×16.5cm

5. 六角螺钉，材质：铁。品牌：无。规格型号：237W00178。有原产地证明。非用于民用航空器的维护和修理。抗拉强度：400 ~ 600 兆帕。杆径：7mm。用途：用于复印打印机一体机及传真机的活动部位，起到紧固、防松作用。非自攻螺钉

6. 热回收管，该商品是热回收管，材质为 A3 钢。该商品通过冷轧焊接制成，焊接方式为纵向焊接（非埋弧焊），截面为圆形，壁厚 4mm，外径 1600mm，功能是在砖块制造过程中，将烧结窑内余热输送到干燥窑干燥湿砖坯

7. 法兰，用于温控阀门；用于阀门和管道的接合；不锈钢制；锻造

8. 螺纹肘管，用途：连接管道的不锈钢螺纹肘管；材质：不锈钢；种类：螺纹肘管；加工方法：锻造；品牌：FA.Inc；型号：8022RG06；工作原理：管道与管道的转口连接件，肘管

9. 不锈钢焊接管，天然气管道用，外径 275mm、壁厚 4mm，截面形状：圆形

16.4 第 74 章 铜及其制品

一、本章的结构及商品范围

本章主要包括粗铜、精炼铜、铜合金、铜粉、铜材及结构简单的铜制品，共有 16 个品目。包括的货品范围与第 72 章 ~ 第 73 章完全相同，因此可以通过所掌握的第 72 章 ~ 第 73 章各品目的货品范围方便本章的归类。但是应该明确与钢材相比，铜材中的同名货品的含义不尽相同，例如板、片、带、管、型材的定义就不一样。

易误归入本章的货品主要有绝缘电线及电缆（品目 85.44）、钟表发条（品目 91.14）、刀、匙、叉、勺（品目 82.11 ~ 82.15）等。

二、章及子目注释提要

（一）章注释提要

本章有 8 条章注释。

本章章注 1 ~ 8 依次解释了本章所用的"精炼铜""铜合金""铜母合金""条、杆""型材及异型材""丝""板、片、带、箔"和"管"8 个名词。

（二）子目注释提要

本章有 4 条子目注释。

本章子目注释 1 ~ 4 依次解释了本章所用的"铜锌合金""铜锡合金""铜镍锌合金""铜镍合金"4 个名词。

三、商品基础知识、商品介绍及名词解释

下面将本章条文或注释中涉及的商品、名词等作简单介绍，以便归类。

1. "铬锆铜"（子目 7407.1010）：

它是指主要成分为铜，按重量计铬含量 0.6% ~ 1.4%，锆含量 0.05% ~ 0.3% 的精炼铜。

2. "铜锌合金（黄铜）"：

铜与锌的合金，不论是否含有其他元素。含有其他元素时：按重量计含锌量大于其他各种合金元素的单项含量且镍含量低于 5%，锡含量低于 3%。

3. "铜锡合金（青铜）"：

铜与锡的合金，不论是否含有其他元素。含有其他元素时，按重量计含锡量应大于其他各种元素的单项含量。当按重量计含锡量在 3% 及以上时，锌含量在小于 10% 时，可大于锡含量。

4. "铜锌镍合金（德银）"：

它是指按重量计含镍量在 5% 及以上的铜锌镍合金。

5. "铜镍合金"：

铜与镍的合金，不论是否含有其他元素，但按重量计含锌量不得大于 1%。含有其他元素时，按重量计含镍量应大于其他各种元素的单项含量。

6. "铜母合金"（品目 74.05）：

它是指含有其他元素（但按重量计含磷量超过 15% 的磷铜母合金应视为品目 28.53 的磷化铜），按重量计含铜量超过 10% 的无实用可锻性的合金。主要包括铝铜、铍铜、硼铜、镉铜、铬铜、铁铜、镁铜、锰铜、钼铜、硅铜、钛铜以及钒铜母合金。

四、部分品目介绍

下面将本章部分品目的商品范围介绍如下：

品目 74.19：

本品目是本章的最后一个品目，主要包括：

1. 其他品目未列名的铜制别针及其他针（帽针和其他装饰用针及图钉除外）。

2. 无机械或热力装置的、盛装任何物料用的铜制囤、柜、罐、桶及类似容器，不论容量大小，也不论是否衬里或隔热。

3. 装压缩气体或液化气体用的铜制容器。

4. 铜链及其零件，但具有仿首饰特征的铜链（例如手表链及饰链）除外（品目 71.17）。

5. 品目 73.25 及 73.26 所列类型的铜制品。

6. 铜或铜合金制的电镀阳极板。

7. 通过焊接等方法装上翅片的其他品目未列名的铜管。

8. 铜丝制的布、格栅及网和网眼铜板。

9. 弹簧（钟表发条除外）。

五、其他归类时容易混淆或忽视的地方

下面的内容是本章及其相关商品归类时容易混淆或忽视的地方，应该注意掌握。

应注意区分本章"条、杆""型材及异型材""丝""板、片、带、箔""管"与第 72 章～第 73 章在形状等方面的不同。

商品归类练习题

1. 水表接头，成分含量为：铜 85%、锌 7%、镍 6.5%、铁 1.5%，用于水表和水管连接

2. 钢铁制的平头钉，带铜头

3. 铜丝经锻造制成的家用的纸篓

4. 铜制链条，服装装饰用，模压制

5. 连接管接头，用于连接管子，通过接触法连接。材质：精炼铜。成分含量：纯铜 99%、铝 0.2%、铬 0.8%。种类：接头。规格型号：EAAD047

6. 固紧法兰黄铜螺母，和螺栓配合使用，用于固定法兰。材质：黄铜制。品牌：AK。型号：BRONZE 5/8–11 UNC × 1.25LG。加工方法：锻造

7. 席梦思床垫用，铜制螺旋弹簧

8. 废电动机，大小，形状不一，混装在一起，均已损坏，只能用于拆散并回收铜、铁等原材料，以回收铜为主

9. 电极，材质：圆柱形，内层为铜，外层绝缘材料；用途：工业用，安装在特性选别机器上起到感应电量的作用。应用于设备检测仪器上测试片状电容器的容量值、额定电压、电流大小时的电特性感应。工作时安装在机器的检测部位（塑料部分起到保护内层铜芯的作用）当待检测的电容器通过该电极时电量由铜制部分通过外接的电线传递到设备中；种类：电极；加工方法：锻造、切割、抛光、安装塑料绝缘层等；规格：TG351LCM25–001

16.5 第 75 章 镍及其制品
一、本章的结构及商品范围

本章包括镍和镍合金及其某些制品，共有 8 个品目。包括的货品范围与第 72 章～第 73 章完全相同，因此，可以通过所掌握的第 72 章～第 73 章各品目的货品范围方便本章的归类。但是应该明确与钢材相比，镍材中的同名货品的含义不尽相同，例如板、片、

带、管、型材的定义就不一样。

易误归入本章的货品主要有条形绝缘导体和绝缘电线（品目 85.44）、钟表发条（品目 91.14）等。

二、章及子目注释提要

（一）章注释提要

本章有 5 条章注释。

本章章注 1 ~ 5 依次解释了本章所用的"条、杆""型材及异型材""丝""板、片、带、箔"和"管"5 个名词。

（二）子目注释提要

本章有 2 条子目注释。

1. 子目注释 1 依次解释了本章所用的"非合金镍""镍合金"两个名词。

2. 子目注释 2 明确了子目 7508.10 所称"丝"的含义，强调不受本章章注 3 限制。

三、商品基础知识、商品介绍及名词解释

下面将本章条文或注释中涉及的商品、名词等作简单介绍，以便归类。

"丝"（子目 7508.10）：

它是指其截面尺寸不超过 6 毫米的任何截面形状的产品，无论是否盘卷（不受本章章注 3 的限制）。

四、部分品目介绍

下面将本章部分品目的商品范围介绍如下：

品目 75.08：

本品目包括的其他镍制品主要是指纯度极高的电镀用镍阳极以及窗柜等结构件、结构件的组装零件；囤、柜、罐、桶及类似容器；家庭用品、卫生洁具及其零件；弹簧、镍钉、平头钉、螺母、螺栓等镍的通用零件。

五、其他归类时容易混淆或忽视的地方

下面的内容是本章商品归类时容易混淆或忽视的地方，应该注意掌握。

1. 应注意区分本章"条、杆""型材及异型材""丝""板、片、带、箔""管"与第 72 章 ~ 第 73 章在形状等方面的不同。

2. 应明确本章中通用零件所在的品目。

3. 应注意区别电镀阳极与品目 75.02 的铸造阳极及阴极板的不同。例如板形电镀用阳极应装有供在电解槽内悬挂用的吊钩或制备装钩位置（例如车螺纹、穿孔、或攻丝）。

商品归类练习题

1. 电镀用镍阳极

2. 镍锭（镍含量99.8%）

3. 已切碎的镍币

4. 镍钛管套，用于镍钛丝丝头的连接，经热拉拔—退火—表面研磨而成，规格：内径0.021英寸，外径0.032英寸，长度约1米，品牌：无，型号：无

5. 镍钛管，镍合金制的无缝管，用于制作心脏瓣膜支架。进口状态为长管，进口后须经弯折、切割、缝合、焊接等工艺方可制成心脏瓣膜支架，圆形截面，全长截面和壁厚相同，规格尺寸：外径6.0mm，壁厚0.55mm，品牌：无品牌，型号：无

16.6 第76章 铝及其制品

一、本章的结构及商品范围

本章包括铝和铝合金及其某些制品，共有16个品目。包括的货品范围与第72章～第73章完全相同，可以通过所了解的第72章～第73章各品目的货品范围方便本章的归类。但是应该明确与钢材相比，铝材中的同名货品的含义不尽相同，例如板、片、带、管、型材的定义就不一样。

易误归入本章的货品主要有用铝箔切成的亮晶片（品目83.08）、焊接用涂料电极（品目83.11）、绝缘电线及电缆（品目85.44）、具装饰性的首饰盒（品目83.06）等。

二、章及子目注释提要

（一）章注释提要

本章有5条章注释。

本章章注1～5依次解释了本章所用的"条、杆""型材及异型材""丝""板、片、带、箔""管"5个名词。

（二）子目注释提要

本章有2条子目注释。

1. 子目注释1依次解释了本章所用的"非合金铝""铝合金"两个名词。

2. 子目注释2明确了子目7616.91所称"丝"的含义，强调不受本章章注3限制。

三、商品基础知识、商品介绍及名词解释

下面将本章条文或注释中涉及的商品、名词等作简单介绍，以便归类。

"非合金铝"：

它是指按重量计含铝量至少为99%，而且铁加硅的含量不超过1%，其他元素每种不得超过0.1%（当铬和锰的含量均不大于0.05%时，铜含量可大于0.1%，但不得大

于 0.2%) 的纯铝。

四、部分品目介绍

下面将本章部分品目的商品范围介绍如下：

品目 76.16：

本品目是本章的最后一个品目，主要包括：

1. 钉、平头钉、U 形钉 (品目 83.05 的制品除外)、螺钉、螺栓、螺母、钩头螺钉、铆钉、销、开尾销、垫圈及品目 73.17 及 73.18 所属类型的类似物品。

2. 织针、引针、钩针、刺绣穿孔锥、别针、其他针及品目 73.19 所属类型的类似物品。

3. 铝制链条及其零件。

4. 铝丝制的布、网、篱、格栅，以及网眼铝板。

5. 与品目 73.25 及 73.26 所属钢铁制品范围一致的铝制品。

五、其他归类时容易混淆或忽视的地方

下面的内容是本章商品归类时容易混淆或忽视的地方，应该注意掌握。

1. 应注意区分本章 "条、杆" "型材及异型材" "丝" "板、片、带、箔" "管" 与第 72 章~第 73 章在形状等方面的不同。

2. 应明确本章中通用零件所在的品目。

商品归类练习题

1. 铝水壶

2. 铝制铆钉（铝壶零件）

3. 用纸衬背的铝箔糊墙品

4. 铝制的易拉罐体

5. 铝织针（手工织毛衣用）

6. 非合金铝制铝丝（最大横截面尺寸超过 7 毫米）

7. 用于贵重物品包装，一面衬有铝箔的纸板（铝箔厚 0.18 毫米，纸板厚 1 毫米）

8. 铝合金片，外观长方形，长宽 500mm*120mm, 表面涂漆、衬底为纸板，其中铝板厚为 0.2mm、涂层厚 0.1mm、衬底厚 0.16mm

16.7 第 78 章 铅及其制品
一、本章的结构及商品范围

本章包括铅和铅合金及其部分制品，共有 4 个品目。因列目简化致使本章品目数量锐减，但包括的货品范围与第 72 章~第 73 章完全相同，因此可以通过所掌握的第

72 章～第 73 章各品目的货品范围及商品知识掌握本章的归类。但是应该明确与钢材相比，铅材中的同名货品的含义不尽相同，例如板、片、带、管、型材的定义就不一样。

易误归入本章的货品主要有涂有焊剂的铅基焊条（品目 83.11）、具有铅制外壳的绝缘电缆（品目 85.44）、带有龙头等的铅管附件（品目 84.81）等。

二、章及子目注释提要

（一）章注释提要

本章有 5 条章注释。

本章章注 1～5 依次解释了本章所用的"条、杆""型材及异型材""丝""板、片、带、箔""管"5 个名词。

（二）子目注释提要

本章有 1 条子目注释。

本章子目注释对本章所称"精炼铅"做出了明确定义。

三、部分品目介绍

下面将本章部分品目的商品范围介绍如下：

品目 78.06：

本品目是本章的最后一个品目，铅制品主要包括：

1. 用于包装颜料或其他产品的软管。

2. 无机械或热力装置的囤、槽、罐、桶及类似容器（用于盛装酸类、放射性产品或其他化学品）。

3. 渔网的铅坠、衣着帷幕等的边坠。

4. 钟的摆锤以及通用砝码。

5. 用于包装或管子接口堵缝的铅丝，铅线绞、束或绳。

6. 建筑结构体的零件。

7. 游艇的龙骨。

8. 潜水员的胸板。

9. 电镀阳极。

10. 本章章注 1、2、3 所定义的"条、杆""型材及异型材""丝"。

11. 本章章注 5 所定义的铅管及管子附件。

四、其他归类时容易混淆或忽视的地方

下面的内容是本章商品归类时容易混淆或忽视的地方，应该注意掌握。

1. 应注意区分本章"条、杆""型材及异型材""丝""板、片、带、箔""管"与第 72 章～第 73 章形状等方面的不同。

2. 应明确本章中通用零件所在的品目。

商品归类练习题

1. 铅罐

2. 未锻轧的精炼铅

3. 铅废碎料

4. 渔网用的铅坠（单独报检）

5. 平板铅材，截面为矩形，宽度为 40 毫米，厚度为 5 毫米，经轧制外，未经其他加工

16.8 第 79 章 锌及其制品

一、本章的结构及商品范围

本章包括锌和锌合金及其部分制品，共有 6 个品目，包括的货品范围与第 72 章～第 73 章完全相同，因此可以通过所掌握的第 72 章～第 73 章各品目的货品范围方便本章的归类。但是应该明确与钢材相比，锌材中的同名货品的含义不尽相同，例如板、片、带、管、型材的定义就不一样。

易误归入本章的货品主要有：涂有焊剂的锌基焊条（品目 83.11）、已制成的锌印刷版（品目 84.42）、带有龙头等的锌管附件（品目 84.81）等。

二、章及子目注释提要

（一）章注释提要

本章有 5 条章注释。

本章章注 1～5 依次解释了本章所用的"条、杆""型材及异型材""丝""板、片、带、箔""管"5 个名词。

（二）子目注释提要

本章有 3 条子目注释。

本章子目注释 1～3 依次解释了本章所用的"非合金锌""锌合金""锌末"3 个名词。

三、商品基础知识、商品介绍及名词解释

下面将本章条文或注释中涉及的商品、名词等作简单介绍，以便归类。

1."锌末"：

它是指冷凝锌雾所得的"锌末"，由球形微粒组成，比锌粉更为精细，按重量计至少 80% 的微粒可以通过孔径为 63 微米的筛子，而且必须含有按重量计至少为 85% 的金属锌。

2."非合金锌"：

它是指按重量含锌量至少为 97.5% 的金属。

3."锌合金"：

它是指按重量含锌量大于其他元素单含量的金属物质，但按重量计其他元素的总含量超过 2.5%。

四、其他归类时容易混淆或忽视的地方

下面的内容是本章商品归类时容易混淆或忽视的地方，应该注意掌握。

1.应注意区分本章"条、杆""型材及异型材""丝""板、片、带、箔""管"与第 72 章 ~ 第 73 章在形状等方面的不同。

2.应明确本章中通用零件所在的品目。

商品归类练习题

1.未锻轧的锌合金

2.锌末（包括锌合金）

3.锌废碎料

4.电池壳体坯料（锌饼）

5.颗粒 < 500 μm的锌及其合金（含量 ≥ 97%, 不论球形 , 椭球体 , 雾化 , 片状 , 研碎金属燃料）

6.船用锌合金阳极 , 对水中船舶的钢铁构造有防腐作用 , 该商品属于通常结构的消耗性贱金属防腐阳极

16.9 第 80 章 锡及其制品

一、本章的结构及商品范围

本章包括锡和锡合金及其部分制品, 共有4个品目, 包括的货品范围与第72章 ~ 第73 章完全相同 , 因此可以通过所了解的第 72 章 ~ 第 73 章各品目的货品范围掌握本章的归类。但是应该明确与钢材相比 , 锡材中的同名货品的含义不尽相同 , 例如板、片、带、管、型材的定义就不一样。

易误归入本章的货品主要有涂有焊剂的锡基焊条（品目 83.11）、带有龙头等的锡管附件（品目 84.81）等。

二、章及子目注释提要

（一）章注释提要

本章有 5 条章注释。

本章章注 1 ~ 5 依次解释了本章所用的"条、杆""型材及异型材""丝""板、片、带、箔""管"5 个名词。

（二）子目注释提要

本章有2条子目注释。

本章子目注释1～2依次解释了本章所用的"非合金锡""锡合金"两个名词。

三、商品基础知识、商品介绍及名词解释

下面将本章条文或注释中涉及的商品、名词等作简单介绍，以便归类。

1. 非合金锡：

它是指按重量计含锡量至少为99%，而且含铋量不超过0.1%或含铜量不超过0.4%的金属。

2. 锡合金：

它是指按重量计含锡量大于其他元素单项含量，而且其他元素的总含量超过1%；同时符合按重量计含铋量应等于或大于0.1%或含铜量应等于或大于0.4%的金属合金。

四、其他归类时容易混淆或忽视的地方

下面的内容是本章商品归类时容易混淆或忽视的地方，应该注意掌握。

1. 应注意区分本章"条、杆""型材及异型材""丝""板、片、带、箔""管"与第72章～第73章形状等方面的不同。

2. 应明确本章中通用零件所在的品目。

商品归类练习题

1. 未锻轧非合金锡

2. 锡废碎料

3. 锡制牙膏软管

4. 锡板，厚度超过0.2毫米

5. 锡基巴毕脱合金

6. 按重量计含铅量在0.1%以下的未锻轧的焊锡

7. 锡箔，厚度（衬背除外）≤0.2毫米，锡粉及片状粉末（锡箔不论是否印花或用纸、纸板、塑料或类似材料衬背）

16.10 第81章 其他贱金属、金属陶瓷及其制品

一、本章的结构及商品范围

本章包括钨、钼、钽、镁、钴、铋、镉、钛、锆、锑、锰、铍、铬、锗、钒、镓、铪、铟、铼、铌（钶）及铊共21种贱金属和它们的合金及其部分制品、金属陶瓷及其制品，共有13个品目。将前11种及其制品分别单列品目即钨、钼、钽、镁、钴、铋、镉、

钛、锆、锑、锰依次分布于品目 81.01 ~ 81.11；将铍、铬、锗、钒、镓、铪、铟、铼、铌（钶）、铊及其制品一同列于品目 81.12；最后将金属陶瓷及其制品列于品目 81.13。未列入本章或第十五类其他各章的贱金属应归入第 28 章。

归入本章的大多数金属一般作为合金或碳化物使用为多，而较少直接使用纯金属。

易误归入本章的货品主要有金属碳化物，如碳化钨，未混合的粉末应归入品目 28.49；未烧结的粉末与镍金属的混合物应归入品目 38.24；已烧结但未装配的工具用板、杆、刀头及类似品应归入品目 82.09。

二、章及子目注释提要

本章无章注释，有 1 条子目注释。

子目注释规定第 74 章有关"条、杆""型材及异型材""丝""板、片、带、箔"的含义适用于本章。

三、商品基础知识、商品介绍及名词解释

下面将本章条文或注释中涉及的商品、名词等作简单介绍，以便归类。

"金属陶瓷及其制品"（品目 81.13）：

金属陶瓷是金属与陶瓷微观结合的复合材料，既具有金属的高强度和高韧性，又具有陶瓷的高耐火性，高耐蚀性。陶瓷成分通常为氧化物（如氧化铝、氧化镁）、碳化物（如碳化钨、碳化铜、碳化钽等）、硼化物等。金属成分为金属钴、镍、铬、钢。金属陶瓷通常作为工具材料及耐热结构材料使用。以碳化物为基的金属陶瓷用作工具材料时，常被称为"硬质合金"。

四、其他归类时容易混淆或忽视的地方

下面的内容是本章及其相关商品归类时容易混淆或忽视的地方，应该注意掌握。

应注意区分本章"条、杆""型材及异型材""丝""板、片、带、箔""管"与第 72 章 ~ 第 73 章形状等方面的不同。

五、金属陶瓷及其制品的归类

1. 具有放射性的金属陶瓷应归入品目 28.44。

2. 制造工具用的未装配的金属陶瓷板、杆、刀头及类似品应归入品目 82.09。

3. 其他未锻轧的金属陶瓷、金属陶瓷半制成品以及制品一般（其他品目具体列名的商品除外）均应归入品目 81.13。

商品归类练习题

1. 锆废碎料

2. 钼丝

3. 未锻轧锰；粉末

4. 钛的粉末

5. 防热套，金属陶瓷制

6. 钛合金制紧固螺钉

7. 电源保险丝，按重量计含锡、铋、镉、铅的比例为 1:4:1:2

16.11 第 82 章 贱金属工具、器具、利口器、餐匙、餐叉及其零件

一、本章的结构及商品范围

本章包括具有工具、器具、刀具、餐具等性质的某些贱金属制品，这些制品不以所用金属材料为归类依据归入第 73 章～第 81 章。本章共有 15 个品目，大致可分为以下 4 组货品：

1. 手工工具（机动锯用的锯条等列名不包括的货品除外）（品目 82.01 ～ 82.05）。

2. 由品目 82.02 ～ 82.05 中两个或两个以上品目的工具组成的零售包装成套货品（品目 82.06）。

3. 供手工工具、机床或手提式动力工具用的可互换工具；机器或机械器具用的刀及刀片以及工具用的板、杆、刀头及类似品（品目 82.07 ～ 82.09）。

4. 利口器（供专业用、个人用或家庭用）、某些家用机械器具、餐匙、餐叉及类似的餐具和厨房用具（品目 82.10 ～ 82.15）。

易误归入本章的货品主要有：气体焊接装置（品目 84.68）、构成机床附件或零件的台钳；第 84 章具体列名的可独立操作的手工器具和手提式工具；含有金属材料但带有橡胶、皮革、毡呢等制的工作部件的工具（以构成材料为归类依据归类）；作为医疗、牙科、外科或兽医用的器械或器具的工具、剪刀或其他利口器（品目 90.18）；明显具有玩具、运动特征的工具（第 95 章），如破冰斧等。

二、章及子目注释提要

本章有 3 条章注释，无子目注释。

1. 章注 1 明确了本章仅包括的货品范围及其构成材料。

2. 章注 2 规定了本章所列物品的贱金属零件以及电动推剪等器具的刀头类零件的归类原则。

3. 章注 3 阐述了本章成套货品（刀具与餐具）的归类规定。

三、部分品目介绍

下面将本章部分品目的商品范围介绍如下：

（一）品目 82.05

本品目包括以下 8 组货品：

1. 钻孔和攻丝工具，如手摇曲柄钻、丝锥扳等。

2. 锤子，例如锻工、木工、泥瓦匠等用的锤子、石材修整锤，以及带鹤嘴及拔钉器等附件的锤。

3. 木工用刨子、凿子及类似切削工具，例如家具工、修桶工、木雕工等用的辐刀、木刨刀、刻刀及拉刮刀等。

4. 螺丝刀（包括棘轮式的）。

5. 其他手工工具（包括玻璃刀），包括：①非机械式的许多家庭用具，例如：熨斗（非电热）、卷发钳；开瓶器、螺旋拔塞器、简易开听器（包括开罐钥匙）；坚果脱壳器；纽扣钩；鞋拔；"钢"磨刀器及其他金属制的磨刀器；糕点割刀及锯刀；干酪等的磨碎器；"闪电"式绞肉机（带切割轮）；干酪切片器、蔬菜切片器；蛋奶烘饼铁钳模；奶油或蛋搅拌器、切蛋器；卷黄油器；碎冰锥；蔬菜捣烂器；填肥肉馅用针，供炉、灶或壁炉用的拨火棒、火夹及揭盖器等；②钟表匠用工具，例如摆轮平衡器等；③玻璃刀，例如装有分度尺的圆规式金刚石玻璃刀等；④锻工工具，例如方柄凿及冲头等；⑤采矿、筑路等用的工具，例如橇杆、钢钎等；⑥水泥工、抹灰工、油漆工等用的工具，例如刮刀、铲刀、带有切割轮的玻璃割刀等；⑦杂项手工工具，例如钉马掌用的削皮刀、斜切刀、蹄签及蹄割刀、冷凿、冷冲子；铆工用圆凿、铆头模及冲头；非钳式拔钉器、开箱器及尖冲头；橇胎棒；皮匠锥（没有眼的）；木工及书籍装订工用的冲头；烙铁及烙印铁；金属刮刀；非钳式锯齿修整器；铺锯箱；干酪采样器及类似品：夯土器；砂轮修整器；板条箱等用打包工具，但品目 84.22 的货品除外；供包裹、纸板等装订用的弹簧操作"手枪式"工具；铆接、打墙孔等用的打包操作工具；玻璃灯工用管子；人工吹管；油罐及油壶（包括带泵或螺旋机件的）、滑脂枪。

6. 喷灯（例如供软焊或硬焊用；供去除油漆用；供起动半柴油机用）。不包括气体焊接装置（品目 84.68）。

7. 台钳、夹钳及类似品，包括供细木工、木工、锁匠、军械师、钟表匠等用的手钳、针钳、台钳、防止被夹件受损而用非金属（木、纤维等）做钳口面的金属台钳。但不包括构成机床或水射流切割机附件或零件的台钳。

8. 其他，例如砧；轻便锻炉；带支架的手摇或脚踏砂轮，以及品目 82.05 项下两个或多个子目所列物品构成的成套货品。

（二）品目 82.06

本品目包括至少由品目 82.02 ~ 82.05 中两个或多个品目所列工具组成的零售包装成套货品（例如装于一个塑料箱或一个金属工具箱中）。

本品目主要包括：

1. 汽车修理工用的成套工具，包括全套套筒、扳手、棘轮扳手、螺丝刀、钳子等。

2. 简单组合品，例如成套的扳手和螺丝刀。

3. 配有其他品目或本目录其他章所列无关紧要的小工具的成套货品，但这些小工具不得改变由品目 82.02 ~ 82.05 中两个或多个品目所列工具组成的成套货品的基本特征。

（三）品目 82.07

本品目包括不能单独使用，但可装于不论是否动力操作的手工工具、品目 84.57 ~ 84.65 或 84.79 的机床、品目 84.67 的工具、用于品目 84.30 的凿岩机或钻探机的工具。装机后用于对金属、硬质合金、木材、石料、硬橡胶、某些塑料或其他材料的锻压、冲压、冲孔、攻丝、钻孔、镗孔、铰孔、拉削、铣削、切齿、车削、切割、凿榫或拉拔等加工或用于上螺丝等。本品目的工具可以是一种材料制成的单件制品，也可以是由一件或多件贱金属、硬质合金、金属陶瓷、金刚石、其他宝石或半宝石制成的工作部件通过焊接或镶嵌永久性地附于贱金属支架上，或作为可拆卸部件附于支架上构成的组合制品。

但除上述列名的货品以外，机器或器具用的模具、冲头、钻头或其他可互换工具，应按所属机器或器具的零件归类，例如玻璃纤维拉丝用模应归入品目 84.75。

归入本品目的工具包括：

1. 凿岩或钻探工具（例如，麻花钻头）。

2. 金属拉拔或挤压用模，包括拉丝模板。

3. 锻压或冲压工具，包括金属片材冷锻压或冷冲压用的冲子及模具；锻模；冲孔或切割模、机床用冲头。

4. 攻丝工具，例如，丝锥及板牙、螺纹梳刀及螺纹梳刀盘。

5. 钻孔工具，但凿岩工具除外，包括钻头（螺旋或磨花钻、中心钻等用的钻头）、曲柄钻等。

6. 镗孔或铰孔工具，包括铰刀。

7. 铣削工具，例如，铣刀（平铣刀、螺旋铣刀等）；齿轮滚铣刀等。

8. 车削工具。

9. 其他可互换工具，例如：磨削、刨削、开槽、研磨、修整用的工具；木材凿榫或成型工具；油漆、胶黏剂及涂面泥釉的混合、搅拌等工具；螺丝刀头。

但机器或手工工具用的工件夹具和工具夹具，以及自启板牙切头应归入品目 84.66。

（四）品目 82.08

本品目包括未装配的机器或机械器具用的刀或刀片。如供装于机床刀具（例如，装于铰刀或铣刀）上的刀片及刀、铡刀式剪切机或机械剪用的刀片等金属加工用刀以及木材加工用、厨房器具或食品工业机器用、农业、园艺或林业机器用、其他机器或机械器具用，例如烟叶切丝机等用的刀片及刀。本品目的产品通常呈板、杆、尖、棒、丸、环等形状，具有刚性强、硬度大的特点，被焊于或夹于车刀、铣刀、钻头、模具或其他高速切割工具上。上述货品不论是否磨刃或经其他加工，只要未装于工具上，均归入本品目；否则应按工具归入相应的品目，主要是品目 82.07。但本品目不包括品目 82.01 ~ 82.05 的手工工具用的刀片或刀（例如，刨刀）。

四、其他归类时容易混淆或忽视的地方

下面的内容是本章及其相关商品归类时容易混淆或忽视的地方，应该注意掌握。

1. 本章工作部件允许使用的材料：

除喷灯、轻便锻炉、带支架的砂轮、修指甲和修脚用器具及品目 82.09 的货品外，本章仅包括带有用贱金属；硬质合金或金属陶瓷；装于贱金属、硬质合金或金属陶瓷底座上的宝石或半宝石（天然、合成或再造）；附于贱金属底座上的磨料（当附上磨料后，所具有的切齿、沟、槽或类似结构仍保持其特性及功能）制成的刀片、工作刃、工作面或其他工作部件的物品。上述器具即使装有其重量超过金属工作部件的非金属柄、身，仍应归入本章（例如装有金属刀片的木刨）。

2. 电动剃须刀及电动毛发推剪的刀头、刀片应按货品零件归入品目 85.10。

3. 品目 82.08 ~ 82.15 的利口器及其他物品可以装配有贵金属或包贵金属制的小件装饰品，但如果它们带有贵金属或包贵金属制的其他零件例如柄或刀片，或者含有天然或养殖珍珠、宝石或半宝石（上述工作部件除外），则应归入第 71 章。

4. 不能单独使用，但可装于不论是否动力操作的手工工具、品目 84.57 ~ 84.65 或 84.79 的机床、品目 84.67 的工具、品目 84.30 的凿岩机或钻探机的工具以及未装配的机器或机械器具用的刀或刀片应归入本章。机器或手工工具用的工件夹具和工具夹具，以及自启板牙切头应归入品目 84.66。

五、归类原则

（一）本章成套货品的归类规定

1. 由品目 82.05 项下两个或多个子目所列物品构成的成套货品应归入子目 8205.9000；

2. 由品目 82.02 ~ 82.05 中两个或多个品目所列工具组成的零售包装成套货品应归入品目 82.06；

3. 由品目 82.11 中不同种类的刀构成的成套货品应归入子目 8211.1000；

4. 由品目 82.11 的一把或多把刀具与至少数量相同的品目 82.15 所述餐匙等厨房或餐桌用具构成的成套货品及由品目 82.15 中不同种类的货品构成的成套货品应归入品目 82.15。

（二）本章所列物品的贱金属零件的归类规定

1. 当属于第十五类类注二所述的通用零件时，应按通用零件归类，而不归入本章。例如链条、钉子、螺栓、螺母、螺钉、铆钉、弹簧等不归入本章，而应归入其相应的品目（第 73 章 ~ 第 76 章及第 78 章 ~ 第 81 章）。

2. 当该零件属于品目具体列名的零件或手工工具的工具夹具 (品目 84.66) 时按具体列名归类。

3. 其他专用零件应与该物品归入本章同一品目。

（三）手工工具及器具的归类

1. 单独使用的手工工具（不论是否装有齿轮、曲柄、活塞、螺旋装置或杠杆等简单机构）应归入第 82 章。例如工人用手自由操作的无支架胸压式手摇钻，尽管装有简单的齿轮机构，仍应归入品目 82.05；钳式金属剪应归入品目 82.03。

2. 除在本章品目中已有具体列名的物品以外，对于准备装于工作台、墙壁等上的器具或由于重量、规格或使用所需力度等原因而装于底板、底座、支架等上以便放置于地板、工作台等上面的器具，一般应归入第 84 章。例如装于支座或支架上的钻机应归入品目 84.59；手工操作的配有支座或底板的闸刀式剪切机应归入品目 84.62。

3. 第 82 章具体列名的货品归入该章相应品目，例如某些手动机械器具 (重量不超过 10 千克的咖啡磨、榨汁机、绞肉机等) 应归入品目 82.10；台钳、带支架的手摇砂轮及轻便锻炉应归入品目 82.05。

4. 第 84 章具体列名的可独立操作的手工器具，应归入该章相应品目，例如液体或粉末的喷雾器具 (品目 84.24)、风动工具 (品目 84.67)、非手枪式办公室用订书机 (品目 84.72)。

5. 不带支架的研磨工具一般应归入品目 68.04。

商品归类练习题

1. 手用丝攻，合金钢制

2. 工具套装，由一把扳手、一把老虎钳、一把锤子、一卷绝缘胶带组成，包装在一个塑料盒内，零售包装，供电工维修水电使用

3. 弓形手工木锯，优质铝合金 + 高硬度钢管 + 天然橡胶 + 塑料，对金属材料进行加工

4. 合金钢制的割草用的单手操作的镰刀

5. 不锈钢制的切菜刀

6. 链条，装有锯片，用于伐木

7. 家用不锈钢剪刀

8. 钢铁制螺丝刀

9. 钢铁材料制指甲钳

10. 活动扳手

16.12 第 83 章 贱金属杂项制品

一、本章的结构及商品范围

本章是第十五类的最后一章，包括不能归入前 10 个章的所有贱金属制品，特别是第十五类类注 2 列名的归入本章的贱金属通用零件。本章与第 82 章相同，可以由任何种类的贱金属构成。

易误归入本章的货品主要有：外部用金属加强的橡胶管（归入第 40 章）、主要内容尚未填写的标识牌（按主要材料属性归类）、配有铃铛的狗颈上的项圈（品目42.01）、具有乐器性质的钟琴及锣（品目 92.06 或 92.07）、铃鼓（归入第 92 章）、具有家具特征的落地式家具（归入第 94 章）等。

二、章及子目注释提要

本章有 2 条章注释，无子目注释。

1. 章注 1 明确了本章所列物品零件的归类原则。

2. 章注 2 对品目 83.02 所称"脚轮"做出了明确定义。

三、商品基础知识、商品介绍及名词解释

下面将本章条文或注释中涉及的商品、名词等作简单介绍，以便归类。

1."脚轮"（品目 83.02）：

它是指直径（对于有胎的，连胎计算在内，下同）不超过 75 毫米的，或直径虽超过 75 毫米，但所装轮或胎的宽度必须小于 30 毫米的脚轮。

2."雕塑像及其他装饰品"（品目 83.06）：

特指①除装饰用途外没有实用价值的物品，以及只用来容纳或支撑其他装饰品或增加其装饰效果的物品，例如贱金属制的人造花（锻造的除外）等。②装饰用途为主，实用价值为辅，或没有实用价值的家用物品，如一件装饰品，带有纯属附件的烟灰缸，附件可作烟灰缸用。③装饰用途为主，实用价值为辅的其他物品，如明显作为装饰品用的贱金属香烟盒。

四、部分品目介绍

下面将本章部分品目的商品范围介绍如下：

（一）品目 83.01

本品目主要包括用钥匙或通过字母、数字组合才能打开的贱金属锁闭装置（如弹簧锁、数码锁），也包括通过插入磁卡、在电子键盘上输入组合数码，或通过无线电波信号等操作开启的贱金属电动锁（如电梯门的电动锁）。其中家具用锁除包括家庭用的家具锁外，还包括办公室用的家具锁。

（二）品目 83.07

本品目主要包括由成型的金属带盘绕制成的软管和将表面平滑的管子经变形加工

制得的波纹软管。这类软管可装配有管套、接头等，也可用纺织材料、橡胶、塑料等包覆。但不包括外部用金属加强的橡胶管（品目 40.09）及已制成机器或车辆零件等的软管，例如与其他材料组合制成的软管（第十六类及第十七类）。

五、其他归类时容易混淆或忽视的地方

下面的内容是本章商品归类时容易混淆或忽视的地方，应该注意掌握。

本章通用零件主要包括贱金属制的锁及钥匙（品目 83.01）；用于家具、门窗等类似品的贱金属附件及架座（如门把手）、贱金属制帽架及类似品、贱金属做支架的小脚轮、贱金属制的自动闭门器（品目 83.02）；贱金属制的扣、钩、环、眼及类似品，用于衣着或衣着附件、鞋靴、珠宝首饰、手表、书籍、天篷、皮革制品、提包、旅行用品、马具或其他制成品，贱金属制的管形铆钉及开口铆钉，以及贱金属制的珠子及亮晶片（品目 83.08）；贱金属制的标识牌等及号码等类似标识（品目 83.10），以及贱金属制的框架及镜子（品目 83.06）。

六、归类原则

（一）本章所列物品的贱金属零件的归类规定

1. 本章列名的通用零件归入本章相应品目。

2. 当属于第十五类类注二所述的第 73 章 ~ 第 76 章及第 78 章 ~ 第 81 章的通用零件时，应按此类通用零件分别归入第 73 章 ~ 第 76 章及第 78 章 ~ 第 81 章的相应品目，而不归入本章。即本章不包括弹簧、链条、缆索、螺母、螺栓、实心铆钉、螺钉或钉子等。

3. 当该零件属于其他章品目具体列名的零件时，按具体列名归类。

4. 其他专用零件应与该物品归入本章同一品目。

（二）焊料的归类

1. 未涂有焊剂的焊料及未带有焊剂为芯的焊丝及焊条，应归入材料所在的章。

2. 涂有焊剂的贵金属合金焊料及带有焊剂为芯的贵金属合金焊丝及焊条，应归入第 71 章。

3. 其他涂有焊剂的焊料及带有焊剂为芯的焊丝及焊条应归入品目 83.11。

商品归类练习题

1. 景泰蓝花瓶

2. 锁头

3. 钥匙

4. 铰链

5. 铜制的房门拉手

6. 汽车车牌

7. 条状订书钉，钢铁制，办公室用

8. 管形铆钉，不锈钢制，用于提包

9. 导轨，铝合金制移动拉门的导轨

10. 小客车专用烟灰缸，镀锌钢铁材料制

【本篇小结】

本篇在阐述 HS 第十五类货品归类要点，诸如"通用零件的归类原则""含有贱金属的合金的归类原则""复合材料制品的归类原则"等的基础上，一般从商品范围、注释提要、商品知识、归类易混淆之处及归类原则等方面依次明确了第72章~第83章（第77章除外）货品各自的归类要点，诸如"钢材的归类""第82章成套货品的归类规定"等，为全方位把握贱金属及其制品的正确归类提供了必要的基础知识。第十五类所属货品在国际贸易领域中具有重要的地位，应熟练掌握该类货品的归类原则和方法。

【本篇关键名词或概念】

通用零件铁合金

【本篇简答题】

1. 简述本类典型货品的归类规定。

2. 比较贵金属与贱金属合金的归类原则有哪些异同？

第十七篇 第十六类 机器、机械器具、电气设备及其零件；录音机及放声机、电视图像、声音的录制和重放设备及其零件、附件

【本篇导读】

本篇系统介绍了机电产品的归类要点。

【本篇学习目标】

通过本篇的学习，熟悉 HS 第十六类的商品范围，了解与相关类、章商品的区别和联系，明确归类易混淆之处，掌握机电产品的主要归类原则并能正确进行商品归类。

17.1 本类归类要点

一、本类的结构和商品范围

本类包括各种用机械及电气方式操作的机器、装置、器具、设备及其零件，同时也包括某些非机械方式，也非电气方式进行操作的装置和设备（例如锅炉、锅炉房设备、过滤装置等）及其零件。一般来说，本类所列的货品可用各种材料制造，其中大部分是贱金属制的，但本类也包括某些用其他材料制成的机器（例如全部用塑料制成的泵）。

本类共分2章（第84章~第85章）。总的来说，第84章包括机器及机械器具（即使是用电的，例如用电动机驱动的缝纫机）、某些非机械设备（例如蒸汽锅炉及其辅助设备，以及过滤装置）；第85章包括电气设备、具体列名的某些机器（例如家用电动器具），以及录音机及放声机、电视图像、声音的录制和重放设备及其零件、附件。

易误归入本类的货品主要有两类，其一，按材料归入材料所在的类章的货品，例如塑料制的传动带或输送带（第39章）；其二，按功能或用途归入第十七类~第二十类的物品，例如用作机器零件的刷子（品目96.03）。

二、类注释提要

本类有5条类注释。

1. 类注一是排他条款，列出了不能归入本类的 16 类货品。

2. 类注二阐述了本类机器零件的归类原则。

3. 类注三阐述了组合式机器及多功能机器的归类原则。

4. 类注四明确了功能机组的含义，规定了功能机组的品目归类原则。

5. 类注五明确了本类类注一～类注四所称"机器"的适用对象。

三、商品介绍及名词解释

1. "机器"（类注一～类注四）：

本类类注一～类注四所称"机器"，是指第84章或第85章各品目所列的各种机器、设备、装置及器具。

2. "组合式机器"：

组合式机器是由两台或多台不同类型的机器或器具组成的一个整体设备，各台机器可同时或序贯执行各自的功能，这些功能通常是互补的，不同的功能通常列在第十六类的不同品目中。对于不同的机器，如果是永久性地将一台机器装在另一台机器的内部或上面，或者两者装在同一个底座、支架之上或同一个机壳之内，应作为一个整体对待。不能将安装在地板、混凝土底座、墙、隔板、天花板等上的一组机器视为组合式机器。

四、归类原则

（一）本类机器零件（单独进口的非成套散件）的归类原则

1. 判断是否属于归入材料所在的类章的货品，例如通用零件及类似品，如果属于则按零件的材料属性归入相应的类章，即塑料制的应归入第39章、贱金属制的应归入第十五类；石墨轴承应归入第68章等。

2. 判断是否属于本类具体列名"材料性通用零件"，例如品目 84.84(密封垫等)、品目 85.44(绝缘电线) 等，如果属于则按具体列名归入本类相应品目。

3. 判断是否属于第 84 章、第 85 章等具体列名的"特殊通用零件"，如果属于则归入上述各章的相应品目，例如龙头、旋塞、阀门等 (品目 84.81)；滚珠轴承、滚子轴承、滚针轴承，以及公差不超过 1% 的抛光钢珠 (品目 84.82)；传动轴、曲柄、轴承座、滑动轴承、齿轮及齿轮传动装置 (包括摩擦传动装置、齿轮箱及其他变速装置)、飞轮、滑轮与滑轮组、离合器及联轴器 (品目 84.83)、变压器 (品目 85.04)、电容器 (品目 85.32)、电路的开关、保护等用的电气装置 (例如开关、熔断器、接线盒等)(品目 85.35 及品目 85.36) 等。

4. 判断是否属于专用于或主要用于本类各章所列某一种机器或同一品目项下的多种机器或器具的零件，如果属于则归入相应机器或器具的品目。但能同时主要用于品目 85.17 和品目 85.25 ~ 85.28 所列机器的零件，应归入品目 85.17。

5. 判断是否属于专用于或主要用于本类各章所列某组品目项下的多种机器或器具

的零件，如果属于，则归入为相应机器或器具零件单设的品目。如活塞应归入为品目84.07或品目84.08所列发动机的零件单设的品目84.09。

6.将不能归入上述各品目的本类非电气的零件、附件归入品目84.87；电气的零件、附件归入品目85.48。

依据上述原则，将活塞式内燃机主要零件、附件的归类阐述如下。

1.专用于或主要用于品目84.07或品目84.08所列活塞式内燃机的零件（例如，活塞、气缸及气缸体；气缸盖；气缸衬垫；进气阀或排气阀；进气或排气歧管；活塞环；连杆；汽化器；燃料喷嘴等）应归入品目84.09。

2.喷射泵等应归入品目84.13。

3.空气及机油滤清器应归入品目84.21。

4.发动机的曲轴、凸轮轴及齿轮箱等应归入品目84.83。

5.电点火或起动装置诸如点火线圈、分电器、启动电机、发电机（包括火花塞及预热塞）等应归入品目85.11。

（二）多功能机器的归类原则

具有两种及两种以上互补或交替功能的多功能机器，当其具有某种主要功能时，应按机器的主要功能归类；当不能确定机器的主要功能时一般应从后归类。

（三）组合式机器的归类原则

组合式机器当符合某个特定品目条文规定时，应归入该品目，例如某些空调器（品目84.15）；当具有某种主要功能时，应按具有主要功能的机器归类，例如配有托纸辅助机器的印刷机器（品目84.43）；当不能确定组合式机器的主要功能时一般应从后归类。

（四）功能机组及其归类原则

由多个不同独立部件组成的机器（或机组）被称为功能机组（不论各部件是否分开或仅用管道、传动装置、电缆或其他装置连接），当该功能机组明显具备一种第84章、第85章的某个品目所列的功能时（仅包括在作为一个整体的功能机组中起主要功能作用的机器或机组；不包括执行辅助功能而不是执行整套设备的主要功能的机器或器具），应将该功能机组按其功能一并归入该品目，例如由电气仪器或装置构成的数字遥控系统等；如果各个独立部件构成的机组不具备第84章、第85章的某个品目所列的功能时，各部件应分别归入其相应品目即分别归类。

1.可按第84章具体列名品目归类的典型功能机组实例。

（1）液压系统，由液压动力装置（主要由液压泵、电动机、控制阀及油箱组成）、液压缸及连接液压缸和液压动力装置所需的管道构成（品目84.12）。

（2）冷藏设备，其各个构成部件并不组装成整体，而是由管道连接起来，冷却液管道中循环流动（品目84.18）。

（3）灌溉系统，包括由过滤器、喷射器、计量阀等组成的控制站、地下分布支管及地面网络（品目 84.24）。

（4）挤奶机器，所配有的各个独立部件（真空泵、脉动器、奶头吸杯及奶桶）是由软管或管道加以连接的（品目 84.34）。

（5）酿酒机器，主要包括催芽机、麦芽压碎机、麦芽浆桶、滤酒桶（品目 84.38）。但辅助机器（例如装瓶机、标签印刷机）不应归入本品目，而应归入其他相应品目。

（6）信件分拣系统，主要由编码台、预分拣信道、中间分拣机及最终分拣机所组成。整套设备由一台自动数据处理机控制（品目 84.72）。

（7）沥青拌和设备，由各自独立的加料斗、输送装置、干燥器、振动筛、混合机、贮料箱及操纵装置并排配置而成（品目 84.74）。

（8）组装电灯泡用的机器，各个部件是利用输送装置加以连接，并配有玻璃的热处理设备、泵及灯泡检测装置（品目 84.75）。

2. 可按第 85 章具体列名品目归类的典型功能机组实例。

（1）焊接设备，由焊头或焊钳组成，配有用以供电的变压器、发电机或整流器（品目 85.15）。

（2）配有手提话筒的手提式无线电话发送设备（品目 85.17）。

（3）配有电源、放大器等的雷达设备（品目 85.26）。

（4）由红外线灯、光电池及警铃等组成的防盗报警器（品目 85.31）。

17.2 第 84 章 核反应堆、锅炉、机器、机械器具及其零件

一、本章的结构及商品范围

本章主要包括大量利用做功和转换机械能来减轻人们劳动强度的机械产品、一些使用电能工作的机器以及少量既非电气方式操作也非机械方式操作的设备。本章是本目录中品目最多的一个章，搞清楚本章的结构可以快捷地找到与待归类商品相关的品目条文，能够在宏观上更准确地把握应归入本章的主要商品并增加归类的正确率。本章共有 85 个品目，被分成七大组货品，分列如下：

1. 核反应堆、核反应堆的未辐照燃料元件及同位素分离机器和装置（品目 84.01）。

2. 主要根据其功能列名的机器及装置（品目 84.02 ～ 84.24）。

3. 主要根据其所应用的产业部门即按行业用途列名的机器及装置（品目 84.25 ～ 84.78）。

4. 不能归入前述任一品目的、具有独立功能的机器及器具（品目 84.79）。

5. 金属铸造用的型箱及阳模、模制某些材料用的手工模具或机器模具（锭模除外）

（品目 84.80）。

6. 某些可作为本类机器零件使用或可用作其他类货品零件使用的具体列名通用货品即所谓的"特殊通用零件"（品目 84.81 ~ 84.84）。

7. 专用于或主要用于制造半导体单晶柱或圆片、半导体器件、集成电路或平板显示器的设备及装置、本章章注 9（3）所列的设备及装置（品目 84.86）。

8. 其他品目未列名的非电气零件（品目 84.87）。

特别需要注意的是，本章包括一些用电动机驱动的机器（如电风扇）、电热机器及电热器具（如电加热的锅炉）、电磁式机器（如装有电磁吸盘的起重机）、电子操作机器（如自动数据处理设备）。

易误归入本章的货品主要有：陶瓷材料制的机器或器具（例如泵）及供任何材料制的机器或器具用的陶瓷零件（第 69 章）；实验室用玻璃器（品目 70.17）；通用零件（第十五类）；家用电动器具（品目 85.09）；非机动的手工操作地板清扫器（品目 96.03) 等。

二、章及子目注释提要

（一）章注释提要

本章有 9 条章注释。

1. 章注 1 是排他条款，列出了不能归入本章的 8 类货品。

2. 章注 2 阐述了品目 84.01 ~ 84.24 及品目 84.86 优先于品目 84.25 ~ 84.80 的优先归类原则；明确了品目 84.19、品目 84.22 及品目 84.24 不适用该规则的货品范围。

3. 章注 3 阐述了机床归类时品目 84.56 优先于品目 84.57 ~ 84.61、品目 84.64 或品目 84.65 的优先归类规定。

4. 章注 4 明确规定了适用于品目 84.57 的金属加工机床可以完成的机械操作方式。

5. 章注 5 说明了品目 84.71 所称"自动数据处理设备"和自动数据处理设备的"部件"的含义；阐述了自动数据处理设备、部件以及装有自动数据处理设备或与自动数据处理设备连接使用，但却从事数据处理以外的某项专门功能的机器的归类规定。

6. 章注 6 明确了品目 84.82 所属抛光钢珠的精度标准，明确了钢珠的归类规定。

7. 章注 7 阐述了多用途机器的归类原则。

8. 章注 8 明确了品目 84.70 所称"袖珍式"所适用的外形尺寸。

9. 章注 9 明确了品目 84.86 条文含义，强调了其适用的货品范围；规定了品目 84.86 优先于本目录其他品目的优先归类规定。

（二）子目注释提要

本章有 4 条子目注释。

1. 子目注释 1 对子目 8465.20 所称"加工中心"做出了明确定义。

2. 子目注释 2 对子目 8471.49 所称"系统"做出了明确定义。

3. 子目注释 3 对子目 8481.20 所称"油压或气压传动阀"做出定义，并指出子目

8481.20 优先于品目 84.81 的所有其他子目。

4. 子目注释 2 明确了子目 8482.40 所属滚柱轴承的规格及特征。

三、商品基础知识、商品介绍及名词解释

下面将本章条文或注释中涉及（含包括）的商品、名词等作简单介绍，以便归类。

1. "气缸容量（排气量）"（子目 8407.31～8407.34）：

具有多个气缸的内燃机的气缸容量，等于每一气缸内气缸底部冲程死点与顶部冲程死点之间活塞所扫过的那一部分体积与气缸数的乘积。

2. "航空器发动机"（子目 8407.10）：

它是指已设计成或改装成适于装推进器（飞机螺旋桨）或转子的内燃机。

3. "舷外发动机"（子目 8407.21）：

它一般由发动机、螺旋桨及操舵组成为一套独立而不可分割的装置，可装于舷外，并可随时调整或拆卸。

4. "半柴油发动机"（品目 84.08）：

它是指必须用喷灯预热气缸盖或使用预热塞才能使重质液体燃料燃烧得以启动的内燃机，是一种在较低压缩程度下工作的中压压燃式发动机。

5. "热泵"（品目 84.18）：

热泵是一种用以从适当热源（主要是地下水或地表水、泥土或空气）中吸热，再借助于辅助能源（例如电力）将其转换成温度更高的热源的装置。热泵有压缩式及吸收式两种类型。

6. "热交换器"（子目 8419.50）：

热交换器是一种能够迅速交换热量的装置，该装置内有一股热流体（热的液体、气体或者蒸汽）与一股冷流体在两条平行的通路中呈相反流向流过，并且两条通道之间由一层薄薄的传热导体隔开，既可使热流体冷却，又可使冷流体加热，使得冷热流体得以迅速交换热量。

7. "压力喷雾器"（子目 8424.41）：

压力喷雾器（市场上可称为"喷枪"），由一个装有漏斗及压力泵的压力罐、背带、软管及带有铜管和可调喷嘴的手持喷射装置构成，上述所有构件的物理特性均清晰表明其最适合农业或园艺用途（例如，3 巴的使用压力、5 升的容积及可调节的喷嘴）。

8. "喷墨印刷（打印）机"（子目 8443.3）：

将墨点喷射在印刷（打印）介质上，用以印制图像的印刷机。

9. "数字复印机"（子目 8443.3）：

通过对原稿扫描，感光面将光学图像转换成数码电信号储存在存储器内，再由打印装置利用这些数据印制出所需数量的复印件的复印机。

10. "感光复印机"（子目 8443.3）：

它是指每次复印都必须将原稿的光学图像投射到感光面上。最常见的类型：感光复印设备和应用化学乳剂涂布层的复印设备。

11. "传真机"（品目 84.43）：

它是指用于通过网络发送及接收图文，并将图文原稿的复制件打印出来的装置。

12. "激光多功能（扫描、打印、复印或传真）一体机"（子目 8443.31）：

激光多功能一体机是指以激光为成像光源，具有扫描、打印、复印或传真等多功能的机器，一般是由打印模块、扫描模块和相关的控制电路三个部分组成。按其成像方式可将其分为光学成像式和喷墨式两类；按进纸方式可将其分为平板式和馈纸式两类。

13. "网络"（子目 8443.31 及子目 8443.32）：

主要包括：有线载波通信系统、有线数字通信系统及其混合系统。例如公共电话交换网、局域网、城域网及广域网。

14. "可与自动数据处理设备或网络连接的印刷机器"（子目 8443.31 及子目 8443.32）：

它是指该类机器包含与网络或自动数据处理设备连接所必需的所有部件，仅通过一根电缆即可实现连接。

15. "手提式动力工具"（品目 84.67）：

手提式动力工具是指用手提着进行操作的工具，在进行工作时，操作者可用手把这些工具提升搬动，并可用手进行控制或导向，有时这些工具也带有辅助性的支撑装置（如三脚架）以减轻操作者的体力负担。该类工具不得配有：①底座或其他装置以便于安装在地板、工作台、墙壁或者另一台机器上；②可在导轨上滑行的装置。

16. "袖珍"（品目 84.70）：

它是指外形尺寸不超过 170 毫米 ×100 毫米 ×45 毫米的机器。

17. "系统"（子目 8471.49）：

它是指各部件符合第 84 章章注 5(3) 所列条件，并且至少由一个中央处理部件、一个输入部件（例如键盘或扫描器）及一个输出部件（例如视频显示器或打印机）组成的自动数据处理设备。

18. "单独报验的自动数据处理设备的部件"（品目 84.71）：

主要包括中央处理部件；输入、输出部件。还包：①外接于中央处理部件的附加存储器 [磁卡片机、磁盘或光盘存储器、磁带自动加载装置及程序库、光盘驱动程序库（"自动光盘机"）等] 及被称为"专用存储格式"的附加数据存储装置，例如：磁盘驱动器、磁带驱动器。②用以扩充中央处理器数据处理能力的附加设备（例如浮点运算部件）。③控制及适配部件，用以使中央处理器与输入或输出部件相连接（例如，USB 插口）[有线或无线通信网络用的控制及适配部件（品目 85.17）] 除外。④信号转换部件。⑤X—Y坐标输入装置，即将位置数据输入到自动数据处理设备的部件（也包括图形输入板）；与图形输入板功能相类似的数字转换器（一般用于捕获仅以硬拷贝形式存在的现有图形）。

19. "扫描仪"（子目8471.6050）：

它是指通过光学系统（扫描头，由光源、光敏元件、光学镜头等组成）对图像逐点扫描，所得信号利用光电转换元件及数模转换元件，完成光电及数模转换，形成数字信号以点阵形式储存或输入计算机的设备。

20. "旅客登机（船）桥"（品目84.79）：

登机（船）桥允许旅客和人员在候乘大楼与停泊的飞机、游轮或渡轮之间行走，而无须穿行室外。它们通常由旋转平台、两节或两节以上的矩形伸缩通道、带行走机构的垂直升降柱及位于廊桥前端的接口舱组成，包括可使登机（船）桥呈水平、垂直和扇形移动的机电或液压装置（例如，伸缩部件、接口舱及垂直升降柱等），以便将登机（船）桥调整到处于飞机、游轮或渡轮舱门（入口）的合适位置。此外，在码头使用的旅客登船桥前端还可配有渡板，可伸入游轮或渡轮舱门（入口）。这些登机（船）桥自身不能升降、搬运或装卸任何东西。

21. "自动化立体仓储设备"（子目8479.8992）：

用于单元货物的立体存放、自动存放信息管理的设备。主要由货架、自动搬运／堆垛设备、自动化控制设备等部分组成，按存储单元大小和存储规模设计、制作存储货架和自动存放设备，并编制设备控制和货位管理软件进行操作。不包括机械式停车设备。

22. "圆滚柱轴承"（子目8482.40）：

它是指滚柱直径相同，最大不超过5毫米，且长度至少是直径的3倍，滚柱的两端可以磨圆的圆滚柱轴承。

四、部分品目介绍

下面将本章部分品目的商品范围介绍如下：

（一）品目84.19

本品目包括用于对材料（固体、液体及气体）进行加热或冷却处理，以简单地改变材料的温度，或主要因改变材料的温度而使材料发生变化的各种机器及设备。品目84.19的条文被分号分成两部分，前面的商品必须是非家用的，不论是否用电加热；后面的商品必须是非电热的，不论是否家用。所以无论是否家用的非电热的快速热水器或储备式热水器外，本品目包括的其他货品必须是非家用的，不论是否用电加热。例如，电热医用消毒设备（通过将待消毒的物品放入设备内加热至高温以灭菌），属于利用温度变化处理材料的设备应归入本品目。本品目不包括品目85.14的炉、烘箱及其他设备。

（二）品目 84.20

本品目所称滚压机主要由两个或者多个平行的滚筒或者轧辊组成。这些滚筒或者轧辊旋转时，其表面能够相互紧密地接触，在滚筒的压力下或者压力与摩擦、加热、加湿共同作用于材料的表面，完成对材料的轧薄；压平、上光、磨光、抛光、压花；施料、表面涂料；织物黏合等加工。滚压机在不同的行业有不同的名称，如造纸工业中被称为高度研光机，洗衣业中被称为烫平机，纺织工业中被称为整理轧布机等。不同于品目 84.55、84.62、84.63 的金属加工机器、金属滚轧机以及品目 84.75 的玻璃加工机器。

（三）品目 84.43

本品目主要包括两组货品：

第一组货品为所有使用品目 84.42 所列的印刷用版（片）或滚筒进行印刷的机器，主要包括：轮转式印刷机（卷取进料式或平张纸进料式印刷机等）；可将一系列后处理装置与印刷装置装在一起的机器，以便在一次连续操作中，将单纯的卷纸制成复杂的制品（例如，纸盒形、包装、标签、火车票）；特种印刷机，例如：印刷锡箔盒子用的机器。还包括用以在织物、壁纸、包装纸、橡胶、塑料板（片）、油漆布、皮革等上面印图案、重复文字或全色的机器。

第二组货品为从各种来源（例如，自动数据处理设备、平台式扫描仪、网络）接收数据，大多数都装有用以储存打印数据的存储器；可通过诸如激光、喷墨、点阵或热敏打印等方法印制字符或图像的印刷机器。主要包括：第一组货品以外的其他印刷（打印）机、复印机及传真机（包括组合式），例如喷墨印刷（打印）机；单独报验，用以与本目录的其他产品联合或连接使用的打印机（例如，品目 84.70 现金出纳机的收据打印机）；感光复印机；应用化学乳剂涂布层的复印设备；传真机；具备打印、复印或传真中两种及以上功能的机器，可与自动数据处理设备或网络连接（多功能机器）。

本品目不包括：胶版复印机、油印机及地址印写机（品目 84.72）；用于将文件缩制在缩微胶卷、缩微胶片或其他缩微品上的照相机（品目 90.06）；品目 96.11 的手工标签压印器等。

（四）品目 84.57

它是指仅适用于可对单一的工件完成下列不同形式机械操作之一的金属加工机床，但车床（包括车削中心）除外：

1.按照机械加工程序从刀具库或类似装置中自动更换刀具（加工中心）。

2.同时或顺序地自动使用不同的动力头对固定不动的工件进行加工（单工位组合机床）。

3.自动将工件送向不同的动力头（多工位组合机床）。

（五）品目 84.79

本品目仅限于具有独立功能并同时符合下列三个条件的机器：

1. 任何类或章注释中均未规定的不包括在第 84 章内的机器。

2. 未更为具体地列入目录其他各章的某一品目内的机器。

3. 由于①功能、品名、种类；②用途或所适用的行业；③可同时归入两个或多个其他品目（通用机器）等原因，不能归入本章其他品目的机器。

归入本品目的机器种类繁多，主要包括以下三组货品：

1. 通用机器。主要有：①非某种工业（或某种货物）专用的装有机械装置（搅拌器等）的大桶或其他容器（例如电解用的大桶或槽）；压力机、破碎机、磨粉机、混合机等；容量分配装置（例如机械加料斗）以及机械布料器。②适于铆接各种材料（例如纺织品、纸板、塑料及皮革等）的空心（管形）铆钉铆接机器；以及适于用 U 形钉接合纺织品、橡胶及其他材料制的机器皮带两端用的机器。③电动震抖装置。④电磁振动机。⑤通用的工业机器人（具特定功能的工业机器人除外，应按功能归类）。

2. 某种工业用的机器。例如公共工程用机器（不包括灰浆及混凝土的搅拌机——品目 84.74 或品目 87.05）；油类、制皂或食用油脂工业用的机器；处理金属（如电线线圈绕线机）、木材或类似材料用的机器；用纺织纱线、金属丝或两者并用制绳或制缆的机器；用柳条等进行编织篮筐等的机器；制刷机。

3. 杂项机器。例如空气增湿机或减湿机；发动机启动器（机械式、液压式或气压式等）；泵式自动加润滑脂机；电焊条涂层机；螺栓安装及拆除机；对羽毛褥垫进行洗涤、冲刷、除尘的机器；装填鸭绒被褥或褥垫的机器；卷绕软缆或软管的机器（例如，用于卷绕纺织材料或金属制的缆、绳、电缆或铅管）；配有机械装置的潜水箱或金属潜水衣等；船舶驾驶及操舵设备（船舵及自动的除外）；飞机、船舶及各种车辆用的电气、液压或气动式风挡刮水器（自行车或机动车辆用的除外）；水下喷焊器；自动擦鞋机；工业用地板擦光机；蒸发式空气冷却器、旅客登机（船）桥等。

本品目不包括组装半导体用的封装机器及品目 84.86 的所有货品。

（六）品目 84.86

本品目包括专用于或主要用于制造半导体单晶柱或圆片、半导体器件、集成电路或平板显示器的机器及装置。主要包括五组货品：

1. 制造单晶柱或圆片用的机器及装置。例如：对圆片表面进行氧化处理的氧化炉以及对圆片进行掺杂处理的扩散炉。

2. 制造半导体器件或集成电路用的机器及装置。例如：在圆片表面形成各种薄膜的成膜设备。

3. 制造平板显示器用的机器及装置，包括将基片制成平板的机器。例如：蚀刻、显影、去膜或清洁用的装置；掺杂用离子注入机等。

4. 本章章注 9（3）规定的机器及装置，主要包括专用于或主要用于下列各方面的机器及装置：

（1）制造或修复掩膜版及光掩膜［例如，摄制光掩模的器具（光电绘图仪）及修复掩膜版及光掩膜用的离子研磨机器］。

（2）组装半导体器件或集成电路，例如：通过挤压芯片外围塑料材料制造芯片塑料外壳用的挤压机。

（3）升降、搬运或装卸单晶柱、圆片、半导体器件、集成电路及平板显示器（例如，用于输送、搬运及储存半导体圆片、圆片匣、圆片盒及其他半导体器件用物料的物料自动搬运机器）。

5. 专用于或主要用于本品目所列机器及装置的零件、附件（如工件或工具夹具及其他专用配件）。

本品目不包括计量、检验、检查、化学分析等用的机器及装置（第 90 章）；制造玻璃机器；将印刷电路板或其他电子元件装配在平板上的机器，例如在印刷电路板上的自动插件机（品目 84.79）。

五、其他归类时容易混淆或忽视的地方

下面的内容是本章及其相关商品归类时容易混淆或忽视的地方，应该注意掌握。

1. 最大直径及最小直径与标称直径相差均不超过 1% 或 0.05 毫米（以相差数值较小的为准）的抛光钢珠应归入品目 84.82（其他钢珠应归入品目 73.26）。

2. 电子计算器（品目 84.70）与数学计算器具（品目 90.17）的区别。

电子计算器是一种依靠按键输入数据和进行操作、具有算术运算功能的机器，一般由面板、底板及能执行运算功能的集成电路芯片三个部分组成。数学计算器具诸如计算尺、圆盘计算器等是根据数学计算原理工作的计算器具，二者工作原理不同，不能混为一谈。

3. 归入本章的一些使用电能工作的机器，以及因为材料限制不能归入本章具体列名品目的货品范围。

4. 单独报验的子目 8415.10 项下分体式空调器的室内机和室外机应归入子目 8415.90。室内机和室外机通过电线和铜管连接，冷媒通过铜管在室内机和室外机之间流动。

5. 不能单独使用，但可装于本章品目 84.57 ～ 84.65 或品目 84.79 的机床、品目 84.67 的工具、品目 84.30 的凿岩机或钻探机的工具，以及未装配的机器或机械器具用的刀或刀片应归入第 82 章。

6. 机器或手工工具用的工件夹具和工具夹具，以及自启板牙切头应归入品目 84.66。

7. 激光照相排版设备应归入子目 9006.5910。

8. 工业用吸尘器应归入品目 85.08。

9. 水射流切割机应归入品目 84.56。

10. 俗称为"热得快"的便携式电热水器是非固定式的装置，故不应作为即热式电热水器归入子目 8516.1020。

六、归类原则

（一）陶瓷制品、实验室用玻璃器、陶瓷或玻璃机器、器具及其零件（第85章货品除外）的归类

1. 当该类货品具有陶瓷材料制品或玻璃制品的特征时（可装有其他材料制的非主要部件，例如装有固定用的贱金属圈的陶瓷或玻璃机器、机械器具或装置），应归入第 69 章或第 70 章的相应品目。例如技术用陶瓷制品及其零件归入品目 69.09；实验室用玻璃器归入品目 70.17；玻璃制的机器、用具及其零件归入品目 70.20 等。需要注意在此种情况下即使本章的品目条文已具体列出某种机器或零件的品名或属性，它们仍不归入本章，例如不能将瓷制的龙头归入品目 84.81。

2. 当该类货品已失去陶瓷制品、实验室用玻璃器、陶瓷或玻璃机器、器具及其零件的特征时，例如①由陶瓷或玻璃部件与其他材料（例如金属）制的许多部件组合而成的物品；以及由许多陶瓷或玻璃制的部件装在永久固定在其他材料制的支架、壳罩或类似品中而组成的物品；②由陶瓷或玻璃制的固定部件与其他材料（例如金属）制的发动机、泵等机械部件组合而成的物品时，应按机器、器具及其零件归入本章。

（二）优先归类原则（除第十六类类注 1 及第 84 章章注 1 另有规定外）

1. 归类时品目 84.01～品目 84.24 优先于品目 84.25～品目 84.80。

品目 84.01～84.24 一般是按货品的原理或功能列名的品目，品目 84.25～84.80 一般是按货品的行业或用途列名的品目。如果某一机器、器具既符合品目 84.01～84.24 中某个或某几个品目的规定，又符合品目 84.25～84.80 中某一个或某几个品目的规定，应将其归入品目 84.01～84.24 中相应的品目。但品目 84.19、品目 84.22、品目 84.24 不包括明显属于某个工业领域，或在品目 84.25～84.80 中有具体列名的货品。具体说来①品目 84.19 不包括：催芽装置、孵卵器或育雏器（品目 84.36）；谷物调湿机（品目 84.37）；萃取糖汁的浸提装置（品目 84.38）；纱线、织物及纺织制品的热处理机器（品目 84.51）；温度变化（即使必不可少）仅作为辅助功能的机器、设备或实验室设备等。②品目 84.22 不包括：缝合袋子等用的缝纫机（品目 84.52）；办公室用机器，如将文件或信件插入包装物或信封中并加封的机器、硬币计数及包装机（品目 84.72）。③品目 84.24 不包括：喷墨印刷（打印）机器（品目 84.43）；水射流切割机（品目 84.56）。

2. 品目 84.86 优先于品目 84.25～84.80 并且优先于本目录其他品目。

如果某一机器、器具既符合品目 84.86 的规定，又符合品目 84.25～84.80 中某一

个或某几个品目的规定，应将其归入品目 84.86。品目 84.86 主要包括制造半导体单晶柱或圆片、半导体器件、集成电路或平板显示器的机器及装置；本章章注 9（3）所列的设备及装置。

3. 品目 84.56 优先于品目 84.57 ~ 84.61、品目 84.64 或品目 84.65。

用于加工各种材料的某种机床如果既符合品目 84.56 的规定，又符合品目 84.57 ~ 84.61、品目 84.64 或品目 84.65 的规定，则应归入品目 84.56。

例 1：用于造纸工业的高度砑光机。

说明：用于造纸工业的高度砑光机从商品的功能上看是具有滚筒的滚压机器，从商品的用途上看是造纸工业上用的机器。当作为前者时似应按砑光机归入品目 84.20；当作为后者时似应作为纸及纸板的制造或整理机器归入品目 84.39。依据第 84 章章注 2 的规定用于造纸工业的高度砑光机应优先归入品目 84.20，进而归入子目 8420.1000。

例 2：家禽孵卵器（电热）。

说明：电热家禽孵卵器从商品的功能上看是利用温度变化处理材料的机器，从商品的用途上看是家禽孵卵器。当作为前者时似应归入品目 84.19；当作为后者时似应归入品目 84.36。依据第 84 章章注 2 的优先归类规定，似应归入品目 84.01 ~ 84.24 中的品目 84.19。但第 84 章章注 2 又明确说明品目 84.19 不包括孵卵器。故此家禽孵卵器应归入品目 84.36，进而归入子目 8436.2100。

（三）加工机床的归类

加工机床归类时首先判断是否符合第 84 章章注 9 有关品目 84.86 规定的设备和装置，若符合则优先归入品目 84.86；再判断是否符合第 84 章章注 3 有关品目 84.56 规定的设备和装置，若符合则优先归入品目 84.56（用激光、光子束、超声波等处理各种材料的加工机床及水射流切割机）；最后应依据加工对象、加工方式、加工条件（冷轧或热轧）等的不同区别归类，例如，铝箔精轧机，应按金属冷轧机归入子目 8455.2290。

（四）"自动数据处理设备（系统）"的部件及其零件、附件的归类

1. "自动数据处理设备（系统）"的部件包括两种形式：

其一，一个部件如果同时符合下列所有规定 [除第 84 章章注 5（4）及（5）另有规定外]，即可视为自动数据处理系统的一部分。

（1）专用于或主要用于自动数据处理系统。

（2）可以直接或通过一个、几个其他部件同中央处理器相连接。

（3）能够以本系统所使用的方式（代码或信号）接收或传送数据。

其二，键盘、X—Y 坐标输入装置及盘（片）式存储部件，只要可以直接或通过一个、几个其他部件同中央处理器相连接；能够以本系统所使用的方式（代码或

信号）接收或传送数据。

单独报验的符合上述条件的"自动数据处理设备（系统）"的部件应一律作为品目 84.71 的部件归类。

2. 以下货品作为"自动数据处理设备"的零件、附件应归入品目 84.73。

"自动数据处理设备"的零件是指专用于或主要用于品目 84.71"自动数据处理设备"部件的零件如微电脑用内存条。"自动数据处理设备"的附件是用于"自动数据处理设备"的可互换的零件或特定装置，例如清洁自动数据处理机等软盘驱动器用的清洁软磁盘。

3. 单独报验的①自动数据处理设备的显示器、打印机，不按自动数据处理设备的部件归类，应分别归入品目 85.28 或品目 84.43；相应的专用零件、附件也随之归入对应品目。②路由器、集线器、网卡等应归入品目 85.17。

注：第 84 章章注 5（4）所示品目 84.71 不包括的单独报验设备，即使它们符合上述的所有规定：

（1）不论是否组合式的打印机、复印机、传真机。

（2）发送或接收声音、图像或其他数器的设备，包括无线或有线网络（例如，局域网或广域网）通信设备。

（3）扬声器及传声器（麦克风）。

（4）电视摄像机、数字照相机及视频摄录一体机。

（5）监视器及投影机，未装有电视接收装置。

（五）装有自动数据处理装置或与自动数据处理设备连接使用，但却具备除数据处理外某项专门功能的机器的归类

1. 装有自动数据处理装置，具备除数据处理外的某项专门功能的机器，不能归入品目 84.71，如果该功能有具体列名则归入该品目，如无具体列名品目可归，应归入未列名品目。

2. 与自动数据处理设备一同报验并与其连接使用，具备除数据处理外的某项专门功能的机器，构成功能机组的按功能机组的归类规定办理，否则应将这两部分分别归类，即自动数据处理设备应归入品目 84.71，其他机器归入与其功能相应的品目。

（六）具有一种以上用途的本章机器的归类规定

当该类机器具有主要用途时，应将其主要用途作为唯一的用途对待，并按主要用途归类。

除前述优先归类原则另有规定外，凡任何品目都未明确列出其主要用途的机器，以及无法判断哪种用途是主要用途的机器，均应归入品目 84.79。

（七）干衣机（品目 84.51）和干洗机（品目 84.51）的区别及其干燥机的归类

干衣机又称干燥机（纺织品专用）是一种将潮湿纺织品置于封闭室内利用热空气使之迅速干燥或潮湿纺织品在热滚筒上经过使之迅速干燥的电气设备。干洗机主要是利用汽油、四氯化碳或其他有机溶剂对衣物或其他纺织品进行清洁而不是用水洗涤的机器。由于有机干洗剂易燃，故常用防爆电动机驱动洗涤器及循环泵。非纺织品用干燥机应归入品目 84.19；离心式干燥机应归入品目 84.21；洗涤干燥两用机（纺织品用）应归入品目 84.50；干衣机（纺织品用）应归入品目 84.51。

（八）手工工具、手提式动力工具的区别及其归类

无动力装置的手工工具按构成材料的制品归类，例如钢铁钳子归入品目 82.03、木锤归入品目 44.17；以气动、液压、电动为动力的手提式工具以及其他的手提式动力工具，应归入品目 84.67。

（九）独立功能（品目 84.79）及其具有独立功能的机械装置的归类

1. 独立功能。

（1）可独立于其他机器设备之外执行其功能的机械装置（不论是否配有发动机或其他动力装置），例如：空气减湿是一种独立功能，可以由独立于其他机器设备的空气减湿机来执行。即使准备装在臭氧发生器上的空气减湿机，也应视为具有独立功能的机器。

（2）必须安装在另一台机器或器具上，或安装在一套较复杂的设备中才能执行其功能的机械装置，但其功能必须是①不同于所装机器设备的功能；以及②在上述机器设备操作中并不起必不可少的和不可分割的作用。内燃机用汽化器（化油器）的功能与内燃机的功能尽管不同，但因为汽化器的功能在内燃机操作中起不可分割的作用，故不能视其具有独立功能，因此单独报验的汽化器应作为内燃机的零件，归入品目84.09。

2. 具有独立功能的机械装置的归类。

（1）有其他列名更为具体的品目可归时，归入相应品目。

（2）无列名更为具体的品目可归时，归入品目 84.79。例如：链式割线器是装在工业用缝纫机上自动割线而缝纫机无须中断操作的一种装置。这种装置在缝纫机进行缝纫操作时并不起作用，因而具有独立功能；由于没有其他列名更为具体的品目可归，故链式割线器应归入品目 84.79。

商品归类练习题

1. 脚踏式自行车打气筒
2. 小轿车用铝制汽油发动机的气缸盖

3. 钰鑫牌的煤气发生器

4. 太阳能热水器

5. 重量为 16 千克的家用电动洗碟机

6. 大型超市用自动扶梯

7. 微型计算机用声卡

8. 非家用电动榨汁机

9. 喷涂机器人，用于给自行车零件喷涂油漆

10. 缝纫机用针

11. 本身带发动机的手工锯

12. 空气调节器，壁式安装，独立式

13. 蒸发式空气冷却器，废气涡轮增压器用，降温、冷却作用

14. 自动搬运机器人，代替人工搬运集成电路，集成电路工厂专用

15. "库卡"机器人，用于生产加工流水线，具有充填、包装、装配组立、粉状收料的功能

17.3 第85章 电机、电气设备及其零件；录音机及放声机、电视图像、声音的录制和重放设备及其零件、附件

一、本章的结构及商品范围

本章主要包括电机及电气设备、零件；录音机及放声机、电视图像、声音的录制和重放设备及其零件、附件。与第 84 章不同，本章所列的货品即使由陶瓷材料或玻璃制成，仍应归入本章，但品目 70.11 所列的玻璃外壳（包括玻璃泡及玻璃管）除外。本章共有 46 个品目，被分成九组货品，分列如下：

1. 发电、变电或蓄电的设备及装置（品目 85.01～85.04、品目 85.06、品目 85.07）。例如电动机、发电机、变压器等（品目 85.01～85.04)；原电池（品目 85.06）及蓄电池（品目 85.07）。

2. 真空吸尘器（85.08）。

3. 某些家用电动机械器具（品目 85.09～85.10），例如家用食品搅拌器（品目 85.09)、电动剃须刀（品目 85.10)。

4. 某些利用电性能或电效应（例如电磁效应等）工作的电气设备及装置（品目 85.05、品目 85.11～85.18、品目 85.25～85.31 及品目 85.43 等）。例如①电磁铁及某些利用电磁效应工作的设备及装置（品目 85.05）；②某些利用电的热效应、光效应等工作的设备及装置（品目 85.11～85.16）；③通信设备及装置（品目 85.17～85.18、品目 85.25～85.29）；④电铃、防盗或防火报警装置及其他电气音响或视觉信号装置（品目 85.30～85.31)；⑤本章其他品目未列名的具有独立功能的电气设备及装置（品

目 85.43)。

5. 声音的录制或重放设备及装置；电视图像的录制或重放设备；上述设备及装置的零件及附件（品目 85.19、品目 85.21 ～ 85.22）。

6. 声音记录媒体或其他信息的类似记录媒体（包括视频信号记录媒体，但第 37 章的照相或电影用胶卷除外）(品目 85.23)。

7. 某些通常不单独使用、但可在电气设备中作为元器件或零部件起某种作用的电气物品（品目 85.32 ～ 85.42、品目 85.45），例如电容器（品目 85.32），开关等（品目 85.35 或 85.36），电灯（品目 85.39），热电子管等各种电子管（品目 85.40），二极管及类似的半导体器件（品目 85.41），电气设备用碳精制品（品目 85.45）。

8. 具有导电或绝缘性能而应用于电气设备及装置的物品及材料（品目 85.44、品目 85.46、品目 85.47），例如，带接头（如插头、插座、接线片、插孔、套管或接线柱）的电线（品目 85.44）、绝缘子（品目 85.46）、绝缘配件及内衬绝缘材料的金属导管（品目 85.47)。

9. 未列名零部件、电池废料等（品目 85.48）。

除上述各种电气货品以外，本章还包括永磁铁（尚未磁化的也包括在内），以及永磁铁工件夹具（品目 85.05）。

易误归入本章的货品主要有：电暖的毯子、褥子、足套及类似品，电暖的衣服、靴、鞋、耳套或其他供人穿戴的电暖物品；第 84 章所列的电气的机器及器具如离心干衣机（品目 84.21）、洗碟机（品目 84.22）、家用洗衣机（品目 84.50）、滚筒式或其他形式的熨烫机器（品目 84.20 或品目 84.51）、缝纫机（品目 84.52）、电剪子（品目 84.67) 等。

二、章及子目注释提要

（一）章注释提要

本章有 10 条章注释。

1. 章注 1 是排他条款，列出了不能归入本章的 5 类货品。

2. 章注 2 明确了品目 85.01 ～ 85.04 不适用货品所属的品目。

3. 章注 3 对品目 85.07 所称"蓄电池"的商品范围作出规定。

4. 章注 4 明确了品目 85.09 仅包括的电动器具范围；强调了除外货品及其所属品目。

5. 章注 5 对品目 85.23 所称"固态、非易失性存储器件"及"智能卡"做出了明确定义。

6. 章注 6 对品目 85.34 所称"印制电路"做出了明确定义；强调了除外货品范围。

7. 章注 7 对品目 85.36 所称"光导纤维、光导纤维束或光缆用连接器"做出了明确定义。

8. 章注 8 强调了品目 85.37 不适用无绳红外遥控器（品目 85.43）。

9. 章注 9 阐述了品目 85.41 及品目 85.42 所称"二极管、晶体管及类似半导体器件""集成电路"的含义；规定了所述货品应优先归入品目 85.41、品目 85.42（品目 85.23 除外）。

10.章注 10 对品目 85.48 所称"废原电池、废原电池组及废蓄电池"做出了明确定义。

（二）子目注释提要

本章有 1 条子目注释。

子目注释明确了子目 8527.12 仅包括的货品应具有的特征。

三、商品基础知识、商品介绍及名词解释

下面将本章条文或注释中涉及（含包括）的商品、名词等作简单介绍，以便归类。

1."不间断供电电源"（品目 85.04）：

不间断供电电源是一种以保障仪器设备正常工作，不受市电故障的影响为目的能实现不间断供电的电子装置，多用于计算机系统供电。常用的不间断供电电源多用晶闸管制作，由一套将交流电变为直流电的整流器，一套把直流电变为交流电的逆变器和滤波器组成，属静止式变流器。市电供应正常时，整流器提供给逆变器电流，并同时给蓄电池充电，以储存电能，逆变器经滤波器向外输出交流电能；市电出现故障时，改由蓄电池向逆变器提供直流电源。有些不间断电源还可以在市电故障的同时启动备用电源提供电能。

2."锂离子蓄电池"（子目 8507.60）：

它是依靠锂离子在正极和负极之间移动来工作的化学电池。通常锂离子蓄电池以碳材料为负极，以含锂的化合物为正极，没有金属锂存在。

3."加热电阻器"（品目 85.16）：

加热电阻器是指通电时可发出高热的条、棒、板或线段（一般绕成线圈）等，也可以是印制的单个元件。所用材料通常为特种合金、以碳化硅为主的合成材料等。

4."无绳电话机"（品目 85.17）：

无绳电话机是一种电话通信终端设备，它由主机、副机构成，主机具有一般电话机的功能；副机在主机有效作用距离内通过无线收发装置可以与主机无绳沟通。无绳电话机包括一个电池供电的无线电频率收发器送受话器，装有号盘、电键及有线接入电话网络的无线电频率收发器基座（或不配有送受话器，而是装有一个组合式头戴受器及传声器，与电池供电的便携式无线电频率收发器、号盘及电键组合装置相连接）。

5."脉冲编码调制设备"（子目 8517.6221）：

脉冲编码调制设备是数字通信和光纤通信中必不可少的传输设备。所谓脉冲编码调制，是将语言、图像等模拟信号每隔一定时间取样，从而变为一系列离散的电脉冲信号，再经过量化、编码，就形成了数字信号。然后再按照需要，对载波进行一定方式的调制。脉冲编码调制设备就是用来完成这些工作的设备。在实际通信中，脉冲编码调制设备可以反向工作。

6."通信网络"（品目 85.17）：

所称通信网络包括有线电话网、有线电报网、无线电话网、无线电报网、局域网及广域网，可以是互连的。

7."路由器"（子目 8517.6236）：

它是计算机网络中用来判断网络地址与选择路径的一种智能连接设备。能确认网络上任何两个节点之间的所有路径，并能选择最短路径，准确地将数据包送到目的节点。用于计算机与计算机间通信的网络层中连接局域网中的各段。

8."无线传声器成套装置"（品目 85.18）：

它是指由一个或多个无线传声器与一个无线接收器组成的成套装置。无线传声器通过无线电传输电路及内置或外置的天线，传输其接收的声波信号。无线接收器装有一根或多根天线，用以接收传输过来的无线电波，并装有内置电路，用以将无线电波转换为音频电信号加以输出；无线接收器还可带有一个或多个音量控制器及输出接口。

9."固态、非易失性存储器件"（品目 85.23）：

"固态、非易失性存储器件"（例如，"闪存卡"或"电子闪存卡"）是指带有接口的存储器件，其在同一壳体内包含一块或多块闪存，以集成电路的形式装配在一块印制电路板上。它们可以包括一个集成电路形式的控制器及分立无源元件，例如，电容器及电阻器。

10."智能卡"（品目 85.23）：

它是指装有一块或多块集成电路[微处理器、随机存取存储器（RAM）或只读存储器（ROM）]芯片形式的卡。这些卡可带有触点、磁条或嵌入式天线，但不包含任何其他有源或无源电路元件。

11."半导体媒体"（子目 8523.5)：

它又称"半导体内存"，是用以存储二值数据的数字部件。半导体内存可分为易失性内存和非易失性内存两大类。所谓易失性内存是指内存在断电后所储存的数据会自动消失（如随机取存储器 RAM）；而非易失性内存是指内存在断电后所储存的数据依然存在（如只读存储器 ROM）。作为可移动存储介质的快速闪存 ROM，可使整个芯片被擦除或重写程序。又被称作"移动存储卡（器）"，常见的种类主要有 CF 卡、SM 卡、MMC 卡、SD 卡、XD 卡、记忆棒和使用闪存芯片的 U 盘等。这些品种不管结构如何，其基本都是以晶体管为存储单元的闪存芯片，在遵循的协议和相应的接口、控制机构、存储容量、形状尺寸、所应用设备、兼容性等方面会有区别。

快速闪存的形状各异，大多为卡型和香口胶型，广泛应用于家庭数字式电子产品中，如数码照相机、计算机、数码摄录机、数码音频播放器、数码录音笔等。

12."数字照相机"（品目 85.25）：

它是指以数字方式录制图像的照相机即是一种不靠底片感光存储拍摄图像的照相

机。一般配有一个光学反光镜或一个液晶显示器或者两者兼而有之。液晶显示器可在录制图像时作为反光镜使用，或者作为屏幕用以观看已经录制或下载的图像。已捕获的图像可转换到自动数据处理设备上，以数据文件的形式进行处理、存储或传输。数字式照相机也可以直接连接到自动数据处理设备上，完成对已捕获图像的转换、处理、存储或传输。还可以直接连接到某些图像（相当于相片）打印装置上，或者直接连接到视频录像机或电视监视器上，以便转换或显示已捕获的图像。有些数字照相机兼具以类似于视频摄录一体机的方式录制伴有或不伴有音轨的连续图像的功能。

13."特种用途的电视摄像机"（子目 8525.8011）：

它是指适合专用于高空、水下及不可见光拍摄或其他类似特种用途的电视摄像机。

14."袖珍盒式磁带放声机"（子目 8527.12）：

它是指没有内置扬声器只有内置放大器的盒式磁带放声机。通常装有内置式电源，不需要外接电源即可工作，其尺寸一般不大于 170 毫米 ×100 毫米 ×45 毫米。

15."印制电路"（品目 85.34）：

它是指采用各种印制方法或采用"膜电路"工艺，将导线、接点或其他印制元件（例如电阻器）按预定的图形单独或互相连接地印制在绝缘基片上的电路，但具有整流、调制或放大电信号的元件（例如半导体元件）除外。单个的分立式电阻器、电容器、电感器及装有非印制元件（连接元件除外）的电路不能视为"印制电路"。

16."光导纤维、光导纤维束或光缆用连接器"（品目 85.36）：

它是指在有线数字通信设备中，简单机械地把光纤端部相连成一线的连接器。它们不具备诸如对信号进行放大、再生或修正等其他功能。

17."封闭式聚光灯"（品目 85.39）：

封闭式聚光灯由装有透镜、反射镜及灯丝的封闭式充气灯泡或者真空灯泡构成，有时装在车身上作为车前灯。

18."紫外线灯管"（品目 85.39）：

紫外线灯管通常是一种装有水银的熔凝石英灯管，用于医疗、实验、杀菌等方面或具有其他用途。这种灯有时会密封在玻璃外壳中，有些被称为"黑光灯管"。

19."二极管、晶体管及类似的半导体器件"（品目 85.41）：

它是指那些依靠外加电场引起电阻率变化而进行工作的半导体器件。

20."集成电路"（品目 85.42）：

（1）单片集成电路，即电路元件（二极管、晶体管、电阻器、电容器、连接线等）主要整体制作在一片半导体材料或化合物半导体材料（例如掺杂硅）基片的表面，并不可分割地连接在一起的微电子电路。

（2）混合集成电路，即通过薄膜或厚膜工艺制得的无源元件（电阻器、电容器、连接线等）和通过半导体工艺制得的有源元件（二极管、晶体管、单片集成电路等）

不可分割地组合在一绝缘基片（玻璃、陶瓷等）上的微电子电路。这种电路也可包括分立元件。

（3）多芯片集成电路，有两个或多个单片集成电路不可分割地组合在一片或多片绝缘基片上构成的电路。不带有其他有源或无源电路元件，可带有引线框架。

21. "金属探测器"（子目 8543.7091）：

金属探测器是利用接近金属物体时产生的磁通变化进行工作的装置。可探测装有烟草、食品的木桶及木料中的金属异物，并可用于探测埋在地下的管道。

22. "废原电池、废原电池组及废蓄电池"（品目 85.48）：

它是指因破损、拆解、耗尽或其他原因而不能再使用，也不能再充电的电池或电池组。

四、部分品目介绍

下面将本章部分品目的商品范围介绍如下：

（一）品目 85.08

本品目包括本章章注 1（4）除外的医疗等用的真空设备以外的各种干式及湿式的真空吸尘器，无论是否手提式（家用、工业用等）。还包括马用或牛用的真空吸尘式理毛装置；与真空吸尘器一起报验的真空吸尘器辅助装置（用于刷洗、抛光、喷射杀虫剂等）以及品种、数量合理的可互换零件及附件。本品目不包括原地清洗地毯的器具，向地毯中注入清洁溶剂，再由泵将溶剂抽出，未与干湿真空吸尘装置组合的（品目 84.51 或品目 85.09）。

（二）品目 85.09

本品目仅包括通常供家用的下列电动器具（装有电动机）：

1. 地板打蜡机、食品研磨机及食品搅拌器，水果或蔬菜的榨汁器；

2. 重量不超过 20 千克的其他家用机器。例如电动牙刷、厨房废料处理器、空气增湿机及减湿机、马铃薯切片机等。

但本品目不包括风机、风扇或装有风扇的通风罩及循环气罩（不论是否装有过滤器）（品目 84.14）、离心干衣机（品目 84.21）、洗碟机（品目 84.22）、家用洗衣机（品目 84.50）、滚筒式或其他形式的熨烫机器（品目 84.20 或品目 84.51）、缝纫机（品目 84.52）、电剪子（品目 84.67）或电热器具（品目 85.16）；非家庭房舍使用的原地清洗地毯的器具，向地毯中注入清洁溶剂，再由泵将溶剂抽出，设计供单位使用的，例如，供宾馆使用的（品目 84.51）。

（三）品目 85.11

本品目主要包括点燃式或压燃式内燃发动机用的电点火及电起动装置（例如，点火磁电机、永磁直流发电机、磁飞轮、分电器、点火线圈、火花塞、升压线圈、加热线圈、电热塞及启动电机）；附属于上述内燃发动机的发电机（例如，直流发电机、交流发电机）及断流器。除其他品目列名的零件外上述货品的零件也归入本品目。

（四）品目 85.17

本品目包括通过有线网络的电流或光波，或者通过无线网络的电磁波发送或接收两地讲话或其他声音、图像或其他数据用的设备。其信号可以是模拟式的，也可以是数字式的。

本品目主要包括：①电话机，包括有线电话机（包括无绳电话机）及蜂窝网络或其他无线网络用的电话机（包括蜂窝电话机、移动电话机、卫星电话机）；②发送或接收声音、图像或其他数据用的其他通信设备，包括有线或无线网络（例如，局域网或广域网）用的通信设备，主要指基站；门口电话系统；大楼用的可视电话；除品目84.43 的传真机外的电报通信设备；电话或电报的交换设备；无线电话及无线电报的发送与接收设备 [包括无线电话或无线电报用的固定设备；多语种会议上同声传译用的无线电发送器及接收器；船舶、飞机等求救信号的自动发送机及专用接收机；遥测信号的发送机、接收机或发送接收机；机动车辆、船舶、飞机、火车等用的无线电话设备，包括无线电话接收机；利用电池工作的便携式接收机，例如，呼叫、报警或传呼用的便携式接收机；其他通信设备（包括调制解调器、路由器、脉冲音频转换器、中继器、网络接口卡等）]。

本品目不包括：传真机（品目 84.43）；与电话机一起使用，但不与电话机组装在一起电话自动应答机（品目 85.19)；通信卫星（品目 88.02）；用于无线发送系统的类似设备（品目 85.25 或品目 85.27)；单独报验的传声器与受话器（不论是否已经组成送受话器）及扬声器（品目 85.18）；电铃及蜂鸣器（品目 85.31）等。

注意：单独报验的无绳电话手机或基座子目应归入子目 8517.62。

（五）品目 85.23

本品目包括记录声音或其他信息（例如，数字数据；文本；图像、视频或其他图形数据；软件）用的各种未录制的或已录制的媒体，通常插入或放置在录制设备或阅读设备中使用，已录制的信息还可从一媒体转至另一媒体。报验时可以是虽已预录某些信息，但仍能记录更多信息的媒体以及批量生产已录制媒体成品用的媒体中间品（例如，母片、带阴纹母盘、带阳纹母盘、压模用盘）。

本品目主要包括磁性媒体（一般为磁盘、磁卡或磁带的形式）；光学媒体（一般由玻璃、金属或塑料制成圆盘的形式，通过激光束读取储存在圆盘上的数据）；半导体媒体（含有一个或多个集成电路，主要包括从外部数据源记录数据的固态、非易失性数据存储器件，也称为"闪存卡"或"电子闪存卡"；"智能卡"，也包括"邻近卡或牌"）；唱片等。

本品目不包括：将数据记录到媒体上或从媒体上检索数据的装置；准备制作但尚未制成声音或其他信息记录媒体的物品；移动硬盘（子目 8471.7010）；某些电子存

储模块如专用于自动数据处理设备的双列直插式内存模块（品目 84.73）；游戏机专用卡带（品目 95.04）等。

（六）品目 85.37

本品目货品主要指装有两个或多个品目 85.35、85.36 所列装置（例如开关及熔断器）或本品目几个物品的组合体，一般还配有仪表及辅助装置，例如，变压器、电子管等，装在盘、板、台上面及柜子里。从供照明设施用的小型配电盘到供机床、轧钢厂、发电站、无线电台等使用的复杂的控制板均属本品目货品。还包括一般用于控制机床的装有自动数据处理机的数字控制板；通常用于家用电器设备，例如，用于洗衣机的控制设备用的程序控制板；作为数字式装置的"可编程序控制器"，通过数字式或模拟式输入／输出组件控制各种机器。

本品目不包括电话交换机（品目 85.17）、简单的组合开关、电视机、视频录像机或其他电器设备的遥控器用无绳红外器件（品目 85.43）、品目 90.32 的自动控制设备、装有钟表机构或同步电动机的定时开关（品目 91.07）等。

（七）品目 85.43

本品目包括不能归入本章其他品目，也不能归入本目录其他各章品目的、具有独立功能的电气器具及装置和这些货品的专用零件。本品目大部分器具是电气产品或零件（电子管、变压器、电容器、扼流圈、电阻器等）的组合装置，完全用电气操作，但也包括带有附属机械性能的电气产品。

本品目主要包括：粒子加速器，例如直线加速器（品目 90.22 的专用于产生 X 光射线的电子感应加速器及其他粒子加速器以及必要时可产生 α 射线或 γ 射线的粒子加速器除外）；信号发生器，例如脉冲发生器；金属探测器；降低噪声装置；配有电阻器的除霜器及去雾器（脚踏车或机动车辆用除外）；同步器；矿用电雷管；高频或中频放大器（包括测量放大器及天线放大器）；电镀、电解或电泳机器及装置（品目 84.86 的货品及品目 90.27 的电泳仪除外）；一般工业用的紫外线辐照设备；用于非医疗方面的臭氧发生及扩散电气装置；电子音乐组件；电篱网激发器；电视机、视频录像机或其他电器设备的遥控器用无绳红外线器件；数字式飞行数据记录仪等。

五、其他归类时容易混淆或忽视的地方

下面的内容是本章商品归类时容易混淆或忽视的地方，应该注意掌握。

某些常用的家用电器不归入本章，例如电冰箱、空调器、电风扇应归入第 84 章。

六、归类原则

（一）优先归类原则

1. 除金属槽汞弧整流器应归入品目 85.04 外，既可归入品目 85.01 ～ 85.04 又可归入品目 85.11、品目 85.12、品目 85.40、品目 85.41 或品目 85.42 的货品，应归入品目 85.11、品目 85.12、品目 85.40、品目 85.41 或品目 85.42。例如压燃式内燃发动机用的直流发电机应归入品目 85.11，而不按直流发电机归入品目 85.01。

2. 关于品目 85.41 及品目 85.42 的优先归类规定（品目 85.23 除外）。

"二极管、晶体管及类似的半导体器件"及"集成电路"在归类时，即使目录其他品目涉及上述物品，尤其是物品的功能，应优先归入品目 85.41 及 85.42，但涉及品目 85.23 的情况除外。例如"智能卡"应归入品目 85.23，而不按集成电路归入品目 85.42。

（二）电气加热器具（或设备）等的归类

电气加热器具（或设备）应依据商品的原理、功能或用途等分别列入不同的章目。

1. 大多数电气加热器具应归入第 84 章，例如蒸汽锅炉及过热水锅炉（品目 84.02）；空气调节器（品目 84.15）；非家庭用电热器具例如烘炉、蒸馏设备及其他设备（品目 84.19）；研光机和类似的滚压机器及其滚筒（品目 84.20）；家禽孵卵器及育雏器（品目 84.36）；供木料、软木、皮革等用的通用烫烙机（品目 84.79）。

2. 电热塞（品目 85.11）；工业或实验室用电炉等，例如餐馆用微波炉（品目 85.14）；电热水器、空间加热设备；家用电热器具例如家用电油炸锅、电灭蚊器（品目 85.16) 等类型的电热器具应归入第 85 章。

3. 电暖的毯子、褥子、足套及类似品，电暖的衣服、靴、鞋、耳套或其他供人穿戴的电暖物品，一般归入供人穿戴的非电暖的同类物品所在类章，例如腈纶电暖毯（品目 63.01）。

4. 具有电热功能的医疗器械（品目 90.18) 等，应归入第 90 章。

5. 落地式的电热家具应归入第 94 章。

（三）电话自动应答机的归类

1. 电话自动应答机如果与电话机构成一个整体时，应一并归入品目 85.17；

2. 对于只是和电话机连用但并未构成一体的应将其归入品目 85.19。

（四）电阻器的归类

碳加热电阻器应归入品目 85.45；加热电阻器（碳电阻器除外）应归入品目 85.16；其他电阻器应归入品目 85.33。

（五）石墨及其相关产品的归类

1. 天然石墨归入品目 25.04。

2. 人造石墨、胶态石墨、半胶态石墨以及石墨的半制成品（如糊状、板状、块状）归入品目 38.01。

3. 以石墨制的非电器产品，如轴承、管子、过滤器等归入品目 68.15。

4. 石墨制耐火材料归入品目 69.02，其制品归入品目 69.03。

5. 石墨制电阻器归入品目 85.33。

6. 供电器或电子用的石墨电极、电刷、碳精电极制品及加热电阻器，归入品目

85.45。

（六）电池的归类

电池按其是否可充电分为原电池和蓄电池，一般不可充电的原电池应归入品目85.06（例如，石英手表用的纽扣式锂电池）；可以充电的蓄电池归入品目85.07（例如手机用锂离子蓄电池）。但光电池与这两类电池（化学电池）工作原理不同，属于光敏半导体器件，应该按照光敏半导体器件归入品目85.40。

商品归类练习题

1. 特种车用电磁离合器

2. 摩托车用气缸火花塞

3. 手提式巡夜灯，装有10WLED灯珠，电池可充电，照明时长8小时，充电时长12小时

4. 城市道路交通指挥信号灯

5. 电气空间加热器，家庭取暖用，碳晶分子运动产热

6. 男士用的电动剃须刀

7. 太阳电池，额定功率450～750V

8. 炉用碳电池

9. 车辆用风挡刮水器

10. 不锈钢导管，内衬绝缘材料，用于穿电线电缆及绝缘保护电线电缆

11. 输出信号频率在1500兆赫兹以上的通用信号发生器

12. 电阻焊接机器人，半自动，根据仿生学原理，利用特殊材料制成的机械化骨架，有电力驱动

13. 微型计算机用无线网卡

14. 电热快速热水器

15. 家用（电动）豆浆机

16. 手机用锂电池

17. 医疗用红外线灯泡

18. 储蓄用的芯片式未录制牡丹卡

【本篇小结】

本篇在阐述HS第十六类货品归类要点，诸如"本类机器零件（单独进口的非成套散件）的归类原则""多功能机器的归类原则""功能机组的归类原则"等的基础上，

从商品范围、注释提要、商品知识、品目介绍、归类易混淆之处及归类原则等方面依次明确了第84章、第85章货品各自的归类要点，诸如"优先归类原则""'自动数据处理设备（系统）'的部件及其零件、附件的归类""电池的归类"等，为全方位把握机电产品的正确归类提供了必要的基础知识。第十六类所属货品在国际贸易领域中具有十分重要的地位，应熟练掌握该类货品的归类原则和方法。

【本篇关键名词或概念】

多功能机器功能机组

【本篇简答题】

1. 简述第84章货品的优先归类原则。

2. 简述多功能机器的归类原则。

3. 简述功能机组的归类原则。

4. 简述本类机器零件（单独进口的非成套散件）的归类原则。

第十八篇　第十七类 车辆、航空器、船舶及有关运输设备

【本篇导读】

本篇系统介绍了运输工具及设备的归类要点。

【本篇学习目标】

通过本篇的学习，熟悉 HS 第十七类的商品范围，了解与相关类、章商品的区别和联系，明确归类易混淆之处，掌握运输工具及设备的主要归类原则并能正确进行商品归类。

18.1 本类归类要点

一、本类的结构和商品范围

本类共分 4 章（第 86 章~第 89 章），主要包括各种交通工具、运输设备及其与运输设备相关的某些具体列名货品（例如经特殊设计、装备适于一种或多种运输方式的集装箱；某些铁道或电车道轨道固定装置和附件；机械（包括电动机械）信号设备；降落伞、航空器发射装置、甲板停机装置或类似装置、地面飞行训练器等）；专用于或主要用于第 86 章~第 88 章所列车辆、航空器等的零件及附件。本类基本上是依陆路、航空、水路等运输方式将货品分为四组，各组货品按章分列如下：

1. 铁道车辆、气垫火车等有轨车辆及其零件、附件（第 86 章）。

2. 其他机动车辆、气垫车辆及其零件、附件（第 87 章）。

3. 航空器、航天器及其零件、附件（第 88 章）。

4. 船舶、气垫船及浮动结构体（第 89 章）。

易误归入本类的货品主要有某些移动式机器（例如品目 84.26 的在码头等小场所用于搬运集装箱的跨运车）、品目 90.23 的货品（例如供示范用的汽车模型）、品目 95.03 的货品（例如儿童三轮车、玩具电动火车）、品目 95.08 的货品（例如碰碰车设备）及品目 95.06 的雪橇及类似品等。

二、类注释提要

本类有 5 条类注释。

1. 类注一是排他条款，列出了不能归入本类的 4 类货品。

2. 类注二是排他条款，列出了不适用本类所称"零件"及"零件、附件"的 11 类货品。

3. 类注三阐述了第 86 章 ~ 第 88 章所称"零件"或"附件"的归类规定。

4. 类注四阐述了三类特殊运输工具的品目归类原则。

5. 类注五阐述了气垫运输工具的归类规定。

三、归类原则

（一）特殊运输工具的归类原则

它既可在道路上行驶又可在轨道上行驶的特殊构造的车辆应按第 87 章相应的车辆归类；水陆两用机动车辆应按第 87 章相应的机动车辆归类；可兼作地面车辆使用的特殊构造的航空器，应按第 88 章的航空器归类。

（二）气垫运输工具及其相关产品的归类原则

1. 气垫运输工具按本类最相类似的运输工具归类即在导轨上运行的气垫火车按火车归入第 86 章；在陆地行驶或水陆两用的其他气垫车辆应按车辆归入第 87 章；在水上航行的（不论能否在海滩或浮码头登陆及能否在冰上行驶）气垫船应按船舶归入第 89 章。

2. 气垫运输工具的零件、附件应与最相类似运输工具的零件、附件一并归类。

3. 气垫火车的导轨固定装置及附件应与铁道轨道固定装置及附件一并归类。气垫火车运行系统的信号、安全或交通管理设备应与铁路的信号、安全或交通管理设备一并归类。

（三）零件、附件的归类原则

1. 第十七类类注二所述不归入本类的零件及附件的归类规定。

按注释规定归类如下：

（1）某些用于本类的零件及附件按构成材料归类，主要包括：通用零件（例如车辆用的钢板弹簧应归入第 73 章）、垫圈或类似品（例如塑料制的应归入第 39 章）、第 82 章的工具（例如修车用贱金属制扳手）、品目 83.06 的货品（例如自行车用的铃）以及硫化橡胶（硬化橡胶除外）制成的其他货品（例如挡泥垂板应归入品目 40.16）等。

（2）用于本类的品目 84.01 ~ 84.79 的机器或装置及其零件，但供本类所列货品使用的散热器除外；品目 84.81 ~ 84.82 的物品、品目 84.03 构成发动机或其他动力装置所必需的物品、品目 84.84 的接合衬垫、密封垫或类似品，应归入第 84 章（例如汽车用空气调节器应归入品目 84.15、汽车发动机用曲轴应归入品目 84.83）。

（3）用于本类的第 85 章的电机或电气设备、第 90 章的物品、第 91 章的物品、第 93 章的武器应分别归入第 85 章、第 90 章、第 91 章及第 93 章。

（4）用于本类的品目 94.05 的灯具或照明装置应归入品目 94.05（例如航空器或火车用前照灯应归入品目 94.05）。

（5）作为车辆零件的刷子（例如道路清扫车用的刷子）应归入品目 96.03。

2. 在本目录非本类品目列名更为具体的零件及附件的归类。

凡在本目录其他品目列名更为具体的用于本类所列货品的零件及附件，应按具体列名归类。例如运输工具用橡胶轮胎、可互换胎面、轮胎衬带及内胎（品目 40.11 ~ 40.13)。

3. 船舶或浮动结构体的零件及附件的归类。

船体应归入第 89 章；其他可确定为船舶等用的零件及附件，不应归入第 89 章，而应归入其他章的相应品目（例如钢铁制的锚应归入品目 73.16)。

4. 既可归入本类，又可归入其他各类的零件或附件的归类。

应根据其主要用途来确定归类。例如第 84 章所列移动式机器用的转向机构、制动系统、车轮及挡泥板等货品，实际上与第 87 章所列卡车用的几乎完全相同，但因为它们主要用于卡车，所以这些零件及附件应归入本类。

5. 其他未在本目录其他品目具体列名的、专用于或主要用于第 86 章 ~ 第 88 章所列货物的零件或附件的归类。

此类零件应按主要用途归入本类相应品目。可归入本类中的两个或多个品目的零件及附件，如可适用于多种运输工具的某些零件及附件（汽车、航空器、摩托车等），应归入其主要用于的运输工具的零件及附件所属的相应品目。

18.2 第 86 章 铁道及电车道机车、车辆及其零件；铁道及电车道轨道固定装置及其零件、附件；各种机械（包括电动机械）交通信号设备

一、本章的结构及商品范围

本章共有 9 个品目，主要包括在地上或地下（例如矿井用）运行的铁道及电车道（窄轨铁道、单轨铁道等）或导轨上行驶的各种机车、车辆（包括气垫车辆）及其零件；铁道及电车道轨道的固定装置及配件；各种集装箱及各种机械（包括电动机械）信号、安全或交通管理设备（包括停车场用）。

本章货品基本按照机动车辆——维修或服务车辆——牵引车辆——零件及设备——集装箱的顺序列目。各组货品在本章的分布结构如下：

1. 各种铁道用的机动车辆，例如机车、铁道或电车道用的机动客车及机动有轨车（品目 86.01 ~ 86.03)。

2. 铁道或电车道用的维修或服务车辆，不论是否机动的（品目 86.04)。

3. 各种牵引车辆（铁道或电车道用的客车及行李车、铁道或电车道用的货车、敞车等）(品目 86.05 ~ 86.06)。

4. 铁道或电车道机车及车辆的零件、铁道或电车道的固定装置和附件，以及道路、铁道或其他车辆、船舶或飞机的机械（包括电动机械）信号、安全或交通管理设备（品

目 86.07 ~ 86.08)。

5.经特殊设计、装备,适用于一种或多种运输方式的各种结构及形式的集装箱(品目 86.09)。

易误归入本章的货品主要有:木制或混凝土制的铁道或电车道轨枕及气垫火车用的混凝土导轨(品目 44.06 或品目 68.10);铁道及电车道铺轨用钢铁材料(品目 73.02);电气信号、安全或交通管理设备(品目 85.30);经特殊设计适用于装在旋转木马或其他游乐场娱乐设备上使用,但不构成正式车辆的设备(品目 95.08) 等。

二、章及子目注释提要

本章有 3 条章注释,无子目注释。

1. 章注 1 是排他条款,列出了不能归入本章的 3 类货品。

2. 章注 2 明确了品目 86.07 主要适用的 5 类货品。

3. 章注 3 明确了品目 86.08 适用的 2 类货品。

三、商品基础知识、商品介绍及名词解释

下面将本章条文或注释中涉及的商品、名词等作简单介绍,以便归类。

1.“铁道”或“电车道”:

它是指普通的钢铁轨道以及磁力悬浮轨道或混凝土轨道等类似导轨系统。

2.“柴油电动机车”(品目 86.02):

它是指由柴油机驱动发电机发电,再由发电机驱动牵引电动机,从而带动车轮运转的柴油机车。

3.“铁道及电车道轨道固定装置及附件”(品目 86.08):

它是指①已装配的轨道,例如接合轨、尖轨、转线轨道、曲线轨道、直线轨道等;②转车台,供机车等在其上旋转,然后向新的方向行驶(不包括可把铁道车辆从一轨道横向移送到另一轨道的机车或货车转车台);③月台缓冲器;④量载规等轨道固定装置及附件。

4.“信号设备”(品目 86.08):

它是指能发出两种或多种信号,每种信号均可向车辆、船舶或飞机传递指示的机械设备(无机械部分的道路、铁路等的路标除外)。

5.“供铁道、电车道、道路、内河航道、停车场、港口或机场用的机械(包括电动机械)信号、安全或交通管理设备”(品目 86.08):

主要是指用机械或电动机械方式操作的①信号箱设备;②信号指臂、信号盘、完整的信号灯柱或跨轨信号架;③装在互相关联的信号机上的控制或连杆装置;④操纵道岔及信号机等的轨道边沿装置(杠杆式、踏板式、曲柄式或其他类型的地面控柄台等);⑤辙尖探测器;⑥能在火车通过时自动锁住道岔的辙尖锁及锁杆;⑦用以使车辆减速或刹车的轨道制动器;⑧脱轨器及止轮楔;⑨火车止车器;⑩自动浓雾信号

装置；升降或开关平交道栏路杆的控制装置；用以对地面及水上交通发出"停止"或"通行"信号的手动或电动机械信号装置。

四、部分品目介绍

下面将本章部分重要品目的商品范围介绍如下：

（一）品目 86.04

本品目主要包括专用于安装、维修或保养轨道及轨道旁设施的有轨车辆。例如：配有工具、发电机、起重机械（千斤顶、提升机等）、缆绳等的工场用货车或敞车；抢修车及其他起重车辆；绞盘车；配有清理或捣固道碴特殊设备的敞车；装有搅拌轨道混凝土（例如用以浇制电缆铁塔基础等）用机器的敞车；校准桥秤用的敞车；安装及维修电缆用的台架车；除草用喷雾车；维修轨道用的机动车辆；铁道检验车；铁路工人保养路轨用的机动查道车；查道工用非机动轨道自行车等。但设备如果仅安装在简单的轮式平台上，而不是安装在真正的铁道或电车道用的底架上则不构成真正的铁道或电车道用车辆不应归入本品目。

（二）品目 86.09

本品目包括经过特殊设计和装备使之适用于一种或多种运输方式（例如公路运输、铁路运输、水上运输或空运），便于"门对门"货物运输的集装箱（包括装卸箱）。

最常见的集装箱是装有门或可拆卸壁面的木制或金属制大箱，其主要类型为：①搬运家具用的集装箱；②运输易腐食物或货物的保温集装箱；③配有使其适用于各种运输车辆或船舶运输液体或气体的支撑物的集装箱（一般为圆筒形）；④供运输散装煤、矿砂、铺路石块、砖、瓦等用的开顶集装箱；⑤适于玻璃器皿、陶瓷制品等易碎货物或活动物等特殊货物运输的特种集装箱。

五、其他归类时容易混淆或忽视的地方

下面的内容是本章商品归类时容易混淆或忽视的地方，应该注意掌握。

铁道或电车道用的机车与机动客车、货车及敞车的区别：机车又称火车头是用来牵引若干节车厢在铁路上行驶的动力车。机动客车、货车及敞车不但配有动力装置而且可以载运客货。这类车辆可以单独行驶，也可挂接在一辆或多辆同类型车辆或挂车上。其主要特点在于它的驾驶室设在车辆的一端或两端，或设在车辆中部的凸起部位（驾驶指挥塔）。

六、归类原则

（一）本章不完整品或未制成品的归类原则

具有完整品或制成品基本特征的不完整品或未制成品，应按相应的完整品或制成品归类。本章中①未装有动力装置、测量仪器、安全装置或维修设备的机车或铁道、电车道用的机动车辆；②未安装座位的客车；③已装有悬架及车轮的货车底架都应视为具有完整品或制成品的基本特征的车辆。未装在车架上的铁道或电车道用机动客车、

货车、敞车、煤水车的车身，不应视为具有完整品或制成品的基本特征的车辆，应作为以上车辆的零件归入品目 86.07。

（二）供铁道、电车道、道路、内河航道、停车场、港口或机场用的信号、安全或交通管理设备及类似品的归类原则

电气的信号、安全或交通管理设备应归入品目 85.30；机械（包括电动机械）的信号、安全或交通管理设备应归入品目 86.08；无机械部分的道路、铁路等的路标应作为构成材料制品归类。

（三）两种动力驱动的机车的归类

由两种动力驱动的机车，应按其所使用的主要动力的机车归类。

商品归类练习题

1. 40 英尺的冷藏集装箱

2. 油罐车

3. 铁道客车

4. 驾驶转向架

5. "和谐号"客运动车组车厢（电力驱动，动力分散型）

18.3 第 87 章 车辆及其零件、附件，但铁道及电车道车辆除外

一、本章的结构及商品范围

本章共有 16 个品目，包括除铁道及电车道以外的各种陆路或水陆两用的机动车辆（含气垫车辆），例如：牵引车、拖拉机、机动客车、货车及特种机动车辆；未装有提升或搬运设备适用于某些场所的短距离运输货物的机动车辆；火车站台上用的牵引车；摩托车；挂车、脚踏车及其他非机动车辆；专用于或主要用于本章所列车辆的零件及附件。

本章货品基本按照机动车辆——机动车辆的底盘（装有发动机）、车身及零件——短距离运货的机动车辆及零件——机动的装甲战斗车及零件——摩托车、脚踏车及残疾人用车及零件——其他非机动车辆的顺序列目。各组货品在本章的分布结构如下：

1. 牵引车、拖拉机（品目 87.01）。

2. 机动客车、货车及特种用途机动车（品目 87.02 ~ 87.05）。

3. 上述机动车辆的底盘（装有发动机）、车身及零件、附件（品目 87.06 ~ 87.08）。

4. 未装有提升或搬运设备、适用于工厂等的短距离运输货物的机动车辆；火车站

月台上用的牵引车 (品目 87.09)。

5. 机动的装甲战斗车 (品目 87.10)。

6. 摩托车、脚踏车及残疾人用车及零件 (品目 87.11 ~ 87.14)。

7. 婴孩车、挂车、半挂车及其他非机动车辆,不论是人力推拉、用畜力推拉,还是用车辆牵引 (品目 87.15 ~ 87.16)。

易误归入本章的货品主要有第十六类的某些移动式机器 (例如推土机);可作为陆路车辆使用的飞机 (品目 88.02);专供示范而无其他用途的剖面车辆样品及其零件 (品目 90.23);儿童乘骑的带轮玩具及儿童非两轮脚踏车 (品目 95.03);冬季运动设备,例如长雪橇、平底雪橇及类似品 (品目 95.06);装在旋转木马上的车辆及其他作为游乐场娱乐设备用的车辆 (品目 95.08)。

二、章及子目注释提要

本章有 4 条章注释,无子目注释。

1. 章注 1 是排他条款,明确了不应归入本章的有轨车辆。

2. 章注 2 解释了品目 87.01 所称"牵引车、拖拉机"的含义;明确了安装于其上的可互换设备等的归类原则。

3. 章注 3 明确了装有驾驶室的机动车辆底盘的应归品目。

4. 章注 4 明确了儿童两轮车及其他儿童脚踏车的应归品目。

三、商品基础知识、商品介绍及名词解释

下面将本章条文或注释中涉及的商品、名词等作简单介绍,以便归类。

1. "压燃式活塞内燃发动机":

它是指燃料在汽缸内靠压燃点火的发动机,例如柴油机及半柴油内燃机。

2. "点燃式往复式活塞内燃发动机":

它是指燃料在汽缸内靠点燃点火的发动机,例如汽油机及煤油机。

3. "气缸容量 (排气量)":

它是指发动机的活塞在汽缸中自上止点移向下止点所空出的空间容积。它由发动机的缸径、行程和气缸数所决定,以立方厘米或毫升来表示。在汽车行业中发动机的气缸容量也叫发动机排量。

4. "牵引车、拖拉机":

它是指以牵引或推动其他车辆、器具或重物为主要功能的机动车辆,可装有装运工具、种子、肥料或其他货品的辅助装置。

5. "非公路用自卸车" (子目 8704.10):

它是指其长、宽,高、重量超过公路限值,一般不能在公路上行驶的矿山专用自卸车。自卸车特征为:

(1) 车身是用高强度钢板制造的,其前部伸出,遮住驾驶室顶部,起到保护驾驶室的作用，车身底板的全部或一部分朝后部向上倾斜。

（2）有些驾驶室仅为半宽式。

（3）没有轴悬架。

（4）制动能力强。

（5）工作速度及工作区域很有限。

（6）特种沼泽地行驶轮胎。

（7）结构坚固，车辆自重与其有效载重量之比不超过 1:1.6。

（8）车身可由车辆本身所排废气加热，以防止所载材料黏附或冻结。

某些具有上述特征但没有驾驶室及起保护作用的前凸部分，多用于矿区或隧道作业的翻斗车，不能视为自卸车。

6. "车辆总重量"：

车辆总重量是指由厂家规定作为车辆最大设计载重量能力的车辆运行重量。该重量为车辆自重、最大设计载荷、驾驶员及装满燃油的油箱重量的总和。车辆总重量为 14 吨的货车相当于载重量 8 吨。根据我国国家标准的划分，车辆总重量小于 3 吨的为微型货车：车辆总重量在 3 吨至 6 吨的，为轻型货车；车辆总重量在 6 吨至 14 吨的，为中型货车；车辆总重量大于 14 吨的，为重型货车。

7. "小轿车"（品目 87.03）：

它是指头部突出，所有座位（包括可折叠的）在两轴之间，并且具有分隔开的后部行李厢或无专用装载行李空间的小型客运车辆。

8. "旅宿汽车"（品目 87.03）：

它是指野营汽车等专门配有起居设施（例如卧室、厨房、卫生间等）的载客车。

9. "旅行小客车"（品目 87.03）：

它是指最大载客量为 9 人（包括驾驶员），车内无须作结构上的变动或仅作简单调整（如将座椅折叠）即兼可载运客货的车辆。

10. "特殊用途车辆"（品目 87.05）：

一般是指经过改装或为特殊需要制成，不是为了载人或装物，而是具备某些特殊功能的车辆，比如起重车、医疗车、救火车等。

11. "短距离运输货物的机动车辆（未装有提升或搬运设备）"（品目 87.09）：

它是指在工厂、仓库、码头或机场短距离运输各种负载（货物或集装箱）用的机动车辆。该类车辆通常没有封闭式驾驶室，只设有一个工作台，供驾驶员站着驾驶车辆；不适于在马路或其他公用道路上载运客货；满载时其最高速度一般不超过每小时 30 ~ 35 公里；其转弯半径约等于车辆本身的长度；有些车辆在驾驶员座位的上面装有保护支架及金属护板等。有些车辆是步行操纵的。

12. "单人用两轮电动交通工具"（品目 87.11）：

它是指单人用于人行道、小路及自行车道等低速行驶区域的两轮电动交通工具。该交通工具上有一个由多个陀螺传感器和机载微处理器构成的系统,它使站立在交通工具上的骑乘者在两个独立而且是非前后串列的轮子上保持平衡。

13."残疾人用车"(品目87.13):

它是指用机械驱动(通常由一台轻型发动机驱动)的残疾人用车、用手操纵一个杠杆或手柄推进装置驱动的残疾人用车及用手推动或直接用人力操纵车轮推动的残疾人用车。

14."挂车"及"半挂车"(品目87.16):

它是指用特殊挂钩装置(不论是否自动)专门挂接在其他车辆上的车辆(边车除外)。半挂车仅装有后轮,使用时其前部靠在牵引车的平板上,用一种特殊挂钩装置与牵引车连接起来。

15."带充气系统的安全气囊及其零件"(子目8708.95):

安全气囊是辅助防护系统。其基本功能是当车辆第一次碰撞发生后,迅速在乘员与车内结构之间打开一个充满气体的气囊,通过气囊的排气节流孔的阻尼作用吸收乘员的动能,使猛烈的"二次碰撞"得以缓冲,以达到保护乘员的作用。充气系统包括装在一个容器内的点火器及推进剂,用来引起气体膨胀充入气囊。不包括遥感器或电子控制器。

四、部分品目介绍

下面将本章部分品目的商品范围介绍如下:

(一)品目87.03

本品目包括装有各种发动机(活塞式内燃机、电动机、汽轮机等)的、品目87.02所列的机动车辆(10人及以上的客运机动车辆)除外的载人的轮式或履带式的机动车辆(包括机动三轮车、水陆两用机动车辆)。例如特种载人车辆,例如救护车;运动车及赛车;高尔夫球车及类似车辆;已具有普通汽车的特征(装有汽车驾驶系统或倒挡及差速器)的装有摩托车发动机及车轮等的三轮车。

(二)品目87.04

本品目包括其他品目未具体列名的各种货运机动车辆(含具有其他辅助功能的货车)。例如配有自动卸货装置的货车;经专门设计适用于运输新拌混凝土的货车;不论是否配有装载、压紧、倾倒等装置的垃圾收集车;重型及轻型自卸车;装有绞车、提升机等装置主要用于运输的自动装货车;公路铁路两用货车等。

(三)品目87.05

本品目包括主要不是用于载人或运货的特殊用途机动车辆即经特制或改装,使其主要功能为非运输用的机动车辆。主要包括:机动拖修车;装有云梯或升降平台的车辆;清洁街道、明沟、机场跑道等用的车辆(例如清扫车);配有内装式设备的型雪车及吹雪车；各种喷洒车；起重车；配有堆装机械装置的车辆；兼可用于搅拌及运输混凝土的混凝土搅拌车；流动发电机组；流动放射线检查车；流动诊疗车；探照灯车；户外广播车；电报、无线电报或无线电话收发车；赛马赌金计算车；流动实验室；测试车；野外厨房车；工场搬运车（装备有各种机器及工具、焊接器具等）；流动银行车、流动图书馆车、展览货品用的流动展览车。

（四）品目 87.08

本品目包括不属于第十七类注释所列不包括货品范围的、在其他品目没有具体列名并且是明显可确定为专用于或主要用于品目 87.01～87.05 所列机动车辆的零件及附件。

主要包括：

1. 已组装的汽车底盘车架（不论是否装有车轮，但未装有发动机）及其零件（例如大梁、支架、横梁；悬挂装置；支撑车身、发动机、脚踏板、电池或燃油箱等用的支架及托架）。

2. 车身零件及其配套附件，例如底板、行李舱等；门及其零件；发动机罩；带框玻璃窗、装有加热电阻器及电气接头的窗、窗框；脚踏板；挡泥板、叶子板；仪表板；散热器护罩；牌照托架；保险杠；转向柱托架；外部行李架；遮阳板；由车辆发动机供热的非电气供暖及除霜设备；固定装在机动车内用以保护人身安全的座位安全带；地毯（纺织材料或未硬化硫化橡胶制的除外）等。尚未具有不完整车身特征的组合体（包括组合式底盘车身），例如尚未装有车门、挡泥板、发动机罩及后行李箱盖等零件的组合体。

3. 离合器（锥形离合器、盘式离合器、液压离合器、自动离合器等，但电磁离合器除外）、离合器外壳、离合器盘、离合器杆及已装配的离合器摩擦片。

4. 各种变速箱（机械式、超速传动式、预选式、电动机械式、自动式等）；变矩转换器；变速箱体；传动轴（但作为发动机内部零件的除外）；小齿轮；直接传动爪形离合器及变速拉杆等。

5. 装有差速器的驱动桥；非驱动桥（前桥、后桥）；差速器箱；行车齿轮机构；轮毂、短轴（轴颈）、短轴托架。

6. 其他传动零件及部件（例如方向传动轴、半轴；齿轮及齿轮传动装置；滑动轴承；齿轮减速装置；万向节）。（不包括发动机的内部零件，例如品目 84.09 的连杆、推杆、气门挺杆以及品目 84.83 的曲轴、凸轮轴及飞轮。）

7. 转向机构零件（例如转向柱管、转向横拉杆及操纵杆、转向关节系杆；壳体；齿条齿轮传动装置；动力转向机构）。

8. 制动器（蹄式、扇形、盘式等）及其零件（盘、鼓、缸、已装配的制动摩擦片、液压制动器的油箱等）；助力制动器及其零件。

9. 悬挂减震器（摩擦式、液压式等）及其他悬架零件（弹簧除外）、扭杆弹簧。

10. 车轮（压制钢车轮、钢线辐轮等），不论是否装有轮胎；履带式车辆的履带及一组轮子；轮、轮盘、毂盖及轮辐。

11. 控制装置，例如转向盘、转向桥、转向器。转向轮轴；变速操纵杆及手刹车操纵杆；加速踏板、制动踏板、离合器踏板；制动器及离合器的连杆。

12. 散热器、消音器、排气管、燃油箱等。

13. 离合索缆、制动索缆、油门索缆及类似索缆，由一条软套管套着一条活动的索缆构成。它们报验时已切成一定长度，端部还装有配件。

14. 带充气系统的各种安全气囊及其零件。

（五）品目 87.16

本品目包括用其他车辆（牵引车、卡车、货车、摩托车、自行车等）牵引、用人力推拉或用畜力拖曳的、装有一个或多个车轮，供载运客货用的非机械驱动车辆（前面各品目所列的车辆除外），以及未装有车轮的非机械驱动车辆（例如滑板车、在木制滑道上行驶的特制滑橇等）。例如挂车及半挂车（如配有自动装载及玉米秆切碎装置的农用自装式挂车、搬运木材用的两轮或四轮独立式转向车、野营用厢式挂车）；手推车（如火车站上使用的手推餐车、运输木材用的手拉雪橇）；畜力拖曳的车辆（如公园用的小马车、畜力滑橇）。

五、其他归类时容易混淆或忽视的地方

下面的内容是本章及其相关商品归类时容易混淆或忽视的地方，应注意掌握。

仅可在钢轨上运行的铁道及电车道车辆不应归入本章，应归入第 86 章。

六、归类原则

（一）安装在"牵引车、拖拉机"上可替换设备的归类原则

用于安装在牵引车或拖拉机上，作为可替换设备的机器、车辆或作业工具，即使与牵引车或拖拉机一同报验，不论其是否已安装在车（机）上，仍应归入其各自相应的品目。例如，装在拖拉机上作为可互换工具的联合收割机，即使在报验时已经装在拖拉机上，仍应归入品目 84.33，拖拉机本身应归入品目 87.01；安装在牵引车上的挂车俗称拖车应归入品目 87.16，牵引车本身应归入品目 87.01。

（二）装有驾驶室的机动车辆底盘的归类原则

装有驾驶室的机动车辆底盘不应视作车辆底盘应视为具有相应机动车辆基本特征的完整车辆，并作为该整车归入第 87 章的相应品目（品目 87.02 ~ 87.04），而不应归入品目 87.06。例如未装有混凝土搅拌系统的混凝土搅拌车底盘（装有驾驶室和柴油发动机）应归入品目 87.04。

（三）儿童脚踏车的归类

各种构造的儿童两轮车均归入品目 87.12，其他儿童脚踏车（例如儿童三轮脚踏车）

应归入品目 95.03。

（四）不完整或未制成的车辆的归类原则

具有完整品或制成品基本特征的车辆，应按相应的完整或制成的车辆归类，车辆必须具备推进发动机、变速箱及换挡操作装置、转向及控制装置等构成车辆的基本特征。例如，尚未装有车轮、轮胎及电池的小轿车；尚未装有发动机或内部配件的公交车；尚未装有坐垫及轮胎的自行车。不具有完整品或制成品基本特征的上述车辆，如已构成具体列名车辆总成的应归入该总成品目，例如品目 87.01 ～ 87.05 机动车辆的底盘（装有发动机）应归入品目 87.06，车身应归入品目 87.07；其他组合体应按零件、附件归类，例如品目 87.01 ～ 87.05 机动车辆的其他专用零件、附件，应归入品目 87.08。

（五）汽车整车的归类原则

应该依据汽车整车的结构特点、用途（牵引车、客车、货车、特殊用途车辆等）、使用发动机的类型、运行场所、客车的座位数、货车的车辆总重量、有无动力装置等对汽车整车进行归类。

（六）混凝土运输车的归类

混凝土搅拌运输车应归入品目 87.05；经专门设计适用于运输新拌混凝土的货车或其他混凝土运输车应归入品目 87.04。

（七）三轮车的归类

已具有普通汽车的特征（装有汽车驾驶系统或倒挡及差速器）的装有摩托车发动机及车轮等的三轮车应归入品目 87.03；其他三轮摩托车应归入品目 87.11；三轮脚踏车应归入品目 87.12；残疾人专用（病人、瘫痪者、残疾人等）的三轮车应归入品目 87.13；儿童三轮脚踏车应归入品目 95.03。

（八）归入品目 87.08 的机动车辆的专用零件、附件的归类

品目 87.08 项下部件（或零件）的专用零件、附件一律与部件（或零件）归入同一子目（但应归入其他品目的零件除外）。鉴于品目 87.08 项下中国子目条文多有涉及品目或子目编码的，所以在对机动车辆专用零件、附件归类时，有时需先行对所属车辆进行归类以保证最终零件正确归类。

商品归类练习题

1. 装有武器的坦克
2. 汽车座椅用安全带
3. 小轿车用的汽车安全气囊

4. 手动轮椅

5. 机场旅客用手推行李车

6. 大客车，使用柴油发动机的 56 座的旅游大客车

7. 面包车，7 座 2.5 升的汽油发动机的面包车

8. 货车，厢式货车，柴油发动机，总重量 14 吨

9. 婴儿推车

10. 救火车，装有高压水泵，并配有水炮、云梯等装置的救火车

18.4 第 88 章 航空器、航天器及其零件

一、本章的结构及商品范围

本章共有 5 个品目，按照航空器、航天器——航空器、航天器的零件——相关装置及零件的顺序列目。本章主要包括气球、飞艇及无动力航空器（品目 88.01）；其他航空器（包括经特制可用作道路车辆的航空器）、航天器（包括卫星）及其运载工具（品目 88.02）；航空器、航天器的零件（品目 88.03）；降落伞的零件及附件（品目 88.04）；航空器的发射装置、甲板停机装置及地面飞行训练器（品目 88.05）。

易误归入本章的货品主要有：滑翔机起飞用的机动绞车装置（品目 84.25）；火箭的倾斜发射装置或发射塔（品目 84.79）；军用运载火箭、导弹（例如"弹道导弹"）及其他对有效载荷不给出 7000 米 / 秒极限速度的类似武器（品目 93.06）。

二、章及子目注释提要

本章没有章注释，有 1 条子目注释。

本章子目注释对"空载重量"做出了明确定义。

三、商品基础知识、商品介绍及名词解释

下面将本章条文或注释中涉及的商品、名词等作简单介绍，以便归类。

1. "滑翔机"（品目 88.01）：

它是一种利用气流停在空中的重于空气的航空器（未装并不可装发动机）。

2. "空载重量"（子目 8802.11 ~ 8802.40）：

它是指航空器在正常飞行状态下，除去机组人员、燃料及非永久性安装设备后的重量。

3. "风筝式飞机"（品目 88.01）：

它是一种没有机械动力装置并且重于空气的航空器。风筝式飞机像系留气球那样，用一根细绳系于地面上，用以携带气象仪器等。

4. "航天器"（品目 88.02）：

它是指能在地球大气层外运行的载运飞行器，例如无线电通信卫星或气象卫星等。

5. "航天器运载工具"（品目 88.02）：

它是指具有将一个给定有效载荷送上绕地球运行的轨道（"卫星运载工具"）或使其在地球以外的重力场作用下降落（"航天器运载工具"）功能的运载工具。这类运载工具在主动飞行结束时可使其有效载荷获得超过 7000 米 / 秒的极限速度。

6."亚轨道运载工具"（品目 88.02）：

它是指在地球大气层外沿一抛物型轨道运行的运载工具，通常带有具备科研或其他技术用途的仪器设备（不论其有效载荷是否可回收）。当有效载荷脱离运载工具后，就给出低于 7000 米 / 秒的极限速度。

四、部分品目介绍

下面将本章部分品目的商品范围介绍如下：

（一）品目 88.02

主要包括：重于空气的机动航空器，例如由地面或其他航空器控制的无线电制导航空器、经特制可用作道路车辆的航空器；航天器；航天器运载工具；亚轨道运载工具。

（二）品目 88.03

本品目主要包括在其他品目没有具体列名并且是明显可确定为专用于或主要用于品目 88.01 或品目 88.02 所列货品的零件。

本品目的零件包括：

1.气球及飞艇的零件，例如吊篮；承载铁环；副气囊；刚架及其构件；稳定器及方向舵；飞艇的推进器。

2.航空器（包括滑翔机及风筝式飞机）的零件。例如飞机机身；机身的内部或外部零件（如雷达天线罩、流线型壳罩、行李舱、地板、仪表板、门、紧急滑梯、窗等）；机翼及其部件（如翼梁、横梁）；不论是否活动式控制面（如副翼、升降舵、方向舵、稳定器、伺服调整片等）；机舱、整流罩、发动机吊舱；起落架（包括制动器及制动系统）及其收起设备；轮子（不论有无轮胎）；起落橇；水上飞机浮筒；螺旋桨、直升飞机及旋翼飞机的水平旋翼；螺旋桨叶及旋转机翼；操纵杆（控制杆、方向舵脚蹬及其他各种操纵杆）；油箱及副油箱。

五、其他归类时容易混淆或忽视的地方

下面的内容是本章及其相关商品归类时容易混淆或忽视的地方，应该注意掌握。

1.主要用于记录飞行员在恶劣飞行条件下（例如高速、缺氧等）所作反应的装置，不应归入本章。这种装置（例如装在旋转臂上模拟超音速飞行的座舱）实际上是一种反射能力测试装置，因此应归入品目 90.19。

2.非供飞行员飞行训练专用，仅适用于对机组人员进行一般教学的设备（例如大型回转仪模型）也不归入本章，应归入品目 90.23。

六、不完整或未制成的航空器的归类原则

具有完整品或制成品基本特征的不完整或未制成航空器，应按相应的完整或制成

的航空器归类，例如未装有发动机或内部设备的航空器。不具有完整品或制成品的基本特征的航空器，应作为相应航空器的零件归类，一般应归入品目 88.03。

商品归类练习题

1. 气象探测用气球

2. 探空火箭

3. 用于空战模拟器的零件

4. 滑翔机，一种没有动力装置，重于空气的固定翼航空器

5. 直升机，空载重量 1.5 吨的直升机。品牌：Eurocopter SA。主要由机体和升力（含旋翼和尾桨）、动力、传动三大系统以及机载飞行设备等组成。旋翼由涡轮轴发动机通过由传动轴及减速器等组成的机械传动系统来驱动

6. 起落架（undercarriage）是航空器下部用于起飞降落或地面（或水面）滑行时支撑航空器并用于地面（或水面）移动的附件装置。起落架是唯一一种支撑整架飞机的部件，因此它是飞机不可或缺的一部分；没有它，飞机便不能在地面移动。当飞机起飞后，可以视飞机性能而收回起落架。适用机型：波音 747

7. 降落伞，降落伞是利用空气阻力，依靠相对于空气运动充气展开的可展式气动力减速器。主要由柔性织物制成

8. 飞艇

18.5 第 89 章 船舶及浮动结构体

一、本章的结构及商品范围

本章主要包括各种不论是否自航的客运及货运船舶、捕鱼等特殊用途的船舶、艇；专供在水上（海洋、港湾、湖泊）行驶的气垫运输工具（气垫船），不论其是否能够在海滩或浮码头登陆，或是否能够在冰上行驶；各种材料的船体；各种浮动结构体，例如：潜水箱、浮码头、浮筒；供拆卸的船舶及浮动结构体等。本章共有 8 个品目，基本按照客运及货运船舶——特殊用途的船舶——浮动结构体——供拆卸的船舶及浮动结构体的顺序列目。各组货品分列如下：

1. 客运及货运船舶及其船体，如客运水上滑翔机式船舶、水翼船及气垫船（品目 89.01）。

2. 特殊用途的船舶及其船体（品目 89.02 ~ 89.06）。

3. 浮动结构体（品目 89.05、品目 89.07）。

4. 供拆卸的船舶及浮动结构体（品目 89.08）。

易误归入本章的货品主要有：船舶或浮动结构体的零件及附件（船体除外）；安全带及救生衣（应按其构成材料归类）；勘探或开采海底石油或天然气用的非浮动式或非潜水式固定平台（品目 84.30）；风帆滑水板、滑水橇及类似品（品目 95.06）；旋转木马或其他游乐场娱乐设备用的小船（品目 95.08）。

二、章及子目注释提要

本章有 1 条章注释，无子目注释。

章注释明确规定已装配、未装配或已拆卸的船体、未完工或不完整的船舶，以及未装配或已拆卸的完整船舶，如果不具有某种船舶的基本特征，应归入品目 89.06。

三、商品基础知识、商品介绍及名词解释

下面将本章条文或注释中涉及的商品、名词等作简单介绍，以便归类。

1. "拖轮"（品目 89.04）：

它是指适于海上或内河航行的以拖带其他船舶为主要用途，不适于客货运输的船舶。拖轮与其他船舶的区别在于它的船体外形特殊并经特别加固；它的发动机功率特别大，超出船舶本身需要；它的甲板上装有各种装置，用以携带拖缆等。

2. "顶推船"（品目 89.04）：

它是指专用于顶推平底船、驳船等不适于客货运输的船舶。其主要特征是狮子鼻式的船头（供顶推用）及其高架驾驶室（有时可伸缩）。

3. "顶推拖轮"（品目 89.04）：

它是指兼可用作顶推船及拖轮的不适于客货运输的船舶。具有顶推船同样的狮子鼻式的船头；船尾是倾斜着向外延伸的，可拖带驳船等。

4. "浮船坞"（品目 89.05）：

通常是指一种用以代替船坞的浮动修理厂（一般为由一个平台及两个侧壁组成的 U 形横断面结构体，设有泵房，使其能部分浸没在水中，以便待修理的船舶驶进船坞）。具有自进能力的浮船坞装有大功率发动机，可以自动推进，用以修理或运输水陆两用车辆及其他运输工具。

5. "潜水式平台"（品目 89.05）：

这种平台的底层结构在工作地点潜入水下，它的压载舱沉在海床上，以使水平面上的作业平台保持高度稳定，压载舱装有套筒或桩柱，可较深地插入海床中。

6. "拖囊"（品目 89.06）：

它是指（利用简单拖带）运输流体及其他货品用的可折叠漂浮运输工具，一般由配有稳定器、牵引装置及浮力管等的涂层织物制软质容器构成，外形一般像一支雪茄烟。

四、部分品目介绍

下面将第 89 章部分重要品目的商品范围介绍如下：

（一）品目 89.05

本品目包括下列 3 组货品：

1. 通常在固定地点执行其主要功能的灯船、消防船、挖泥船、起重船及其他不以航行为主要功能的船舶，例如打捞沉船用的打捞船；

2. 浮船坞；

3. 一般用于勘探或开采海底储藏的石油或天然气的浮动或潜水式钻探或生产平台，其主要类型有：①自升式平台；②潜水式平台；③半潜式平台。

（二）品目 89.06

本品目包括品目 89.01 ~ 89.05 未具体列名的各种船舶。主要包括：

1. 各种军舰，例如配备各种进攻性武器及防御性武器，并装有防弹板（例如装甲钢板或多层水密舱壁）或水下装置（防磁探雷器）的军用船舶；登陆艇等虽未携带武器或未装有装甲钢板，但仍可确定为完全或主要供作战的特种船舶；潜艇。

2. 具有军舰的某些特征，但供政府部门（例如海关及警察）使用的船舶。

3. 装在船上的救生艇，以及停泊在沿海某些地点上供救助遇险船舶用的救生船。

4. 科学考察船；实验船；气象船。

5. 运输及系泊浮筒用的船舶；敷设海底电信电缆等用的放缆船。

6. 拖驳。

7. 引航船。

8. 破冰船。

9. 医院船。

10. 处理河港挖掘用的底卸式平底船。

（三）品目 89.07

本品目包括不具有船舶特征的某些浮动结构体，在使用时一般是固定的。主要包括不具有船舶特征的支撑临时桥梁的空心圆筒式浮舟；盛装活甲壳类动物或活鱼用的浮柜；浮码头；浮标；航标；扫水雷器，一种扫雷用浮体；各种筏。

五、其他归类时容易混淆或忽视的地方

下面的内容是本章商品归类时容易混淆或忽视的地方，应该注意掌握。

本章不包括船舶或浮动结构体的零件及附件（船体除外）。运兵船不按客运船归类，应按军舰归入品目 89.06。

六、归类原则

（一）未装配或已拆卸的完整船舶、用各种材料制成的船体及未制成或不完整船舶的归类原则

报验时未装配或已拆卸的完整船舶、用各种材料制成的船体以及未制成或不完整的船舶（不论是否已装配），只要其具备某种船舶的主要特征，就应作为该种船舶归类；

否则应归入品目 89.06。具备某种船舶主要特征的未制成或不完整品，通常是指未装配动力装置、导航仪器、起重或搬运机器、内部设施等的该种船舶。

（二）船舶或浮动结构体的零件及附件的归类原则

1.船体应归入第 89 章，其中具备某种船舶主要特征的，应作为该种船舶归类；否则应归入品目 89.06。

2.其他可确定为船舶等用的零件及附件不应归入本章即本章不包括单独报验的所有船舶或浮动结构体的零件及附件，即使它们可明显确定为船舶或浮动结构体的零件及附件，也不包括在本章内。这些零件及附件应归入本目录其他适当的品目，例如木制桨、纺织材料制的缆绳应按材料分别归入品目 44.21 及品目 56.07；舷外汽油发动机应按发动机归入子目 8407.2100；船舶陀螺稳定器应按机器归入子目 8479.8910；船舶用照明装置应按灯具归入子目 9405.4090；船用推动器应按机器零件归入子目 8487.1000。

（三）救生船的归类

划桨救生艇应归入品目 89.03；固定停泊的航空救生船应归入品目 89.05；装在船上的救生艇、停泊在沿海某些地点上供救助遇险船舶用的救生船及医院船应归入品目 89.06。

（四）捕鱼船的归类

商业用捕鱼船及通常在旅游季节供旅游用的捕鱼船应归入品目 89.02；捕鱼用划船、运动用捕鱼船应归入品目 89.03。

商品归类练习题

1.脚踏船

2.海上石油钻探平台

3.机动捕鱼船，用途：渔民捕鱼。驱动方式：机动力，柴油发动机。双螺旋桨

4.皮划艇，用途：皮划艇，类型：充气的皮划艇，无发动机安装。船体长度：2 米。新的船

5.拖轮，拖轮（tug boat）又称为拖船，是用来拖曳没有自航能力的船舶、木排或协助大型船舶进出港口、靠离码头，或作救助海洋遇难船只的船舶

6.挖泥船，负责清挖水道与河川淤泥，以便其他船舶顺利通过

7.航标，不含植物材料，由金属及橡胶组成。航标是航行标识的简称，指标示航道方向、界限与碍航物的标识，包括过河标、沿岸标、导标、过渡导标、首尾导标、侧面标、左右通航标、示位标、泛滥标和桥涵标等

8. 运送旅客的气垫船

【本篇小结】

本篇在阐述 HS 第十七类货品归类要点，诸如"特殊运输工具的归类原则"等的基础上，一般从商品范围、注释提要、商品知识、品目介绍、归类易混淆之处及归类原则等方面依次明确了第 86 章~第 89 章货品各自的归类要点，诸如"装有驾驶室的机动车辆底盘的归类""归入品目 87.08 的机动车辆的专用零件、附件的归类""汽车整车的归类原则"等，为全方位把握运输工具及设备的正确归类提供了必要的基础知识。第十七类所属货品在国际贸易领域中具有比较重要的地位，应熟练掌握该类货品的归类原则和方法。

【本篇关键名词或概念】

车辆总重量　特殊用途车辆

【本篇简答题】

简述本类典型商品的归类规定。

第十九篇　第十八类 光学、照相、电影、计量、检验、医疗或外科用仪器及设备、精密仪器及设备；钟表；乐器；上述物品的零件、附件

【本篇导读】

本篇系统介绍了仪器、钟表及乐器的归类要点。

【本篇学习目标】

通过本篇的学习，熟悉 HS 第十八类的商品范围，了解与相关类、章商品的区别和联系，明确归类易混淆之处，掌握仪器、钟表及乐器类产品的主要归类原则并能正确进行商品归类。

19.1 本类归类要点

一、本类的结构和商品范围

本类共分 3 章（第 90 章 ~ 第 92 章），主要包括各种仪器及设备；钟表；乐器；上述物品的零件、附件。本类将货品按用途分成三大组，并按大组分列章次。

1. 光学、照相、电影、计量、检验、医疗用仪器及设备、精密仪器及设备，以及上述货品的零件、附件（第 90 章）。

2. 钟表及其零件、附件（第 91 章）。

3. 乐器及其零件、附件（第 92 章）。

本类具有共性的特点是除注释另有规定的以外本类品目条文所列货品及其零件可用贵金属或包贵金属，以及天然、合成或再造的宝石或半宝石制成。

二、类注释提要

本类没有类注释。

19.2 第 90 章 光学、照相、电影、计量、检验、医疗或外科用仪器及设备、精密仪器及设备；上述物品的零件、附件

一、本章的结构及商品范围

弄清楚本章的结构可以快捷地找到与待归类商品相关的品目条文，明确本章的商品范围能够在宏观上更准确地把握应归入本章的主要商品并提高归类正确率。

本章主要包括范围很广的一类高技术、高精度、深加工的仪器及设备，其中大多数供科学研究、医疗、专业技术或工业部门使用。

本章共有 32 个品目，一般按照光学元件——简单的光学器具——复杂的光学仪器——精密仪器的顺序列目。各组货品在本章的分布结构如下：

1. 光学元件（含光学仪器、器具用光学元件）（品目 90.01 ~ 90.02）。

2. 简单的光学器具（品目 90.03 ~ 90.04）。

3. 较复杂的光学仪器（品目 90.05 ~ 90.08、90.10 ~ 90.13）。

4. 测量（野外）、称量、测绘、绘图、计算仪器及器具（品目 90.14 ~ 90.17）。

5. 医疗仪器及器具即医疗、外科、兽医用仪器及有关的用于辐射疗法，机械疗法，氧气疗法等的仪器，器具及装置（品目 90.18 ~ 90.22）。

6. 示范、计量、测试、分析、测量或检验用仪器及器具（品目 90.23 ~ 90.31）。

7. 自动调节、控制用的仪器和装置（品目 90.32）。

8. 未列名零件、附件（品目 90.33）。

易归入其他章的本章货品主要有：一般不需经过光学加工的非玻璃材料制的光学元件，例如高分子材料制的隐形眼镜片；普通护目镜（品目 90.04）；不放大影像的潜望镜（品目 90.13）；学生用尺（品目 90.17）；带装饰性的温度计（品目 90.25）等。

易误归入本章的货品主要有：容量的计量器具（按构成材料的制品归类）等。

二、章及子目注释提要

本章有 7 条章注释，无子目注释。

1. 章注 1 是排他条款，列出了不能归入本章的 13 类货品。

2. 章注 2 规定了本章机器、仪器、设备或器具的零件、附件的归类原则。

3. 章注 3 明确了第十六类的注释三及四（组合机器、多功能机器功能机组的含义及归类原则）也适用于本章。

4. 章注 4 明确了作为武器及第十六类或本章的机器、仪器、设备一个部件的望远镜、潜望镜、瞄准具应归入品目 90.13。

5. 章注 5 阐述了计量或检测用的光学仪器、器具或机器的从后归类原则（品目 90.31 优先于品目 90.13）。

6. 章注 6 对品目 90.21 所称"矫形器具"做出了明确定义；强调了作为矫形器具的鞋及特种鞋垫必备的条件。

7. 章注 7 明确了品目 90.32 仅包括的货品范围。

三、商品基础知识、商品介绍及名词解释

下面将本章条文或注释中涉及的商品、名词等作简单介绍，以便归类。

1. "光导纤维"（品目 90.01）：

光导纤维是由不同折射率的玻璃或塑料抽丝而成。由玻璃抽丝制成的光导纤维包覆一层肉眼看不见的塑料薄层，以使其不易断裂。光导纤维是制造光导纤维束和光缆的原料，进口时通常绕于卷轴上，长度可达几千米。

2. "光导纤维束"（品目 90.01）：

用黏合剂将光导纤维整条黏结在一起可制成刚性不易弯曲的光导纤维束；也可以仅在二端系结而成挠性易弯曲的光导纤维束。有序排列的光导纤维束主要用于光学图像的传递；无序排列的光导纤维束只能用于传输照明光。

3. "光学元件"：

它是指具有特定光学性能用来参与光学成像的玻璃材料或非玻璃材料制的元件。常见的光学元件：透镜、反射镜、棱镜、滤色镜等。

4. "光学仪器及器具"：

它是指用来扩展人眼视觉功能的一类仪器，基本结构为一套由光学元件构成的光学成像系统，以及与其相配的机械或电气（子）装置。例如用于提高人眼远视能力的望远镜；用于提高人眼分辨率的显微镜等。

5. "电子显微镜"（品目 90.12）：

电子显微镜又称电镜，是一种利用电子射线代替光来放大细微物体的仪器。电子显微镜一般由镜筒、真空系统和电源三部分组成。

6. "核磁共振成像成套装置"（子目 9018.1310）：

由电磁体、梯度系统、频射发生器，以及用于数据分析的自动数据处理主机、接口控制器、外部控制器、外部设备、软件等组成。核磁共振成像（又称"自旋成像"，也称"磁共振成像"，简称 MRI），是利用核磁共振原理，依据所释放的能量在物质内部不同结构环境中不同的衰减，通过外加梯度磁场检测所发射出的电磁波，即可得知构成这一物体原子核的位置和种类，据此可以绘制成物体内部的结构图像。

7. "彩色超声波诊断仪"（子目 9018.1291）：

它是指应用多普勒超声波血流彩色显像技术工作的超声波诊断仪。血流彩色显像技术是将多普勒的声束扫描线上的血流信号作彩色编码，多条扫描线就构成了血流图。彩色超声波诊断仪大多为"联合"型诊断仪。主要类型有彩色脉冲多普勒超生诊断仪、彩色多普勒超生诊断仪。

8. "血管支架"（品目 90.21）：

它是指在管腔球囊扩张成形的基础上，在病变段置入的内支架，以达到支撑狭窄

闭塞段血管，减少血管弹性回缩及再塑形，保持管腔血流通畅的目的。主要分为冠脉支架、脑血管支架、肾动脉支架、大动脉支架等。支架的类型按照在血管内展开的方式可分为自展式和球囊扩张式两种。按所用材料分为金属支架、覆膜支架及生物材料支架等。

9. "矫形器具"（品目90.21）：

它是指具有预防或矫正人体畸变以及生病、手术或受伤后用以支撑或固定人体部位用途的器具。矫形器具还包括用于矫正畸形的鞋和特种鞋垫。鞋和鞋垫应符合或订制的或成批生产、单独报验的并且式样不分左右之任一条件。

10. "夹板及其他骨折用具"（品目90.21）：

它是安装在病人身上，例如，金属丝、夹持肢体的锌或木制支架、石膏绷带夹板、肋骨驳接用具等，或安装在病床、台或其他支撑物上的用于代替夹板或支架的床上防护支架、管子骨折延长器等的骨折用具。

11. "示波器"：

示波器亦被称为"波形多用表"，是显示电信号随时间变化波形的一种观测仪器，它不仅可以定性观察电路的动态过程，还可以定量测量电信号的电压、电流、周期、频率、相位等各种参数，配以各种传感器，还可以用于各种非电量（压力、声光信号等）的测量，是一种用途极为广泛的测量与观测仪器。主要包括模拟示波器、数字示波器和虚拟示波器三种类型。其中虚拟示波器功能强大，可实现示波器、逻辑分析仪、频谱仪、信号发生器等多种普通仪器的全部功能，配以专用探头和软件还可检测特定系统的参数，如汽车发动机参数、心电参数等多种数据，通常为多功能组合仪器，应根据第90章章注3的规定，按其主要功能来确定归类。

12. "轮廓投影仪"（品目90.31）：

轮廓投影仪是用于检查各种物品（切削成形的工件、小型机械装置的齿轮及齿杆、螺丝、螺丝攻、螺纹梳刀等）的形状、尺寸或者表面轮廓的仪器。有些投影仪带有一个放置标准件的中间载物台。

13. "校直望远镜"（品目90.31）：

用于检验工作台或机器导轨的直线度及测量金属结构，以准直或自动准直法工作，由一个望远镜和准直光管或反射镜组成。

14. "用于测定燃料性能的实验室器具"（品目90.31）：

通常由内燃机、直流发电机、点火电动机、加热电阻器、测量仪器（温度计、压力表、伏特计、安培计等）构成。

15. "自动调节或控制仪器及装置"（品目90.32）：

仅指以下两种类型：①液体或气体的流量、液位、压力或其他变化量的自动控制仪器及装置或温度自动控制装置，不论其是否依靠要被自控的因素所发生的电现象来进行工作，这些仪器或装置将被自控因素调到并保持在一设定值上，通过持续或定期测量实际值来保持稳定，修正偏差；②电量自动调节器及自动控制非电量的仪器或装置，依靠要被控制的因素所发生的电现象来进行工作，这些仪器或装置将被控制的因素调到并保持在一设定值上，通过持续或定期测量实际值来保持稳定，修正偏差。

16."传感器"（品目90.33）：

传感器是一种将压力、速度、温度等非电量的变化，依据一定的物理原理转变为电流或电压等电量的变化，并配合后继电路，对上述非电量进行测量、控制等的元件。根据转换的非电量的不同，可将传感器分为压力传感器、速度传感器、温度传感器等多种。

四、部分品目介绍

下面将本章部分品目的商品范围介绍如下：

（一）品目90.08

本品目的设备能在屏幕上投影出放大的静止画面。主要包括：幻灯机、字幕片投影仪、照片放大机和缩小机、缩微阅读机及其他光学原理相同的影像投影仪。易误归入本品目的货品主要有：把电路图投影到光敏半导体材料上的设备（品目84.86）；轮廓投影仪（品目90.31）；用于检查反转片的单镜头幻灯片放大观察器（品目90.13）等。

（二）品目90.13

本品目包括：液晶装置（未在其他品目具体列名且报验时已为零件状或切成特殊形状）；激光器（含供装配在机器或器具上使用的激光器）及一起报验的激光器系统以及未在其他品目具体列名的光学仪器及器具，例如织物分析镜；"门眼"及装有光学系统的类似物品；单独报验的折射式或反射式武器用望远镜瞄准具；作为列名仪器的部件或机器部件的望远镜；体视镜；潜艇或坦克等军用潜望镜；不适于装在仪器设备上的，经过光学加工并已装配的玻璃镜（例如某些后视镜）；光学光束信号设备；幻灯片观片器；本品目所列设备及器具的零件及附件，例如激光管等的激光器零件及附件。

易误归入本品目的货品主要有：非经光学加工的后视镜或其他镜（包括不论是否可进行放大的修脸镜）（品目70.09或83.06）；激光反射镜及透镜（品目90.01或90.02）；计量或检验用的光学仪器、器具及机器（品目90.31）。

（三）品目90.31

本品目主要包括轮廓投影仪及测量或检验仪器、器具及机器（其他品目未具体列名）等4类货品，主要有：

1.光学检测仪器及设备（不论是否适于装配在机器上），例如校直望远镜；焦距计等。

2.其他测量或检验仪器、器具及机器，主要包括：用于测定燃料性能的实验室器具；车辆发动机的测试及调整设备；各行业用的气泡水平仪（大地测量的水平仪除外）；光学加工用中心仪；测定振动、膨胀、冲击或抖动的设备；超声波厚度测量仪器；电子记时计及计时仪等。

3. 轮廓投影仪。

4. 可确定为专用于或主要用于上述机器、装置及仪器的零件及附件，例如面积仪测臂、千分表比较仪的座架及检验工作台。

易误归入本品目的货品主要有：测量地面高度的测斜仪（品目 90.15）；测试材料性能的测力计（品目 90.24）；测量或检验电量及测量或探测离子射线的仪器及设备（品目 90.30）；用于机器上的"光学分度头"（品目 84.66）。

五、其他归类时容易混淆或忽视的地方

下面的内容是本章及其相关商品归类时容易混淆或忽视的地方，应该注意掌握。

①激光照相排版设备应归入子目 9006.5910；②集成电路生产用氦质谱检漏台应归入子目 9027.8011；③电路图投影或绘制到感光半导体材料上的装置，例如制造平板显示器的机器及装置、分步重复光刻机等应归入品目 84.86。

六、归类原则

（一）本章货品零件、附件的归类原则（单独进口的非成套散件）

在对本章货品零件归类时，首先判断是否属于第十五类类注二所指的通用零件或塑料制的类似品，如果属于则按零件的材料属性归入相应的类章即塑料制的应归入第 39 章、贱金属制的应归入第十五类。其次，判断是否属于 84.81 ～ 84.84、85.44、85.45、85.46、85.47 等品目具体列名的"特殊通用零件"，如果属于则归入相应品目。再次，判断是否属于第 84 章、第 85 章、第 90 章、第 91 章等章具体列名的其他货品，如果属于则归入该章的相应品目。最后，判断是否属于专用或主要用于本章某种或同一品目项下的多种仪器或器具的零件，如果属于则归入相应仪器或器具的品目。子目归类时当有零件、附件列名子目时归入该子目。当无零件、附件列名子目时归入整机所在子目。

最后将不能归入上述各品目的本章货品的零件、附件即同时适用于本章不同品目项下的多种机器、器具、仪器或设备的零件及附件归入品目 90.33。

（二）多功能机器的归类原则

具有两种及两种以上互补或交替功能的多功能机器，当具有某种主要功能时，应按机器的主要功能归类；当不能确定机器的主要功能时一般应从后归类。

例如：工业万用示波表（手持式示波器），带有记录装置。

说明：工业万用示波表是将双通道数字存储示波器、双真有效值数字多用表和双通道趋势绘图无纸记录仪集成为一台紧凑、电池供电的经济实用的手持式仪器。主要功能为高频信号示波、数字表、电容和电阻测量和通断检测等，可以快速查寻机床、仪表、控制和电源系统的故障，为工业用户的故障诊断和安装调试提供全面的解决方案。根据第 90 章章注 3 "多功能仪器应按主要功能归类"的规定，以及带有记录装置的特点，按 "带有记录装置的万用表"归入子目 9030.3200。

（三）组合式机器的归类原则

组合式机器当符合某个特定品目条文规定时，应归入该品目；当具有某种主要功能时，应按具有主要功能的机器归类；当不能确定组合式机器的主要功能时一般应从后归类。

（四）功能机组的归类

由多个不同独立部件组成的机器被称为功能机组（不论各部件是否分开或仅用管道、传动装置、电缆或其他装置连接），当该功能机组明显具备一种第 90 章某品目所列的功能时，应将该功能机组一并归入该品目，例如由电气仪器或装置构成的数字遥测系统等；如果各个独立部件构成的机组不具备第 90 章某个品目所列的功能时，各部件应分别归入其相应品目即分别归类。

（五）计量或检测用的光学仪器、器具或机器的从后归类原则

品目 90.13 和 90.31 都包括本章其他品目未列名的光学仪器、器具或机器。对于计量或检测用的光学仪器、器具或机器，如果既可作为未列名光学仪器归入品目 90.13，又可作为未列名测量或检验仪器归入品目 90.31 时，则应按照从后归类的原则归入品目 90.31。例如：校直望远镜，既可作为本章其他品目未列名的光学仪器归入品目 90.13，又可作为检验工作台或机器导轨直线度及测量金属构件安装精度的测量、检验仪器归入品目 90.31，应归入品目 90.31。

（六）光缆（品目 90.01 或 85.44）及其归类

一束或多束光导纤维束构成光缆。光缆按结构（或功能）不同分成两类：传递光学图像的光缆，由有包皮的一束或多束光导纤维束构成，其中的光导纤维无被覆层，从横断面无法分出单根的光导纤维或光导纤维束，应归入品目 90.01；用于光学通信的光缆，由多根被覆光导纤维组成，从横断面可以明显看出光纤根数其结构类似于电缆，应归入品目 85.44。

（七）培养晶体及其相关产品的归类

晶体是具有规则的几何多面体外形的固体。人工使物质从液态或气态先形成晶核再将晶核成长成所需大小的晶体，这种通过培养形成的晶体，叫 "培养晶体"。按如下规定归类。

1. 培养晶体制的光学元件，归入品目 90.01；

2. 非光学元件：

（1）每粒重量低于 2.5 克的氯化钠培养晶体，归入品目 25.01；氯化钾培养晶体归入品目 31.04；其余按所属的无机化合物归入第 28 章的相应品目。

（2）每粒重量不低于 2.5 克的氧化镁、碱金属或碱土金属卤化物（如氯化钠、氯化钙、溴化钾等）的培养晶体，作为"未列名化学产品"归入品目 38.24。

（八）光学器具及仪器的归类

1. 具体列名的光学器具及仪器按列名归类，例如电子显微镜应归入品目 90.12。

2. 一般列名的光学器具及仪器，原则上按仪器的功能、用途归类，通常光学原理相同的仪器会因其用途、功能不同而归入不同的品目。例如按同一原理设计的地平经纬仪和光学经度仪，前者用于天文应归入品目 90.05，后者用于测量应归入品目 90.15。

3. 单独报验的光学仪器或器具，当作为具有某一特定用途的仪器的专用零、部件使用时，不作为该仪器的零部件归类，应归入其具体列名的品目。例如作为摄谱仪专用部件的照相机单独报验时，不应按摄谱仪的部件归入品目 90.27，而应作为照相机归入品目 90.06。

4. 未带有光学部件的不完整光学仪器，如具有该光学器具及仪器的基本特征，应按照完整光学仪器归类，例如未带有镜头的照相机应归入品目 90.06。

（九）医疗仪器及设备的归类

1. 专用于或主要用于医疗的医疗器械及器具的归类

一般归入品目 90.18 ~ 90.22，举例如下：

（1）专供各专科医务人员（例如：内、外、科医生、牙医、兽医、助产士等）专门用于疾病的预防、诊断、医治或手术等的各类仪器及器械（包括电气医疗设备）；解剖实验、解剖检验等用的仪器及器械；医学专用的特殊测量仪器；带有牙科器械的牙科椅等应归入品目 90.18。

（2）臭氧治疗器等设备应归入品目 90.19；呼吸器具等应归入品目 90.20 等；矫形器具等应归入品目 90.21；X 射线等医疗应用设备应归入品目 90.22，如 CT 机。

2. 按原理、功能在其他品目列名（可用于医疗）的仪器及设备的归类

一般归入列名品目，举例如下：

（1）观察病理切片的显微镜应归入品目 90.11 或 90.12。

（2）体温表应归入品目 90.25。

（3）仅为医疗诊断提供分析数据的理化分析仪器，例如分析尿液等的仪器设备应归入品目 90.27。

（4）未带有牙科器械的牙科椅 94.02。

（十）激光器及其相关产品的归类

1. 单独使用（例如用于实验检测等目的）的激光器；辅助部件（例如电源、控制装置）与激光头装在同一壳体内的小型激光器；辅助部件为独立装置，靠电缆等和激光头相连组成的一起报验的整套激光器系统；供装配在机器或器具上的激光器；激光

管等专用于激光器的零件及附件应归入品目 90.13。

2. 通过加有特殊装置（例如工件进给及定位装置、对操作进程观察和检测的装置等）改装为在本目录中具体列名的具有专门功能的激光器，应作为具体列名的加工机器、医疗设备、控制装置、计量装置等归类。

3. 在本目录中未具体列名的带有激光器的机器和器具应与具有类似功能的机器和器具一并归类。例如：①以激光切割方式加工金属等材料的机床（品目 84.56）；②激光焊接机器及装置应归入品目 85.15；③用激光束进行管道准立定位的仪器应归入品目 90.15；④医学方面专用的激光装置（例如眼科手术用的）应归入品目 90.18 等。

4. 作为泵浦源的电弧灯，例如氖灯应归入品目 85.39；激光二极管应归入品目 85.41；激光晶体（例如红宝石），激光反射镜及透镜应归入品目 90.01 或 90.02。

（十一）天平及砝码的归类

不论是否带有砝码的感量为 50 毫克或更精密的天平应归入品目 90.16；其他天平应归入品目 84.23；单独报验的天平砝码（含感量为 50 毫克或更精密的天平用）应归入品目 84.23。

商品归类练习题

1. 游标卡尺

2. 助听器

3. 塑料制眼镜架

4. 塑料彩色滤光片：椭圆形，未装配，未经光学加工，用于光学检测仪器上

5. 框架眼镜片，外观：已裁切成圆形，未装配，未经光学加工，不可变色

6. 电子称，用于药厂研究院称量药品，称量范围：30 ～ 100 毫克

7. 车用尾气氧含量检测仪

8. 一次性毯，由双层无纺布制成，一面有塑料涂层，层叠后在边缘处高温热封。其一端开口并装配一个喷嘴，借助加热设备可由此充入温暖的空气。专用于预防和治疗住院病人体温降低

9. 固定夹板，人体受伤后用，起到固定防护作用，由石膏制成

10. 表面涂有微型玻璃珠的电影幕布

11. 按摩浴缸

12. 感应器，结构组成：硅芯片、电子元器件，安装与汽车发动机舱内，工作原理为通过内部的硅芯片正面中央的压力膜片，在压力膜片上有 4 个压电电阻作为应变元件组成的一个惠斯顿电桥，感知大气压力，并转换成电信号输出至 ECM（引擎控制

模块），从而使 ECM 调整真空制动助力系统内的气压比

19.3 第 91 章 钟表及其零件

一、本章的结构及商品范围

本章共有 14 个品目，按照表——钟——装有钟、表机芯的装置——钟、表机芯——零件的顺序列目。本章包括主要用于计时或进行与时间有关的某些操作的器具，其中包括用于个人随身佩戴的时计（如：手表、秒表等）、其他时计（如：普通钟、带有表芯的钟、闹钟、航海时计、机动车辆用钟等）、时间记录器、时间间隔测量仪以及定时开关；以及以上货品的零件。上述货品可分为四组，各组商品分布如下：

1. 完整的钟表（品目 91.01 ~ 91.05）。

2. 装有钟、表机芯的装置（品目 91.06 ~ 91.07）。

3. 钟、表机芯（品目 91.08 ~ 91.10）。

4. 表壳、钟壳、表带及其钟表零件（品目 91.11 ~ 91.14）。

易误归入本章的货品主要有：钟表玻璃和钟锤（归入材料所在的章）；表链（第71 章）；八音盒用发条驱动的发动机（品目 84.12）等。

二、章及子目注释提要

本章有 4 条章注释，无子目注释。

1. 章注 1 是排他条款，列出了不能归入本章的 7 类货品。

2. 章注 2 明确了品目 91.01 仅包括的货品范围。

3. 章注 3 对本章所称"表芯"做出了明确定义。

4. 章注 4 阐述了钟、表的机芯及其他零件的优先归类规定。

三、商品基础知识、商品介绍及名词解释

下面将本章条文或注释中涉及的商品、名词等作简单介绍，以便归类。

1. "表芯"：

它是由摆轮及游丝、石英晶体或其他能确定时间间隔的装置来进行调节的机构，并带有显示器或可装机械指示器的系统。表芯的厚度不超过 12 毫米，长、宽或直径不超过 50 毫米。

2. "机芯套装件"：

它是指未组装或已部分组装的钟表机芯各部分的整套散件。对于机械显示机芯，对是否带有钟表面及指针没有限制。

3. "已组装的不完整钟表机芯"：

（1）"不完整的机械钟表机芯"：

它是指除钟表面、指针或上弦芯轴以外还缺少一些零件（例如：擒纵器或条夹板）的已组装机芯。

（2）"不完整的全电子钟表机芯"：

它是指除干电池外还缺少某些零件（例如：显示器、部分电子电路或其他零件）的已组装机芯。

（3）"带有机械显示器的不完整电子钟表机芯"：

它是指除钟表面、指针、调校轴或干电池外还缺少一些零件（例如：电子电路及其零件、马达）的已组装机芯。

4. "未组装的不完整机芯"：

它是指由夹板、横担、齿轮、走针机构、上弦和调校机构及自动上弦装置、日历机构、记时器、闹机构等附加机构构成的钟表机芯未装配件，但这类未装配件不包括擒纵器、摆轮及游丝或其他调节装置、主发条、钟表面或指针。

5. "装有钟、表机芯或同步电动机的定时开关"（品目 91.07）：

它指具有一个钟表机芯或同步电动机，能在设定的时间自动接通或断开电源的装置（不具有钟的特点）。主要用于控制照明电路、接通或关闭电气设备等。

四、其他归类时容易混淆或忽视的地方

下面的内容是本章及其相关商品归类时容易混淆或忽视的地方，应该注意掌握。

装有支架的时计，无论多么简单，也不能作为表归类；钟、表发条应按照钟表零件归类（不应视为通用零件）；本章不包括用于计时的日规、沙漏、水漏（归入材料所在的章）。

五、钟、表的机芯及其零件的归类

1. 零件不归入第 91 章的主要有：通用零件按该材料制品归类（钟表发条除外），例如：贱金属制的螺钉（拨时杆用）应归入第十五类，贵金属制的类似品应归入第 71 章；钟表玻璃和钟锤（按所用材料制品归类）；表链（第 71 章）；滚珠轴承应归入品目 84.82；第 85 章的物品，本身未组装在或未与其他零件组装在钟、表机芯内也未组装成专用于或主要用于钟、表机芯零件的应归入第 85 章。

2. 除上述规定外，既适用于钟或表，又适用于其他物品的零件均应归入第 91 章。（例如可用于精密仪器上的宝石轴承应归入品目 91.14）

3. 其他钟表零件应归入第 91 章。

商品归类练习题

1. 电子表（仅有机械指示器）

2. 维尼熊闹钟

3. 电子挂钟

4. 不锈钢表壳

5. 小牛皮表带

6. 电子手表，塑料外壳，数字显示时间

7. 完整机械表芯的散件

19.4 第 92 章 乐器及其零件、附件

一、本章的结构及商品范围

本章共有 7 个品目，主要按照先整机再零件即乐器——乐器的零件及其附件的顺序排列品目。乐器在本章又按照它的发声原理和演奏方法的不同按键盘弦乐器、其他弦乐器、管乐器、风鸣乐器、打击乐器、电子乐器、未列名乐器等分列于不同的品目。本章主要包括下列两组商品：

1. 乐器（品目 92.01 ～ 92.02、92.05 ～ 92.08）。

2. 乐器的零件及其附件（品目 92.09）。

本章的乐器可用任何材料制成，包括用贵金属或包贵金属制成，也可镶嵌宝石或半宝石。

易误归入本章的货品主要有：电子音乐组件（品目 85.43）、主要具有实用价值或装饰用途并装有音乐机械装置的货品（应与未装有音乐机械装置的原货品归入同一品目）、玩具用乐器（第 95 章）等。

二、章及子目注释提要

本章有 2 条章注释，无子目注释。

1. 章注 1 是排他条款，列出了不能归入本章的 5 类货品。

2. 章注 2 明确了与本章某些乐器一起报验物品的归类规定。

三、商品基础知识、商品介绍及名词解释

下面将本章条文或注释中涉及的商品、名词等作简单介绍，以便归类。

1. "大钢琴"（品目 92.01）：

它指大三角钢琴和小三角钢琴及自动钢琴。前两者的琴弦水平安装在一个长形琴体内；后者用穿孔纸带或纸板等进行演奏，可以通过机械、气动或电气操作。自动钢琴不论是否装有键盘均按大钢琴归类。

2. "铜管乐与铜管乐器"（品目 92.05）：

铜管乐是指供管弦乐队所用特种乐器的音质，而不是乐器的构成材料。铜管乐器通常由金属（黄铜、镍银、银等）制成，形状为一根锥形管，管子末端为喇叭形，管身可进行不同程度卷曲。它们配有空心吹口，用嘴唇发声并通常用阀控制。铜管乐器包括：短号、小号、军号、萨克号、长号、低音大号、供管弦乐队演奏用的号角及管弦乐队用无阀号角等。

四、其他归类时容易混淆或忽视的地方

下面的内容是本章商品归类时容易混淆或忽视的地方，应该注意掌握。

用于演奏品目 92.02、92.06 乐器的弓、槌及类似品，如果与该项乐器一同报验，数量合理，用途明确，应与相应乐器归入同一品目。品目 92.09 的卡片、盘或卷即使与乐器一同报验，也不视为该乐器的组成部分，而作为单独报验的物品对待。

五、乐器零件及其附件的归类原则

（一）乐器零件及其附件的归类原则

1. 不归入第 92 章的零件主要有：

（1）通用零件按所用材料制品归类，例如：贱金属制的螺钉（钢琴用）应归入第十五类，塑料制的类似品应归入第 39 章，贵金属制的类似品应归入第 71 章。

（2）供乐器用的第 85 章或第 90 章的传声器、扩大器、扬声器、耳机、开关、频闪观测仪及其他附属仪器、器具或设备，未与乐器组成一体或安装于同一机壳内时应归入第 85 章或第 90 章。

（3）对于不能确定是否是作为乐器弦用的金属丝、肠线及合成纤维单丝（不论是否制成一定长度），应按商品本身的属性归入它们各自相应的品目。

（4）调音工具应归入品目 82.05。

（5）落地式乐谱架或乐谱台，应归入品目 94.03。

（6）模制成一定形状的弓弦用松香，应归入品目 96.02。

2. 按乐器归类的乐器零件及其附件主要有：

（1）用于演奏品目 92.02、92.06 乐器的弓、槌及类似品，如果与该项乐器一同报验，数量合理，用途明确，应与相应乐器归入同一品目。

（2）乐器带有的电拾音器及扩音器，如果与乐器装于同一机壳内，只是为了运输方便而分开包装应与乐器一同归类。

（3）其他乐器零件及其附件应归入品目 92.09，例如自动乐器用卡片、盘或卷（无论是否与乐器一同报验）；真弦乐器用弦；八音盒的机械装置；固定乐器用的乐架。

（二）带有电气拾音器及扩音器的乐器的归类

除品目 92.01 的自动钢琴外，如果在没有电气装置时该乐器仍可像普通乐器一样演奏，则应按普通乐器归入本章相应的品目；如果没有电气或电子设备时乐器不能演奏，应按电气或电子乐器归入品目 92.07。

商品归类练习题

1. 二胡
2. 萨克斯管
3. 竖式钢琴
4. 大钢琴
5. 小提琴
6. 电子琴
7. 电吉他
8. 小提琴琴弦

【本篇小结】

本篇在阐述 HS 第十八类货品归类要点的基础上，一般从商品范围、注释提要、商品知识、归类易混淆之处及归类原则等方面依次明确了第 90 章～第 92 章货品各自的归类要点，诸如"功能机组的归类""光学器具及仪器的归类""钟、表的机芯及其零件的归类"等，为全方位把握仪器、钟表及乐器类产品的正确归类提供了必要的基础知识。

【本篇关键名词或概念】

矫形器具

【本篇简答题】

1. 简述第 90 章货品的从后归类原则。
2. 简述本类典型商品的归类原则。

第二十篇　第十九类　武器、弹药及其零件、附件

【本篇导读】

本篇介绍了武器、弹药的归类要点。

【本篇学习目标】

通过本篇的学习，熟悉 HS 第十九类的商品范围，了解与相关类、章商品的区别和联系，明确归类易混淆之处，掌握武器、弹药的主要归类原则并能正确进行商品归类。

20.1 本类归类要点

一、本类的结构和商品范围

本类只有一章即第 93 章。

二、类注释提要

本类没有类注释。

20.2 第 93 章 武器、弹药及其零件、附件

一、本章的结构及商品范围

本章共有 7 个品目，主要包括军事武装部队、警察或其他有组织的机构（海关、边防部队等）在陆、海、空战斗中使用的各种武器等六组商品。

易误归入本章的货品主要有：信号弹及降雨火箭（品目 36.04）；制成可供装入军火弹药中的形状的炸药及发射药（品目 36.01 及 36.02）；钢盔及其他军用帽类（第 65 章）；火箭、鱼雷及类似导向炸弹的原动机（品目 84.11 或 84.12）；无线电设备及雷达设备（品目 85.26）；弓、箭、钝头击剑或玩具（第 95 章）；人体防护服，如防弹衣（按其构成材料归入有关品目）。

二、章及子目注释提要

本章有 2 条章注释，无子目注释。

1. 章注 1 是排他条款，列出了不能归入本章的 6 类货品。

2. 章注 2 强调了不能将品目 85.26 的无线电设备及雷达设备视为品目 93.06 所称"零件"。

三、商品基础知识、商品介绍及名词解释

下面将本章条文或注释中涉及的商品、名词等作简单介绍，以便归类。

1. 左轮手枪（品目 93.02）：

它是带有旋转弹膛的单枪管火器。

2. 气枪、气步枪、气手枪（品目 93.04）：

类似于步枪和手枪，但这类枪装有空气压缩筒，扣动扳机时压缩气体进入枪管把子弹射出。

四、其他归类时容易混淆或忽视的地方

其他武器（品目 93.04）的范围，是本章商品中归类时容易混淆或忽视的地方，应该注意掌握。其他武器主要包括下列货品：警察等用的警棍、护身棒、加重笞杖，以及灌铅手杖；指节铜套；弹射器；气枪、气步枪、气手枪；以强力弹簧作为动力的类似武器；以压缩二氧化碳为动力的枪及手枪，用于远距离向野外动物发射装有麻醉剂或药剂的自动注射器；装有催泪性毒气的烟雾喷射罐。

五、归类规定

（一）武器用的望远镜瞄准具及其他光学装置的归类

此类光学装置如果适合武器使用并安装在武器上或与有关武器一同报验以备安装在武器上的，应与武器一并归类；单独报验的应归入第90章。

（二）军事专用的运载工具及备用武器的归类

不论是否装有武器，军事专用的运载工具均不归入本章，而应按所属的运输工具类别归类。例如坦克及装甲车应归入品目 87.10；军用飞机应归入品目 88.01 或 88.02；军舰应归入品目 89.06 等。但这些运载工具上使用的武器如果单独报验应归入本章，例如以备作部件安装在舰艇、装甲列车、飞机、坦克等上的武器及火器应归入品目 93.01。（注：移动火炮应归入品目 93.01）

（三）刀套和剑鞘的归类

贵金属、包贵金属制的鞘和套应归入品目 71.15；作为刃具的刀（品目 82.11）的鞘套，应归入品目 42.02（如露营刀的刀鞘）；剑（品目 93.07）等兵器（包括只能作仪仗、装饰或舞台道具用）的鞘套应归入品目 93.07。

商品归类练习题

1. 军用的刺刀
2. 左轮手枪

3. 前装枪

4. 警棍

5. 左轮手枪枪托

6. 猎枪枪管

7. 猎枪子弹

8. 照明弹

【本篇小结】

本篇从商品范围、注释提要、商品知识、归类易混淆之处及归类原则等方面明确了第十九类第93章货品的归类要点，阐述了军事专用的运载工具及备用武器的归类等，为全方位把握武器、弹药的正确归类提供了必要的基础知识。

【本篇关键名词或概念】

左轮手枪

【本篇简答题】

简述本类典型商品的归类规定。

第二十一篇 第二十类 杂项制品

【本篇导读】

本篇系统介绍了杂项制品的归类要点。

【本篇学习目标】

通过本篇的学习，熟悉 HS 第二十类的商品范围，了解与相关类、章商品的区别和联系，明确归类易混淆之处，掌握杂项制品的主要归类原则并能正确进行商品归类。

21.1 本类归类要点

一、本类的结构和商品范围

本类是本目录的倒数第二个类，所称杂项制品，是指前述各类、章、品目未包括的货品。本类共分 3 个章（第 94 章～第 96 章），以章为界限将商品分为以下三大类：

1. 家具；寝具及各种填充制品；未列名照明装置；发光标识及类似品；活动房屋（第 94 章）。

2. 各种娱乐用品（第 95 章）。

3. 杂项制品（第 96 章）。

本类的最大特点是商品种类繁杂，归类时必须结合本目录前述各类、章、品目的归类规定综合考虑。例如本类所指未列名照明装置的范围是不可能脱离本目录前述各类、章、品目包括的灯具单独界定的，对此必须给以足够的重视。

二、类注释提要

本类没有类注释。

21.2 第 94 章 家具；寝具、褥垫、弹簧床垫、软坐垫及类似的填充制品；未列名灯具及照明装置；发光标识、发光铭牌及类似品；活动房屋

一、本章的结构及商品范围

本章共有 6 个品目，包括各种家具及其零件；弹簧床垫、床褥及其他寝具或类似用品，装有弹簧、内部用任何材料填充、衬垫或用海绵橡胶或泡沫塑料制成，不论是否包面；用各种材料（第 71 章的材料除外）制的未列名灯具和照明装置、装有固定

光源的发光标识、发光铭牌和类似品；上述货品的未列名零件；活动房屋。

易误归入本章的货品主要有：充水或充气的褥垫、枕头及坐垫（一般归入材料所在的章）；作为家具使用但其结构只适用于放置在其他家具上或架子上，或悬挂在墙壁等上的物品，例如适于放在办公桌上的塑料制文件格（品目 39.26）；吊床（品目 56.08 或 63.06）；贵金属制的室内用灯具（第 71 章）；机动车辆用照明装置（品目 85.12）。

二、章及子目注释提要

本章有 4 条章注释，无子目注释。

1. 章注 1 是排他条款，列出了不能归入本章的 12 类货品。

2. 章注 2 明确了品目 94.01 ～ 94.03 货品的适用范围。

3. 章注 3 阐述了品目 94.01 ～ 94.04 所列货品的零件范围及具体规定。

4. 章注 4 对品目 94.06 所称"活动房屋"做出了明确定义。

三、商品基础知识、商品介绍及名词解释

下面将本章条文或注释中涉及的商品、名词等作简单介绍，以便归类。

1. "家具"（第 94 章）：

它是指具有实用价值的落地式的家具，但碗橱、书柜、其他架式家具（包括与将其固定于墙上的支撑物一同报验的单层搁架）及组合家具，坐具及床即使是悬挂的、固定在墙壁上的或叠摞的仍应视为第 94 章的家具。

2. "架式家具"（第 94 章）：

它是以层架为基本结构的家具，具有结构简单，易于安装拆卸的特点，例如固定于墙上的单层搁架（一般由木制搁板和支架组成）。

3. "装软垫的坐具"（子目 9401.61、9401.71）：

它是指填有一层柔软材料，例如絮胎、动物毛发、泡沫塑料或海绵橡胶的坐具。用织物、皮革、塑料布等直接包面，中间没有填料或弹簧的坐具，不能视为装软垫的坐具。

4. "漆木家具"（子目 9403.6091）：

它是指涂有大漆的家具。大漆又名天然漆、生漆、土漆。中国特产，故泛称中国漆。大漆是一种天然树脂涂料，是割开漆树树皮，从韧皮内流出的一种白色黏性乳液，经加工而制成的涂料。

5. "活动房屋"（品目 94.06）：

它也称为"工业化房屋"是指在工厂制成成品或制成部件并一同报验，供以后在有关地点组装的房屋，例如住房、办公室或温室等。

四、部分品目介绍

下面将本章部分品目的商品范围介绍如下：

品目 94.03:

本品目既包括通用家具也包括具有特殊用途的家具（品目 94.01 ~ 94.02 的家具除外）。现将易发生归类错误的本品目家具按类别列举如下：

1. 住宅、旅馆等用的家具：面包箱；落地式的各种底座、花木架；衣帽架（落地式）、伞架；屏风；落地式烟灰缸；乐谱柜、架或台；婴儿围栏；食物推车（无论是否装有加热板）。

2. 办公室用的家具：衣帽柜、档案推车、卡片索引柜。

3. 学校用的家具：讲坛、黑板架。

4. 教堂用的家具：布道坛。

5. 商店、车间等用的家具：柜台、服装架、工具橱。

6. 实验室或技术室用的家具：排烟橱、无绘图仪器的绘图台。

五、其他归类时容易混淆或忽视的地方

下面的内容是本章及其相关商品归类时容易混淆或忽视的地方，应该注意掌握。

充水、充气或无填充物的褥垫、枕头及坐垫等类似货品一般归入材料所在的章，归入本章的同类货品应有填充物（水和空气除外）或直接用海绵、泡沫塑料等制造。

只有当单层搁板与将其固定在墙上的支撑件同时报验时，才能归入第 94 章，如果只是单独报验一个木制搁板，则应归入第 44 章。

六、归类原则

（一）单独报验的本章货品的零、部件的归类

1. 根据形状或其他特征可确定为专用或主要用于品目 94.01 ~ 94.03 及 94.05，并且在其他章没有具体列名品目的零、部件，应归入本章相应品目。如明显作为椅子靠背用的木制品应归入品目 94.01。

2. 单独进口的玻璃（或镜子）、大理石及第 68 章、第 69 章所列材料制成的家具板面等，未与其他零件组装的应以构成的材料属性为归类依据。

3. 组装或装修活动房屋用的材料及正常使用时应固定安装在活动房屋里的设备的归类详见"活动房屋及其设备、零件的归类"部分。

（二）家具的归类

1. 具有实用价值的落地式的家具以及无论是否悬挂的、固定在墙壁上的或叠摆的碗橱、书柜、其他架式家具（包括与将其固定于墙上的支撑物一同报验的单层搁架）及组合家具；坐具及床应归入第 94 章。

2. 其结构只适用于放置在其他家具上或架子上，或悬挂在墙壁等上的其他非落地式家具，归入材料所在的章，例如固定在墙上的木制衣帽架（品目 44.20）。

3. 为具有特定用途的装置、设备等而特制的家具一般按该装置或设备归类。如作为缝纫机台架用的家具应归入品目 84.52。

（三）灯具及照明装置的归类

1. 贵金属、包贵金属制的灯具及照明装置应归入第 71 章。

2. 自行车及机动车辆用的其他电气照明装置应归入品目 85.12。

3. 自供电源的手提式电灯应归入品目 85.13。

4. 交通管理用的信号灯（交叉路口的红绿灯等）归入品目 85.30。

5. 白炽灯、放电灯、弧光灯及发光二极管（LED）灯泡（管）应归入品目 85.39。

6. 密封式聚光灯应归入品目 85.39。

7. 照相用闪光灯应归入品目 90.06。

8. 医疗用诊断、探查、照射用灯应归入品目 90.18。

9. 装饰品中国灯笼应归入品目 95.05。

10. 其他品目未列名的灯具及照明装置（可以使用任何光源或燃料：如烛、煤油、电等）应归入品目 94.05。例如室内照明用灯具及照明装置；户外照明用灯具；暗室灯等特殊用途灯；防风灯等非自供电源的便携式灯具；自行车及机动车辆除外的车辆用灯具、飞机、船舶用照明装置等。

（四）活动房屋及其设备、零件的归类

1. 应归入品目 94.06 的货品：

（1）完整的房屋（未装配或已完全装配好可即供使用的），以及已具备了活动房屋基本特征的不完整的房屋（不论其是否装配）；

（2）与房屋一起报验的、作为正常应固定装在房屋里的设备与房屋一同归类。这些设备包括电气配件（例如电线、插座等）、暖气及空调设备（例如锅炉、空调机等）、卫生设备（例如浴缸、热水器等）、厨房设备（例如抽油烟罩、炉灶等）及固定装于或准备装于房屋内的家具（橱柜等）；

（3）与活动房屋一同报验并数量合理的组装或装修活动房屋用的材料（例如石膏、灰浆、管道、油漆、壁纸、地毯等）。

2. 不能归入品目 94.06 的货品：

单独报验的活动房屋零件及设备，不论其是否明显用于活动房屋，应归入各自相应的品目。

商品归类练习题

1. 木制衣柜

2. 漆木屏风

3. 填充了羽绒的鸭绒被，被面由纯棉制成

4. 枕头（丝棉填充）

5. 圣诞树用成套灯具

6. 整体浴室（内含马桶、面盆、浴缸和水龙头等）

7. 家用台灯（装有白炽灯泡）

8. 真皮沙发

9. 弹簧床垫

21.3 第95章 玩具、游戏品、运动用品及其零件、附件

一、本章的结构及商品范围

本章共有6个品目，主要包括各种供儿童或成人娱乐用的玩具；户内及户外游戏用设备，运动、体操、竞技用具及器械；某些钓鱼、狩猎或射击用具；旋转木马和其他游乐场用的娱乐设备（包括流动马戏团、流动动物园及流动剧团）。除品目条文列名的货品外，只要是明显专用于或主要用于本章所列货品的零件，附件，并且不是本章章注1所列不包括的物品，也归入本章。本章物品除天然或养殖珍珠、宝石或半宝石、贵金属或包贵金属之外，一般可用各种材料制成，但装有天然或养殖珍珠、宝石或半宝石、贵金属或包贵金属制的仅作为小零件的货品，仍归入本章。

易误归入其他章的本章货品主要有：玩具用小型活塞式内燃发动机及其他发动机（品目95.03）；迷宫（品目95.08）；击剑用钝头剑、军刀、轻剑（品目95.06）。

易误归入本章的货品主要有：烟花及其他烟火制品（品目36.04）；儿童娱乐用塑型膏（品目34.07）；运动用船艇，例如赛艇（第89章）。

二、章及子目注释提要

（一）章注释提要

本章有5条章注。

1. 章注1是排他条款，列出了不能归入本章的22类货品。

2. 章注2明确了本章包括装有天然或养殖珍珠、宝石或半宝石、贵金属或包贵金属制的仅作为小零件的货品。

3. 章注3规定了本章货品零件、附件的归类原则。

4. 章注4明确了品目95.03物品的适用范围。

5. 章注5明确了品目95.03不包括专供动物使用的物品。

（二）子目注释提要

本章有1条子目注释。

子目注释1规定了子目9504.50的商品范围，明确了视频游戏控制器或设备的归类。

三、商品基础知识、商品介绍及名词解释

下面将本章条文中涉及的商品、名词等作简单介绍，以便归类。

玩偶（品目 95.03）：

它指各种用途的玩偶，如儿童娱乐用玩偶、装饰用玩偶、普通木偶戏用及提线木偶戏用玩偶或滑稽玩偶。

四、其他归类时容易混淆或忽视的地方

下面的内容是本章及其相关商品归类时容易混淆或忽视的地方，应该注意掌握。

本章包括装有天然或养殖珍珠、宝石或半宝石、贵金属或包贵金属制的仅作为小零件的货品。

五、归类原则

（一）单独报验的本章货品的零件、附件的归类原则

本章各品目包括明显是专用与或主要用于本章货品的零件及附件（第 95 章章注 1 不包括的零件、附件除外）。

（二）玩具用电气装置的归类

能确认是玩具用的电动机、变压器、录制信息的存储器件等媒体、无线电或红外线遥控器具等，应分别归入第 85 章相应品目即电动机应归入品目 85.01，变压器应归入品目 85.04，存储器件等记录媒体应归入品目 85.23，无线电遥控装置应归入品目 85.26，无绳红外线遥控器件应归入品目 85.43，均不作为玩具的部件归类。

（三）零售包装并具有玩具基本特征的组合货品的归类规定

除本章章注 1 所列的除外商品，品目 95.03 所列的物品与其他货品组合而成的，并具有玩具基本特征的零售包装物品应归入品目 95.03，例如缝纫用的成套教学玩具。这类组合物品不能视为归类总规则三（二）所指的成套货品，如果单独报验，应归入其他品目。

（四）电子游戏机及其归类

电子游戏机是利用电子仪器进行游戏的设备。包括：①用硬币、钞票、银行卡、代币或任何其他支付方式使其工作的视频游戏设备，一般置于公共娱乐场所应归入子目 9504.30；②需要在电视机、视频监视器或其他外部显示屏或面板上重放图像的视频游戏控制器应归入子目 9504.50；③自身装有显示屏的便携视频游戏设备应归入子目 9504.50；④既不使用硬币等支付方式使其工作，也没有视频图像显示的电子游戏机应归入子目 9504.90。

商品归类练习题

1. 溜冰鞋
2. 玩具手风琴, 用途: 玩具手风琴乐器; 种类: 玩具乐器电子手风琴; 品牌: 永美 ;3

岁以上儿童娱乐用玩具

3.九连环，用途：智力玩具，由九个金属连环组成，可开发智力的玩具

4.国际象棋，用途：娱乐用；种类：国际象棋；品牌：长城；木质棋子与棋盘。又称欧洲象棋，是一种二人对弈的战略棋盘游戏。国际象棋的棋盘由 64 个黑白相间的格子组成。黑白棋子各 16 个

5.高尔夫球，高尔夫运动用球，圆形白色，表面有意制造有许多凹痕。高尔夫球属于体育用品

6.乒乓球，用途：乒乓运动用球；种类：乒乓球；品牌：红双喜；型号：三星；橘黄色

7.乒乓球球拍，用途：乒乓运动用球拍；种类：乒乓球球拍；品牌：红双喜；型号：x1

8.篮球

9.全棉针织圣诞老人帽

21.4 第 96 章 杂项制品

一、本章的结构及商品范围

本章共有 20 个品目，包括大部分已加工的雕刻和模塑材料及雕刻和模塑制品；某些扫把、刷子和筛；某些缝纫用品；某些书写及办公用品；某些烟具；某些化妆用具及本目录其他品目未具体列名的其他物品。本章是第二十类的兜底的章，包括许多难于归入所用材料制品所在类章的货品；此外归类时应注意本章货品在所用材料上比较特殊，除了品目 96.01～96.06 及 96.15 的物品（仅可以带有由天然或养殖的珍珠、宝石或半宝石、贵金属或包贵金属制成的小零件）以外，本章所列物品可以全部或部分由天然或养殖的珍珠、宝石或半宝石制成，或由贵金属或包贵金属制成。

易误归入本章的货品主要有：仅经过简单整理的动物质、植物质雕刻材料（第一类、第二类）；塑料及硬橡胶的雕刻和模塑制品（第 39 章～第 40 章）；模制泥炭制品（品目 68.15）；具有固定性质的粗筛和细筛，如放在地上筛选沙砾的钢铁制网筛应归入品目 73.26；袖扣（品目 71.13 或 71.17）；未上色棉织物制打字机色带（第十一类）。

二、章及子目注释提要

本章有 4 条章注释，无子目注释。

1.章注 1 是排他条款，列出了不能归入本章的 12 类货品。

2.章注 2 明确了品目 96.02 所称"植物质或矿物质雕刻材料"的范围。

3.章注 3 明确了品目 96.03 所称"制帚、制刷用成束或成簇的材料"仅包括的材料类别及应具有的特征。

4.章注 4 阐述了本章所列货品关于使用天然或养殖的珍珠、宝石或半宝石、贵金

属或包贵金属等材料的有关规定。

三、商品基础知识、商品介绍及名词解释

下面将本章条文或注释中涉及的商品、名词等作简单介绍，以便归类。

1. "已加工"（品目 96.01）：

加工方式主要包括：雕刻、切割加工或模塑加工（大部分材料）。

超过第 5 章简单整理（洗涤、刮擦; 简单锯切、切割或粗刨以除去无用部分，或漂白、矫平、修整或剖切）的下列方法视为"已加工"：

（1）已切割成形，包括正方形和长方形；

（2）抛光或用磨、钻、铣、车等方法制成板、片、棒等形状；

（3）模制（用玳瑁壳鳞片、及动物质雕刻材料粉末、废料重新合成的材料为原料）。

2. "动物质雕刻材料"（品目 96.01）：

它是指兽牙（象牙、河马牙、海象牙、一角鲸牙、野猪牙、犀牛角等）、骨、角和鹿角、珍珠母、天然珊瑚（海洋珊瑚虫的石灰质骨架）、玳瑁壳等。

3. "玳瑁壳"：

玳瑁是一种爬行动物，其壳呈淡黄色、浅棕色或黑色，加热后韧性极好，可塑性极强，冷却后变硬定形。

4. "已加工"（品目 96.02）：

加工程度要求基本与动物质雕刻材料相同，但用天然海泡石和琥珀的废碎料经过黏聚或模制而成的板、棒、条及类似形状的黏聚琥珀、黏聚海泡石成型后未经过加工的产品不视为已加工。

5. "植物质或矿物质雕刻材料"（品目 96.02）：

它是指用于雕刻的硬种子、硬果核、硬果壳、坚果及类似植物材料（如象牙果、椰枣核、椰子壳、美人蕉的种子）；琥珀、海泡石、黏聚琥珀、黏聚海泡石、黑玉及其矿物代用品等材料。

6. "供制帚、制刷用的成束或成簇的材料"（品目 96.03）：

它仅指未装配的成束、成簇的兽毛、植物纤维或化学纤维等材料，它们无须分开，只需经过简单加工（如只需将末端稍加剪修）即可安装在帚、刷上。

7. "成套旅行用具"（品目 96.05）：

将本目录不同品目或同一品目中不同品种的物品组合成旅行用成套物品。如成套梳妆箱（由塑料盒、刷子、梳子、剪子、镊子、指甲锉、镜子、剃刀架及修剪指甲工具等组成装入箱子）；针线盒（由剪刀、卷尺、缝纫针、线、别针、顶针、纽扣等组成装入盒子）及擦鞋套具（由刷子、鞋油、擦鞋布等组成装入盒子）都属于成套旅行用具。

8. "机器、仪器用笔"（子目 9608.9910）：

它是指机械设备或机电仪器专用笔，具有与设备匹配的特殊形状，能够直接安装在机械设备或机电仪器上，由其输出设备控制，在特定的图片或记录媒体上画出特定的曲线或图表。

9."卫生巾（护垫）及止血塞、婴儿尿布及尿布衬里和类似品"（品目 96.19）：

上述物品通常是一次性使用的。大部分物品由内层、吸收性芯层及外层三部分组成，通常经过成形后可舒适地贴合人体。

内层（例如，无纺织物制成），为贴近人体的一面，通过毛细作用从使用者皮肤上带走液体以防止皮肤发炎；吸收性芯层，用来吸收和储存液体；外层（例如，塑料制的），用于防止从吸收芯层渗漏液体。

四、部分品目介绍

下面将本章部分品目的商品范围介绍如下：

（一）品目 96.19

该品目是根据国际贸易中相关商品的发展情况进行了简化归类，将原来分布在 6 个章，10 个品目，20 个子目下的商品合并于一个品目下归类，是 2012 年版《协调制度》增加的品目。归入该品目的商品可以由适用的任何材料制成。主要包括卫生巾（护垫）及止血塞；婴儿尿布及尿布衬里，也包括具有吸收性的卫生护理垫、用于大小便失禁的成人尿布以及内裤衬垫；还包括完全由纺织材料制成的，洗涤后通常可重复使用的类似的传统物品。但不包括一次性外科用纱布及病床、手术台、轮椅用的吸收垫、非吸收性的护理垫，或其他非吸收性的物品。

（二）品目 96.20

本品目包括独脚架、双脚架、三脚架及类似品，用于支撑照相机、摄像机、精密仪器等，以减轻晃动。它们通常是可伸缩及便携式的，配有一个快卸器或快卸接头，以在支撑这些器械时便于安装或拆卸。这些物品可由任何材料制成，例如，木制、铝制、碳制或复合材料制。本品目所称的"类似品"，是指配有四条腿及以上、在减轻晃动方面具有与独脚架、双脚架及三脚架相同功能的器械。本品目也包括自拍架，也称自拍杆，按设计握在手中而不是立于地上。本品目不包括：①麦克风支架（品目 85.18）。②安放乐器（例如，小鼓或萨克斯管）用的架座（品目 92.09）。③第 93 章的制品专用的独脚架、双脚架、三脚架及类似品。

五、其他归类时容易混淆或忽视的地方

下面的内容是本章商品归类时容易混淆或忽视的地方，应该注意掌握。

本章货品在归类时应特别注意在所用材料上比较特殊，除了品目 96.01～96.06 及 96.15 的物品以外，本章所列物品可以全部或部分由天然或养殖的珍珠、宝石或半宝石制成，或由贵金属或包贵金属制成；品目 96.01～96.06 或 96.15 的货品可以带有由天然或养殖的珍珠、宝石或半宝石、贵金属或包贵金属制成的小零件。

商品归类练习题

1.维纳斯石膏像，材质：石膏。加工工艺：石膏模具浸泡晾干，固定模具添加入石膏粉和水，晾干石膏后脱模，修补成型。高45厘米。白色（未上色）

2.扫帚，用途：扫地用。材质：管帚用散穗的高粱糜子，手把为草结扎而成。长度约1米

3.眉刷，材质：尼龙制成的斜刷头硬刷。用途：眉毛化妆用

4.画笔，用途：绘画工具，手用。材质：笔管以竹料制成，毛为兔毛（非濒危物种），不锈钢的笔锋包皮。笔竿细长，笔锋为2厘米

5.毛笔，用途：书写工具。材质：笔管以竹料制成，毛为兔毛（非濒危物种）。笔竿细长，笔锋为2.5厘米

6.缝纫套装，缝纫套装，组成：6个混色线轴；圆盘针；穿针片；量衣尺；顶针；剪刀；纽扣混装；别针；大头针。在旅行时，可以方便用来缝补

7.铝制纽扣，材质：铝制，外面用金丝绒包裹，直径：15mm，无品牌。用于女式棉大衣钮扣

8.黑板，种类：书写用黑板，板石制成。带有边框。可以反复书写的平面，板面坚硬，用于教学。墨绿色

9.保时捷打火机，种类：可充气袖珍气体打火机。型号：3633。可充气、金属外壳，品牌为保时捷

【本篇小结】

本篇在概括阐述 HS 第二十类货品归类要点的基础上，一般主要从商品范围、注释提要、商品知识、归类易混淆之处等方面依次明确了第94章～第96章货品的归类要点，诸如"家具的归类""灯具及照明装置的归类""活动房屋及其设备、零件的归类"等，为全方位把握杂项制品的正确归类提供了必要的基础知识。

【本篇关键名词或概念】

活动房屋　植物质或矿物质雕刻材料　卫生巾（护垫）及止血塞　婴儿尿布及尿布衬里和类似品

【本篇简答题】

1.简述家具的归类规定。

2.简述灯具的归类规定。

第二十二篇　第二十一类 艺术品、收藏品及古物

【本篇导读】

本篇系统介绍了艺术品、收藏品及古物的归类要点。

【本篇学习目标】

通过本篇的学习，熟悉 HS 第二十一类的商品范围，了解与相关类、章商品的区别和联系，明确归类易混淆之处，掌握艺术品、收藏品及古物的主要归类原则并能正确进行商品归类。

22.1 本类归类要点

一、本类的结构和商品范围

本类只有一章，即第 97 章艺术品、收藏品及古物。

二、类注释提要

本类没有类注释。

22.2 第 97 章 艺术品、收藏品及古物

一、本章的结构及商品范围

本章共有 6 个品目，主要包括四组商品，分列如下：

1. 艺术品：包括完全用手工绘制的油画、粉画及其他手绘画；拼贴画及类似装饰板；版画、印制画及石印画的原本；雕塑品的原件（品目 97.01 ~ 97.03）。

2. 邮票、印花税票及类似票证、邮戳印记、首日封、邮政信笺（印有邮票的纸品），使用过的或虽未使用过但不是在承认或将承认其面值的国家流通或新发行的（品目 97.04）。

3. 具有动物学、植物学、矿物学、解剖学、历史学、考古学、古生物学、人种学或钱币学意义的收集品及珍藏品（品目 97.05）。

4. 超过一百年的古物（品目 97.06）。

易误归入本章的货品主要有：手工描饰的制品，例如，用手绘画织物制成的糊墙品、旅游纪念品、小箱子 及首饰盒、陶瓷器皿（盘、碟、花瓶等），它们应分别归入各自适当的品目，如用手工描绘的首饰盒（用纸包覆）（品目 42.02）；手工绘制的工业、

建筑、工程用的设计图纸原件（品目 49.06）；手工绘制的时装、珠宝首饰、壁纸、织物、家具等用的设计图纸原件（品目 49.06）；在承认或将承认其面值的国家流通或新发行的未经使用的邮票、印花税票、邮政信笺及类似的票证（品目 49.07）；天然或养殖珍珠、宝石或半宝石（超过一百年的）（品目 71.01 ～ 71.03）。

二、章及子目注释提要

本章有 5 条章注释，无子目注释。

1. 章注 1 是排他条款，列出了不能归入本章的 3 类货品。

2. 章注 2 对品目 97.02 所称 "雕版画、印制画、石印画的原本" 做出了明确的定义。

3. 章注 3 强调了品目 97.03 不适用于成批生产的复制品及具有商业性质的传统手工艺品。

4. 章注 4 阐述了与本章货品有关的优先归类原则。

5. 章注 5 明确了已装框的油画、粉画及其他绘画、版画、拼贴画及类似装饰板的归类规定。

三、商品基础知识、商品介绍及名词解释

下面将本章条文或注释中涉及的商品、名词等作简单介绍，以便归类。

1. "雕版画、印制画、石印画的原本"（品目 97.02）：

它是指以艺术家完全手工制作的单块或数块印版直接印制出来的原本，除受不能使用机械或照相制版方法的限制以外，艺术家可以使用任何方法（如转印技术、线雕、铜雕、凹版针雕）和材料制作。

2. "雕塑品原件"（品目 97.03）：

它指古代或现代的雕刻品及塑造品原件，可以用任何材料（如石、木、兽牙、金属、蜡）制成圆雕、浮雕或凹雕等。同样的雕塑品可用大理石、木料等复制出两个或三个 "复制品"。构成艺术品原件的，除最初的模型外，也包括 "黏土模型" "石膏模型" "复制品"，无论是否由同一个艺术家制作。但成批生产的复制品及具有商业性质的传统手工艺品，即使这些物品是由艺术家设计或创造的也不能视为雕塑品原件。

3. "邮政信笺（印有邮票的纸品）"（品目 97.04）：

它指盖有免费邮戳的信封、封缄信片、明信片、邮寄报纸的包皮等。

四、归类原则

（一）超过 100 年古物的归类原则

1. 品目 97.01 ～ 97.05 的物品即使超过 100 年，也仍应归入原品目。

2. 超过 100 年的古物如果看起来既可以归入本目录其他类、章也可以归入品目 97.06 一般应该归入品目 97.06，例如超过 100 年的珍珠项链不能归入第 71 章，应该归入品目 97.06。

3. 超过 100 年的珍珠、宝石、半宝石仍应归入第 71 章。

（二）优先归类原则

对于其他看起来既可以归入本目录其他类章也可以归入第97章的货品则应该归入第97章。例如艺术家设计并创造的铜合金塑像原件不能归入第83章，应归入第97章品目97.03。

（三）已装框的油画、粉画及其他绘画、版画、拼贴画及类似装饰板的归类

已装框的油画、粉画及其他绘画、版画、拼贴画及类似装饰板，如果框架的种类及价值与作品相称，应与作品一并归类。如果框架的种类及价值与作品不相称，应分别归类。

（四）雕塑品的归类

1.雕塑品原件应该归入品目97.03。

2.雕塑的仿首饰应该归入品目71.17。

3.具有商业性质的装饰用雕塑品、用石膏等成批生产的复制品、个人装饰品及其他具有商业性质的传统手工艺品（即使这些物品是由艺术家设计或创造的也不影响归类），应按其构成材料的制品归类。

商品归类练习题

1. "沉默是金"抽象工艺品雕塑原件，由石膏制成，个人装饰用

2. 19世纪英国发行的邮票

3. 商代青铜剑

4. 画，已装框的临摹的唐伯虎山水画

5. 钱币，明朝的珍稀钱币

6. 明朝的红木家具

【本篇小结】

本篇从商品范围、注释提要、商品知识及归类原则等方面明确了第二十一类第97章货品的归类要点，重点阐述了与本章货品有关的优先归类原则，为全方位把艺术品、收藏品及古物的正确归类提供了必要的基础知识。

【本篇关键名词或概念】

石印画的原本

【本篇简答题】

1.简述已装框的油画、粉画及其他绘画、版画、拼贴画及类似装饰板的归类规定。

2.简述本类货品的优先归类规定。

第二十三篇　进出口货物商品归类的海关行政管理

【本篇导读】

为了规范进出口货物的商品归类，保证商品归类结果的准确性和统一性，海关总署制定了《进出口货物商品归类管理规定》，本篇介绍了商品归类海关行政管理的一般知识。

【本篇学习目标】

通过本篇的学习了解商品归类海关行政管理的一般知识，掌握预归类等的申请及实施原则。

一、中国海关商品归类

（一）中国海关商品归类的含义

中国海关"商品归类是指在《商品名称及编码协调制度公约》商品分类目录体系下，以《中华人民共和国进出口税则》为基础，按照《进出口税则商品及品目注释》《中华人民共和国进出口税则本国子目注释》以及海关总署发布的关于商品归类的行政裁定、商品归类决定的要求，确定进出口货物商品编码的活动。"（引自《中华人民共和国海关进出口货物商品归类管理规定》）

进出口货物的商品归类应当按照收发货人或者其代理人向海关申报时货物的实际状态确定。以提前申报方式进出口的货物，商品归类应当按照货物运抵海关监管场所时的实际状态确定。法律、行政法规和海关总署规章另有规定的，按照有关规定办理。

（二）对进出口商品进行归类的原则

进出口货物的商品归类应当遵循客观、准确、统一的原则。

（三）进出口货物商品归类的依据

进出口货物商品归类的依据主要包括：

1.《中华人民共和国进出口税则》。

2.《进出口税则商品及品目注释》。

3.《中华人民共和国进出口税则本国子目注释》。

4.海关总署发布的关于商品归类的行政裁定。

5.海关总署发布的商品归类决定。

二、进出口货物的归类申报要求

为了规范进出口企业申报行为，提高申报数据质量，促进贸易便利化，海关总署制定了《中华人民共和国海关进出口商品规范申报目录》（以下简称《规范申报目录》）。该《规范申报目录》按照我国海关进出口商品分类目录的品目顺序编写，包括税则号列、商品名称、申报要素、举例说明等内容。进出口货物收发货人及其代理人在报关时应当严格按照《规范申报目录》中关于规范申报商品品名、规格的要求，认真填制报关单并依法办理通关手续，应做到：

1. 如实申报——收发货人或者其代理人应当按照法律、行政法规规定以及海关要求如实、准确申报其进出口货物的商品名称、规格型号等，并且对其申报的进出口货物进行商品归类，确定相应的商品编码。

2. 提供归类所需资料——不得以商业秘密为理由拒绝向海关提供有关资料。向海关提供的资料涉及商业秘密，要求海关予以保密的，应当事前向海关提出书面申请，并且具体列明需要保密的内容，海关应当依法为其保密。

3. 补充申报——海关在审核进出口商品编码时，若有必要可以要求收发货人或者其代理人提供确定商品归类所需的资料，必要时可以要求收发货人或者其代理人补充申报。进出口货物的收发货人、受委托的报关企业依照海关有关行政法规和规章的要求，在《中华人民共和国海关进（出）口货物报关单》（以下简称《报关单》）之外采用补充申报单的形式，向海关进一步申报为确定货物完税价格、商品归类、原产地等所需信息的行为。

进出口货物补充申报可以是海关要求收发货人或报关企业进行补充申报，也可以是收发货人、报关企业主动向海关进行补充申报，收发货人、报关企业在规定时限内未能按要求进行补充申报的，海关可根据已掌握的信息，按照有关规定确定进口货物的完税价格、商品编码和原产地。收发货人或者其代理人隐瞒有关情况，或者拖延、拒绝提供有关单证、资料的，海关可以根据其申报的内容依法审核确定进出口货物的商品归类。货物报关一般必须提供满足归类需要的申报货物的品名、规格、型号等，在此基础上，要按需要详细提供归类所需要的货物的形态、性质、成分、加工程度、结构原理、功能、用途等技术指标或技术参数。

三、归类的行政裁定和预裁定

为避免进出口商品归类发生争议，对外贸易经营者可以依据海关总署令第 92 号《中华人民共和国海关行政裁定管理暂行办法》和海关总署令第 236 号《中华人民共和国海关预裁定管理暂行办法》，在货物进出口前申请海关行政裁定和海关预裁定。

（一）商品归类行政裁定

海关行政裁定是指海关在货物实际进出口前，应对外贸易经营者的申请，依据有关海关法律、行政法规和规章，对与实际进出口活动有关的海关事务作出的具有普遍约束力的决定。行政裁定由海关总署或总署授权机构作出，由海关总署统一对外公布。行政裁定具有海关规章的同等效力。

海关行政裁定的申请人，在解决进出口商品的归类、进出口货物原产地确定、禁止进出口措施和许可证件适用等海关事务时，应当在货物拟作进口或出口的 3 个月前向海关总署或者直属海关提交书面申请。收到申请的直属海关应对申请资料进行初审，对符合规定的申请，自接受申请之日起 3 个工作日内移送海关总署或总署授权机构，申请资料不符合有关规定的，海关应当书面通知申请人在 10 个工作日内补正。申请人逾期不补正的，视为撤回申请。海关总署或授权机构应当自收到申请书之日起 15 个工作日内，审核决定是否受理该申请，并书面告知申请人，对不予受理的应当说明理由。海关应当自受理申请之日起 60 日内作出行政裁定，书面通知申请人，并对外公布。

海关作出的行政裁定自公布之日起在中华人民共和国关境内统一适用。进口或者出口相同情形的货物，应当适用相同的行政裁定。对于裁定生效前已经办理完毕裁定事项有关手续的进出口货物，不适用该裁定。海关作出行政裁定所依据的法律、行政法规及规章中的相关规定发生变化，影响行政裁定效力的，原行政裁定自动失效。海关总署应定期公布自动失效的行政裁定。

（二）海关商品归类预裁定

预裁定是指在货物实际进出口前，海关应申请人的申请，对其与实际进出口活动有关的海关事务作出有关裁定的制度。预裁定的申请人应当是进口货物收货人或出口货物发货人。申请人应当在货物拟进出口 3 个月前向其注册地直属海关提出预裁定申请。申请人应当通过电子口岸"海关事务联系系统"（QP 系统）或"互联网＋海关"提交《中华人民共和国海关预裁定申请书》以及相关材料。海关在接到《预裁定申请书》以及相关材料之日起 10 日内审核决定是否受理，并制发《中华人民共和国海关预裁定申请受理决定书》或者《中华人民共和国海关预裁定申请不予受理决定书》。申请材料不符合有关规定的，申请人应当在收到《中华人民共和国海关预裁定申请补正通知书》之日起 5 日内进行补正。

海关应当自受理之日起 60 日内对申请人申请的海关事务依据有关法律、行政法规、海关规章以及海关总署公告作出预裁定决定，制发《中华人民共和国海关预裁定决定书》，《预裁定决定书》应当送达申请人，并且自送达之日起生效。需要通过化验、检测、鉴定、专家论证或者其他方式确定有关情况的，所需时间不计入规定的期限内。

下列情形之一的，海关可以终止预裁定，并且制发《中华人民共和国海关终止预裁定决定书》：①申请人在预裁定决定作出前以书面方式向海关申明撤回其申请，海关同意撤回的；②申请人未按照海关要求提供有关材料或者样品的；③由于申请人原因致使预裁定决定未能在规定期限内作出的。

预裁定决定有效期为 3 年。预裁定决定所依据的法律、行政法规、海关规章以及海关总署公告相关规定发生变化，影响其效力的，预裁定决定自动失效。已生效的预裁定决定有下列情形之一的，由海关予以撤销，并且通知申请人：①因申请人提供的材料不真实、不准确、不完整，造成预裁定决定需要撤销的；②预裁定决定错误的；③其他需要撤销的情形。撤销决定自作出之日起生效。依照第一款的规定撤销预裁定决定的，经撤销的预裁定决定自始无效。

申请人对预裁定决定不服的，可以向海关总署申请行政复议；对复议决定不服的，可以依法向人民法院提起行政诉讼。

四、因商品归类引起的退、补税等管理

（一）依法退税，追、补税款

因商品归类引起退税或者补征、追征税款以及征收滞纳金的，海关应按照有关法律、行政法规以及海关总署规章的规定办理。

（二）依法追究刑事责任

违反《归类管理规定》，构成走私行为、违反海关监管规定行为或者其他违反《海关法》行为的，由海关依照《海关法》和《海关行政处罚实施条例》的有关规定予以处理；构成犯罪的，依法追究刑事责任。

商品归类练习题

（一）单项选择题

1.《中华人民共和国海关进出口货物商品归类管理规定》规定进出口货物的商品归类应当遵循（　　）的原则。

A. 科学、客观、准确

B. 客观、准确、统一

C. 科学、客观、统一

D. 客观、统一、通用

2. 预裁定的申请人应当在货物拟进出口（　　）个月前向其注册地直属海关提出预裁定申请。

A.1

B.3

C.5

D.6

3. 预裁定申请人的材料不符合有关规定的，应当在收到《中华人民共和国海关预

裁定申请补正通知书》之日起（　）日内进行补正。

A.1

B.3

C.5

D.6

4.海关应当自受理预裁定之日起（　）日内对申请人申请的海关事务依据有关法律、行政法规、海关规章，以及海关总署公告作出预裁定决定，并制发《中华人民共和国海关预裁定决定书》。

A.30

B.40

C.50

D.60

（二）多项选择题

1.中国海关对进出口货物进行商品归类的依据包括（　）。

A.《中华人民共和国进出口税则》

B.《进出口税则商品及品目注释》

C.《中华人民共和国进出口税则本国子目注释》

D.海关总署发布的关于商品归类的行政裁定和商品归类决定

2.下列哪些情形，海关可以撤销已生效的预裁定决定（　）。

A.因申请人提供的材料不真实、不准确、不完整，造成预裁定决定需要撤销的

B.预裁定决定错误的

C.其他需要撤销的情形

D.申请人在预裁定决定作出前以书面方式向海关申明撤回其申请，海关同意撤回的

（三）判断题

1.预裁定决定有效期为3年。预裁定决定所依据的法律、行政法规、海关规章以及海关总署公告相关规定发生变化，影响其效力的，预裁定决定自动失效。（　）

2.海关受理商品归类预裁定后，需要通过化验、检测、鉴定、专家论证或者其他方式确定有关情况的，所需时间计入规定的期限内。（　）

3.申请人对商品归类预裁定决定不服的，可以通过磋商和质疑进行处理。（　）

【本篇小结】

本篇介绍了诸如商品归类的依据、商品归类的申报要求、海关商品归类预裁定制度等海关行政管理的一般知识，为规范进出口货物的商品归类，提供了制度保证。

【本篇关键名词或概念】

海关商品归类预裁定

【本篇简答题】

1. 我国对进出口货物进行归类的依据有哪些？

2. 什么是海关商品归类预裁定？

附 录

《商品归类基础》模拟试卷

一、填空题（本题10分，每小题2分）

1. 子目条文是协调制度具有法律效力的归类依据,在（ ）时,居于优先使用的地位。

2. 苹果原汁只有当（ ）时才能归入第20章。

3. 有些不符合化学定义的有机化学品却应归入第29章,例如（ ）。

4. 功能机组归类时,只有当该机组明显具有一种第84章、第85章或第90章某个品目所列功能时才能将全部机器归入该品目,否则应（ ）。

5. 麦秸编结的拖鞋应归入第（ ）章。

二、单项选择题（本题20分，每小题2分）

1. 在 HS 中任何状态的化学纯氯化钠都不能被作为（ ）归类。

A. 无机化学品   B. 培养晶体

C. 矿产品   D. 光学元件

2. 以第11章的产品为主要原料制的食品一般应归入第（ ）章。

A.12   B.19

C.20   D.21

3. 已裁剪成运动手套形的机织棉布应归入（ ）。

A. 第52章   B.61.16

C. 第95章   D.62.16

4. 钢铁制成的落地式卡片索引柜应归入（ ）。

A.73.26   B.94.03

C.83.04   D. 83.03

5. 《协调制度》中品目所列货品,除完整品或制成品外,还应包括（ ）。

A. 不完整品

B. 未制成品

C. 完整品或制成品在报验时的未组装件或拆散件

D. 不完整品或未制成品在报验时的未组装件或拆散件

6. 依照归类总规则五,（ ）与适宜盛装的货品一起报验,货品与包装容器应分别归类。

    A.容器

    B.适合长期使用的容器

    C.结构复杂的包装容器

    D.明显可以重复使用的包装容器

7.旅行用个人成套梳妆用具（皮套内装梳子、小镜子、剪子、修剪指甲工具）应归入（　　）。

    A.70.09　　　　　　　　B.82.14

    C.96.15　　　　　　　　D.96.05

8.对于货品"用于小汽车的羊毛簇绒地毯"，正确的归类选项是（　　）。

    A.第51章　　　　　　　B.第63章

    C.品目57.03　　　　　　D.品目87.08

9.预裁定决定的有效期是（　　）。

    A.签发之日起半年内　　B.签发之日起三年内

    C.签发之日起两年内　　D.签发之日起

10.《商品归类管理规定》指出进出口货物的商品归类应当遵循（　　）的原则。

    A.科学、客观、准确

    B.客观、准确、统一

    C.科学、客观、统一

    D.客观、统一、通用

三、多项选择题（本题10分，每小题2分）

1.下列选项中属于同一数级子目的是（　　）。

    A.4703.1100与4704.1100

    B.4703.1100与4703.1900

    C.4706.2000与4706.9100

    D.4707.1000与4707.3000

2.中国海关对进出口货物进行商品归类的具有法律效力的归类依据包括（　　）。

    A.《进出口税则》

    B.《协调制度》类、章及分章的标题

    C.海关总署下发的商品归类决定、商品归类行政裁定

    D.《本国子目注释》

3.下列选项中与商品编码（税则号列）8709.1910各层次含义相符的选项为（　　）。

    A.87是章代码

    B.09是品目代码

C.1（19 中的）是一级子目代码

D.9（19 中的）是未列名的中国子目代码

4. 下列选项中可能归入第 3 章的是（ ）。

A. 鳄鱼　　　　　　　　B. 甲鱼

C. 墨鱼　　　　　　　　D. 章鱼

5. 协调制度商品编码表中，（ ）是子目条文。

A. 货品名称栏目下与子目对应的内容

B. 货品名称栏目下的内容

C. 商品编码对应货品名称栏目下的内容

D. 五位和六位数级商品编码所对应的货品名称栏目下的内容

四、用√ × 判断正误填入（ ）内（本题 20 分，每小题 2 分）

1.（ ）预裁定的申请人应当是进口货物收货人或出口货物发货人。申请人应当在货物拟进出口 3 个月前向海关总署提出预裁定申请。

2.（ ）咖啡混有少量绵白糖应该按咖啡归类。

3.（ ）石棉帽应该归入第 68 章。

4.（ ）凡符合归类总规则三（二）三个条件的零售成套货品，都应按构成该套货品基本特征的货品归类。

5.（ ）因为蒜是蔬菜，所以作为调味香料用的蒜粉不应作为调味香料归入第 9 章。

6.（ ）进出口相同的货物，应当适用相同的商品归类决定。

7.（ ）因为电动缝纫机是家用电器所以应归入第 85 章。

8.（ ）自行车用滚子链应按自行车零件归入第 87 章。

9.（ ）棉花应该作为其他植物产品归入第 14 章。

10.（ ）类、章注释是具有法律效力的归类依据只限于在所属的类、章内使用。

五、在（ ）内写出下列商品的八位数级商品编码（本题 40 分，每小题 2 分）

1.（ ）含有 20% 生物柴油的轻柴油。

2.（ ）手机用锂离子电池成套散件。

3.（ ）装有 28 个固定座位和 4 个边座的客运机动车辆（汽油发动机）。

4.（ ）移动硬盘。

5.（ ）γ 射线无损探伤检测仪（利用 γ 射线的电磁辐射检测物体内部缺陷的装置）。

6.（ ）无绳电话机。

7.（ ）装皮革面软垫的木框架折叠椅。

8.（ ）色织斜纹机织物，按重量计含棉 40%，含黏胶短纤维 30%，含腈纶短纤维 30%（210 克 / 平方米；幅宽 30 厘米）。

9.（　　）针织纯棉渐紧压袜。

10.（　　）瓶装二锅头酒。

11.（　　）成套瓷茶具。

12.（　　）线型低密度聚乙烯，按重量计 1- 辛烯单体单元为 9%（粒状；20 千克袋装）。

13.（　　）鲜山药（非种用）。

14.（　　）专供宝马牌小轿车用的电气照明装置。

15.（　　）用于火车悬挂系统上的钢制片簧。

16.（　　）ABS 塑料制小轿车空调用风向转动板。

17.（　　）婴儿纸尿布。

18.（　　）冻的猪肉（占总重的 50%）韭菜馅生馄饨；每件净重 800 克。

19.（　　）1 + 2 雀巢速溶咖啡（零售包装）。

20.（　　）安宫牛黄丸（零售包装）。

参考文献

[1] 海关总署关税征管司 . 中华人民共和国进出口税则 . 北京：中国海关出版社，2017.

[2] 海关总署关税征管司等 .2007—2012 年版《协调制度》目录转换培训教材 . 北京：海关出版社，2011 年 .

[3] 海关总署关税征管司等 .2011—2012 年版《中华人民共和国进出口税则》目录转换稿 . 北京：海关出版社，2011.

[4] 海关总署关税征管司等 .2007—2012 年版《协调制度》目录转换翻译稿 . 北京：海关出版社，2011.

[5] 海关总署关税征管司等 .2012 年版《协调制度》目录修订公告文本 . 北京：海关出版社，2011.

[6] 海关总署报关员资格考试教材编委会 . 报关员资格全国统一考试指定教材 . 北京：中国海关出版社，2011.

[7] 海关总署报关员资格考试教材编委会 . 进出口商品名称与编码 . 北京：中国海关出版社，2011.

[8] 海关总署公告 2017 年第 36 号附件：2017 版《进出口税则商品及品目注释》修订本（第二期）.

[9] 刘文丽 . 商品归类基础 . 北京：中国商务出版社，2011.

[10] 海关总署公告 2017 年第 16 号附件：《中华人民共和国进出口税则统计目录本国子目注释》.

[11] 海关总署关税征管司等 . 进出口税则商品及品目注释 . 北京：中国商务出版社，2007.

[12] 海关总署令第 158 号《中华人民共和国海关进出口货物商品归类管理规定》.2007 年 2 月 14 日 .

[13] 王兮，包画卷，刘文丽等 . 海关管理商品学 . 北京：航空工业出版社，1996.

[14] 中国大百科全书（轻工、纺织等与商品相关卷）.

[15]. 海关总署令第 136 号《中华人民共和国海关预裁定管理暂行办法》.